宋刻本版面范式设计研究

孙琬淑 著

中国美术学院出版社

本书系国家社科基金艺术学青年项目“宋刻本版面范式设计研究”（批准号 19CG187）的结项成果。

序

袁由敏

2005年，参加工作整10年后，我按了下暂停键，远赴法国巴黎高等装饰学院进行了一场为期两年的访学、游学，我自己将这段出走比喻成一场人生的“流放”。关于这次“流放”，有两个目的：一是为了追寻我心目中理想的西方现代主义设计梦；另一方面，视角的转换也许能够促使我走出暂时的迷茫，寻找到新的学术切口，寻找到我的人生新命题。最终，这场“流放”虽没有按照我的预设圆梦，却真的转换了我的观看之道，它让我体察了乡愁，重新审视了东方传统。

开始，由于语言原因，我不得不长时间待在图书室，为了帮助我更好理解法国人，理解欧洲人如何看中国，我决定从法国汉学家们的著作入手。我惊奇地发现，我自认为很熟悉的中国，竟然有无数的盲区。当然，西方人也有西方人的误读。2007年，巴黎高装征集年度“post-diploma”（后学位）研究选题，在我的老师皮埃尔·贝纳尔（Pierre Bernard）的帮助下，我提交了选题“直排与横排——汉字古籍版面与拉丁版面的比较研究项目”，该课题以展望中文、拉丁文双语混排的拓展性思考为导向，而我私下里的目的却是重新观察汉字古籍版式的方法论。一切进展顺利，“直排与横排”课题组除了我，还有两位资深的法国教授，他们都是版式、字体方面的专家，同年招收了三位研究生，我们从中西方的编年史入手，开展了研究工作。2008年，我被学校召回，同时带回了中法高等研究合作教育项目“直排与横排——汉字古籍版面与拉丁版面的比较研究项目”，还带回了我在巴黎高装的三位研究生。同年，该项目在中国美院招收研究生，获教育部人文社会科学研究青年基金项目资助。此后三年，前后有9位研究生补充进来，加入了后期研究工作。从2007年至2009年，耗时三年时间。2009年，“直排与横排——中文与拉丁文字版面编年史研究文献展”在中国美术学院美术馆展出。研究团队从海量的研究文献中甄选出近200余件作品，矩阵汇聚成一条中西方版面发展史的长廊，这是研究团队交的中期作业。

正如我在课题研究前言中写的那样：“汉字从诞生伊始就奠定了竖写成行、自上而下、自右向左换行的版式格局。历史上，汉字系统经历过数次变革，自成体系。近一百年来，在西方文字系统的影响冲击下，汉字原有构造系统坍塌，发生了一系列变化。今天的汉字版式与西方文字系统相比，依然问题重重。笔者试图立足系列教学研究，破解当代汉字版式生产手段单一、方法缺失的困局。本文节选原有研究部分内容，针对汉字竖排转变成横排方式并在现实生产中遭遇的困惑，通过对各种历史线索的回放，从而发掘汉字自身的潜力条件和文脉肌理，真正形成与西方拉丁字体系有别的版本美学系统。”“直排与横排”后因其他原因，在教育部课题结题后，我按下了休止符，直至今日。

孙琬淑是我2010级硕士研究生，在前期项目研究的基础上，她直接以宋代刻本为起点，展开对中国汉字直排研究的脉络梳理，通过这种断代史的研究思路，初探宋刻本版面设计之典范。宋刻本作为我国古籍版面形制的正统和范式，前有竹木简书的仿古情怀，后为历代雕版刻书奉为圭臬。以往学界对宋刻本版刻特征的研究主要从字体、版式、纸墨等标尺做地域差异性的解读，本书则从设计学视域，以版本类型学与设计几何学为理论依据，通过构建基于宋尺宋寸模块网格系统的设计模型，图像论证宋刻本版面范式的设计规律与审美标准，探究宋代雕版刻书业规模化发展下标准化与多样性的设计路径与美学原理，在技术层面解释雕版印刷优于活字印刷的内在原因。

《宋刻本版面范式设计研究》将历时与共时研究相结合，以宋刻本影印图像为视觉材料，以尺度标准与网格系统为线索，通过构建基于宋尺宋寸模块网格系统的设计模型，归纳提炼宋代浙刻本、建刻本、蜀刻本的书版规格、字体行款、牌记插图、书写格式等视觉形态要素的尺度关系与设计标准。从设计学视角拓展版本鉴赏的研究维度，通过探索潜藏宋刻本版面范式表象之下的设计规制与审美认同，展现我国宋韵文化科技文明的匠心智慧。本书力求居今探古，古为今用，对指导当下汉字数字化排印设计实践具有现实意义。经过她的努力，2019 年，《宋刻本版面范式设计研究》立项国家社科基金艺术学青年项目。

今天，《宋刻本版面范式设计研究》杀青付梓，这一系列成果让我喜出望外，我当年的“流放”，换来了不仅是我个人的新切入口。“人事有代谢，往来成古今。江山留胜迹，我辈复登临。水落鱼梁浅，天寒梦泽深。羊公碑尚在，读罢泪沾襟。”我们研究历史，意义不在历史本身，也不在于哪一件具体的物，而是在于具体物身后蕴含的方法体系、哲学认知、现实意义。“已有的事，后必再有；已行的事，后必再行。日光之下，并无新事。”历史，是照亮和启蒙未来生产的必然路径。吕不韦在《吕氏春秋·察今》一书中说“故察已则可以知人，察今则可以知古。古今一也，人与我同耳。有道之士，贵以近知远，以今知古，以益所见知所不见。”

孙琬淑与我的同，在于“道”的同，我们研究历史，需要有不迷信经典、不迷信权威的精神；需要有挑战经验、挑战潮流的勇气，需要有怀疑、探索和独立思考的精神。唯有此，我们才能跳脱出具体的技术局限、时代窠臼，行走在历史的时空中，获取改进现实的诸多能力。所以，我也希望我们能“分”，用不同的视角、方法去验证同一件事，变得意义非凡。新文科语境下，文学和科技双重赋能的今天，这样的精神和能力显得尤为可贵。

2022 年 4 月 11 日

目　录

CONTENTS

序　*I*

绪　论　*1*

第一章　设计学视域下宋刻本版面形制的渊源与流变　*19*

第一节　仿古渊源：宋刻本版面形制的符号提炼　*20*

第二节　介质流变：宋刻本版面形制的技术革新　*27*

第三节　外缘条件与内在理路：宋刻本版面范式的生产背景　*37*

本章小结　*41*

第二章　尺度标准与网格系统：宋刻本版面范式设计研究的新路径　*43*

第一节　宋寸之法：宋刻本版面范式设计的尺度标准　*43*

第二节　经纬之制：宋刻本版面范式设计的网格系统　*60*

本章小结　*76*

第三章　形式原理与审美意识：宋刻本版面范式设计研究的新视角　*79*

第一节　模数等级与比例系统：宋刻本版面范式设计的形式原理　*79*

第二节　三分法与九宫图式：宋刻本版面范式设计的审美意识　*96*

本章小结　*112*

第四章　浙刻本版面范式设计研究　*115*

第一节　浙刻本发展的多重属性　*115*

第二节　浙刻本的版刻特征　119
第三节　浙刻本版面范式设计　121
本章小结　164

第五章　宋建刻本版面范式设计研究　181
第一节　建刻本之兴盛及其成因　181
第二节　南宋建阳书坊刻本的特征与创新　184
第三节　建刻本版面范式的设计路径　186
第四节　建刻本版面范式设计　189
本章小结　220

第六章　宋蜀刻本版面范式设计研究　239
第一节　蜀刻本的起源与发展　239
第二节　蜀刻本的版刻特征及分类系统　242
第三节　蜀刻本版面范式设计　247
本章小结　275

结　论　285
主要参考及征引文献　289
图片索引　293

绪　论

一、选题缘起

古籍论善，言必称宋。宋刻本，指雕版印刷的刻本书[1]。区别于唐以前的手抄本，宋代的刻版印书逐步进入了大规模可复制化的雕版印刷生产模式，并形成了蝴蝶装册页式的书籍形制。这种日臻成熟的版面范式，前有对竹木简的仿古情怀[2]，后为历代雕版刻书制定了规范和标准。在设计学视域下，宋刻本的版面形制由版框、界行、字体、版口、书耳及天头地脚六大模块构成，呈对称式布局。这种特定的版式风格不仅内含宋代物化了的意识形态，亦是介质流变的直接产物。

世人言刻本则贵宋，其贵在文献价值、出版学价值及审美收藏价值。目前，诸多学者从理论考据和实物鉴定出发对宋刻本的版刻特征进行了比较充分的

---

1. 黄永年：《古籍版本学》，南京：江苏教育出版社，2005年，第8页。

2. 李致忠：《中国古代书籍》，北京：中国国际广播出版社，2010年，第88页。“竹木简书，由于都要削成窄条形竹片，自然难以饰美。但它上下的编绳和根根狭长的条简，却为手写帛书和纸书所模仿、所继承。甚至印版书籍出现以后，其边栏界行也还保留着早期竹木简书和手写帛书、纸书的流风余韵。手写帛书织、画边栏界行，初意应该是对竹木简书的模仿……古人在缣帛上织、画边栏界行，固然与写出的文字容易端庄、整齐有关，但溯本求源，还是对编连好的竹木简书的模仿。”书耳的设计也是签牌设计的提炼。毛春翔：《古书版本常谈》，北京：中华书局，1962年，第29页。关于宋版书的特点记载：“（三）古卷子之制，界栏必用乌丝，故刻本之近于古者，亦多四周单边。”

研究。在版本目录学中，字体、版式与纸墨是古籍鉴别的重要标尺。从设计学角度，宋刻本的版面范式设计兼具技术生产的功能性特征，以及我国传统手工艺的造物逻辑与美学原理。兴趣牵引，笔者结合之前学者研究，着眼于宋刻本版面范式的设计研究及美学向度，从两个层面对宋代雕版刻书规模化和标准化的发展进行解读。一是对刻本内容严格把控的规范；二是对书版形式设计筹划的标准。从政策上来看，宋代从帝制到中央政府的馆阁体系已形成一套严密的编辑制度[3]，从而保障刻书内容的质量与标准；从设计生产来看，作为出版业的技术主流，雕版印刷从社会基层文化逐步转向上层文化；从出版机构来看，相同刊印单位的宋刻本，版式基本相同[4]，不同出版机构的宋刻本，书版规格存在相同的比例规律；从时空变迁来看，不同地域的宋刻本版式有固定不变的，也有形式多样的。那么，宋书一版，其版面设计的视觉元素及布局格式是否存在一定的设计标准与美学规律？通过对一块整版的设计经营，如何满足宋代上层建筑对刻本印制标准化与批量化的生产要求，以及民间刻版发行以市场为导向的多样性需求？不同时空下，以雕版印刷为主流技术的手工业者又是如何达成量化生产中审美与实用的规范化共识？基于以上问题，结合之前学者对宋刻本多维度的研究成果，笔者在现代设计语境下试图探索宋刻本版面范式设计研究的新路径与新视角，从而理解宋代雕版印刷优于活字印刷的内在原因。

二、宋刻本研究的学术回顾

（一）版本学、出版史以及印刷史研究偏重

1. 版本学基本问题研究。版本学的研究对象既有文本版本，也有实物版本，我国以文本版本研究居多。其中，文本版本研究的重点是语言文本部分。

---

3. 田建平：《宋代书籍出版史研究》，北京：人民出版社，2018年，第70页。

4. 张煜明编著：《中国出版史》，武汉：武汉出版社，1994年，第53页。此页记载："陈氏刻书在行款、版式规格上似乎有定制，上述的唐人集的行款、版式规格基本上是一致的。"

从基本问题研究，探讨宋代刻本的概念界定、版本源流、研究对象、研究方法等基本常识，为后人进行古籍版本研究、收藏、鉴赏的重要参考工具书。关于宋刻本版本目录学研究的相关文献可分为如下几类。

其一，古籍版本种类繁杂，划分标准依据不同。王国维先生《两浙古刊本考》《五代两宋监本考》，梳理五代两宋国子监本及宋元浙江刻书的历史面貌、书籍刊刻的主流与支流。赵万里先生秉承了王国维先生的研究框架，先时代，再地区，著《中国版刻图录》。黄永年先生重时代、地域和官刻、家刻、坊刻，强调研究宋刻本以地域为主，在各地域的刻本中述其先后变化，以及官刻、家刻、坊刻的区别。后代学者以前辈研究框架为基础，将宋刻本以出版时间划分，分北宋刻本、南宋刻本；以出版地区划分为宋浙本和浙本系统的刻本、宋建本、宋蜀本；以出版机构划分，分为官刻本、家刻本、坊刻本。

其二，书目与地方志研究多，重文本与文物价值。从宋刻本概况研究，将宋代印刷事业、刻书中心、刻书机构、版刻特征、刊记、刻工与避讳，与递修本、刻书内容、刻书家、宋本作伪、宋本流传等方面进行定义分类，总结鉴别规律，探究宋刻本的版式特点及其渊源流变，为考证提供理论依据与鉴别路径。《天禄琳琅书目》（上海古籍出版社，2007 年版），该书目强调版本的文物属性，宋版书从其代，再以经、史、子、集为次。日藏中国古籍书志，以日本岛田翰撰《古文旧书考》（上海古籍出版社，2017 年版）为代表。此书建立在详细校勘基础之上，考证书籍制度、雕版印刷之源流，探究古今版本的递嬗源流，校刊其优劣。《古文旧书考》中的结论赋有创见及学术参考价值。还有日本学者尾崎康著《正史宋元版之研究》，以四部史部为调查研究范围，就刊刻、修补、刷印等版本学基本问题，比较证明每一本正史宋元本的文本价值。

其三，关于版本学发端的认识，主要有西汉说、宋代说、明代中期等几种说法，学界迄今尚无定论。钱基博先生《版本通义》（岳麓书社，2010 年版）述“版本之学，盖远起自西汉，大用在雠校”。宋人叶梦得《石林燕语》（三秦出版社，2004 年版）第八卷，述雕版印刷技术兴盛，“世既一以板本为正，而藏书日亡”。陈先行先生著《古籍善本》（上海人民出版社，2020年版），从明人著作中寻其线索，论证版本之学发端于明代中期。

其四，鉴定版本是版本学的主要内涵，研究方法成体系。在版本目录学研究范畴，以王国维先生的二重证据法为开山。一是考据历史记载和版本内容构成特性，二是核对实书，包括版本的物质形态表征特点。运用藏书家确定版本的知识和手段，将考据历史记载与核对存世实书结合起来，两相对照得出结论。黄永年先生以版本鉴别为目的，将之与版本自身的发展规律紧密结合，即与版本史相结合鉴别版本，构造方法体系。在《古籍版本学》一书中，黄永年先生极其重视实物分析，认为版本鉴定“精的主要是字体，其次是版式，再则是纸张”，将字体列为最重要的因素。总体而言可分为目测法，以宋刻本的外观形态对版本进行考察与鉴定；考据法，以版本目录学的专业知识对字体、版式、纸墨、印刷装帧等工艺进行考证；比勘法，以宋刻本不同版本相互校勘对比进而判断。

其五，宋刻本版面风貌的基础研究。毛春翔先生著《古书版本常谈》（中华书局，1962年版），结合前人经验之谈，分别从版式、行款、字体、墨色、纸色、牌记、讳字、装潢八点总结宋版书的风格规律。首先，他将版式列为宋版形式的首位，对宋版书的版框单双边样式、版口、鱼尾、象鼻做名词解释及特点说明。其次，将行款列为第二点，认为宋版书每行字数往往多寡不一，是仿古卷子本体式。第三，总结宋版字体有肥瘦两种，瘦者学欧、柳，肥者学颜。第四，谈宋刻书墨色香淡、墨如点漆。第五，宋刻本流传至今，以建本自多，多用竹纸。宋世竹纸，簾纹很阔，一般是两指宽。第六，牌记，是鉴别的最好证据。第七，宋刻书，尤其是官刻本，避讳极严。第八，宋刻书蝴蝶装，简称蝶装。又将前人对宋刻本的特点归纳为七点：“（一）纸质白而硬。（二）版心有刻工姓名、大小字数。（三）古卷子之制，界栏必用乌丝，故刻本之近于古者，亦多四周单边。（四）卷末大名必闻一款记之。（五）卷末有字数。

（六）大题在下，小名在上。（七）序径相接，乃是卷子之遗意，尤不易得。”[5]以上概述对宋刻本版刻特征做了整体上的认知，为宋书鉴别提供了研究路径和参考依据，但具体到刻书地域或出版主体的宋刻本版面特点需有进一步的辨析。

2. 出版史范畴出版体系研究。出版史范畴有着自己独特的研究方法与体系。自五代冯道奏请雕印《九经》始，官刻、私刻、坊刻三大刻书体系趋于完备。曹之先生《中国古籍编撰史》（武汉大学出版社，1999 年版），从历代图书编撰学家及其代表作，历代官方修书机构及其官修书，图书编撰内容、形式等内容依次论述。肖东发先生主编《中国编辑出版史》（辽宁教育出版社，1996 年版），对宋代统治文化政策、图书编撰机构和活动、图书出版事业、图书形制及印刷技术等图书发行体系做了基本概况的介绍。叶再生先生主编《出版史研究》第 2 辑至第 6 辑（中国书籍出版社，1994—1998 年版），书中以地域分类，收录诸多刻本出版业、印刷业等考述、专论等专题研究的文章。以上著述揭示了宋代出版史背后的社会、经济、政治、文化等层面的内涵。从宋代官、私、坊刻的出版体系以及地域分布做了历史背景的介绍。

这种对出版单位的分类和整理，为宋代书籍出版的体例研究构建了时空框架，并建立了宋代各个刻书中心地域之间的相互联系，同时为宋代书籍出版史等领域提供了研究方法上的启示。

3. 印刷史范畴技术变革研究。主要探讨宋代雕版刻书的印刷工艺、印刷材质等。孙毓修（留庵）先生的《中国雕板源流考》（商务印书馆，中华民国七年版［1918 年］），考证雕版印刷术实肇自隋时，阐述我国雕版印书历代官刻本、家刻本、坊刻本、巾箱本等，以及纸张、墨色、装订等情况。张秀民先生《中国印刷史》（上海人民出版社，1989 年版）是继《中国印刷术的发明及其影响》（人民出版社，1958 年版）之后的晚年力作，主要对宋刻本、印刷、装订与印刷物料等内容着墨较多，在雕版印刷工艺的制作流程及

5. 毛春翔：《古书版本常谈》，北京：中华书局，1962年，第25—39页。

写样之前的“选式”方面仍然有进一步辨析论证的必要。钱存训先生著的《李约瑟中国科学技术史·第五卷，化学及相关技术·第一分册·纸和印刷》（科学出版社，2018年版），阐述造纸、雕版印刷术的技艺和工序，梳理宋版书的印刷术的起源和发展，关于印刷术与艺术的关系，主要以明、清两代的版画、套色印刷术、年画为侧重，分小节论述。辛德勇先生著的《中国印刷史研究》（生活·读书·新知三联书店，2016年版），重在论证雕版印刷技术的起源问题。在论述印刷术的基础性问题中，指出印刷术的直接源头来自印度佛教信徒捺印佛像，传到中国后转变形成印刷术。美国学者卡德著的《中国印刷术源流史》（山西人民出版社，2015年版），根据五种文字的文献资料（英、法、德、日、中）以及考古新材料，重在梳理关于我国雕版印刷史的渊源及其西渐的情况。

（二）研究路径同质化

1. 版本鉴别以字体和版式为主要衡量标尺。在版本学史上，学者重视实物分析法，通过观察字体、版式、纸张等特点对版本进行鉴定，其中最重要的是字体分析。黄永年先生《古籍版本学》（江苏教育出版社，2009年版）中论述，找寻某个时期、某个地域，以及官刻、家刻、坊刻共性的东西，通观全局，分析局部。把鉴别版本的方法和版本史相结合，以字体、版式、纸张为版本鉴别的标尺或辅助性标尺。李清志先生《古书版本鉴定研究》（文史哲出版社，1986年版）提出目鉴直观法与考订理功法。以字体、版式、纸墨、避讳为主要鉴定依据，并将文章的主体结构以此分为四大章节进而论述。这两部书是中国古籍版本学研究的代表之作，为后代学者提供了理论依据。

2. 类型学为中西版本学实物分析法的方法论基础。“考古学中（把）对文物进行分类排比，探讨其形态演变规律，以判断其年代等属性的方法论称为类型学。”李开升先生《明嘉靖刻本研究》（中西书局，2019年版），提出从“观风望气”到版本类型学的研究方法。从实物版本学的角度，梳理明代嘉靖刻本的历史脉络及古籍特征，为古籍版本断代研究提供了研究范式。文中运用版本实物对比方法，从字体和版式两个层面总结明嘉靖刻本的苏式本、京式本、建式本这三种版面风格特征，并从时间和空间纵横两个维度，分析比较三种嘉靖刻本风格之间的关系。通过宏观研究和专题研究，既可以看到明嘉靖刻本风格的历史发展过程，也可以从地域空间的角度了解这一时期刻本特点在横向维度中的传承与演变。李开升先生认为古籍的字体和版式是相对不易被干扰的形态，是类型学分析的重点。在实物版本学中结合文献考证法作为重要的研究方法。

3. 以古书刊工姓名为鉴定途径。日本汉籍研究学者长泽规矩也主编《书志学》，认为刻工调查是刊本鉴定的重要方法。例如《宋刊本刻工名表初稿》将刻工名字以姓名笔画为序排列，以作示范。我国史学家宿白先生的《唐宋时期的雕版印刷》（生活·读书·新知三联书店，2020 年版）以雕版印刷手工业与刊工在各地流动互见为研究方法。

综上所述，关于古籍印本的研究方法主要集中在将版本研究与出版史、印刷史相联系，在跨学科领域的研究中欠缺与设计学相结合。以上研究基于文献史料，遵循考据学与版本目录学的研究范式，笔者折中诸说，参以己见。在研究视野与视角上需多维开拓，在研究方法上需多元融合。补充图像学、符号学的角度，对印本实物进行图像分析，结合实证研究、计量分析及图解等方法，全方位、多角度地揭示古籍印本版面范式设计路径的发展规律、内在关系及其科学文化在当代的价值。

（三）宋代书籍与美学跨学科研究热

1. 宋书设计与美学的学术构架。李致忠先生著有《古代版印通论》《宋版书叙录》《历代刻书考述》《中国古代书籍》等著作。《中国古代书籍》（国际广播出版社，2010 年版），文中第四、五章，记录了书籍的生产材料与生产方法，以及中国古代书籍的装帧艺术，构建了宋代书籍设计、插图与美学特征的学术构架。田建平先生《宋代书籍出版史研究》（人民出版社，2018 年版），书中第五章节将宋版书籍的形制特点抽象提纯，研究并定格其美学形式。以上著作从版本学、出版学等学科视角开始与设计学科做交叉学科的理论研究，从对古代书籍的版面设计、插图版画，和装帧形式的介绍，向设计美学转向。

2. 美学与思想的形而上旨趣。邹其昌先生所著《宋元美学与设计思想》（人民出版社，2015 年版），从宋元美学史新论、朱子诠释学美学研究、传统设计思想研究三个方面做了概述。指出理学的创构和华夏礼乐文化的复兴是宋代文化的典型代表。张毅《宋元文艺思想史》（中华书局，2019 年版），追寻宋元时期诗歌与书画艺术相互交融的文艺思想发展脉络，探讨文学与艺术的互动关系，道与艺的内在联系，从而系统把握宋元时期的审美意识和文艺观念。还有相关古籍设计美学的论文，如张妍《古籍版式中的“象鼻”辨析》发表于《宁夏大学学报（人文社会科学版）》（2020 年第 5 期），从文献学基础术语象鼻概念的辨析，研究古人崇尚自然、追求对称和谐之美的审美取向。李湘媛《古籍线装书的“线”性表现》发表于《美术观察》（2020 年第 6 期），文章通过对线装书的各类线形和线材的应用分析，探索古籍线装书中的线所融合的传统美学思想和社会文化精神。

3.基于图像学的古籍版面设计研究。2019年，“明清古籍版刻插图的‘园林’图像设计研究与图册汇编”立项国家社科基金艺术学一般项目。主持人郃杰副教授从园林艺术设计的学科背景，以图像学为切入口，以“文史互证、图史互证”的方式，解析“园林图像”本体所内蕴的造园艺术形态的设计原理。

4. 字库设计与古籍数字化研究。宋刻本的字体渊源与形成发展对现代宋体字字库设计与创新提供了文献资源。李清志先生的《古书版本鉴定研究》（文史哲出版社，1986 年版）第二章“历代版刻字体之研究”中有论述：北宋刻书以成都为中心的四川地区最先发展；次为杭州为中心的浙江地区，至北宋末年，转移到以建安为中心的福建地区；北宋版刻字体大抵采用欧阳询、颜真卿、柳公权、褚遂良诸体。就现存北宋版以观，以欧体居多，颜体次之。就地域而言，以杭州为中心之浙刻本，欧体书风者多，南宋浙刻本，多承袭北宋浙本的欧体书风；蜀地多颜体字。南宋版刻字体，初期浙江刻本字体接近北宋杭州刻本遗风，欧体兼取柳体等笔意，至末期产生了书棚本字体，逐渐演变为迄今流行的印刷体“宋体字”。南宋建刻本颜体书风渐失，逐渐演变成松雪体的元体字，南宋蜀本“细审字体刀法”。

诸多学者主要从宋刻本中概述字体设计要素进而开展字库设计研究，有《古籍汉字图像的犹豫模糊检索方法研究》（河北大学，2020年硕士论文），从关键技术展开对古籍汉字特点的分析与归纳，引入犹豫模糊集理论，研究有效的古籍汉字图像检索技术。《明清刊本中宋体字的发展与现代宋体字库设计研究综述》（《美与时代（上）》2020年第3期）。关于古籍数字化的研究，有《古籍数字化研究进展述评》（《图书情报工作》2020年第6期），梳理古籍数字化研究历程和现状，并探索其发展趋势；《论古籍的数字化与应用》（《南方文物》2019年第4期），论述古籍数字化的分类、技术应用与展望。

5. 以西方设计学为理论依据的古籍版式美学研究。近年来，设计实践者越来越多地关注我国传统印刷工艺下古籍版式在当代设计领域的创新价值。诸多研究探讨古籍分类、形制变化、版式之美及材质工艺。美国学者罗威尔主编《了不起的宋版书》（中信出版社，2017年版），文中以宋代雕版印刷书籍的相关历史背景介绍为主，记录宋版书的发展历程、制作方法、装帧类型、发行渠道，以及优缺点。还是以普及基本知识为出发点，阐述古籍版本与当今图书出版的联系及意义。相关论文有《关于古籍印本的版式设计研究》（北京林业大学，2017年硕士论文）、《宋代印本书版式及其设计思想研究》（山西大学，2017年硕士论文）、《浅谈中国古代印本书版式的形式特征》（《美术教育研究》2016年第2期）、《古代印本书版式在现代书籍设计中的创新性体现》（《艺术科技》2015年第10期）、《古籍版式的构成法则》（《大众文艺》2013年第11期）、《中国古代印本书版式设计的研究》（中国美术学院，2008年硕士论文）等文章。

以上论点从古籍的政治经济、社会文化、科学技术背景概况分析，以西方版面设计方法为理论依据，分析古籍印本版式设计元素的构成法则或设计原则，探究古籍版式的艺术风格和装饰特点。类似著述，从设计学视角帮助理解古籍版式特征、视觉元素及其美学价值，但研究术语多有“组合合理、比例恰当、版面显得从容疏朗、开阔大气”等形容词。评论宋书版面范式多停留在宋书双边白口，半页刻本几行几字的视觉形式层面，趋于浮于表层视点的概念化认知。从设计学角度，欠缺对我国印刷工艺深层造物思想以及美学原理的探索。

三、研究思路

（一）研究对象

“版者，雕版也；本者，书本也。自雕版盛行后，版本二字乃合为一名。”本书研究的对象主要指宋代雕版印刷技术与蝴蝶装帧或包背装帧技术的共同产物，即宋代书籍册页式形制的刻本书。本书旨在从设计学与版本学的交叉路径，用新视角、新方法，对宋刻本版面范式的设计研究进行全面的审视和研讨。宋代先后形成了杭州、眉山（今四川眉山）、福建建阳三个刻印书籍的中心，所刻书籍通常称为“浙本”、“蜀本”和“建本”。南宋刻本中还有今江苏、安徽、江西、湖北、湖南等地区的刻本，从字体特征来看与浙本接近，因此归为浙本系统，称之为属于浙本系统的刻本[6]。而在北方，以五代、北宋时辽统治区域内今河北、山西北部，以及南宋金统治内平阳临汾（今山西临汾）所形成的北方刻书中心“平水本”不在本研究范围内。因此，本书以版本类型学为依据，将宋刻本从地域分为浙江刻本和浙本系统的刻本、福建刻本、四川刻本三大类。

关于宋刻本的版面设计。在古籍版本鉴定中，版式作为除字体之外的第二大标尺一直影响着古籍版本的鉴赏活动。宋代的版面设计受雕版印刷技术与蝴蝶装帧形式的双重制约，形成一定的版面形制，主要由天头地脚、版框、

6. 黄永年：《古籍版本学》，南京：江苏教育出版社，2009年，第62页。

界行、字体、版口、牌记这六大要素构成。其中，版口区域内还包括鱼尾、象鼻、黑白口等视觉元素。作为我国古籍版式的源头，宋刻本影响规范了后代古籍版式的设计。宋刻本的版面形式根据官刻、家刻、坊刻出版者的实用需求，呈现不同的版式风气。如官刻本版式疏朗大气，家刻本传统多元，坊刻本装饰性符号较多。版式又受地区的制约，形成各地区在版本上的差异。无论从时代迁移变化来看，还是从地域刻书机构分析，宋刻本的版面范式因时空呈现不同的设计面貌。由此，笔者更想探究藏于表象之下的设计规律和造物逻辑。

（二）视觉材料

宋刻本弥足珍贵，分藏于各地，珍藏密敛难以流通观摩。故而，本书研究的视觉材料主要来源于《中国版刻图录》《中华再造善本・唐宋编》，以及国家图书馆、浙江图书馆古籍部等宋刻本影印本文献资料。我国用来影印古籍的技术主要有：石印、珂罗版印、金属版印、照相胶版印等技术。其中影印古籍的工作，又可分为四种。有按原大影印且线装的；有按原书规格的缩小影印线装本；有缩小影印的平装或精装本书；有并页缩小影印的精装本。这些不同类型的影印本可以通过图像目测宋代刻本的基本面貌，不存在鉴别问题，但是却缺乏对原书开本大小的认识。为了弥补对原书尺度的分析，本书主要选取有确切版框尺寸记载的宋刻本为视觉材料对象。

（三）研究路径

目前，关于我国古籍版刻特征的研究，从“观风望气”到版本目录学的理论考据与目测法，仍以字体、版式和纸墨作为衡量标准。宋代雕版印刷的规模化发展，使宋刻本内含标准化的设计规制。本书以类型学和几何学为理论依据，通过实地调研和图像分析，选取具有精确版框尺寸记载及出版主体的宋刻影印本 440 本，以尺度和网格为切入点，提出宋刻本版面范式设计研究的新视角和新路径：一，以尺度标准和网格系统为方法，探索宋刻本规模化技术生产的设计规律。在宋代雕版印书设计的用尺上，主要有营造尺、浙尺和福建乡尺三种尺度标准。宋尺有长度标准的不同，有时间线上官尺与地方用尺的相互转变。通过宋代尺度体系在时空中的发展变化，以宋刻本版面范式的尺度设计为线索，或许为版本鉴赏提供一条并行的研究路径。二，从雕版写样工序之前的“选式”探索，以《中国版刻图录》《中华再造善本总目提要》为视觉材料，通过统计具有精确版框尺寸记载的宋刻本，分析其“一版双面”的书版规格具有一定的比例规律。三，在现代设计语境下，以写样稿网格设计为切入，探索宋代版刻表象特征之下潜藏基于宋寸模块网格系统的设计规律。即，以宋尺宋寸为基本尺度单位，基于模块网格状结构，并遵循一定分割规律的网格系统。刻本“字大行疏”或是“版面紧凑”，均为宋寸模块网格结构的比例分割结果。隐性的网格系统以三分法的美学标准阐释宋刻之美。

四、研究方法

本书主要采用六种研究方法，分别为：一、文献调查法。调查整理古籍图书馆、博物馆、图书馆数字资源的宋刻本影印版本及图像资料，收集分类建库。二、信息可视化方法。以设计几何学为理论依据，跨学科研究宋刻本版面范式设计中关于比例与构成的形式原理及审美取向，利用信息可视化图谱，直观、显性地展现宋刻本版面范式设计规律与标准。三、模型构建法。以“尺度标准”与“网格系统”为研究路径，构建基于宋尺宋寸模块网格系统的设计模型，以微观钩沉，提炼宋刻本版面范式在历史宏观发展中的设计趋势。四、系统分析法。运用系统分析方法对宋代政权统治、经济结构、文化治理、社会规范与雕版刻书设计生产的整体与部分进行动态关系研究，揭示宋刻本版面范式设计与出版体制、生产模式、书籍体例等要素之间相互作用的规律特征。五、数据统计法。通过文献资料考证，统计分析具有精确版框尺度记载的宋刻本，综合利用定量分析与定性分析手段，研究宋刻本版面范式设计尺度参数，归纳比较版面视觉要素内在关联的设计标准与比例规律。六、访谈法。访谈雕版印刷技艺国家级、省级非物质文化遗产传承人、著名设计师、艺术史家、历史学家、社会学家、人类学家、版本目录学者等方向专家，实地考察古籍雕版印刷工序，记录刻版设计的生产流程。

五、主体内容概述

本书从追溯宋刻本版面形制渊源，到探讨宋刻本版面范式设计研究的新路径与新视角，以版本类型学分类研究宋代浙刻本、建刻本及蜀刻本的版面范式设计标准及其规律成因，具体章节内容总结如下。

第一章，主要在设计学视域下探讨宋刻本版面设计的渊源与流变。从技术与审美两个层面考察宋刻本版面形制的设计特点、设计成因及其作用。设计学视域下，宋刻本版面形制由版框、界行、字体、版口、书耳及天头地脚为主的六大模块构成，呈对称式布局结构。溯其缘由，这种特定的版式风貌上承对竹木简书的符号提炼，下受雕版印刷与蝴蝶装帧的技术影响，既有仿古情怀的审美意识，亦是介质流变的直接产物。宋刻本版面范式设计的生产背景离不开宋朝社会外缘和内在理路的条件制约。宋代崇文抑武的政治策略、城市化发达的重商经济、儒释道并行的学术思潮，以及雕版印刷技术的空前发展等条件，促使宋刻本的版面形制兼具造型取意的审美旨趣及印制装帧的实用功能。物有本末，在宋代外缘条件与内在理路的催生下，宋刻本的版面形制内含技术与审美融合的设计机制。

第二章，提出宋刻本版面范式设计研究的新路径，即尺度标准与网格系统。宋书之贵，不仅贵在古籍自身的文献价值和文物价值，还贵在其作为雕版印刷技术产物的设计思维及美学原理。作为百物制度的生产标准，度量衡的尺度测量为雕版印刷的大量生产提供了技术基础。因此，宋刻本的版面设计离不开度量衡基本尺度的使用。目前关于宋刻本版式的尺度研究多停留在对刻本行款及版框尺寸的著录上。因此，在现代设计语境下，笔者更想通过图像分析，探究其版面范式设计的尺度标准，进而分析不同地域，宋代刻本版式内在的设计规范。宋代刻本印量大，为保证不同出版机构、不同出版地域版刻生产的通用性，宋刻本版面范式设计以宋代营造尺为主要的尺度标准。宋室南迁，临安地区的地方浙尺一度成为南宋的官尺标准，地方用尺及官尺之间相互通用。因此，宋代四大刻书中心地域的刻本版式设计存在多种尺度的用尺标准，呈现地缘性的尺度联系。

此外，以设计学和类型学为理论依据，通过现代版式设计方法，以写样稿格子为切入点，以界行与版框为宋刻本版式内部分割与外部比例的设计标准，构建基于宋寸模块网格系统研究宋刻本的版面范式设计。通过选取具有精确版框尺寸记载及出版主体的宋刻影印本，图像论证潜藏于宋刻本版面范式表象之下，刻版生产的设计路径是以尺度为规制，并内含基于宋尺宋寸的模块网格系统。以宋代尺度系统的发展脉络及网格系统的标准与变化，进而理解宋代雕版印刷优于活字印刷的内在原因，即，通过对整块印版的网格化设计及多元化设计，从而满足宋代官府书业批量化与标准化的生产需求，以及民间刻书产业以市场为导向的多样性需求。尺度标准与网格设计的科学性和逻辑性，不是量化宋本美学，而是透过表象的版刻特征，揭示宋刻本版面范式设计背后的隐性规律，或许为宋刻本的版本鉴赏提供一条并行的研究路径，拓展宋刻本版面范式设计的研究范畴。

第三章，从形式原理与审美意识的层面探寻宋刻本版面范式设计的文化内涵。本章通过前一章节的研究路径进一步从形式原理与审美意识的视角探讨宋刻本版面范式设计的文化内涵。在《周礼·考工记》《营造法式》两部官书为百工造物建立的“模数制”生产标准的借鉴下，探索宋刻本版面范式的空间秩序与布局设计。从书法文本版面分行布白的表层现象到内在形式原理的推演，归纳并提炼其中的美学原理与造物逻辑。以模数等级为形式原理的刻版方式，基于比例而非绝对尺度的设计关系塑造了宋刻本行款上下错落的布局秩序及版面空间布白的形式节奏。由表及里，宋刻本版面设计内在基于尺度的模数等级结构内含“分类”式的哲学思维，并坦诚地表现为宋刻本版面范式横向分割“三分法”的尺度规律。比较中西版面三分法的设计之道与设计之法，宋刻本设计分数运算下“叁分其长”及典型的九宫图式在审美层面映射出我国古代数理逻辑及三生万物的造物智慧。

第四章，浙刻本版面范式设计研究。浙江以杭州为中心的刻书地域有其特殊的政治地位，关注北宋到南宋政治地理格局变迁过程的发展与演变，分析浙江刻书出版机构与市场需求对刻本生产的直接影响，从中窥见以官府刻书居多的浙刻本及浙本系统的刻本版面范式设计规律所呈现的宋代皇权与士大夫政治职能大气恢宏的审美取向。具体表现为：其一，浙刻本的尺度标准为宋代营造尺及浙尺，也有少数浙本系统有太府尺及淮尺的尺度情况；其二，浙刻本的行款样式与文字群体的层级关系受内在网格结构纵横分割的设计制约，行款疏朗的多样性实则为纵向宋寸单元格 1:2、1:3、1:4、2:3、2:5、3:5 这六种主要的设计标准变化，而行款布白的高底错落则为横向 1:3 的设计结果，即基于宋寸三分法为长度比例的审美规范；其三，浙刻本中的官刻本一版双面，版框高广的比值吻合宋刻本版框尺度范式 7:10 的一般规律，而以临安陈宅书籍铺刊印为代表的坊间刻本，一版双面的版框高约 8 宋寸，宽约 5.5 宋寸，内在网格结构的分割比例与书版规格等设计要素则自成体系。

第五章，建刻本版面范式设计研究。本章讨论宋代朱子理学思想传播背景下福建民间刻书出版产业化的营销手段与书籍体例的变革，促使建刻本版面范式的系统创新设计，由此探索宋代福建地区雕版印刷工艺的技术发展与大众文化形态的内在联系。设计学视域下，坊间书商为使版面设计达到美观与实用性并重，形式配合内容的发展，设计出导向性的图形符号、版式区域化的文本层级关系、装饰性的牌记样式，以及多样性插图与行款的系统设计，达到形式与功能的统一。从设计路径上来看，笔者以宋代营造尺和福建乡尺两套尺度体系构建基于宋寸单元格的模块网格系统，对宋建本的版面图像进行对比与分析，发现不同版刻特征的宋建本有其内在的版面范式设计规律。即宋建本书版规格主要有7:10和3:4的比例规律，并且行款格式受隐形网格分割标准的设计制约，纵向为1:2和2:5两种分割标准，横向为1:3。由此说明，雕版印刷技术比活字印刷更具有灵活性与实用性。一整块印版可根据刻本内容与形式、成本预算的需求，做装饰趣味性的设计，或改变字体大小、或设计行款格式的疏密。大众文化形态下，以市场为导向的宋建本版刻特征变化多样，并受内在网格系统的设计规范制约，实现宋建本的多样性与标准化生产。

第六章，蜀刻本版面范式设计研究。留存在世的宋蜀本因技术限制而版刻特征显著，尤以存世小字本两套版刻系统为典型。本章以宋代尺度系统的时空发展变化及网格分割规律为线索，从设计生产的视角，通过模型构建与影印图像分析，比较宋蜀刻小字本版刻系统设计在书版规格、行款格式等视觉层面的规律变化及其成因。研究发现，宋蜀刻十一行本与十二行本不仅是表象行款多寡的变化，潜藏之下的更是内在宋代营造尺向浙尺的度量标准及宋寸模块网格结构由纵向两宋寸六等分到五等分的设计演进。受宋代刻书中心时空地域化整合的进一步发展，蜀刻小字本书版规格从 6:7 到 7:10 的规律变化，从中亦可看出宋代蜀地开放性的学风动态及士人文化与印刷技术之间的交流与互动。

本书试图从设计学视域解读宋刻本的版面范式设计机制，进而揭示不同时空下宋刻本版面范式设计的发展规律，及其内在演化与趋势。综上所述，本书是对宋刻本版面范式设计的研究，更是对东方造物的设计思维和方法路径的探索。将版本学的基础落于设计艺术研究领域的新理论上，为印刷史、出版史、书籍史等方向敞开新的研究视野。笔者以尺度标准与网格系统为线索，不是量化宋刻本版面范式的设计美感，而是希望通过对版面视觉元素内在设计关系的路径与规律的探讨，洞察宋代以雕版印刷为主导工艺的版刻印书设计的造物思维及其内在缘由。最后，在时空维度观照宋刻本版面范式设计的发展脉络，尚需深入北宋至南宋时间线索的比较研究。由于宋代诸多刻本的成书时间不详，本书以版本类型学为理论依据，主要从纵向空间层面分类研究宋代刻书中心地域浙刻本、建刻本、蜀刻本中官刻、家刻与坊刻本的版面范式设计的规律特征及变化成因，分析宋代地域整合现象对刻书设计工艺生产之间的交流与影响。后续希望从历时性角度深入推进宋刻本版面范式设计与元、明、清印本版面范式设计的发展脉络研究，比较中西印刷技术与书籍文化之间的交流与互动。在国家古籍数字化多学科交叉研究领域，深化概念与方法的创新。从国家古籍数字化工程的角度构建宋刻本版面范式设计模型，考虑文本格式、版面格式与数据格式之间的关系，进一步优化宋刻本版面范式设计的基础研究与应用研究之间的互动关系。

第一章
设计学视域下宋刻本版面形制的渊源与流变

古籍论善，言必称宋。版式作为版本鉴别的重要标尺，宋刻本的版面设计为后代提供了参照样板。在设计学视域下，宋刻本版面设计的视觉元素内涵宋代物化了的意识形态，并兼具美学与实用性特点，亦是雕版印刷与蝴蝶装帧的共同产物。那么，宋刻本版式元素的设计单位是如何产生的？在介质流变过程中，版面形制的美学特征与阅读功能的内在联系又是怎样的？由于现代版面设计流程和审美标准仍然基于西方版面设计的方法路径，而宋刻本版面范式设计作为视觉东方书籍设计的重要典范，首先要厘清我国古籍版面设计术语与西方现代版面设计术语之间的区别和联系，从而了解宋刻本各版面设计要素所起的作用及相互间的关系。具体来看，现代平面印刷品的出版术语，有版心、版面、开本、版式。其中书籍开本大小是基于德国 ISO 国际标准纸张尺寸规格。ISO 系统是基于高宽比例为 2 次方根的比例关系而制定的纸张大小标准。这一体系形成了 A/B/C 三种型号的纸张规格，适用于大多数不同印刷品的纸张规格要求。而版面格式的构成要素又包含开本、版心、文字、行宽、分栏、标题、图片与插图、线与花边、页码等。其中开本是指平面印刷品的基本外在形态，或长或方，或矩形或异形。版心是指文图等要素在页面上所占的面积，是版面上的印刷部分。版心的设计主要包括版心尺寸（大小）和版心在版面中的位置。[1]版式，是指书刊正文部分的全部格式，包括版心大小、每页行数、每页字数、字体、字号、行距、图片的排版位置等。[2]我国现代版面设计的教程，关于“版心”“版式”的解释莫衷一是。比如“版心，亦称版口，是每一页上容纳文字或图画的面积，版心四周有些空白处，上方叫作‘天头’，下方称‘地脚’，靠近书口的叫‘书口’，靠近书背的叫‘订口’”。[3]类似对“版心”的定义混淆了现代版面编排软件中的“页面设置”与古籍中“版口（书口、版心）”的概念。基于此，笔者从现代设计的角度解读宋刻本版面形制的渊源与流变。

第一节　仿古渊源：宋刻本版面形制的符号提炼

后代刻书多翻宋椠[4]，随着造纸术与雕版印刷技术的相互促进发展，宋刻本的版面形制日臻成熟。在设计学视域下，版面设计包含两个内容，一是版面的编排设计，即将单页面中的视觉元素进行组合编排；二是版面的版式设计，主要针对多页面的印刷品进行的整体布局形式的设计。[5]从单页面的视觉元素来看，一版宋书，通常由六个主要部分构成，即版框、界行、版口、字体、书耳、天头地脚。其中，版口区域又包含鱼尾、象鼻、黑口或白口三个视觉元素，如图 1 所示。宋刻本中的各项基本元素相互间的比例关系和空间布局凝结着书籍生产和书籍形态的智慧。那么，这些设计元素是如何形成的？其沿革、发展、变化的原因又是什么？

1. 易忠、杨晓芳编著：《版面设计》，合肥：安徽美术出版社，2007年，第24—28页，第二章版面格式的构成要素。

2. 程娇华主编：《InDesign CS5版面设计与制作》，上海：上海交通大学出版社，2011年，第2页。

3. 曹琳主编：《书籍装帧与版面设计》，北京：高等教育出版社，2001年，第93页。

4. 曹之：《中国古籍版本学》，武汉：武汉大学出版社，1992年，第550页。

5. 同注1，第1页。

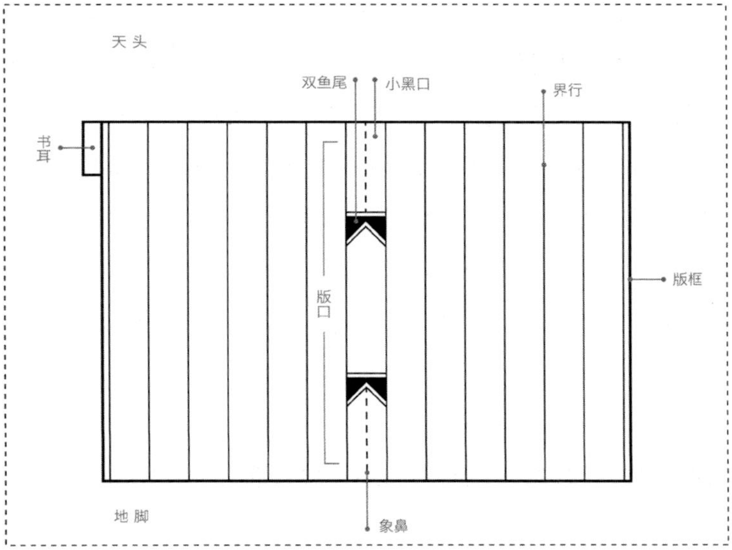

图 1 宋刻本版面设计的视觉要素（图片系作者绘制）

（一）界行：竹木简书的遗风余韵

宋本书页，先请善书之人将手稿誊抄纸上，在字行之间画出直行格以避免书写倾斜。这种直行格是直排字行之间的分界线，称为界行。界行的设计一方面是规范版面，避免偏斜的网格结构；一方面被认作是竹简木牍遗风余韵的符号形式[6]。追本溯源，早在以竹简和缣帛作为书籍材料的版面中即有界行的雏形。西汉末期，书籍载体的固定形态出现了简册、版牍和缣帛书卷。竹书简策是由一片片竹片编连成策。其行文书写以单片竹为载体，竹片与竹片之间的边缘界限形成分割直排之间最早的界行。而版牍则是采用加工后的木板书写其上，十分笨重。到丝织缣帛作书，其材质的可收存性形成卷的展读方式。“刘向为孝成皇帝典校书籍二十余年，皆先书于竹，改易刊定，可

6. 钱存训：《李约瑟中国科学技术史・第五卷，化学及相关技术・第一分册・纸和印刷》，刘祖慰译，北京：科学出版社，2018年，第26页，“不仅从上至下，从右至左的书写习惯可能来自竹简木牍，而且现在中国书籍的形式和许多通用的术语同样起源于竹木简牍。”

缮写者以上素也。”[7]可见，以丝织品缣帛为材料的帛书早先是以竹简方式作为书写参照。出土帛书中的边栏界行，或用笔画，或以丝线织而成。黑色的，称为乌丝栏；红色者，称为朱丝栏。在印于9世纪的《一切如来尊胜佛顶陀罗尼经》，及唐代的印刷品丁酉年历书残页中，也可以见到版面排列细密的界行。[8]由此可知，在印版前的手抄稿中，界行就被设计和规划使用。从书籍材料的演变来看，竹木简牍沉重，而缣帛昂贵，直至纸质品的出现，版面对界行的使用也从写本发展到印本。界行元素沿用至宋，既是竹简木牍遗风余韵的符号提炼，亦兼具规整版面的具象功能。

（二）字体：唐楷正体的书风承袭

黄永年在《古籍版本学》将版刻字体列为古籍版本鉴定中重要的基准。同样在版面设计中，字体也是极为重要的设计要素。书同文字，书法是汉字，具有表意的功能，同时在形式上还有笔画、结体、墨色、章法等特征。在版面设计的范畴来研究宋刻本的雕版刻字，主要是对书法结体、章法而言，减弱汉字文本内容的功能作用。从观风望气到对字体的类型学分析，在前人学者的研究中可知，宋刻本以楷体为正体，有瘦者如欧阳询与柳公权笔法，有肥者如颜真卿笔法。并且，不同地域的刻本呈现出不同的书体风貌。宋代书法尚意，有苏轼、米芾等大家倡导不愿拘泥于笔法技巧，而追求自由浪漫的书风主旨。在这种约定俗成的书法气候下，却没有影响宋刻本以楷体为正体的选择，究其原因可推及两个方面。一是楷体的书制规范，即自唐朝以来宋代的职官制度和科举考试制度对楷书的法制规定。二是楷书的正体地位。唐人将楷书纳入正书体系，并有相关“楷法”的理论支撑，之后，五代宋元承袭唐朝字体书风。并且，楷书自身的结体特点也更适合于雕版刀刻的书写方式。

---

7. 李致忠、芦婷婷：《中国古籍十二讲》，北京：北京联合出版公司，2018年，第9页。
8. 同注6，第137页。

首先来看楷体的书制规范。楷书尚法，唐朝尚法。有“楷法第一”称谓的欧阳询著有结字理论《书法》。他认为，结字要四面停匀，八边具备，短长合度。书中记录了三十四种学书方法，是对楷体书写规范的总结。明以后又增加“覆盖”“捷速”两法，故又名曰《三十六法》。欧楷的结构围绕“尚风骨”“求骨力”，是唐代书法变革与发展的助推力。唐王朝李世民在政治上推崇“励精图治”，在书法上亲书《王右军传授》，倡导“神气冲和”与“求其骨力”的艺术主张。并将楷书作为科举考试的正体，规范了考试字体。并且，唐朝科举考试设有“明书”科目。“明书科”的考试要求即写规范的楷体字，同时要求楷法遒美。这项规定不仅统一了科举考试的字体要以楷体为正体，并且为考生建立了以楷书为字形规范的审美标准。以上都从侧面反映了楷书尚法与唐朝统治者法制内涵的内在关系。

到宋代，职官制度中设有专门的“楷书”吏，他们主要负责以楷书抄写图书、档案或与政治相关的文书。尤其是秘书省的楷书吏，每日需抄写大量书籍，并且对写字的工作量也有明确的要求。楷书吏在北宋初期俸禄很高，到徽宗时期，工资更是大幅度提高。在浙江地区的官府刻书中，常见的版口上记字数，下记刻工姓名，或许与楷书吏和刻工的俸禄有关。唐朝科举考试，考生需有达官贵人的举荐，方可参加考试。到宋太祖赵匡胤，为避免士子通过行卷与朝廷官员结党营私，以及第进士皆为天子门生为由，废除了公荐制的政策。这从客观上促使“学”与“仕”的直接联系，使寒门弟子亦可参与科举取士。宋代的科举制度改革，主要是废除了唐朝科举公荐制的政策，虽没有“明书科”，但评卷人对士子需有精熟楷书的书写能力的要求已变为约定俗成的要求。

再看楷书的正体地位。古代文字的形态变化，从甲骨文字的原始书法记录语言到刻版印刷的产生，书法的实用功能逐步削弱。由毛笔书写工具到刻刀工具的转变，楷体作为宋刻本的正体有客观必然性。古人谈宋书精美，称赞其纸香墨莹、雕版精良、字画如写。这里的字画如写，是从书法艺术的角度与活字印刷本作比较。宋刻本由善书之士，誊写上版。刻本以楷书为正体，劲险刻厉，又不失清雅之致。而活字印刷本的字体则是由单个方块字组装拼凑为整版篇幅，字与字之间受活字方块的尺度影响，缺少书写艺术一气呵成的章法布白之美。那么，书体风格历经篆、隶、楷等众多字形的演化，宋刻本却以楷体为正体，原因何在？尤其楷书与行书差不多同时期出现，自汉末，楷书被广泛使用。大约在东晋发展成熟，至唐朝，楷书在正书体系中居于核心地位。究其原因，除了上述楷书尚法与唐尚法之间的政治联系，楷书自身的结体结构是成为正体的主要原因。楷书的笔画分立更适合印板雕刻，而行书的笔画连带。楷书强调结体，对字的笔画组合关系既追求变化，又有法度标准。在功能上，楷体规范的笔法和端庄的结体，更便于刻工镂版；在美学上，其圆润秀逸的笔画和严谨平稳的结体，为善书刻工提供了审美标准。所以，楷体会成为宋刻本的印刷正体，毋庸置疑。

宋刻本字体分肥瘦两种，瘦者学欧、柳；肥者学颜。欧阳询、颜真卿、柳公权三家字体皆为楷体。楷体字在刻本中的使用，一方面与其书法的结体密切相关，另一方面也源于其在唐朝时的正体地位。从雕版印书的用材和工艺来看，雕版印刷通常选材木料，也有少数使用铜版用于大规模印制文书或纸币。雕版木刻，匠师一般顺木纹切割。而楷书结体讲求“方端匀称”，这使楷体字间架结构的笔画布局匀美、适宜，符合印版刀刻的工艺需求。此外，楷体历经篆、隶等字体的演化，在唐朝确立了正体地位。唐代正楷作为书法的正统和规范，不仅在科举制设“明书科”规定科举考试的书写体为楷体，而且在结字理论方面，有欧阳询《三十六法》从书写结构等层面阐明了学书的方法。这些政策和著作，为楷书字形树立了遒美的审美标准。因此，楷体成为宋刻本的印刷规范字体，很大程度是对唐代正楷的书风延续。

字体特征向来被看作是古籍版本鉴定的首要标尺。区别不同地域宋刻本版面范式的很大因素是基于欧、颜、柳三家书体的异同。由于雕版印书的工序包括写工和刻工，最终呈现的版面面貌又是结合了以上两道工序匠人的风格特点，因此，从艺术层面也是宋本之善的魅力所在。关于欧阳询、颜真卿、柳公权三者异同比较，已有学者从书法角度的笔法、笔画、结体、墨法、风格和章法特色这六个层面做了详细论证，现总结如下。欧、颜、柳三家书体的相同处在于，楷书的结体标准为“四面停匀，八边俱备，长短合度，粗细折中”。楷书的三个共同特点，一是强调端部与折点，提按起到引人注目的地位，二是点画端部及折点的用笔变化，使藏锋、留笔在楷书中获得重要意义，三是少数笔画保留了使转遗意。在章法的行列布局中，欧、颜、柳体一般为竖成行，横成列，汉字书写基本摆放在字格的中间，非常适合刻工刻版。

不同之处可从以下六点分析。第一，关于笔法。欧体起笔如刀切，主要运用方笔，其收笔干净利落，字的主笔画以露为主，笔画粗细一致；而颜体起笔逆入，以圆笔为主，笔画含蓄，以藏为主，笔画横细竖粗；柳体起笔收笔方折凌厉，以方笔为主，藏露结合，以藏为主，其长画较细，短画较粗。第二，关于笔画。以欧阳询的《八诀》为理论依据，欧体侧点圆润饱满，竖点上宽下窄，呈倒三角形；横画左低右高，向上倾斜 10° 左右；竖画均为逆锋方起。颜体因有棱角，侧点一般呈四边形，竖点上宽下尖，呈三角形状；长横线条窄细，收笔顿挫，形成较强的装饰性椭圆点；短横线圆润，悬针竖粗稳实，捺画蚕头燕尾。柳体侧点腹部平直，竖点呈马头状，竖画均为方笔，头部呈左弯马头状。第三，关于结体。欧体结体有长、稳、严、险的特征；颜体有阔、正、稳、严的特征；柳体的结体可概括为舒、长、严、稳。第四，关于墨法。虽然欧、颜、柳大家重视墨法，从用墨方法彰显各自风采，然而在刻本制作过程中，刻工将反贴在印版上的字迹用刀刻出，便失去墨法的韵味。第五，关于风格。欧体有清秀之美，颜体为雄强之美，柳体有劲健之美。第六，关于章法。从行列布局来看，欧体字横列的角度在字格的中间，竖列的角度则偏向字格的左边；从行气变化来看，同样大小字格的欧字最小，颜体字大撑格，柳字居中；从字距行距来看，欧字布局疏朗，颜字布局紧凑，字距、行距都很小，而柳字布局豪放。通过欧、颜、柳体的异同分析，可见不论宋刻本的写工崇尚何种书体，楷体法度严谨、清秀俊美的书法风格，都在欧阳询建立并总结的规范之内。三家书体虽有异同，但楷书的正体地位具有指导作用，使书写变得有规律可循，有标准可依。

（三）书耳：卷轴签牌的功能借鉴

书耳，版框外左上角的长方形线框。书耳内常刻篇名、室名等，是对卷轴装签牌设计的功能借鉴。以竹简木牍为载体的古籍采用卷轴式的装帧形式。即用绳线将竹简木牍上下串连成册，并从左向右卷成轴型，便于收纳。因竹片量大，简策厚重，查找翻阅时不便拿取，故在轴头系上签牌，标明书名或卷次，便于查找。卷轴式书籍不受材质制约，分为卷、轴、褾、带、签五个部分。[9]从旋风装、经折装，再到蝴蝶装，宋刻本逐步确立了册页式的书籍形态。这种可以翻动的“页子”，轻便且便于查阅。“为了显示不同书或同书不同卷之间的区别，又常在每卷之前用一根单简标注篇名。又为了显示哪篇属于哪本书，于是又在篇名下标注书名。”[10]。这种实用功能性的设计，形成宋刻本版面“小题在上，大题在下”的布局特点。同时，用来模仿简牍中标注卷名与书名的签牌设计，则在书籍形制的演变中被提炼为宋刻本版面边框外左上角的长方空格，因其形态像耳朵，故称书耳。

（四）天头地脚：天父地母的空间取意

宋刻本版框以上的空白处称为天头，以下为地脚。天头地脚，是相对于宋刻本的开本而言。然而，现代对宋书开本大小只停留于版框高广的记载，没有记录纸张外沿的确切尺寸。这大概是因为历史更迭，宋刻本弥足珍贵，书籍的纸张外沿多磨损，故宋书边缘尺寸无从考据。从功能性来看，天头往往大于地脚，以供读者作批注。从名称来看，“天头地脚”内含道家主张的“天父地母”文化观点。宋代理学会通儒释道三家思想，而“天父地母”始于《周易·说卦传》：“乾，天也，故称乎父；坤，地也，故称乎母。”道家的“天父地母”的图式隐喻内涵人与自然一体性的原则。宋刻本版面形制中“天头地脚”的设计元素是对“天父地母”的空间取意。

---

9. 李紫鸥：《古籍版本收藏入门不可不知的金律》，济南：山东美术出版社，2011年，第13页。

10. 李致忠：《历代刻书考述》，成都：巴蜀书社，1990年，第89页，李致忠先生详细论述了宋代书籍形式模拟简牍形制，在纸上描绘上下边栏，在每行字之间也画以界行。

第二节　介质流变：宋刻本版面形制的技术革新

（一）造纸术：宋刻本版面形制的物质基础

纸的发明与革新是宋代雕版印书生产的物质基础，同时也是鉴赏宋刻本的重要依据。由于宋刻本弥足珍贵，很难见到实物，纸张的质地特点只能通过基础常识来理解。在纸质尚未发明之前，简策版牍是我国历史上最早的书。简策和版牍在形式与用途上不一样。一行字书写在长条形的竹片或木片称为“简”。在竹简或木简上写字后，用绳编连成书，以便于按次序阅读和保存，称为“简策”或“简册”；在加工成板片形状的木料上书写而成的书称为“版牍”。版牍主要用于官府文书、户籍、史册，或记录实物、绘制地图等。在版牍上书写公文为“文牍”。[11] 伴随纸的发明，文字书写的载体具有生产成本低廉、质地轻薄等特征，故而形成了写本书的书籍形态。写本书是用手执笔在纸质材料上书写的书。到宋代，造纸术更加成熟。

宋代造纸受各地区使用原料和制作技术的限制，呈现出多种多样的地域特点。总体来看，宋纸主要有三个特点：其一是宋代造纸技术提高，宋纸用途广泛，不但产量多，而且韧性强；其二是宋代各地区之间造纸技术相互影响，相互作用，有两浙路嵊县的剡纸、余杭的由拳纸、温州蠲纸、鄂州蒲圻纸、北宋末年广南东路的梅州纸、蜀川的麻纸等[12]；其三是宋纸纸幅比前代增大，如《长物志》（卷七）提到宋纸“长三丈至五丈”。从造纸技术上分析，宋纸有四个步骤的改进。首先，将原料捣碎，沤成纸浆；其次，敲冰时节制纸；再次，以纸模抄纸浆；最后，熟纸制造。宋代民间造纸业的兴盛，使以竹和禾本植物为原料生产的纸张逐渐成为印刷用纸，被大量地用于印刷书籍。宋代出版印刷业对纸张的需求，又促进了造纸业的发展。其中宋代竹纸的生产范围不仅在两浙地区，它与福建、川蜀形成三大造纸中心并立的局面。造纸

11. 严文科主编：《汗青·雕版·活字：中国古代的印刷出版》，贵阳：贵州教育出版社，2013年，第16页。

12. 漆侠：《宋代经济史（上册）》，上海：上海人民出版社，1987年，第702页。

技术有了新高度的革新，与刻书业形成良性互动的关系。“两宋时期官府用纸量非常大，不但有皇家用纸、公文用纸和印刷用纸，而且还需要纸来制造盔甲、印制纸币。”[13] 活字印刷术和硬纤维软化技术出现在北宋，却在南宋时期被广泛应用及发扬光大。宋代社会生产全面发展，造纸业和雕版印刷业的生产规模较大，能够形成作坊与工匠之间的联动关系。

（二）雕版印刷术：宋刻本规模生产的技术条件

宋刻本主要指印刷术发明之后的印本书。雕版印刷术实现了刻本生产的规模化及可复制化。这得益于纸墨技术的成熟及捶拓、镂版印花与印章等复制化技术的先导。宋代印刷制墨的工艺流程极为讲究，先将粗松烟研细，再加胶料和酒，制成膏状储存。存放时间越久，墨质越好。印刷用墨有红蓝两色，因蓝墨的色泽稳定而被广泛使用。现在我国主要的两个原生态雕版印刷手工刻印的机构是扬州广陵刻印社和南京金陵刻经处。这两家机构仍然保留了各自独家秘方配置的松烟墨。与制陶业相似，制墨也逐渐以电窑取代传统烧制方法。松烟的物料在当今非常匮乏，因此，关于宋刻本“纸香墨莹”的描述，只能透过现代遗存的物质材料来理解古籍善本的面貌。

“所谓印刷术，就是将文字制成印版（可以是用木头雕成印版，也可以用各种质料的活字排版），再在其上加墨，印到纸上，而成为读物（包括书籍和其他印刷品）的方法。”[14] 这种印刷方法可追溯到捶拓、镂版印花与印章技术。捶拓是一种简单的复制文字的方法。其制作工序先是将湿纸铺在石上，用软刷将其刷匀，使其紧贴于石面上，再用包裹棉花的细布拓包，蘸上墨汁轻轻拓刷于纸面。石板上凹下的文字不着墨，把纸揭下来，故而形成黑底白字的拓片复制品，也称为拓本。凸版印花又称木版印花，这种技术与雕版印刷方法基本一致。凸版印花，顾名思义，花纹图案呈凸起状，在木版上涂上

13. 葛金芳：《南宋手工业史》，上海：上海古籍出版社，2008年，第234页。

14. 祝慈寿：《中国古代工业史》，上海：学林出版社，1988年，第24页。

色浆或染料，再铺上丝织物加压，继而得到花纹线条。这种印花工艺为后期雕版印刷术的发明提供了参考依据。印章是对镌刻甲骨文、金石的继承。隋唐之际，捺印佛教图像的印模盛行。这种将佛像刻于印模并在纸上重复捺印的做法，标志着由印章到雕版的过渡形态。

“雕版印刷术亦称整版印刷术，就是将文字反刻在一块整的木版（或其他质料的版）上，在这块整版上加墨印刷的方法。雕版印刷术的具体内容，通常是使用梨木或枣木版，刻出凸起的阳文反字，再把墨涂在文字（或图画）的线条上，然后在印版上铺纸，用棕刷在纸上刷印，结果就印出白地黑字的成品。”[15] 关于雕版印刷工艺流程，可分为备料、雕版、刷印、版式。[16] 最初的备料工序又包括选料、锯版、浸沤、干燥和平板。与刻本版面设计直接相关的是雕版工序。这项加工过程又包括写样、校正、上版、雕刻四个步骤。首先是找善书之人将文本内容誊写纸上，校正修改后，将写样反贴于版面上版，后将版上有墨迹的地方保留，刻除空白处，使文字凸起呈阳文反字。雕版刻成，由纸墨刷印而成。

宋刻本的版式作为成书面貌更是雕版印刷与蝴蝶装帧的制作过程的一部分。雕版印刷与书籍装帧工艺有序联动。“按照工序的不同，印刷工人可以分工为‘书手’——在木版上书写要雕刻的文字；‘刻工’——亦称‘雕字匠’‘开字匠’，是所有工序中最重要的一环，其任务是雕刻书版；‘印工’——使用雕刻好的书版在纸上印刷；装订工——将印刷后的纸串连起来，撮集成书。每个工序既各自独立，又彼此相连，分工劳动完成印刷图书的任务。”[17] 其实，在北宋时期已有毕昇发明活字。“活字印刷术的含义，就是先雕刻出一个个的单字（即活字），如木活字、泥活字等，或铸造出单字，如铅活字、锡活字等，然后根据发排的稿件，拣出所需的单字，排列成为印版，再直接用油墨就版印刷，或将它翻铸成整块铅版再行印刷。印完之后将印版拆散，

15. 同注14，第408页。

16. 同注11，第26页。

17. 同注13，第252—253页。

将各个单字归还到字架的原来位置上，以便下次排版时取用。毕昇的发明，包括制活字、排版、印刷三个主要步骤，他是用粘土刻成扁平的单字（泥活字）来使用的。”[18] 这种民间工艺没有广泛流传的原因，主要还是活字印刷技术未能达到最初提高效率的目标。活字印刷工艺与雕版最大不同在于，雕版印刷为整版印刷，而活字印刷包括造字和排印。造字为正方形的单元阳文反字，可根据版面内容进行挑选，排印是将活字排成一版直接刷印。为了确保每块活字排印刷墨的平整性，活字印刷初期采用的是泥活字，这就使得活字印刷未能提高刷印的工作效率。雕版印刷术相比手写便捷很多，但与活字印刷相比，若刊刻一部大书，费时、费力，不如不为。但是宋代民间坊刻对于此技术的广泛普及与应用，标志着宋代雕版印刷术达到鼎盛，并作为主流一直延续后代。“宋代除铜版印刷以外，在印刷术上的另一个发展，就是在书籍印刷中使用‘套色版’，印上几种或几页彩色插图。”“套色版印刷有两种方法：其一是将几种颜色都涂在一块印版上，如书籍正文涂墨，眉批涂朱，然后覆纸套印，印出的书籍就是朱墨两色的。这种称为‘朱墨版’。其二是将几种颜色分别涂在大小不同的几块印版上，然后依次逐色套印，印出来的书籍就是多色的，这种称为‘饾版’。”[19] “关于宋代套色版印刷的使用，似尚未由纸币而扩展到书籍印刷。”以上关于技术革新的流变可从时间轴横向理解雕版印刷技术的工艺流程。

（三）版框：雕版印刷的印版大小

版框，是对书版四周围合的直线框而言，分单边和双边两种。四周单线，叫四周单边，也有左右双边，俗称文武边。[20] 从样式上来看，北宋时期多四边单边；南宋多见左右双边、上下单边，内细外粗的版框风格。从名称上来看，宋刻本的“版框”相当于现代出版术语中“开本”和“版心”的作用。首先，“开

18. 同注14，第25页。

19. 同注14，第509页。

20.毛春翔：《古书版本常谈》，北京：中华书局，1962年，第30页。

本”是指平面印刷品的基本外在形态，或长或方，或矩形或异形。从宋刻本的外在形态来看，宋书为竖向开本。在现代编排设计软件中，有一种隐形的线框称为“版心”。“版心”是通过“页面设置”[21]实现的，“版心”所围合的空间区域，可看作为版面设计的编排区域[22]。“版心”和版框的不同之处在于，版心通常是隐形的线框，而版框则是可见的四边围合的黑线。版框所围合的空间区域，可看作为版面设计的编排区域。英文中的版式和开本皆用“format”一词，版式又具有规格和开本形式的意思。从名称来看，宋刻本的“版框”相当于西方出版术语中“版式”的作用。“书的版式是由页宽和页高之间的比例关系决定。不同大小、开本的图书通常具有相同的版式。”[23]而宋书的刻书范围之广、印刻规模之大、刻书机构之多，其版框尺度是宽而广的庄重大气，还是节奏紧凑的雅致严谨，都直接定位了刻本的基调。这些不同大小、开本的宋刻本是否具有相同的版式，版框高广的比例关系起到决定作用。

在宋刻本版框以内的编排区域是包含了界行、字体、版口这三个主要的设计要素。所以，版框又有在页面中确定编排区域的作用，即是除去“天头地脚”及左右白边，以文字和图片为主要组成的部分。宋刻本“版框”的作用是限制宋刻本一版的印字数量、字体大小、界行宽窄及各视觉元素的空间布局。并且，版框高广的比例关系又直接影响宋刻本版面的各个视觉元素的尺度规格。所以，从宋刻版面的由大到小的设计流程和由外及里的空间秩序来看，首先要研究刻本的版框高广的比例关系。那么，从版框高广的比例关系来看是否存在相同的版面设计规律和规范标准？宋刻本版框的产生原因、版框高广的影响因素、版框高广的比例关系又是什么？要解答这些疑问，或许可以从书籍的生产方式和美学原理溯源开始。

---

21. 在word软件中，页面设置包括设置纸张大小、纸张方向及页边距。

22. 陈青：《编排设计教程》，上海：上海人民美术出版社，2009年，第22页。“在平面媒体的设计中，构成元素所占据的空间称为编排区域。”

23. 安德鲁·哈斯拉姆：《书籍设计》，钟晓楠译，北京：中国青年出版社，2007年，第30页。

宋刻本的版框高广主要取决于雕版印刷的印版大小。雕版印刷术之前，书籍形态依附于文字载体和生产方法，可上溯至时代较近的竹木简书和缣帛文书。这两种书籍形态，以卷轴形式装帧，不存在开本大小的尺度关系，文献长短可随卷轴的装帧而增补。如竹木简书，通过一片片的竹简书写，在上下两端用线绳串连。文字大小受长条竹简宽窄的限制，但文章整体容量的多少，主要受竹简片数的制约。若是竹简数量太多不便翻阅和放取，可以分卷次进行多卷装帧。同样地，质地轻柔的丝织品帛书，材质自身的优势是容字量大。将文献手抄记录其上，开本尺幅不受限制，且便于取阅和携带。再到纸质文献，纸张在书籍中的使用可以追溯到蔡恒造纸术之后。宋代的造纸技术可谓登峰造极，除了书画使用的澄心堂纸，更有巨幅匹纸。所以宋刻本的版框高广不受纸张尺幅的制约。介质流变，造纸术与雕版印刷技术相互促进，二者相辅相成。刻本生产，版框尺度是宽而广的庄重大气，还是节奏紧凑的雅致严谨，都直接定位了刻本基调。雕版印刷是先由善书之人誊写纸上，后由刻工将文字反刻于一块木板，制成印版，并施墨其上进行印刷。其最大的特点是由一块整版雕印而成，故也称为整版印刷术。北宋虽然有毕昇发明了活字印刷，但这种拣字排版方式并未在宋代普遍推广使用。因此，现在存世的宋刻本，其版框大小即是印版大小。从书籍生产工序来看，印刷工人在制版之前，一块印版作两页使用，版框内部已经规划出版口、界行、书耳等视觉元素。所以，宋刻本的版面元素与空间布局是需要在善书人誊写之前就统筹设计过的。换言之，宋刻本的版面设计流程应先设版框高广，从而得到中折线版口的区域，继而划出界行，形成行款格式。可见，刻本的版框高广直接影响其他设计要素的大小及排列秩序。

从书籍生产方式来看，雕版印书，行于唐世，精于宋。关于我国印刷术的工序方法，相关文献资料很少有记载。这也是为什么对雕版印刷术的起源问题，学界众说纷纭，莫衷一是。宋刻本的版面设计，先由善书者誊写纸上，再反铺在木板上，最终成型在于印版。在李约瑟的《中国科学技术史》第五卷第一分册纸和印刷章节中有一段记载：“印版的大小视纸幅而定。一般印

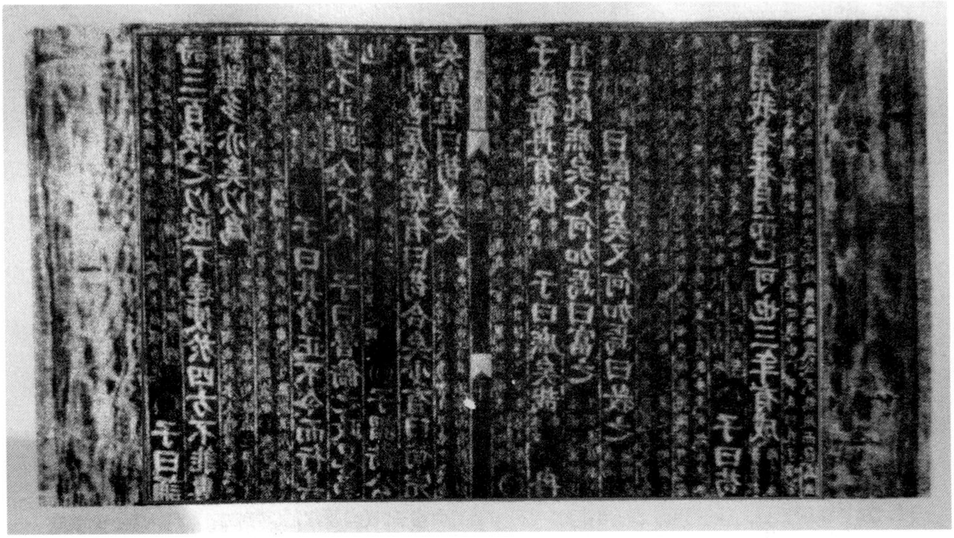

图 2 《论语》正文和注印版（图片来源：钱存训：《李约瑟中国科学技术史·第五卷，化学及相关技术·第一分册·纸和印刷》，刘祖慰译，北京：科学出版社，2018 年，第 175 页图版 1，黑色线框系笔者添加）

版呈长方形，平均宽十二寸，高八寸，厚半寸。印版通常两面都刻，这样每版都印两页，亦即每面正好印出一张对折页。”[24] 如图 2 所示。

可见，宋书的版框样式在印版制作前是统筹设计过的。图片是雕好准备付印的印版。清晰可见，印版是横开本的版框样式。印版中间为整块版框，左右两边留白，但没有剩余天头地脚的空间尺寸。这段记录可以帮助我们对宋刻本的版面设计及版框高广的比例关系建立整体性的认识。古有“一页宋书，一两黄金”，我们通常认为的版框高广为宋刻本的一页尺度。一页，是指宋书竖开本的外在表现样式，即页高大于页宽的长方形。宋刻本一版两半页，版框宽大于高的正确解读，有助于下文建立对宋刻本版框高广比例关系的分析方法。所以在雕刻印版之前，需要统筹设计好版面的各项要素，比如制定版框的高广、制定版面的样式等。版框的比例尺度直接影响到版面中字体、

24. 同注6，第175页。

界行、书口等设计元素的布局关系。版面的尺度制定规范是什么？上文说“印版大小视纸幅而定”。雕版印刷术之前，书籍的形态依附于文字载体和生产方法。从纸张的发展来看，是从普遍共识的东汉蔡恒发明造纸术到唐代有为供商贾、寺院、官绅府邸制帐册用纸制定标准规格，再到两宋时期造纸业和雕版印刷术的繁荣发展。不论纸张质地之精美，还是纸张用途之广泛，单从造纸技术层面来说，宋代可以为迎合书画的特殊需要，生产特大规格五十尺长的“匹纸”[25]。这说明纸张尺幅不受生产技术的限制。那么，影响印版纸幅大小的原因是什么？是书籍开本已有约定俗成的尺度规范？在纸质文献之前，我们的书籍尺度是怎样的？

印版版框高广或许与竹简木牍、石经文书大小有关。上文讲述“界行”的设计是对竹木书简的符号提炼。也有学者认为界行宽窄的规范与竹简木牍的尺度相关。先从竹简木牍的制作方法来看，竹简木牍的装帧形式不受文章篇幅长短的影响，取一定长度的竹竿，剖成一定宽度的长片，经过剖、削、火烘，层层工序，最终书写其上。最后用绳线，将整篇文章的竹简上下穿连，以卷轴方式存贮。这种“一定的长度”“一定的宽度”是否可在文献中找到相关记载？笔者找到如下字样：“长条状的竹简，长度自八寸至二尺四寸不等，分别用以书写经典、文章著作及礼节性文件。木牍之长，一般为五寸至四尺，主要用于公文、私函、短柬。简牍几乎都较窄，有时不过一寸。”这里的寸、尺按汉制，东汉一尺合今 23.1 厘米。卢贤中《古代刻书与古籍版本》有提到，印章和塔石对雕版有启示作用。[26] 拓石，将石刻文字转录在纸上，印章，反字镌刻，印出来是正字。在雕版印刷术之前，关于印文木板尺寸大小的记录有“北齐制……有……印一纽，以木为之，长尺二寸，广二寸五分”[27]。我国现存最早明确注明年份、尺寸的书籍印刷品是 868 年在敦煌发现的《金刚经》。全长十七尺半，印本呈卷状，由七张白纸粘贴而成，每张长两尺半，高十寸

---

25. 苏易简、周嘉胄：《文房四谱装潢志》，长春：时代文艺出版社，2008年，第53页。

26. 卢贤中：《古代刻书与古籍版本》，合肥：安徽大学出版社，1995年，第4页。

27. 同注6，第124页。

半。[28]辛德勇先生在《中国印刷史研究》论述印刷术的基础性问题中，指出印刷术的直接源头来自印度佛教信徒捺印佛像，传到中国后发生转变，形成印刷术。目前已知我国最早的印刷品有密宗信徒印制陀罗尼经咒。宿白先生通过搜集分析唐墓出土的陀罗尼经咒印本，归纳其演进序列，总结规律，发现陀罗尼经中较早的印品由四块印版拼凑捺印到一块整版雕印而成。[29]"五代监刻本经书，入宋以后，日为稀见。"[30]北宋儒家经典的印版很多承袭五代的雕版。有用五代旧版直接印书，也有选善本为底本，找善书者手抄再雕版印制。所以上溯五代时期，找寻五代国子监底本的印制方式。"请依石经文字刻《九经》印版，敕令国子监集博士儒徒，将西京石经本，各以所业本经，多为抄写，仔细看读，然后催召能雕字匠人，各部随帙刻印板，广颁天下。如诸色人要写经书，并请依所印刻本，不得更使杂本交错。"[31]五代史后唐明宗长兴三年（932），宰相冯道请令为文人士子立定读经、写经的范本，依照石经文字，刻九经印版。周秦以来，以石质材料附文字的石质文书很多，或以毛笔书写，或以刀刻之。西京石经，又称"唐石经"，原刻《周易》《尚书》《礼记》等十二种，字体为楷书，标题为隶书。[32]西京石经作为国子监雕印的版本，为官方定本，可见此底本范式对后代北宋雕版的影响。

（四）版口：蝴蝶装帧的对折标准

版口也称书口或版心，是指宋刻本的版面中心区域。版口的设计空间里又包含鱼尾、象鼻、黑白口三个版面元素。版口刻上下鱼尾，上鱼尾的上方空间刻印正文大字和注文小字的字数；上下鱼尾的中间区域刻印书名、卷次

28. 同注6，第136页。

29. 辛德勇：《中国印刷史研究》，北京：生活・读书・新知三联书店，2016年，第260页。

30. 李致忠：《古书版本鉴定》，北京：文物出版社，1997年，第62页。

31.薛居正：《旧五代史（卷一—卷七三）》，长春：吉林人民出版社，1995年，第372页。旧五代史卷四三，明宗本纪九。

32. 同注10，第30页。

和页码；下鱼尾的下方空间则标注刻工姓名或刻印者斋堂室号等内容。[33] 在这里需要说明的是，宋书版面设计的中心区域称为“版心”，也叫“版口”或“书口”。而现代设计语境中的“版心”并非宋刻本版面形制的“版心”。为避免发生歧义，故选用“版口”名称。版口元素的设计用途是蝴蝶装帧的对折标准。

“唐人雕本。叶（即“页”）十三行。每行十五字。字大如钱。有边贤界栏。而无中缝。犹唐人写本款式。作蝴蝶装。”[34] 我国纸质文献的装帧形式在经历了卷轴装、经折装及旋风装之后，受雕版印书一版一张的印书方式影响，蝴蝶装应运而生，并盛行于宋。蝴蝶装，也称蝶装，这种新的装帧形式与雕版印书的生产方式相辅相成。蝴蝶装的设计方法更是巧妙地将每张印好的书页，沿中缝对折，一块印版做两半页使用。所以，在版框中间需要设计对折的空间及参照符号或线，故而形成版口的设计。对折的参照符号即为鱼尾，鱼尾有单有双，双者有顺鱼尾、对鱼尾。“鱼尾”的符号设计，从图形造型来看，具有左右对称的结构；从文化内涵来看，鱼尾本身有平衡和控制方向的作用，也有学者从“鱼图腾崇拜”对其解读，有“时间取向”的哲学思想[35]。而鱼尾上下到版框的空格为象鼻。关于黑白口的名称，是相对于象鼻区域，就对折线的粗细变化而言。象鼻空白无线的为白口，有黑线的，线细的为小黑口、细黑口，线粗的为大黑口或宽黑口。在宋刻本中，以白口、小黑口居多。

蝴蝶装虽然使我国纸质书籍走向册页式的装帧形制，却不乏缺点。其装帧形式是把一版印好的纸张沿中缝对折，印字一面朝内，空白面朝外，再沿右侧书口对折处缝边做书脊。这样的装帧方式使书籍在翻阅时，每隔两页会出现两面空白页。为改善这种翻阅不便的缺点，在蝴蝶装的基础上逐渐形成包背装的装帧形式。包背装使宋刻本的版面设计要素不受任何影响，只是沿中缝对折时，使印字面朝外，空白页朝里。这样对折的方向是以版框以外的空白处做书脊，完美地将空白页夹在里面，避免左侧翻动书籍出现的空白页

33.李万健：《中国古代印刷术》，郑州：大象出版社，1997年，第45页。

34.同注4。

35.李娜华：《中国古书版式与鱼尾来源初探》，《图书馆杂志》2011年第9期。

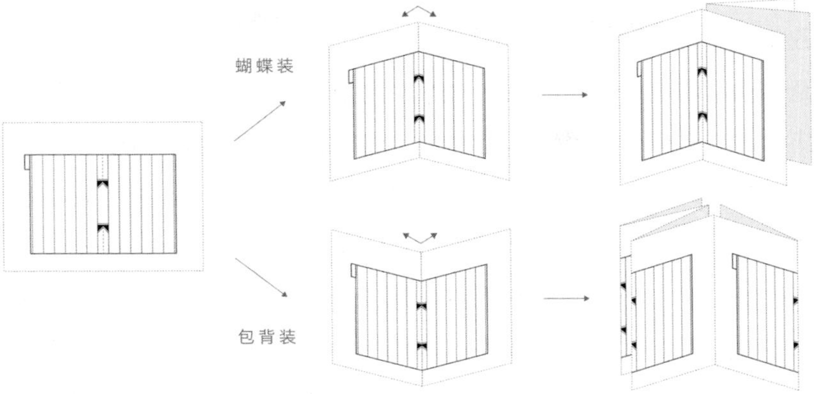

图 3　蝴蝶装与包背装对比图（图片系作者绘制）

现象，如图 3 所示。又因中缝对折处为书籍翻阅的开口，故称为书口。从竹木简书到缣帛文献，再到纸质材料的广泛使用，书籍形态亦由竹书简策装、帛书卷装，向纸书卷轴装、梵夹装、经折装、旋风装和蝴蝶与包背装的形制演变。介质流变促使制书生产技术革新，至宋，刻本的版面形制达到成熟和完善。

第三节　外缘条件与内在理路：宋刻本版面范式的生产背景

宋刻本版面六大设计元素的形成既有仿古情怀的承袭和提炼，还有科技生产的功能性需求。其成熟的版面形制成为后代刻书的定制规范，离不开宋朝社会外缘及内在理路的制约。雕版印刷术自唐五代逐步发展，到宋代达到鼎盛局面。继而，刻本生产成为宋朝举国上下的规模化活动。推源其故，宋朝尚文政策的推动、城市化发展进程的促进，还有商品经济的繁荣与儒释道学术思潮的催生等，实为宋刻本生产的外缘与内理。

（一）崇文抑武的政治策略

从政策上看，陈桥兵变，宋太祖黄袍加身，武将出身的赵匡胤，鉴于唐末方镇及五代军阀兼并之祸，特别注重维持统一的制衡状态。[36] 为加强中央集权，宋廷在政治策略上主要有三项举措。一是，杯酒释兵权。剥夺武将兵权，聚兵京师，保证军权的统一；二是，地方税收送至中央，如盐利归朝廷，以加强财权的统一；三是，为减少地方割据，实行政、军、财三权分立之制。然而，新政流弊，再加之王安石变法的失败，致宋朝南渡。[37] 以上政策利弊两面，宋代刻本印书的大规模生产却得益于重文政策的外延推动。原因有三：其一，宋王朝崇文抑武，士人与官僚结合，重视建立共同体意识，以强化国家统治。如宋代建设中央官学、地方州县学和书院等学校；从北宋国子监到南宋各路级官府部门，中央政府刻书机构偏重于正经正史[38]；宋室南迁稳定后，开始兴办国子监、太学，努力将学校养士与科举取士相结合。[39] 这些思想教育的举措从加强中央政权统治的角度推动了官府刻书的生产活动。其二，科举制改革。从制度上来看，有创立殿试制度；有改“过堂”和“谢主司”之礼为“朝谢”；有创立 “特奏名”制度。这些制度改革，使贡举及第者皆为“天子门生”，从而加强宋王朝君主专制中央集权的统治。另一方面，宋代科举考试打破了唐朝“工商不得入仕”等九品中正制的门第观念，“以文取士”的原则使文化平民化，并形成了崇尚读书的社会风气。市场决定生产，这从客观上为各类刻本生产提供了社会基础及市场需求，从而催生私营经济坊肆刻本的大量生产。其三，隐逸趣味的士风文化。宋朝士大夫治天下，文人获得前所未有的社会和政治地位，亦含有一种崇尚隐逸文化的旨趣。宋室南迁，苟安的心理和腐化的政治加剧了宋朝灭亡的速度。得志当权，积极入世；失意在野，则独善其身。故而，文人士大夫从“仕以行道”的角色意识转变为隐逸观念。

---

36. 萨孟武：《中国社会政治史・宋元明卷》，北京：生活・读书・新知三联书店，2019年，第2页。
37. 郭学信：《宋代士大夫群体意识研究》，北京：中国社会科学出版社，2017年。
38. 张丽娟、程有庆：《宋本》，南京：江苏古籍出版社，2002年，第21页。
39. 张希清：《中国科举制度通史・宋代卷》，上海：上海人民出版社，2017年，第22页。

宋代士风文化的精神面貌也由积极入世、追名逐利的士林风气转向自省内敛、沉潜向内的审美趣味。文人隐逸之风，客观催生了书斋化生活方式的形成，进而推动了宋代书业家刻、坊刻的生产活动。[40]

（二）城市化发达的重商经济

从外缘的社会视角来看，商业文明为刻本生产提供了“求利”的条件。宋廷的财政压力大，但其并没有依靠加重农业税收来解决，而是通过广收商税和以官营商业营利得以实现。因此，推行重商政策，和逐渐形成专卖性官营商业模式[41]，大大刺激了宋代商业经济的发展。宋承唐制，这种采取官府主导下的商卖形式成为国库收入的主要来源。北宋官营商业范围扩大，甚至直接对关系国计民生的大宗日用商品实行官府专卖。其中，刻书售卖变得有利可图，服务教育的官府刻书系统也进行商业出售行为。如公使库机构，本是宋时设以招待来往官吏的机构，后为解决地方政府的财政危机，公使库设有印书局，长年从事雕印业务，利用刻书贩卖以获取利润。

宋代土地幅员狭小，便于人口集中交流，客观上促成城市规模逐渐扩大，并突破了“坊”与“市”的界限，形成“街市”景象。吴晓亮《宋代城市化问题研究》，总结宋代商业和人口的充实与外溢成为宋代城市化发展的主要特征。具体表现为，第一，居民与商业区融为一体，城市布局形成新格局；第二，“侵街”现象的出现，表明城市内部商业和人口发展饱和；第三，草市在诸多旧城外兴起，显示出商业及人口外溢的生动景观。最后，草市为老城经济注入新血液，逐渐改变古代城市政治或军事职能居主的状况。宋代的城市化与经济性城市的形成，人口与技术大规模南迁，加速了长江以南地区城市的发展，镇的经济职能发挥充分。南宋城市商业更加发达，没有区域经济的局限，人口聚居的中心是大型的贸易活动中心。尤其科技教育产

40. 同注37。

41. 昌庆志：《宋元商业文明与文学》，合肥：黄山书社，2017年，第29页。

业与商品流通业相结合，构成了南宋商业比较完善的系统结构。农业经济中粮食产量增加，剩余劳动力转向从事商品生产。各大城市的坊刻书业繁荣发展，市民阶层文化中的刻书、印书、售书形成出版产业链，满足了文化消费及传播。

（三）儒释道并行的学术思潮

北宋皇帝对道教狂热信仰，尤其真宗、徽宗之时，把道教奉为诸教之首。道教的基本教义，除了炼丹气功的修炼，还劝导人们游离现实、超脱潇洒。然而，佛教自汉传入中国，经魏、晋、隋、唐逐渐趋盛，到宋时已与道教两教会通。佛教解决的是人的精神依托和精神归宿，并从宗教信仰的动机、内容到形式对宋代思想产生强大的冲击。故而，百姓家庭生活中的生、老、病、死等实际困难，似乎可以通过拜佛祛病或超度亡灵得到安慰。雕版印刷技术的成熟加速了佛教文化的传播，宋王朝曾五次发动大规模的佛教刻经活动。第一次在宋太祖开宝四年（971 年），卷轴装《开宝藏》历时十二年，由张从信等人在益州（今成都）监雕全藏，版片运至汴梁刷印。第二次在宋神宗元丰三年（1080 年），经折装《万寿大藏》始刻于福州东禅寺等寺院。第三次北宋徽宗政和二年（1112 年），经折装《毗卢大藏》始刻于福州开元寺。第四次南宋高宗绍兴二年（1132 年），经折装《思溪藏》刻于湖州（今浙江吴兴）。第五次宋理宗绍定四年（1231 年）设立大藏经局，开雕全藏。经折装《碛砂藏》始雕于平江府（今苏州）碛砂廷圣院。[42] 可见，外来佛教中的人生哲理、哲学思辨和修养方法已逐渐本土化，并给宋代社会带来强大的文化危机和精神危机。[43] 宋代文教政策尊孔崇儒，但是早在唐晚期与五代之时，“礼乐崩塌，三纲五常之道绝”。加之受外来佛教的巨大冲击，宋代士大夫急需重新恢复儒教文明的价值体系及政教理念以维护宋王朝的统治。以范仲淹“先天下之忧而忧，

42. 同注26，第11页。

43. 朱汉民：《玄学与理学的学术思想理路研究》，北京：中国社会科学出版社，2012年，第4页。

后天下之乐而乐”的担当精神为代表，两宋士大夫群体作为君主“同治天下”的政治主体，促成了“以天下为己任”的“圣贤气象”。他们强调复兴孔孟儒学，“以儒为体，以道为用”，并兼容佛学思想。这种“新儒家”的宋代理学，是理学家们通过对先秦儒家经典的重新诠释，建构的一套以儒家伦理为核心，以性与天道为构架的思想艺术体系。[44]宋儒性理学思潮的代表人物有奠基人张载、二程兄弟，还有南宋的朱熹等学者。宋代理学体现出我国传统思维方式的操作实践性特色。以朱熹私刻本为例，南宋朱熹继承了二程的性理之学，并将其发展到系统化、完善化的哲学理论高度。理学思想之所以能占据两宋思想文化领域的主导地位，与其文化功能密切相关。一是宋代理学以儒家为本体，从社会制度层面将礼乐政治与仁义道德相结合，维护宋王朝的社会伦常秩序，助力统治者加强思想统一；二是士大夫主体意识的觉醒，为个体自我意识提供生命意义与安身立命的依据。宋代理学思潮涌进，促使私家刻本兴盛发展。为传播学术或宣扬家学，刻书人精选善本为底本，往往刻本质量较高。

本章小结

物有本末，宋代重文抑武的政策和科举制改革，使士大夫的政治地位及圣贤气象空前提高。宋代文化事业发达，图书收藏、编纂盛行，这更带动和促使雕版印刷术的成熟发展。图书市场需求大，从民间书坊到政府刻书，宋代图书雕印业达到全盛。宋刻本的版面设计就在此外缘条件与内在理路的影响下产生，其刻本生产的设计思想兼具造型取意的审美旨趣及印制装帧的功能与易读性，而版面形制更是雕版印刷术与蝴蝶装帧技术相结合的结果。在设计学视域下，宋刻本的版面形制由版框、界行、字体、版口、书耳及天头地脚为主的六大模块构成，呈对称式布局结构。其版面形制古法取意，并兼

44. 同注43，第133页。

具生产功能与易读性。溯其缘由，宋刻本的版面设计上承书籍形态演化中竹木简书的符号提炼，下受雕版印刷与蝴蝶装帧的技术影响。这种特定的版式风貌内含仿古情怀的审美意识，亦是随文字书写介质流变的直接产物。在宋代外缘条件与内在理路的催生下，宋刻本的版面形制隐藏着艺术与科技融合的设计机制。

第二章
尺度标准与网格系统：宋刻本版面范式设计研究的新路径

第一节　宋寸之法：宋刻本版面范式设计的尺度标准

墨子言曰：天下从事者，不可以无法义。虽至百工从事者，亦皆有法。古有《周礼·考工记》[1]叙百工之事；宋有《营造法式》，以“材份等级”制规定建筑与结构设计的用材制度。两部官书皆为百工造物制定了尺度标准与设计规范。宋代刻本，书页行款皆有定形[2]，故，刻版印书系统，其揆一也。宋代刻书印量大、地域广、种类多，生产需要量化，大规模的雕版印书必然存在一定的技术基础和设计标准。雕版印刷与造纸术至宋达到全盛[3]，二者形成良性互动，这为刻本生产提供了技术支持。那么，宋刻本版面范式的设计

1.《周礼·考工记》书中记载制车系统、铜器铸造、兵器护甲、礼乐饮射、建筑水利、制陶等各部件组装遵从的规程和尺度比例标准原则。

2. 魏隐儒、王金雨编著：《印刷史话》，上海：上海科学技术出版社，1988年，第41页。“既然书是由一页一页叠起来的，那么雕印木板的大小就和每一页的大小一样。每一块雕板印一页。不过这一页的概念与现在一般书页的概念不同，现在的书页正反面都印字，一张纸有两面，而线装书的每页纸只印一面，另面空白。在装订时从中间折叠起来，印字那一面朝外，每一叶纸只是一页。为了使各页的形式统一，当然求书页有一定规格、书版的形式——版式就这样在宋代开始确定的。”

3. 葛金芳：《南宋手工业史》，上海：上海古籍出版社，2008年，第252—253页。宋代造纸术有了硬纤维软化技术的提升。

标准是什么？从出版机构来看，相同刊印单位的刻本版式基本相同[4]；不同单位的刻本书版规格存在相同的比例规律[5]。从时空变迁来看，不同地域的刻本版式又并非一成不变。例如，北宋刻本的版面形式多白口单边，到南宋有左右双边、四周双边、黑口等新的样式的产生[6]；版刻字体或尚欧体、柳体、颜体，随时代和地域不同，又各有其书风与特征[7]。可见，宋刻本的版面范式有固定不变的，也有形式多变的。变化的是内在需求还是外在影响？不变的是客观规律还是主观能动？基于以上问题，笔者从时空维度，选取宋刻本中浙本系统、建本、蜀本共计 112 本，以出版机构官刻、家刻、坊刻为分类标准，探索宋刻本雕版印刷工艺中的尺度关系，并依据现代版式设计方法理论，构建宋刻本版面范式设计的网格系统。

百物制度的标准离不开度量衡基本尺度的使用。史前社会私有制的产生，使度量衡从原始测量逐渐到萌芽初见雏形。度量衡标准尺度的确立不仅体现在生产检测和具象的度量，更是贯穿我国的造物思想。我国手工业生产开始形成非常智慧和科学的模数制的造物思想，利用基本尺度标准建立可供大量统一造物的生产体系。自“书同文、车同轨”，秦制规范统一度量衡，至宋，量制承传隋唐之制，雕版印刷逐步实现标准化和规范化的生产发展。宋刻本作为古籍善本的典型代表，不仅是雕版印刷与蝴蝶装帧技术的客观产物，更

---

4. 张煜明编著：《中国出版史》，武汉：武汉出版社，1994年，第53页。记载：“陈氏刻书在行款、版式规格上似乎有定制，上述的唐人集的行款、版式规格基本上是一致的。”

5. 孙琬淑：《比例规律与设计标准——宋刻本“一版双面”版框高广的尺度范式研究》，《装饰》2020年第6期。

6. 毛春翔：《古书版本常谈》，北京：中华书局，1962年，第31页。

7. 李清志：《古书版本鉴定研究》，台北：文史哲出版社，1986年，第35—57页。第二章历代版刻字体之研究中有论述：北宋刻书以成都为中心的四川地区最先发展；次为杭州为中心的浙江地区，至北宋末年，转移到以建安为中心的福建地区；北宋版刻字体大抵采用欧阳询、颜真卿、柳公权、褚遂良诸体。就现存北宋版以观，以欧体居多，颜体次之。就地域而言，以杭州为中心之浙刻本，欧体书风者多，南宋浙刻本，多承袭北宋浙本的欧体书风；蜀地多颜体字。南宋版刻字体，初期浙江刻本字体接近北宋杭州刻本遗风，欧体兼取柳体等笔意，至末期产生了书棚本字体，逐渐演变为迄今流行的印刷体“宋体字”。南宋建刻本颜体书风渐失，逐渐演变成松雪体的元体字。南宋蜀本“细审字体刀法”等。

是宋朝君王为加强中央集权统治的工具。北宋初期，为保障医术、儒家正史等用书的正确性，统治者规定相关书籍必须由政府机构才可出版流通。并且，宋代成熟的印刷技术已广泛普及[8]，私家刻书与民间书坊林立，具体表现为刻书印量大、地域广、种类多。此时宋代刻本生产的重点是保障不同地域、不同出版机构印书生产的规模化与通用性。雕版印刷术一直作为刻版印书的主流主导出版业的发展，而关于其制作工艺的官方著书并不多，虽有《梦溪笔谈》记毕昇发明活字印刷术，但这种民间技术并未被社会广泛使用。至清朝，金简受乾隆之命，订正《永乐大典》时，撰枣木活字印刷书版体系《钦定武英殿聚珍版程式》，可视为活字印刷模数制生产系统的典型代表。书中分成造木子、刻字、字柜、槽版、夹条、项木、中心木、类盘、套格、摆书、垫板、校对、印刷，系统而详细地记录了印刷工作的全过程和图解方法。金简叙述，现制作枣木活字套版，一份可印刷各种书籍，相比之前印刷版片省料省时。只需用枣木刻常用字，每一字加十字或百字不等，大小字合计十五万左右；书页、行款、大小、样式，依照规范标准的书籍尺寸制作木槽版；再将槽版照着底本摆放活字，即可印刷成卷。《钦定武英殿聚珍版程式》印书体系中枣木刻的一个木活字为一模数，印书只需根据文章内容按捡字法排印相应数量的木活字即可。活字印刷模数中的尺度比例更多地体现在模件化的生产系统中，其中生产组件高度的可互换性、模数高度的标准化，都是印书大量生产的必备条件。然而，活字印刷术中典型的模数制造物思想自发明起就受到自然社会工具技术等条件的制约，处于被边缘化的境地。[9]雕版印刷虽然不如活字印刷灵活，但作为印书产业的主流技术必有其优势所在。那么，雕版印刷工艺是如何满足刻版印书规模化与标准化的生产需求的？

作为百物制度的生产标准，度量衡的尺度测量为雕版印刷的大量生产提供了技术基础。因此，宋刻本的版面设计离不开度量衡基本尺度的使用。目

8. 同注3，第252—253页。

9. 石琳：《技术学视域下“模件化”印刷技术的边缘化——以程甲本〈红楼梦〉切入》，《装饰》2019年第8期。

前关于宋刻本版式的尺度研究多停留在对刻本行款及版框尺寸的著录上。在现代设计语境下，笔者更想探究其版面范式设计的尺度标准，还原宋刻本设计生产的历史语境，通过对不同地域的分析，试图证明宋代刻本版式内在的设计规范。

（一）官尺与地方用尺：宋刻本版面设计的基本用尺

1. 宋代尺度系统

"度"是指用尺度来测量物体的长短，"量"是指用斗升来测量物体的多寡，"衡"则指用权衡来称量物体的轻重。[10] 度量衡标准尺度的确立不仅体现在生产检测和具象的度量，更是贯穿我国的造物体系。自秦朝统一度量衡，兵工产品逐步实现标准化和规范化，后历经西晋至南北朝的分裂局面，隋文帝建元开皇，重新实现中国大一统[11]。至此，宋代量制承传隋唐之制，官尺由太府寺掌造。宋代尺系就其制造发行、主要用途和通行范围来分，可归为三种类型："一是全国各地日常通用的官尺；二是礼乐与天文等方面专用的特殊尺度；三是某些地区行用或民间惯用的俗尺。"[12] 从时间上来看，宋代官尺可分为北宋官尺和南宋官尺。北宋使用较多的通行官尺主要有太府尺、三司尺和文思尺，其中，在太府尺和北宋文思尺中较为常用的官尺还包括官小尺、营造官尺，以及布帛尺等。其中营造尺也称木工尺，主要用于建筑营造，属于日用尺范畴，可分为法定尺和占簸尺。从用尺形制来看，又有测量长度和角度等常用的测量工具，如直尺、曲尺、规尺。北宋初年到熙宁四年（1071），太府寺是中央常设尺斗秤制作机构，这里颁发的标准官尺有"法式"的职责。但在大中祥符二年（1009）至熙宁末（1077）之间，除太府寺之外，三司成为度量衡新的发行渠道，流通的官尺称为三司尺。其中，三司布帛尺极为常用，主要用于丈量赋税征敛布帛绸绢的长阔及数额。虽然三司尺对布帛赋敛及度量衡

10. 丘光明、邱隆、杨平：《中国科学技术史：度量衡卷》，北京：科学出版社，2001年，第14页。
11. 同上，第319页。
12. 郭正忠：《三至十四世纪中国的权衡度量》，北京：中国社会科学出版社，1993年，第208页。

等的管理实权大于太府寺，但是，三司尺的行用时间有限，元丰间撤销三司后，“三司尺”亦渐趋于消匿。到熙宁四年（1071）十二月，太府寺所管斗称务，归文思院。一直到大观四年（1109），文思尺的规格尺寸主要以太府尺旧制而造。南宋初，“徽宗政和元年（1111）诏令，文思院新造的大晟尺由朝廷降付诸路，并逐级给付各州郡及其属县使用”[13]。靖康之难，高宗南渡，南宋以浙尺作为新的官尺。可见，南宋官尺主要经历了从大观四年（1109）至政合五年（1115）前后制定颁行的大晟新尺，到宋室迁都，取临安府的浙尺为南宋官尺。这种以临安府浙尺尺样制作行用的南宋文思院尺，“南宋‘官尺’或‘省尺’，实为‘浙尺’”[14]。

从地域来看，宋代虽由官府制造度量衡，并禁止民间私造，但根据文献与宋尺实物标明，宋代各地区根据自己的需求制造了地方通行的浙尺、淮尺、京尺、福建乡尺等。“官尺者与浙尺同”，关于浙尺，主要是作为地方尺在浙西、浙东地区行用，本属于地方特殊用尺的临安府浙尺，因南宋定都临安，升杭州为临安府，故被用为样尺，升为官尺；淮尺的通用范围广，不仅包括江北、淮南等处，在北方地区亦有使用；京尺，旧汴京等北方地区用尺。其中，浙尺、淮尺与京尺，这三尺均与官尺之间存在比例关系，或兼作通用官尺，而福建乡尺则是一种纯粹的地方用尺，如图4所示。

如建筑营造有用材制度，宋尺量制承袭隋唐之制，形质既异，大小亦殊，刻本生产亦离不开尺寸度量。那么，宋人雕版印刷，印版规格度量究用何尺？陈国庆《古籍版本浅说》中记载：“我国目录家著录版框的大小，始见于瞿中溶古泉馆题跋。不过，每举一书，止说到大版、中版而已。至缪荃孙作学部图书馆善本书目，才用尺寸记版框的高广。此后，版本学家踵而效之，多用营造尺为度量的标准。如涵芬楼影印四部丛刊，在每书的扉叶（即“扉页”）后边，特记原书版框高营造尺若干寸若干分，广若干寸若干分。但营造尺不

13. 同注12，第209页。

14. 同上，第218—226页。

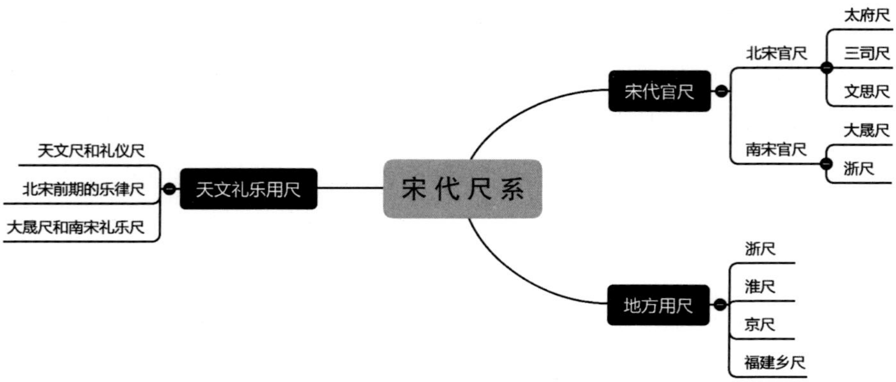

图 4　宋代尺系（图片系作者绘制）

如公尺之精确且通行，今后图书馆著录，以采用公尺为便。”[15] 综上所述，刻本生产的用尺标准多用营造尺为准，又因宋代尺度系统较为复杂，官尺与地方用尺之间存在通用关系，不同时期、不同地域的地方用尺又兼有官尺之制。因此，除了宋代官尺，营造尺、浙尺、淮尺、京尺和福建乡尺等都有可能影响宋刻本雕版印书的生产活动。宋代科举学而优则仕，宋室稳定后，便大力兴办国子监和太学。官府印发儒家经典和教科书目，无论从刻书内容还是版面形制都具有国家典章制度的规范，其版面设计中的度量关系亦有宋代官尺的法制标准。宋代的官刻本，北宋监本存世极少，南宋初期的官刻本多翻雕北宋监本，用尺标准自然有北宋营造官尺的量制。而从宋代法定用尺演变和考订来看，宋尺又分官府用尺和地方用尺。建炎南渡，重新刻版的刻本生产亦具有杭州地缘尺度特征。所以，除营造官尺，地方用尺也需考量。

2. 宋代进制法则和计量单位

（1）进制法则

我国古代度量衡制定了五个基本长度单位值标准，并规范各级单位以十

15. 陈国庆编著：《古籍版本浅说》，沈阳：辽宁人民出版社，1957年，第50—51页。

进位值制的计数法。例如中国古代井田之制，土地区分法就是一种十进制。在井田制的文献记载中，《谷梁传》和《汉书·食货志》两部文书记录了井田制的田亩尺度标准。虽然两本书的计算方法不同，前者以三百步为亩，名曰井田；后者则是以步百为亩，亩田为夫，井方一里，是为九夫，但是书中均可见以十进制的土地区分法。如《汉书·刑法志》中“地方一里为井，井十为通，通十为成，成方十里；成十为终，终十为同，同方百里；同十为封，封十为畿，畿方千里”[16]。以“里”为最小单位值，依次为里、井、通、成、终、同、封、畿，以十进制递增。这种计量方法不仅是夏商时期井田制度的土地区分法，在长度度量上亦有体现。“《汉书·律历志》对度量衡单位制做了明确规定：度者，分寸尺丈引也，十分为寸，十寸为尺，十尺为丈，十丈为引。汉以降，历代度量衡单位制基本上都是汉制的延续而略有改进。”[17]以分为最小单位值，十进制依次推算，可得到寸、尺、丈、引的量值。可见，宋制承袭隋唐，用尺以十进位制为计数方法，即，一宋尺为十宋寸、一宋寸为十宋分。

（2）计量单位

关于宋尺定制的演变及尺度的考订，有程大昌、王国维、吴大澂、吴承洛、罗福颐、杨宽、曾武秀、丘光明等前辈学者的研究。其中有吴承洛《中国度量衡史》以典籍为证，论述中国古代度量衡或以自然物或以人为物作为标准。取自然物以为标准的测量方法有三：一是以人体为则；二是以丝毛为则；三是以谷子为则。取人为物以为标准的方法亦有三：一是以律管为则；二是以圭壁为则；三是以货币为则[18]。关于宋尺“审度者，本起于黄钟之律，以秬黍中者度之，九十黍为黄钟之长，而分、尺、寸、丈、引之制生焉”[19]。度量器不存在，而立法之标准尚在，不难再造。吴承洛考校宋代尺度，分为二十一

16. 白寿彝主编：《中国通史：第3卷　上古时代》上册3（修订本），上海：上海人民出版社，2007年，第800页。

17. 同注10，第2页。

18. 吴承洛：《中国度量衡史》，上海：上海书店，1984年，第10页。

19. 同上，第231页。

种尺度，以太府尺为宋代施用的尺度，其余仅为考校钟律时所定的尺度[20]。

丘光明《中国历代度量衡考》，搜集宋尺共19支，其中北宋尺共8支，尺度长短略有不同，取其平均值，得北宋一尺长31.6厘米。“赵兴时《宾退录》云：‘周尺当布帛尺七寸五分弱，于今浙尺为八寸四分。’浙尺当合今27.5厘米。”[21] 南宋两支竹、木尺皆出于福建地区，短于北宋各尺，尺长在27—28厘米之间。程大昌《演繁露》卷九谓：“官尺与淮尺为十与十二之比。”淮尺当长36.66厘米。北京故宫博物院藏刻花铜尺，长35.7厘米，与淮尺尺度相近。总结宋代虽由官府制造度量衡，并禁止民间私造，但根据文献与宋尺实物标明，宋代各地区根据自己的需求制造了地方通行的浙尺、淮尺等。

罗福颐在《传世历代古尺图录》一书中录古尺图五十七幅，较全面地反映了古尺图录及收藏情况。笔者取书中宋尺图录如下图所示，左侧图片的木矩尺定为北宋尺，当今公尺0.309（即0.309米）。右侧图片为清金殿扬仿宋三司布帛尺（宋浙尺），“此尺长度合莽货布尺一尺一六分六厘。当今公尺0.2695（即0.2695米）。查朱子家礼说。宋三司布帛尺当浙尺一尺一寸三分。今以此尺与钜鹿出的木矩尺一较之。此尺正当他一尺一寸四分五厘。所以此尺应是宋代的浙尺”[22]。如图5所示。

郭正忠《三至十四世纪中国的权衡度量》，议论宋尺虽名目颇多，但就其制造发行、主要用途和通行范围来分，可归为三种类型：“一是全国各地日常通用的官尺；二是礼乐与天文等方面专用的特殊尺度；三是某些地区行用或民间惯用的俗尺。”[23] 郭正忠《三至十四世纪中国的权衡度量》，依据现存宋尺实物资料及文献资料考证，列20种宋尺实物资料，分组比较。太府布帛尺的长度，在31.2厘米至31.4厘米之间，取其中数，为31.3厘米；三司布帛尺，31.2厘米左右，有出土宋尺实物可佐证；淮尺为32.9厘米左右；大晟

20. 同上，第240页。

21. 丘光明编著：《中国历代度量衡考》，北京：科学出版社，1992年，第98页。

22. 罗福颐：《传世历代古尺图录》，北京：文物出版社，1957年，第42页、第49页。

23. 同注12，第208页。

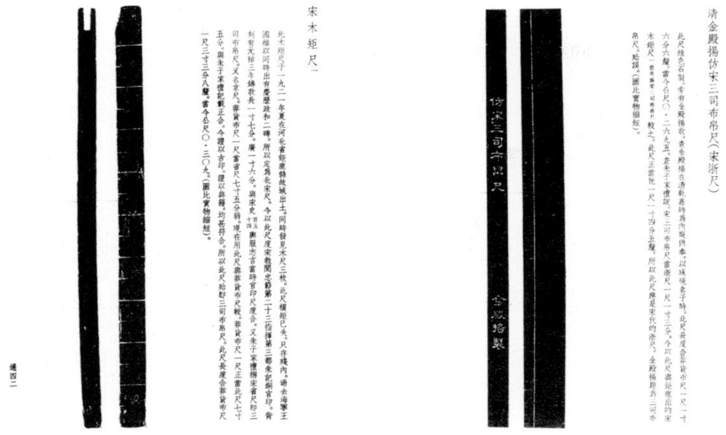

图 5

尺 30.05 厘米左右；官小尺为 31.7 厘米左右；浙尺依据秦九韶“步法五尺八寸”，推论为 31.78 厘米左右。从理论考据到实物验证，其中不少经典论述为此后学者反复征引，现整理关于宋代官尺、地方用尺等尺度标准如表格 1 所示。

表格 1　表格来源：郭正忠《三至十四世纪中国的权衡度量》

序号	尺名	一尺长度（厘米）	备注（尺名、出土、资料来源、收藏）
1	太府布帛尺	31.3 左右	31.2 至 31.4 厘米，取其中数
2	三司布帛尺	31.2 左右	九寸金错玉尺（九寸碧玉尺），31.22 厘米（9 寸长 28.1 厘米）、31.21 厘米（9 寸长 28.09 厘米），据传河南古墓出土，《古尺图录》44 图，《图集》61 图，南京大学
3	淮尺	32.9 左右	木矩尺，32.9 厘米，1921 年钜鹿北宋故城出土，《古尺图录》47 图，原藏罗振玉家，现藏中国历史博物馆
4	大晟尺	30.05 左右	《宋会要》
5	官小尺	31.7 左右	31.6—31.8 厘米

续表

6	浙尺	31.78 左右	秦九韶“步法五尺八寸”
7	营造官尺	30.9 左右	木矩尺，30.91 厘米，1921 年河北钜鹿北宋故城出土，同时掘出庆历、政和二碑；《文物参考资料》1957.3；《图集》57 图；中国历史博物馆（原藏罗振玉家）
8	福建乡尺	27	海船残竹尺，27 厘米，1974 年泉州湾宋代沉船内发现，《文物》1975.10；《文物》1978.4；《图集》64 图，泉州海外交通史博物馆 仿宋石尺，26.95 厘米，清代乾嘉朝内廷供奉金殿扬仿制原刻“仿宋三司布帛尺”，《古尺图录》49 图
9	京尺	39.5 左右	程大昌“又多淮尺十二”

丘光明、邱隆、杨平著《中国科学技术史》度量衡卷，关于宋尺尺寸的研究，基于出土实物和文献资料，前人经过反复测试与验证，获得了大量的数据。在古代度量衡演变和发展系统的研究基础上，总结宋尺尺寸，“根据文献记载和前人的研究成果，参照实物资料，我们考订宋代格尺的尺度值”，“宋常用尺标准为 31.4 厘米，使用中在 31.2—31.6 厘米之间，比较符合唐以后一个时期内自然增长的趋势”[24]。

曾武秀《中国历代尺度概述》从实用角度研究乐尺主要与音乐尺有关，应把常用尺与乐尺区分开来。关于宋代标准尺，从朱熹《家礼》、沈括《梦溪笔谈》、程大昌《演繁露》中求证。宋代标准尺主要为征收布帛而定，三司布帛尺长约合今 30.8 厘米。浙尺一尺之长约为 27.68 厘米，淮尺一尺约 33 厘米。根据文献记载和前人的研究成果，参照实物资料，本书以丘光明、邱隆、杨平著的《中国科学技术史》中的度量衡卷为准，如表格 2 所示，考订宋代常用尺的尺度值。

24. 同注10，第370页。

表格 2　宋代常用尺尺度考（表格来源：丘光明等：《中国科学技术史：度量衡卷》，北京：科学出版社，2001 年，第 370 页。图表为作者重新绘制）

	太府布帛尺（三司布帛尺等）	官小尺	省尺（北宋）	大晟新尺	淮尺	浙尺	福建乡尺
吴大澂	28 厘米						
王国维	28 厘米						
吴承洛	31.1 厘米						
杨宽	31.4 厘米			30 厘米	37 厘米	27.43 厘米	
罗福颐	31.6 厘米					26.95 厘米	
曾武秀	31 厘米			29.76 厘米	33—34.37 厘米	27.43—27.5 厘米	
闻人军	31.1—31.6 厘米		30.91 厘米			27.49 厘米	
丘光明	31.6 厘米						
郭正忠	31.3 厘米	31.7 厘米	营造官尺 30.9 厘米	30 厘米	32.9 厘米	27.4 厘米	27 厘米
丘光明、邱隆、杨平	31.4 厘米	31.7 厘米	30.8—31 厘米	30.1 厘米	32.9 厘米	27.4 厘米	27.3 厘米

宋刻本的分类体系主要以时空变化及出版主体为标准，依据刻书地，主要可分为浙刻本、建刻本和蜀刻本；依据出版主体，可分为官刻本、家刻本和坊刻本；依据刻版情况，有修补本、巾箱本等分类；依据印刷方法，又分为初印本、后印本等不同类型。再加之，北宋刻本多是基于五代印版，虽存世不多但仍影响了南宋初期的刻本风格。因此，探究宋刻本的尺度规范，需要对宋代的尺度系统做综合考究。笔者依据上述前辈学者关于宋尺定制的演

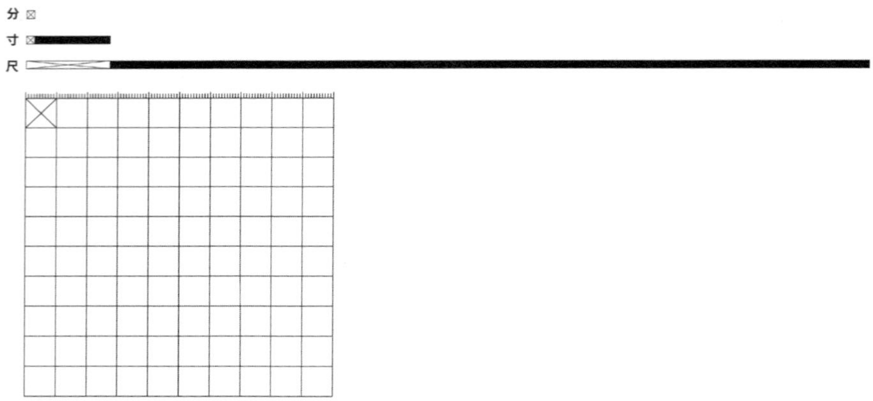

图 6　宋寸模数尺子（图片系作者绘制）

变及宋尺实物尺度考订的研究，以丘光明、邱隆、杨平著的《中国科学技术史》中度量衡卷的宋代尺度值为准，考订与雕版生产相关的宋代常用尺系[25]，分类如下：宋代官颁太府尺系列在使用中为 31.2—31.6 厘米，标准值一尺合今 31.4 厘米，一宋寸为 3.14 厘米；营造尺，标准值一尺合今 30.9 厘米，一宋寸为 3.09 厘米；浙尺，标准值一尺合今 27.4 厘米，一宋寸为 2.74 厘米；福建乡尺，标准值一尺合今 27 厘米，一宋寸为 2.7 厘米；淮尺，标准值一尺合今 32.9 厘米，一宋寸为 3.29 厘米。

3. 宋寸模数尺子

以宋寸为基本单位的十进制计数法是宋代刻版生产和版面设计的计量方法。根据上文对太府尺、营造尺、浙尺、福建乡尺、淮尺这五套基本尺度度量值的考订，结合十进制的计量方法，笔者建立了基于宋寸模块尺子的网格结构。如图 6 所示，即以一宋寸为基本单位，建立 1×1 的模块网格。宋代尺度的标准化使模块尺子既有精确尺寸，又有相对尺度。在宋刻本版面对视觉元素尺寸大小、空间布局的设计中，一定的规格标准反映出刻本设计中相对

25. 同注22，第42—49页。

尺度的规律性特点。笔者通过以上五套宋寸模块尺子的度量标准，以界行与版框为宋刻本版式的内在分割及书版外在比例的设计标准，验证不同刻书地域宋刻本版面设计的尺度标准。

（二）通用性与地缘性：宋刻本版面范式设计的尺度关系

宋代刻书地域分布广泛，刻书集中的中心地区主要有开封、浙江地区、福建地区、四川地区、江西地区。[26] 黄永年先生则将非中心地区的刻本附在与之风格相近的刻印书籍中心地区，主要为以杭州、眉山为中心的浙本、蜀本，以及南宋以建阳为中心的建本（闽本）。其中宋浙本中还包括南宋本今江苏、安徽、江西、湖北、湖南、广东等地区的刻本，从字体上与浙本相同或近似，故归为浙本系统的刻本[27]。从宋代刻书地域的分布情况，笔者考订与之地域对应的宋尺、宋寸的度量值，结合十进制的计量方法，建立不同尺系的宋寸模块网格系统。包括太府尺、营造尺、浙尺、福建乡尺、淮尺这五套基本尺度，如图 7 所示。因北宋刻本遗存甚少，主要以存世南宋刻本为主，选取有精确版框尺寸标注的刻本作为视觉研究材料，从尺度的角度，比较不同地域的宋刻本是否存在一定的尺度联系；比较同一刻书中心的官刻本、家刻本、坊刻本相互之间的尺度联系；比较不同出版机构的刻本是否存在定式规范。

通过以宋代不同尺系的宋寸为基本度量单位，建立模块化的网格结构，比对具有精确版框尺寸记载的宋刻本的界行、版框、版口、鱼尾等高广的尺寸关系，从而确定刻本的尺度系统。笔者发现并验证浙江地区的刻本主要以营造尺、浙尺为尺度标准；福建刻本多以营造尺、福建乡尺为尺度标准；四川刻本多以营造尺、浙尺为尺度标准；浙本系统的刻本多以太府尺、淮尺为尺度标准。

---

26. 张丽娟、程有庆：《宋本》，南京：江苏古籍出版社，2002年，第12—17页。

27. 黄永年：《古籍版本学》，南京：江苏教育出版社，2009年，第62—64页。

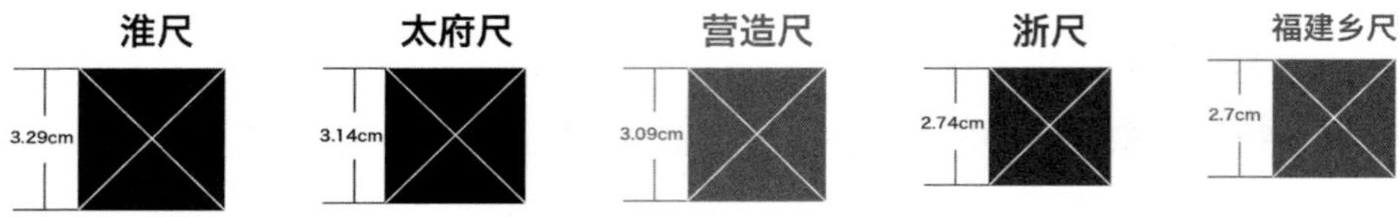

图 7　宋刻本的用尺标准

1. 浙刻本的尺度标准

浙江地区的刻本以南宋路级官府刻本、临安坊刻本居多，笔者选取有详细记录刻书机构的浙刻本（含浙本系统刻本）共计 48 本。其中有 31 本均为营造尺的尺度标准：包括两浙路茶盐司刻本 7 本（《周易注疏》《尚书正义》《周礼疏》《外台秘药方》《事类赋》《礼记正义》《唐书》）；临安府刻本 2 本（《文粹》《汉官仪》）；绍兴府刻本 2 本（《论衡》《春秋左传正义》）；新安郡斋刻本 1 本（《礼记集说》）；茶盐司公使库刻本 1 本（《资治通鉴》卷第八、卷第二百九十、目录卷第八等）；府州军县学刻本 2 本（临安府学《群经音辨》、婺州州学《古三坟书》）；家刻本 3 本（宋婺州市门巷唐宅刻本《周礼》、宋咸淳廖氏世彩堂刻本《昌黎先生集》《河东先生集》）；坊刻本 12 本（临安府太庙前尹家书籍铺刻本《续幽怪录》、临安府荣六郎家刻本《抱朴子内篇》、金华双桂堂刊刻《梅花喜神谱》），其中临安府陈宅书籍铺刻本 9 本（《甲乙集》《周贺诗集》《朱庆馀诗集》《王建集》《画继》《宾退录》《李丞相诗集》《棠湖诗稿》《才调集》）；浙本系统刻本 1 本（周必大刻本《文苑英华》）。

有 13 本为浙尺的尺度标准：包括临安府刻本 1 本（《临安志》）；绍兴府刻本 1 本（《战国策》）；茶盐司公使库刻本 2 本（《资治通鉴考异》，《资治通鉴》目录卷第十四、目录卷第十等）；府州军县学刻本 4 本（绍兴府学《诸史提要》、衢州州学《三国志》、温州州学《大唐六典》、象山县学《汉隽》）；家刻本 1 本（宋四明楼氏家刻本《攻媿先生文集》）；坊刻本 1 本（《唐女郎鱼玄机诗》）；浙本系统刻本 3 本（周必大刻本《欧阳文忠公集》

《重广眉山三苏先生文集》、寻阳郡斋刻本《輶轩使者绝代语释别国方言》）。

有 3 本为太府尺的尺度标准：两浙路茶盐司刻本《临川王先生文集》、胡槻江右计台刻本《春秋繁露》、江西漕台刻本《吕氏家塾读诗记》。有 2 本为淮尺的尺度标准：白鹭洲书院刻本《后汉书》《汉书》。

2. 建刻本的尺度标准

福建地区的刻本以坊刻本居多，笔者选取有详细记录刻书机构的建刻本共计 35 本，有 20 本均为营造尺的尺度标准，具体来看，属于营造尺的建刻本有：史部宋淳祐十年（1250）史季温福州刻元明递修本《国朝诸臣奏议》、史部宋嘉定建宁郡斋刻元明递修本《西汉会要》、史部宋宝庆二年（1226）建宁郡斋刻本《东汉会要》、子部吴坚福建漕治刻本《张子语录》、子部吴坚福建漕治刻本《龟山先生语录》、子部宋开庆元年（1259）福州官刻元修本《西山先生真文忠公读书记》、集部宋咸淳元年（1265）建安书院刻《晦庵先生朱文公集》、子部宋端平元年（1234）九江郡斋刻本《自警编》、子部宋景定元年至五年（1260—1264）环溪书院刻本《新刊仁斋直指方论》、龙山书院刻本《纂图互注春秋经传集解》、史部北宋刻递修本卷三十配宋庆元元年（1195）建安刘元起家塾刻《汉书》、黄善夫家塾刻本《史记》集解序、王叔边《后汉书》、集部宋蔡氏家塾刻本《李学士新注孙尚书内简尺牍》、经部宋乾道五年（1169）建宁府黄三八郎刻本《钜宋广韵》（卷第一）、史部建安蔡琪家塾刻本《汉书》、子部建阳龙山书堂刻本《挥麈前录后录》、经部刘氏天香书院刻本《监本纂图重言重意互注论语》、史部南宋毕万裔宅富学堂刻本《李侍郎经进六朝通鉴博议》、子部宋刻本《老子道德经古本集注直解》。

有 18 本为福建乡尺的尺度标准，并且多是私家和坊间刻本，具体包括经部宋咸淳元年（1265）吴革刻本《周易本义》、子部宋咸淳福建漕治吴坚刻本《邵子观物》、史部宋庆元四年（1198）黄善夫家塾刻《后汉书》、集部宋建安黄善夫家塾刻本《王状元集百家注分类东坡先生诗》、史部宋建安黄善夫家塾刻本《史记》（正义论例谥法解）、集部宋庆元六年（1195）建安魏仲举家塾刻本《新刊五百家注音辨昌黎先生文集》、经部宋开禧元年（1205）建安刘日新宅三桂堂刻本《童溪王先生易传》、史部宋乾道七年（1171）蔡梦弼东塾刻本《史记集解索隐》、集部宋刻本蔡梦弼刻本《杜工部草堂诗笺》、集部宋乾道麻沙镇水南刘仲吉宅刻本《类编增广黄先生大全文集》、集部麻沙刘将仕宅刻本《皇朝文鉴》、子部麻沙刘通判宅仰高堂刻本《纂图分门类题五臣注扬子法言》、建宁府黄三八郎刻《钜宋广韵》卷第四等、经部建安余仁仲万卷堂家塾刻本《礼记》、经部宋绍熙二年（1191）建安余仁仲万卷堂刻《春秋公羊经传解诂》、集部宋淳祐九年（1249）建阳刘诚甫刻本《中兴以来绝妙词选》、经部龙山书院刻本《纂图互注春秋经传集解》（论语卷上）、子部宋嘉定三年（1210）庄夏刻本《东观余论》。

3. 蜀刻本的尺度标准

宋代四川地区的刻本遗存下来的并不多，笔者选取有详细记录版框大小及刻书机构的蜀刻本共计 28 本。其中 23 本为浙尺尺度标准，以蜀刻本十二行本居多，具体包括十二行本《李长吉文集》《刘文房集》《陆宣公文集》《新刊权载之文集》《昌黎先生文集》《刘梦得文集》《张文昌文集》《皇甫持正文集》《孟东野文集》《新刊元微之文集》《姚少监诗集》《许用晖文集》《张承吉集》《孙可之文集》《郑守愚文集》《司空表圣文集》《杜荀鹤文集》；蜀刻小字本《嘉祐集》，大字本《新刊经进详注昌黎先生文》《后山居士文集》序、卷第二等；中字本《南华真经》；蜀坊刻书隐斋刻本《新刊国朝二百家名贤文粹》；《春秋经传集解》。有 7 本为营造尺尺度标准，包括十一行本《骆宾王文集》《王摩诘文集》《李太白文集》；十二行本《孙可之文集》卷第一、卷第二、卷第三、卷第四等；小字本《三国志》；大字本《后山居士文集》目录、卷第一等；蜀刻本《五百家注音辨唐柳先生文集》。

（三）小结

随着私有制产生以及商业手工业生产的专业化发展，度量衡从原始测量成为百物制度的技术基础和生产标准。宋代刻本印量大，为保证不同出版机构、不同出版地域版刻生产的通用性，宋刻本版面范式设计主要以营造尺为尺度标准。宋室南迁，临安地区的地方浙尺一度成为南宋的官尺标准，地方用尺及官尺之间相互通用。因此，宋代四大刻书中心地域的刻本版式设计存在多种尺度的用尺标准，呈现地缘性的尺度联系。

以上，通过对以浙江、福建、四川等地区为代表的宋代刻书中心刻本设计尺度系统的分析，窥探宋代雕版印刷刻版生产以不同尺度标准为通用性的设计规制。浙江刻本主要为路级的官方刻本，笔者从上述案例分析验证，有九成多的浙刻本为营造尺尺度标准。从中窥见宋代官私出版系统的版刻之制，或许是以营造尺为主，浙尺为辅的度量标准。当然，在浙本系统江西地区刻本中还有太府尺和淮尺的用尺情况。以宋淳熙九年（1182）邱密江西漕台刻本《吕氏家塾读诗记》为例，此刻本为太府尺的尺度标准，笔者在上文已述，太府寺是北宋中央常设尺斗秤制作机构，其颁发的标准官尺有“法式”的职责，即便后来有三司尺和文思尺等尺度，其尺寸规格也主要以太府尺旧制而造。刻于宋淳熙九年（1182）的《吕氏家塾读诗记》，在用尺上论证了北宋太府尺的尺度标准。还有浙本系统江西地区家刻本的代表周必大刻本，其刻本的尺度标准多为营造尺。周必大是南宋著名的政治家、文学家，由他主持刊刻的诸多刻本很多是受政府之托，由此进一步推测营造尺为宋代雕版印书的官方度量标准。

再看福建刻本，在笔者所选取的35本里，以官刻、私家和坊间刻本分类比较。建官刻本有八成多为营造尺标准，而福建乡尺主要在私家和坊间刻本中使用。因遗存至今的建刻本多为南宋时期的书籍，而福建乡尺的尺度值又与南宋升为官尺的浙尺相近。这种看似官尺与地方乡尺并用的尺度现象，从侧面反映了宋室南渡、人口社会经济随之迁移流动的地缘关系。另一方面，福建地区远离政治斗争中心，社会相对稳定，受限于地方性的民间自治规约，福建乡尺作为私家坊间刻书的尺度标准对宋刻本的版本鉴赏具有一定的参照依据。

四川地区的宋刻本存世较少，传世蜀本唐集分为十一行本和十二行本两个系统，其中十一行本皆为营造尺尺度标准，十二行本为浙尺标准。但也有因刻本的卷次不同出现多种尺度的现象，以十二行本《孙可之文集》为例，序和目录部分为浙尺标准，而卷第一、卷第二等卷次则为营造尺标准。这种混合用尺的结果或许是受不同刻工、不同刊刻时间所影响。因此，宋代尺度系统受南北两宋的政治社会背景影响，不仅从时间上有尺度标准的变化，而且还有地缘性的尺度联系。依据宋代尺度的时空变化，从而推测宋刻本的刊刻年代或刊刻地点，从尺度的视角或许可以作为一条宋刻本版本鉴定的研究线索。

第二节　经纬之制：宋刻本版面范式设计的网格系统

宋刻本在我国古籍形制中占主导地位，主要指雕版印刷的刻本书[28]。区别于唐以前的手抄本，宋代的刻版印书逐步进入了大规模可复制化的雕版印刷生产模式，并形成了蝴蝶装册页式的书籍形态。这种日臻成熟的版面范式前有对竹木简的仿古情怀[29]，后为历代雕版印书制定了规范和标准。自唐五代开始，雕版印刷手工业就逐渐呈现出规模化和标准化的发展趋势。具体表现为以下几点：一，佛经刊刻的印量激增，从各地官府和私人雕印书籍招募工匠可知，专业化的家庭手工业及个体雕印手工业者发展很快；二，雕版印刷手工业的分工逐渐明确，把书写和雕版两道工序分开，逐渐形成写样、刻工、装订等工种；三，雕版印刷手工艺广泛普及，在地域上呈由市到坊的分散发展；四，后唐以来国子监雕印经书，规定以国子监印本经书为标准本，逐步建立了国家对雕版印刷标准化的控制[30]。在唐宋社会变革的背景下，宋代规模化的雕版刻书达到顶峰。雕印书籍的印量激增，手工技术的广泛普及使宋代的雕版印刷形成规模化的发展。目前，从版本学和出版学等领域对宋刻本的研究

28. 同注27，第8页。

29. 具体参见本书绪论部分注2。

30. 宿白：《唐宋时期的雕版印刷》，北京：生活·读书·新知三联书店，2020年，第6页。

较多，主要路径有理论考据和实物鉴定[31]。研究内容包括论宋书文本语言的审核不苟或存古书之本真；言印本之精工中字体书风和刀法之美；谈其出版体制和媒介技术等。在宋刻本版面范式的研究上，则是从版本鉴定或美学鉴赏的层面对其“望气而定”。笔者认为，宋书之贵，不仅贵在古籍自身的文献价值和文物价值，还贵在其作为雕版印刷技术产物的设计思维及美学原理。在现代设计语境下，宋书一版，其版面设计中的视觉元素及布局格式是否存在一定的设计标准，从而达成不同时空雕版印书大规模生产中审美与技术的规范化共识？鉴于此，结合之前学者对宋刻本多维度的研究成果，笔者更想探究宋刻本版面范式内在的设计路径。

（一）编辑体制：宋代雕版印书规模化生产的政策保障

模印之法[32]，以制版为准，雕成印版，则摹无穷。一块标准化的印版，可以不断进行复制生产，这就要求对刻本内容的校对和审核的严格把控。宋代以文治国，科举制改革、理学思想广泛传播，再加之雕版印刷技术的成熟与普及，促使民间坊肆刻书空前兴盛。而且，不同时期的雕版印书具有一定的政策导向和文化特色。为避免书市唯利之徒作伪书，或因节略、文字舛异导致刻板讹误所带来的危害，对于一些如医书、儒家正史经典等重要的书籍必须实行对文本校对的严格把控，并由国家统一刻印与售卖。宋代从帝制到中央政府的馆阁体系已形成一套严密的编辑制度。例如宋真宗，以其最高统治者的身份对《历代君臣事迹》（《册府元龟》）的编撰亲自监督检查，从编撰目的、编辑体例、分门归类甚至具体内容的编校错误都加以严控[33]。《续资治通鉴长编》卷四十三，关于宋代国家法制书籍《新编敕》的编辑原委、编

31. 以叶德辉为代表的考据学范畴及李清志的目测法与理功法相结合的研究方法。李清志：《古书版本鉴定研究》，台北：文史哲出版社，1986年，第3—30页。鉴定法总论包括直观法与理攻法。

32. 叶梦得：《石林燕语》，西安：三秦出版社，2004年，第163页。“唐以前，凡书籍皆写本，未有模印之法，人以藏书为贵。”

33. 田建平：《宋代书籍出版史研究》，北京：人民出版社，2018年，第70页。

辑制度、条例、体式，以及编辑方针与思想均有详细记载。由此可知，宋代中央政府对书籍编撰与出版已形成了一整套严密的制度。因此，宋代刻本生产的规模化可从两个层面解读，一是刻本内容的标准与规范；二是雕版印刷的设计与规制。

从技术生产层面来看，编辑作为连接书籍内容与信息生产的核心[34]，统筹规划雕版印书流程的工作。关于雕版印刷工艺流程的记载从写样开始，依次为写样、上版、刻版等步骤；关于其工种的分类则为写版、刻版、刷印、裱褙等工种，也是始于写版。但是，写样师的工作并不包括刻本的规划与统筹，其主要任务是将书稿誊抄在写样稿纸上便于刻工刊刻，重在字体书风的技艺水平。李清志先生在《古书版本鉴定研究》历代版刻版式之研究中提到："一书之成，自定稿以至装订，约有十五步骤，其第一步骤即为'选式'。'选式'者包括刻版之大小，每页之行数、字数，及刻版之形式等，均须先予设定。然后依照行款版式，先刻花格版，印出稿纸，以供写样；经校勘无讹后，再将写样反贴于版上，依样雕刻之。"[35]如此，宋刻本版面范式设计之初的"选式"又是如何设定的？

为了解古籍版式设计的方法路径与选式标准，2020年秋，笔者实地考察了扬州广陵古籍刻印社和南京金陵刻经处，对国家级、省级非遗传承人进行调研访谈。其中，我国当代雕版活字专业写样师芮名扬解释，编辑者首先根据出版成本计算刻字量，从而设计书籍的开本大小及每版的字数安排，最后通过电脑软件排印生成写样稿格子。金陵刻经处第七代非遗传承人邓清之提到，现在刻经处的版式有两种情况，一种是沿用金陵自己遗存的印版进行翻刻，从而保障书籍版式与老本子一致；另一种是根据编辑对版式的设计再写样上版。因此，从刻本生产来看，宋刻本的版面范式设计应该是雕版印刷写样工

34. 同上，第60页。

35. 同注7，第89—112页。

序之前的编辑工作，但是与之相关的典章制度的著书[36]并不多。

雕版印刷术作为刻版印书的主流一直主导我国古籍出版业的发展，虽有《梦溪笔谈》记毕昇发明活字印刷术，但这种民间技术并未被社会所广泛使用。直至清朝，金简受命订正永乐大典，撰枣木活字印刷书版体系《钦定武英殿聚珍版程式》，可视为活字印刷模件化生产系统的典型代表。书中系统而详细地记录了印刷工作的全过程和图解方法。例如以枣木刻常用字，每一字加十字或百字不等，大小字合计十五万左右；书页、行款、大小、样式，依照规范标准的书籍尺寸制作木槽版等信息。[37]这种生产组件的可互换性以及单个木刻字高度的标准化等特征，都是印书规模化与模件化生产的必备条件。[38]

宋刻本的版面特征因不同地域、不同出版主体而呈现出明显的版面特点，以国子监版《仲景全书四种》所附国子监牒文为例，“圣旨，令国子监别作小字雕印。内有浙路小字本者，令所属官司校对，别无差错，即摹印雕版，并候了日广行印造，只收官纸工墨本价，许民间请买，仍送诸路出卖。奉”[39]。文中记述刻书体制中的编辑工作包括对刻书版式标准的规范，“浙路小字本”已成一种浙刻本的版面范式。因此，雕版刻书手工业的制造规范更大的可能性是工匠师徒之间的口授心传。受地域影响，如远离政治中心的福建、四川等地，越是较为封闭的区域，刻书活动反而呈现出明显的版刻特征。同时，南北宋社会动荡不安，人口迁移，又促使刻工具有流动性的特点。可以想象，若没有官书定制，这些手工业者在交流与合作中就逐渐形成了一些关于刻版印书的设计规范。父子相传，师徒相授，从区域性的自治特点逐步发展为全国性的广泛通用。综上所述，宋代雕版印书的规模化生产，得益于编辑制度

---

36. 留庵、宿白、辛德候等大家主要探讨雕版印刷起源的问题；钱存训、张秀民、魏隐儒、潘吉星等大家研究有关雕版印刷技术的工艺流程。

37. 金简：《武英殿聚珍版程式》，杭州：浙江人民美术出版社，2013年，第41—63页。

38. 同注9。

39. 傅增湘：《藏园群书经眼录》卷三子部一《仲景全书四种》，北京：中华书局，1983年，第594—597页。

对书籍内容规范与统一的政策保障，以及印版的通用性设计标准。那么，关于宋刻本版面范式设计的通用性标准是什么？藏于视觉特征表象之下，刻版范式的设计标准和逻辑方法又是怎样形成的？

（二）写样稿格子：宋刻本版面范式设计的显性网格

“为了使各页的形式统一，当然求书页有一定规格、书版的形式——版式就这样在宋代开始确定的。”[40]宋刻本的版面形制主要由版框、界行、字体、版口、书耳及天头地脚的视觉元素构成，还因地域或出版主体的不同而形成各自的版刻风貌。以浙江、福建两地刻本为例。欧体浙本，版式左右双边，多白口，单黑鱼尾，官府刻书一般有行格疏朗、版框高广阔视的风格特征；建本颜体，坊刻本行款紧凑，南宋前期版式承袭浙本多白口、左右双边，中期以后多为细黑口、四周双边的特点[41]。以上两地的刻本特征，前者以南宋官刻本为代表，后者则是多指坊间刻书。相同的是版面通用性的构成元素，不同的则是写样稿网格结构的设计变化、审美层面的视觉装饰性变化，还有功能层面的制约带来的一版字数多寡、行格疏密的实用设计的变化。因此，探索宋刻本版面范式设计的客观规律，应从写样稿网格结构确立的设计要素之间秩序与联系的通用性功能出发。这种通用性标准主要体现在两个方面：一个是宋刻本版式构成元素的统一，另一个是形成不同风格特点的内在设计规制。

通用性是标准化的前奏，刻版生产以不同地域或出版主体的版式形制为准，以写样稿格子的网格设计规范了宋刻本版面范式的通用性标准。根据雕版印刷工序的分工发展，在唐五代时期就将书写和雕版两道工序分开，并逐渐形成写样、刻工、装订等工种[42]。从宋代雕版印刷印版的雕刻过程来看，又分为写版、上样、刻版、校对和补修等步骤。其中，“写版又称为写样，一

40. 同注2，第41页。
41. 同注27，第70页。
42. 同注30，第6页。

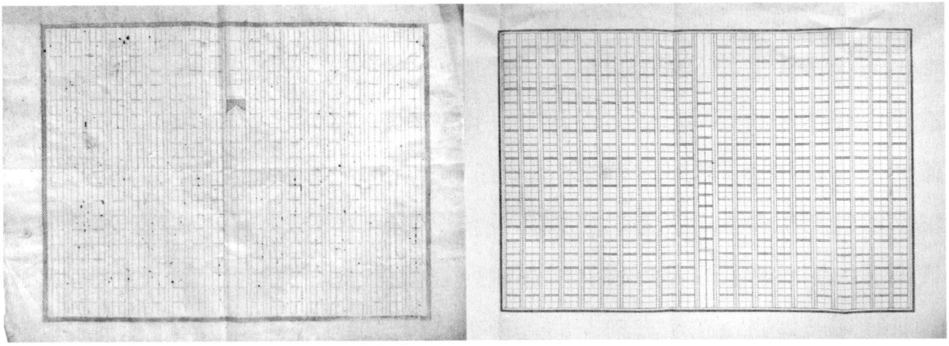

图 8　左图为古纸刻印的写样稿格子（江苏省非物质文化遗产代表性传承人芮名扬提供）；右图为电脑排印的写样稿格子（金陵刻经印刷技艺第七代传承人邓清之提供）

般是请善书之人书写，使用较薄的白纸，按照一定的格式书写”[43]。这个“格式”其实就是雕版写样工序前设计好的写样稿格子。目前，在我国扬州广陵古籍刻印社和金陵刻经处都有对这种原生态手工技艺写样工序的传承。如图 8 所示，写样稿格子可以被看作是宋刻本版面范式设计的显性网格。

1. 写样稿格子的设计功能

受方块汉字书写格式的影响，写样稿格子由纵横经纬线构成，符合网格设计的基本构建规律。首先，写样稿格子的四周边线是刻本版面设计的版框线，具有通过版框高广的比例关系来确定宋刻本书版规格的作用。当然，刻本的书版规格还包括天头地脚的区域空间，只是囿于宋刻本版刻图录的文献记载只录版框尺寸，从一定程度上，刻本的版框高广同时具有开本大小的作用。并且，受蝴蝶装帧和包背装的对折工序制约，写样稿的网格设计也呈对称式特点，继而确定版口的位置及左右两侧对称的布局。其次，写样稿网格结构中的纵向基线，规范了宋刻本行款的书写格式。“行款，一般是指古籍书叶（即“页”）版面的行数和字数，又称行格、行字，历来是版本鉴定的重要依据。”[44]其中行格是用来规范善书者书写的垂直标尺，更是写样稿格子的显性网格基线。行格

43. 罗树宝编著：《中国古代印刷史》，北京：印刷工业出版社，1993年，第74页。

44. 黄镇伟编著：《中国编辑出版史》，苏州：苏州大学出版社，2003年，第230页。

之间的宽度制约了刻本字体的大小。大字宽同行格宽；双行小注，小字的字宽则为行格宽度的一半。最后，宋刻本写样稿网格结构中的横向基线，规范的是内容体例的布局格式，而不是字体书写的排列标准。因为，区别于活字印刷方块字的有序排列，宋刻之美更在于其书法艺术的书写之美。直排写样，汉字笔画相互穿插，很难用横向基线来规范每行字体之间的排列标准。而宋代刻书的编写格式在版面设计中形成内容结构的层级关系。书名、篇名、章节名等刻书体例，在从右向左的直排布局中，如何建立页面高效的视觉引导从而促进阅读流程的顺畅，这就使写样稿网格结构的横向基线显得尤为重要。虽然，在刻本成书之后看不到横向的网格基线，但其作为一种隐性的标尺是规范宋刻本体例布局的设计标准。综上所述，写样稿网格结构的设计作用以实用功能为主，可归纳为以下三点。一是限定了宋刻本的书版规格，并确定了中缝对折的版口位置；二是规范了宋刻本版面行款的书写格式；三是建立了宋刻本刻书体例的布局秩序。

2. 写样稿格子的设计标准

为探究写样稿格子是如何被制定的，笔者调研了我国保留雕版印刷技艺的世界非遗传承单位，扬州广陵古籍刻印处和南京金陵刻经处。通过访谈写样传承人及观摩雕版印刷的三道工序、二十多个环节，总结目前古籍出版写样稿格子设计的两条主要途径。一条是，以翻刻旧本为目的，通过旧版依原格式照录，从而呈现原书的写样稿格子；另一条是以私人订制为目的新刻书版，由编辑计算成本和每版字数，再用电脑排版生成一定网格标准的写样稿格子。古法今制，借助数字技术完成古籍刻印的工序流程，这是现代出版系统追求版面设计的统一性与标准化的方法。那么，宋代雕版刻书，写样稿网格系统的设计标准是怎样生产的？

写样稿格子规范了宋刻本版面范式设计的版框大小和版口位置、行款的书写格式及体例的布局秩序。反之，通过循环论证[45]，以上视觉要素又可作为写样稿网格系统的设计标准。首先，宋刻本的版框高广和中缝版口的位置可作为辅助性参考。因为目前能够观摩到的宋刻本以影印本居多，而影印技术会使新书与旧本存在规格大小的出入，以及页面角度的差异[46]。还有印版的质地及保存时效也会影响刻本最初的版框尺寸。比如，无论是材质硬度适中且纹理细滑的梨木还是质地坚硬且紧细的枣木，在刻版之前板材需要浸沤[47]与干燥的工序。木板自然干燥的时间需要根据木板的厚薄和环境季节而决定。但是如果木板尚未干燥便急于刻印，则会使印版产生缩小变形的问题。因此，我们会看到一些宋刻本的版面有上宽下窄或左短右高等情况。

其次，行款格式是探索宋刻本写样稿网格系统的纵向设计标准。版面行款直接确定了宋书一版的行数及字数，作为显性的纵向网格基线，具有分割页面的作用。1455 年古登伯格（Gutenberg）的 42 行圣经版面设计里，也有明显的用来确定栏、页边空白和宽度位置的垂直引导线，以及引导横排手写的水平标尺线。[48] 这些基于线的网格使页面上的字体和图片有序布局，是形成版面设计秩序的方法。反观宋刻本，行格是纵向的格子线，是写样稿格子的显性标尺，同时也是判断宋刻本写样稿网格设计的重要依据。行格的形式和作用类似西方网格系统中的栏，既有栏数、栏宽、栏高，还有栏与栏之间的间隔宽度。栏数就是刻本行款的几行几字；行格宽度限定了字体的宽度；行格高度亦是版框高度，但是行格与行格之间是否还有间隔宽度，则需要具体对刻本图像进行精确的分割与分析。

45. 弗朗西斯・哈斯克尔：《历史及其图像：艺术及对往昔的阐释》，孔令伟译，北京：商务印书馆，2020年，第484页。

46. 辛德勇：《版本与目录》，北京：生活・读书・新知三联书店，2020年，第29页。

47. 方晓阳、吴丹彤：《印刷》，郑州：大象出版社，2009年，第30页。浸沤的时间约为夏季1至2个月，冬季约3至4个月，目的是脱去胶质与其他水溶性的物质，从而改善木材的性质使之更易刊刻，另一方面可以杀死树体中的蛀虫，防止虫蛀。

48.维克多・马格林编著：《设计问题——历史・理论・批评》，柳沙、张朵朵等译，北京：中国建筑工业出版社，2010年，第169页。

最后，刻书体例的提行留白处是宋刻本写样稿网格系统的横向设计标准。宋刻本内容体例的布局秩序，主要体现在段落文字句读与分章的层级关系设计上。关于宋刻本的句读与分章，与汉以来的章句旧式[49]大有不同。吕思勉《章句论》中认为，这是因为雕版印刷的盛行以及坊刻本徒事苟简造成的。“古人著书除分章外，还常成篇，即以意义相近的若干章联成一篇，或一篇中分成若干章。但大多数古籍不加章名，只在篇内用提行的办法来分章，古人谓之‘跳出’。”[50]宋刻本中的句读与分章主要表现为，每条提行，提行一般均顶格，第二行以下均低一格。这种“提行”与“低一格”的转行设计，在版本学与目录学中常记载为空前排几个汉字。而在现代版面设计中，可将之表述为文字编排的层级关系。一级层级类似为书名或卷次，均顶格设计；二级层级类似于作者名，一般以空前排几个汉字。然而，笔者发现，并不是所有提行或转行都以空前排字数为空格标准，有些是通过隐藏于表象之下的网格基线来实现的。由此说明，宋刻本体例层级设计的提行留白处，可作为写样稿网格系统的横向基线的设计标准。

综上所述，刻本的版式决定了书版的外部比例，而版面内部元素的结构关系则有“网格”机制，使之相互间布局设计成正式化。[51]宋刻本版面范式设计的内在网格系统，可以结合版框高广的尺寸大小、中缝版口的空间布局、行款格式的纵向基线，以及书写格式留白的横向基线为参考依据。只有以上的视觉要素均能较好地吻合构建的刻本网格结构，才可判断此刻本的网格系统。那么，宋刻本版面范式设计的网格结构如何构建呢？

---

49. 黄永年：《古籍整理概论》，上海：上海书店出版社，2013年，第106页。在两汉时候，治经学者就讲究“章句”之学。章句的本义是指在经传上所加的符号，便于诵习讲说。当时怎样断句有两种主张，一种主张语意已完才谓之句；另一种主张为孔颖达《正义》中“句者，联字以为言”，为当时最通行的断句方法。

50. 同上，第107页。

51. 安德鲁·哈斯拉姆：《书籍设计》，钟晓楠译，北京：中国青年出版社，2007年，第42页。“图书的版式决定了纸张的外部比例；网格决定了纸张的内部分割；页面设置决定了不同要素的位置”。关于网格的定义在该书第21页有说明：“网格是后现代主义平面设计中视觉图像学的重要组成部分，除了装饰作用，更重要的实用功能是控制字体和图像位置的排版设计矩阵。”

（三）宋寸模块网格结构：宋刻本版面设计网格系统的构建方法

1. 宋尺、宋寸：宋刻本版面设计网格系统的尺度标准

随着雕版印刷业生产的专业化发展，度量衡从原始测量成为百物制度的技术基础和生产标准。自秦统一度量衡，宋代量制承袭隋唐之制，尺度的标准化使宋刻本版面设计，以基于尺寸的网格构建方法成为可能[52]。根据我国古代度量衡，以十进制规范五个基本长度单位值（分、寸、尺、丈、引）的计数标准[53]，可知宋代一尺，即为十宋寸；一宋寸，即为十宋分。笔者依据前辈学者[54]关于宋尺定制的演变及宋尺实物尺度考订[55]的研究，归纳与雕版生产相关的宋代常用尺系，包括太府尺、营造尺、浙尺、福建乡尺以及淮尺，并且以宋尺中的“宋寸”作为宋刻本网格设计主要尺度标准的基本度量单位[56]。具体分为，宋代太府尺的尺度标准在31.2—31.6厘米区间，标准值一尺合今31.4厘米，一宋寸为3.14厘米；营造尺，标准值一尺合今30.9厘米，一宋寸为3.09厘米；浙尺，标准值一尺合今27.4厘米，一宋寸为2.74厘米；福建乡尺，标准值一尺合今27厘米，一宋寸为2.7厘米；淮尺，标准值一尺合今32.9厘米，一宋寸为3.29厘米。由于宋代官方法定用尺和通行范围并非固定不变，日用官尺或地方俗尺可能存在被交替使用的现象。因此，在对宋代影印本进行图像分析时，需要依据写样稿网格系统的设计标准具体分析宋刻本的尺度规范。

2. 基于模块：宋刻本版面范式网格系统的结构类型

受量化与标准化生产需求的影响，西方的版面设计基于几何学原理和拉

52.同注51，第42—62页。关于基于尺寸的网格，“17、18世纪度量和字号的标准化使基于尺寸的网格构建方法成为现实”。

53. 同注10，第14页。《汉书·律历志》记载：“度者，分、寸、尺、丈、引也，所以度长短也……十分为寸，十寸为尺，十尺为丈，十丈为引而五度审矣。”

54. 前有程大昌、王国维、吴大澂等学者的研究，以及吴承洛《中国度量衡史》、罗福颐《传世历代古尺图录》、杨宽《中国历代尺度考》、曾武秀《中国历代尺度概述》、郭正忠《三至十四世纪中国的权衡度量》、丘光明编著《中国历代度量衡考》等学者的研究。

55. 同注22，第42—49页。

56. 同注10，第352—370页。

丁字母书写规律，形成了诸多构建网格系统的方法。杰克·H. 威廉森在第二届平面设计史会议的发言稿《网格的图像学：过去和现在的使用与意义》中论述，网格的结构分类，形成了四种基本的网格从属类型：基于坐标（coordinate-based）、基于交叉（intersection-based）、基于模块（module-based）和基于线（line-based）。这些从属形式都是成对起作用，并相互联系。其中基于区域（field-based）类型的网格，包括基于模块和基于线的两种从属形式。[57]这种西方视觉的方法学影响并指导对宋刻本版面范式网格设计的构建。尤其是基于模块的网格结构类型，在写样稿网格设计中亦有体现。

以经纬交织，基于模块区域的设计方法为构建宋刻本版面范式的网格结构，其中还包含了我国石碑刻方块汉字的方法路径，以及井田方格网系统的规划方法。唐天宝四年（745）《石台孝经》，可见石碑刻本的书写标准就是基于汉字字形的方格结构，通过划分垂直与水平基线而建立的基于模块的网格。虽然后来木版刻印取代了石碑刻本标准模板的示范地位，但是这种刻字格式的方法路径并未改变。关于我国井田规划概念，《考工记》中匠人营国、匠人为沟洫，都有借鉴井田方格网系统的规范方法。“国中九经九纬”“九夫为井、方十里为成、方百里为同”[58]，可见十进制的度量方法，建立了单位体制的模块网格结构。由此证明，基于宋寸模块的网格结构是以宋代模块尺子为度量标准的设计方法，并且符合方块汉字的书写规律，如图 9 所示。

3. 分数运算：宋刻本版面范式网格系统的分割逻辑

“设计离不开测量数据和必要的计算，即使在以经验为主的手工业时代也如此。”[59]古人制器，是基于比例而非绝对尺度，所以方法与工具不如后世之精密。与西方的数学逻辑不同，我国古代数学计量思维是以分数运算[60]而非

57.同注48，第168页。

58. 闻人军译注：《考工记译注》，上海：上海古籍出版社，2008年，第110—121页。

59. 刘道广等：《图证〈考工记〉：新注、新译及其设计学意义》，南京：东南大学出版社，2012年，第8页。

60. 中外数学简史编写组编：《中国数学简史》，济南：山东教育出版社，1986年，第78—81页。

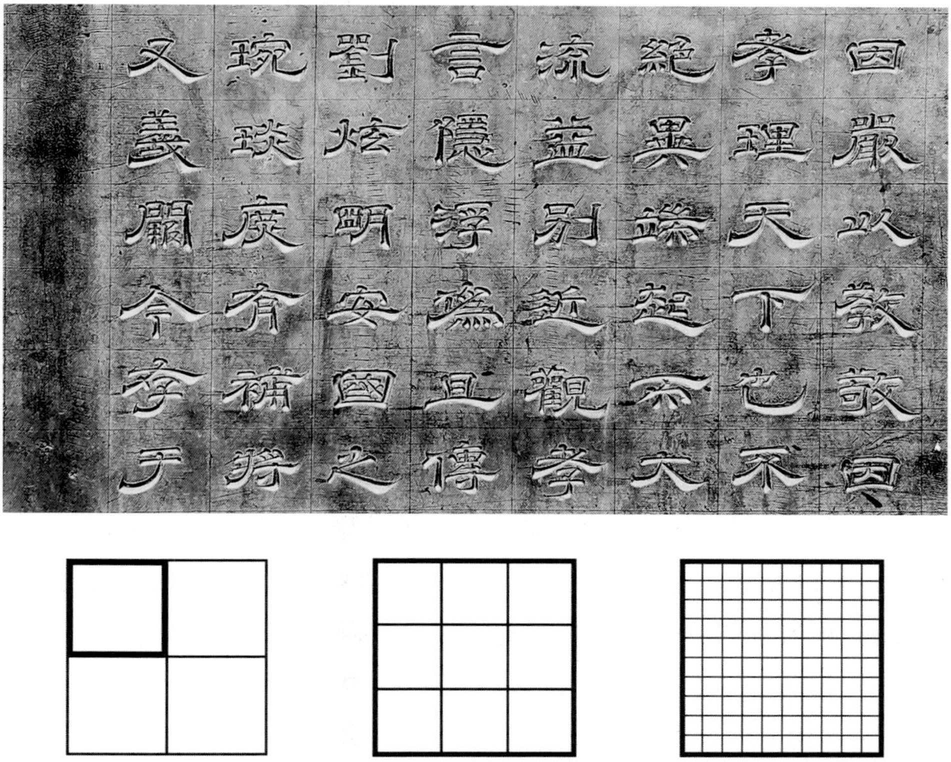

基于模块 (module-based)　　九夫为井　　百井为成

图 9　上图为唐天宝四年（745）《石台孝经》（笔者摄于西安碑林博物馆）；下图为基于模块与井田方格网的对比图（图片系作者绘制）

小数运算。如《周礼·考工记》，采用齐国度量衡制度，包含25个工种，每个工种的造物系统皆用分数运算的比例尺度为规范标准。书中有诸多“叁分其长，去其一以为围”的论述，虽然这在客观上降低了尺寸度量的精度，但其中的比例关系体现出我国手工业生产实践中的经验美学标准。以舆人制车系统为例，分数运算在造物中的比例多取二等分、三等分与四等分的倍数关系。“舆人为车，轮崇，车广，衡长，叁如一，谓之叁称。叁分车广，去一以为隧。叁分其隧，一在前，二在后，以揉其式。”[61]是说舆人制作车厢，车轮的高度、车厢宽度和车衡长度，三者相等。车厢的长度又三等分，三分之一在前，三分之二在后，将车厢前部栏杆顶端的横木，揉曲在此位置。不难看出，以《考工记》为代表的手工业设计专著，其中包含的造物方法是以分数运算的分割逻辑建立在基于比例而非绝对尺度上的。宋代雕版刻书亦属百工之匠人系统，因此，笔者以分数运算为设计逻辑，建立网格系统的二等分、三等分、四等分为主的分割方法。

综上所述，通过考据宋代尺系的度量标准，及十进制的计量方法初步建立了宋刻本版面范式设计的网格系统，即以宋寸为基本度量单位的模块化网格结构，以二等分、三等分、四等分为分割逻辑的网格系统。这里的“宋寸”具有相对尺度和绝对尺度两种概念。相对尺度是对宋代不同的尺度体系而言，如太府尺、营造尺、浙尺、福建乡尺和淮尺的尺度标准；绝对尺度是“宋寸”因宋刻本不同的尺度标准，而具有的精确尺度，如图10所示。

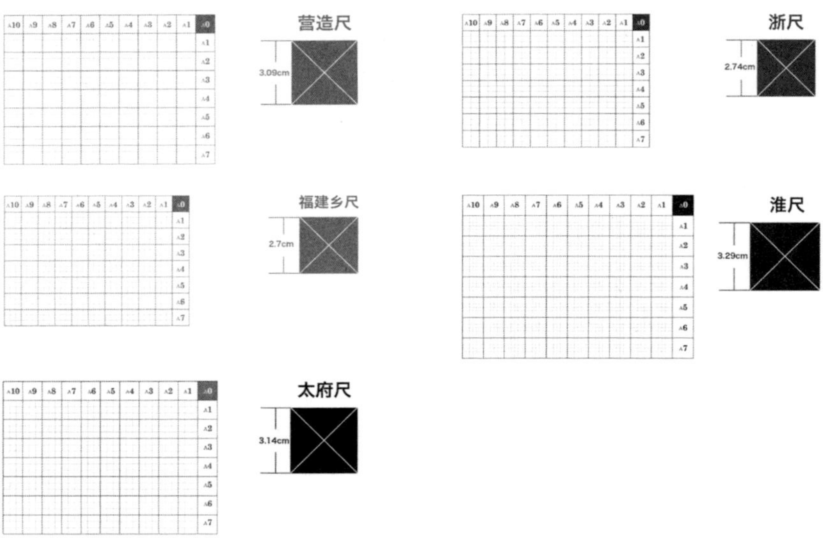

图10　基于宋寸的模块网格系统的营造尺、浙尺、福建乡尺、淮尺、太府尺的度量标准（图片系作者绘制）

61. 同注58，第29页。

（四）宋刻本版面范式网格系统的设计规制

笔者以《中国版刻图录》、《中华再造善本》、中国国家图书馆、浙江图书馆古籍部等处的宋刻影印本为视觉材料，选取具有明确版框尺寸和出版主体的宋刻本共计111本。根据写样稿格子的设计标准，以行款和书写格式、版框尺度及中缝版口为主要参考依据，构建不同尺度标准下的宋寸模块网格系统，从而分析不同时空下宋刻本的版面范式设计规制。

1.宋代官尺与地方尺的尺度标准

宋刻本从地域上分为浙刻本（包括部分浙本系统刻本）、建刻本和蜀刻本。不同刻书中心的版刻特点除了字体风格的不同，在尺度标准上也有鲜明的地域特征。在统计的具有精确版框尺寸记载的111本宋刻本中，有57本为营造尺的尺度标准，由此亦印证了宋代雕版刻书主要是以营造尺为规范的尺度标准化设计。同时受地域影响，浙江地区的刻本中还有浙尺标准，这主要源于宋室南迁，定临安府为都城，同时升临安府浙尺为新的官尺标准[62]。因此可见，浙尺具有地方性与官方发行的双重属性，使用面十分广泛。在35本福建地区刻本中，有19本是以福建乡尺为度量标准。究其原因，古籍版本学上宋建本主要指建宁府建阳县的坊刻本。福建地区远离政治中心且社会安定，坊间刻书自治管理的用尺上以地方尺为度量标准的特点也就不难理解。再来看蜀刻本，自唐五代以来，四川成都就成为与杭州对峙的雕版刻印中心，只是现代遗存下来的多为北宋末南宋初以及南宋时期的刻本。现存的蜀刻本分成大字本和小字本的刻本系统，出版主体跨时间之久远，具体刻书出处已不可知。如表格3所示，蜀刻本中仍然有大量的刻本以浙尺为尺度标准，或许可为刻本的出处和时间提供研究线索。

62. 同注12，第218—226页。

表格 3　统计分析宋刻本共计 111 本

名称	尺度标准					宋寸模块网格系统的网格状结构								
						纵向分割标准						横向分割标准		
	营造尺	浙尺	福建乡尺	淮尺	太府尺	二等分	三等分	四等分	两宋寸三等分	两宋寸五等分	三宋寸五等分	二等分	三等分	四等分
浙刻本48本（浙本系统刻本）	31 本	13 本		2 本	3 本	17 本	5 本	1 本	11 本	16 本	4 本	2 本	47 本	1 本
建刻本 35 本	18 本		19 本			20 本	5 本	1 本	1 本	9 本			34 本	1 本
蜀刻本 28 本	7 本	22 本				1 本	4 本	2 本	2 本	19 本			27 本	1 本
小结	56 本	35 本	19 本	2 本	3 本	38 本	14 本	4 本	14 本	44 本	4 本	2 本	108 本	3 本

2. 宋寸模块网格系统的分割规律

由宋刻本的尺度标准可以理解刻本区域性生产的标准化问题，进而，笔者通过构建基于宋尺宋寸模块网格系统探索宋刻本的版刻特征与刻本设计生产的系统性问题。首先，宋代官刻本具有官方发行的标准化地位，其版面设计视觉宽大、行格疏朗。这种视觉特点不仅是受其出版机构人力、财力的优裕影响，还取决于刻本内在网格结构的分割变化。例如，宋两浙东路茶盐司刻本《周易注疏》、绍兴九年（1139）临安府刻本《群经音辨》、庆元沈作宾绍兴府刻《春秋左传正义》。这三本经部刻书虽然出版机构不同，但均以营造尺为尺度标准，并遵循宋寸模块网格状结构纵向两宋寸三等分、横向三等分的分割标准，如图 11 所示。

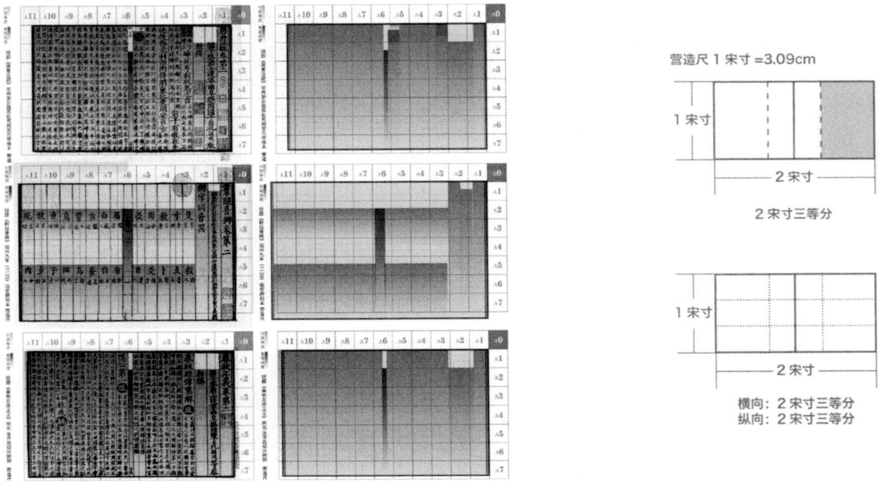

图 11　从上至下依次为：宋两浙东路茶盐司刻本《周易注疏》、绍兴九年（1139）临安府刻本《群经音辨》、庆元沈作宾绍兴府刻《春秋左传正义》（图片系笔者绘制）

宋代家刻本是由自家出资或主持刻印的书本，在刻印形式上有分作者按照自己的意愿设计版式行款然后委托书坊或召雇雕印工匠的，也有自己出资并且写样上板，然后再委托或召雇工匠刻印的[63]。因此，宋代家刻本往往校勘精详，在归纳家刻本版面范式的设计规制时，对其版刻设计的尺度标准或是网格结构的总结上，并不能确定是出于刻书主体的意愿还是委托或召雇的具体施刀镌印的工匠所为，这在性质上区别于坊间刻本。而以营利为目的的宋代坊刻本，为节省成本和满足阅读者的使用需求，一般有行格紧凑的版刻特征。例如，营造尺标准的宋景定二年（1261）刻本《梅花喜神谱》（框高 15 厘米，宽 20.8 厘米）、浙尺标准的临安陈宅书籍铺刻本《唐女郎鱼玄机诗》（框高 17.3 厘米，宽 12.8 厘米）、福建乡尺标准的余仁仲万卷堂家塾刻本《礼记》（框高 17.9 厘米，宽 12.5 厘米）、浙尺标准的蜀刻十二行本《昌黎先生文集》（框高 19.8 厘米，宽 14.4 厘米）。以上 4 部坊间刻本，刻书地域不同、出版机构

63. 李致忠：《古籍版本知识500问》，北京：北京图书馆出版社，2001年，第386页。

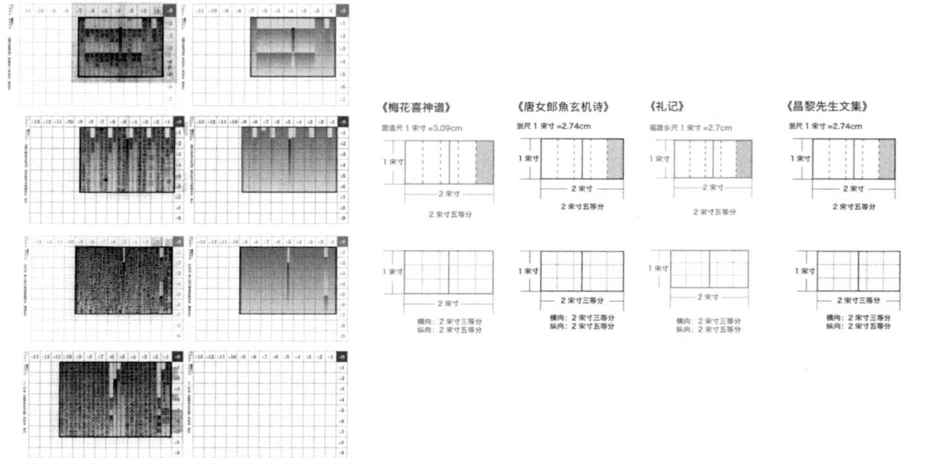

图 12　从上至下依次为：宋景定二年刻本《梅花喜神谱》、临安陈宅书籍铺刻本《唐女郎鱼玄机诗》、余仁仲万卷堂家塾刻本《礼记》、蜀刻十二行本《昌黎先生文集》（图片系笔者绘制）

不同、尺度标准不同、书版规格不同，但是其行格紧凑的版刻特征均遵循相同的网格标准。即基于宋尺相对尺度的宋寸模块网格系统，纵向两宋寸五等分，横向三等分的网格状结构为设计标准，如图 12 所示。

本章小结

目前对宋刻本的研究内容包括论宋书文本语言的审核不苟或存古书之本真；言印本之精工中字体书风和刀法之美；谈其出版体制和媒介技术等。在宋刻本版面范式的研究上，则是从版本鉴定或美学鉴赏的层面对其“望气而定”。笔者认为，宋书之贵，不仅贵在古籍自身的文献价值和文物价值，还贵在其作为雕版印刷技术产物的设计思维及美学原理。

宋代刻书情况比较复杂，官方刻书有的是调动其他地方的优良刊工集体作业，有的是官府出资，委托私家或坊间刻印，或是几个出版机构联合刊刻；家刻本也因出版主体的意愿或自己制定版式或委托、召雇工匠刻版印书；而坊刻本则受科举用书和理学思潮的影响，出版印量激增、出版时效增强。总体而言，宋代政治的变革加速了刊工的流动，市场化的需求推动了刻本的流通，雕版印刷的传播促进了技术的普及，这种人、物、技术的流通与流动，缩小了时空之间的版刻差异，逐步达成规模化生产的设计共识。并且，这种设计共识具体表现为两个方面。一方面是统一了宋刻本外部表象的版面形制，另一方面是逐步形成了潜藏于刻本表象之下的设计逻辑和标准化规律。

从技术生产的视域来看，模印之法以印版为准，雕成印版，则摹无穷。印版规格决定刻本版式的版框尺寸，界行长度、界行之间的宽度与版框成比例关系，因此界行与版框是宋刻本版式设计的尺度标准。以设计学和类型学为理论依据，笔者通过现代版式设计方法，以界行与版框为宋刻本版式的设计标准，建立基于宋寸的模块网格，探索宋代刻书中心地区刻本版面范式设计的基本用尺，进而理解不同地域刻本生产之间的设计规制。受宋室南迁、人口流动的多重因素影响，宋代官尺与地方用尺通用，并存在尺度比例关系。由此理解宋代雕版印刷规模化生产的通用性设计规制，以及不同时空、不同出版机构宋刻本版面范式设计之间的地缘性尺度关系。宋刻本版面范式设计的用尺范畴包括太府尺、营造尺、浙尺、福建乡尺、淮尺等，以宋代尺度系统的发展脉络来鉴别宋刻本的年代出处，为宋刻本版本鉴定提供一种新的研究思路，拓展宋刻本版面设计的研究范畴。

宋代雕版印刷的规模化发展促使宋刻本内含标准化的设计规制。笔者在现代设计语境下，以尺度标准和网格系统为研究路径，以写样稿网格设计为线索，通过选取具有精确版框尺寸记载及出版主体的宋刻影印本，图像论证宋刻本的刻版生产以尺度为规制，内含基于宋尺、宋寸的模块网格系统。其尺度标准主要有宋代营造尺、浙尺、福建乡尺、太府尺及淮尺；其网格设计是以宋尺、宋寸为基本尺度单位，基于模块网格状结构，并遵循一定分割规律的网格系统。网格设计的科学性和逻辑性，不是量化宋本美学，而是透过表象的版刻特征，揭示宋刻本版面范式设计背后的隐性规律。宋刻本版面范式的设计路径，或许从侧面解释了活字印刷术发明于北宋却没有在宋代普及应用的内在原因。雕版印刷技术看似不如活字印刷之灵活，实则可通过制定整块印版的网格结构分割标准，从而满足不同刻书主体、不同刻书种类的设计需求。即使出版机构、刻书地域、刻本版面设计的书版规格不同，字体大小不同，或是行款数量不同，均可通过基于宋尺宋寸的模块网格系统，实现宋代跨时空下刻版印书的审美，以及技术标准的设计共识。

第三章
形式原理与审美意识：宋刻本版面范式设计研究的新视角

第一节　模数等级与比例系统：宋刻本版面范式设计的形式原理

（一）平阙书仪主导的模数等级形式结构

宋刻本以一块整版刻印成书，书体布局一气呵成，其版面秩序的空间布局由刻本书籍结构组成，包括书衣、书签、副页、书名页、牌记、序、目录、正文、附录、跋等部分[1]。那么，宋刻本版面多种层级关系的文本信息是以何种规律建立书写格式的设计标准？在层级关系的制约下，如何实现文本书写单元尺度的通用性？鉴于此，笔者将宋刻本的影印图像置于宋尺、宋寸的历史语境中，探讨宋刻本版面范式设计的形式原理。

雕版印刷技术下的宋刻本区别于活字印刷，字体行款兼具各家书体风范，字画如写的版面风貌遗存书仪[2]制度对文本信息在刻版章法布局的影响。由于生产力与生产关系之间矛盾的升级，封建社会内部分化出封建贵族阶级和被统治阶级。“礼”作为等级区分的标尺，在行文格式方面，表现为书写

1. 张煜明编著：《中国出版史》，武汉：武汉出版社，1994年，第69—70页。

2. 汪永江：《书法章法形式原理》，北京：中国社会科学出版社，2012年，第1页。“书仪在狭义指尺牍书写行款格式，广义可包括所有文字书写的各种规范。”

行款的规范，即书仪。自秦朝以法律形式统一字体形态及其书体的使用规范，书法文本受实用书仪的作用，在书体制度、方位秩序、称谓平阙、规格尺度、行款格式等方面皆有体现[3]。尤其避讳制度的发展致使“律令格式”体系产生了称谓上下尊卑的平阙书仪。平出为提行抬头，阙字即为空格二三字不等。这种在行文过程中，遇到敬称便在行款纵向方位上平出或阙字的布局形式，反映了封建社会地位尊卑的礼仪形式，并在书写位置以上为尊，象征皇权，反之为卑[4]。观照宋代刻本，书法文本的书仪制度反映在刻本版面范式的设计上不仅有书法结体与字组行列的书写形式，还有版面的空间方位与区域分布的文体结构。宋刻本版面设计视觉特征中的书仪礼制具体表现为纵向行款格式的书仪形式，即行文雕刻至卷名、篇名或皇族尊称的则提格平出，对下款之名或尊卑有序的则阙字空格二字、三字等；行款布局有上行、下行、平行之高低差异，并伴有空格四字、三字、二字现象。因此，宋刻本版面设计的行款格式及方位秩序产生了上下错落、行内布白节奏等形式结构的视觉特点，皆是鉴于平阙书仪的礼制规范。那么，这种提行抬头及阙字空格的设计布局又是以何种规格尺度实现宋刻本的版面范式？

百工之事要实现器物生产的标准化与规模化，需要先确立一个模数（基本的尺度单元），然后形成基于模数比例的生产度量体系。“模数（module），是小尺度，来源于希腊语的modulus一词，意谓数学中的系数。模数化，标准化的一种形式，以通用性为目的，在工程中常指正比关系的两个变量间的比例常数，含有某种度量标准的意思。”[5]设计中，这个概念保证设计基准尺度或单位尺度的合理性与形态美。德国学者雷德侯著《万物：中国艺术中的模件化和规模化生产》，书中采用“module”（模件）术语，总结我国规模

3. 同注2，第2页。

4. 梁绍壬撰、庄葳校点：《两般秋雨盦随笔》，上海：上海古籍出版社，2012年，第70页。“作书出格曰‘抬头’，《金石录》称唐之中岳嵩山碑，书皇帝太后，不跳行，不空格。跳行者，抬头也。”

5. 张宪荣主编：《现代设计辞典》，北京：北京理工大学出版社，1998年，第91页。

化生产的艺术品种内含模件体系的产品，并将这一模件体系解释为“以标准化的零件组装物品的生产体系”[6]。文中对“模件”的定义强调模件的互换，同时在建筑营造体系中可表述为“模数”[7]，即一个标准单元的语义。以《营造法式》为典型代表，“模数”作为统一构件尺度的最小基本单位，其他构件的尺寸都以此为基准的倍数表示。例如我国梁柱建筑体系“开间和建筑”的增长关系就是一种模数制的生产体系。建筑平面图中的开间是由四根角柱围合而成的矩形[8]，可视为一个模数。开间增大或减少，那些构成开间的木构件的尺度规格也会成比例地放大或缩小。因此，开间数目的多少直接影响建筑物的大小。可见模数体系在我国古代建筑中早已应用，并普遍存在尺度单元的标准化。模数与标准尺度的配合增强了零部件的互换性，可扩大生产批量，提高生产效率。[9]

这种模件化的设计普遍存在活字排印构造与汉字构成形式里，二者原理相近并解决了文本复制标准模件与产品量化的生产关系。以活字印刷为例，我国早期活字模《秦公簋》可见整版铭文系活字排版而成，每个活字外形规格一致，每字居正中，行款要求整齐。至清有金简著《钦定武英殿聚珍版程式》一书，为活字印刷术建立了一套工艺标准，以此规制推而广之，指导匠人设计生产。而活字单元的汉字系统，其基本元素为笔画，书体笔法概括为永字八法中的一点、一横、一竖、一撇、一捺、一勾、一挑、一折。中华文化中的五万多个汉字，通过组合八种基本笔画及少数的笔画得以创制。相对活字而言，作为印书主导技术的雕版印刷亦有模件概念，表现为宋刻本版面尺度

6. 雷德侯：《万物：中国艺术中的模件化和规模化生产》，张总等译，北京：生活·读书·新知三联书店，2012年，第4页。模件化生产体系的七个要素：（1）大批量的单页；（2）具有可互换模件的构成单位；（3）分工；（4）高度的标准化；（5）由添加新模件而造成的增长；（6）比例均衡而非绝对精确的尺度；（7）通过复制进行生产。

7. 同注6，第185页。“这里，模件并非可以互换的部件而是一个标准单元，类似于包豪斯（Bauhaus）于20世纪20年代发展出来的模数概念。”

8. 同注6，第154页。

9. 夏征农：《辞海·工程技术分册》，上海：上海辞书出版社，1987年，第3页。

体系设计的模数等级观念。

《钦定武英殿聚珍版程式》对活字木制组件规范有明确的记录，其顶木、槽版式、类盘、套格式等尺寸亦皆以此模数为标准尺度，随之变化。例如槽版第三组模块顶木，宽同木活字宽度，在书中无字空行的地方，量其空字处的长短，选用相应尺寸的方条嵌于无字空行处。方条顶木为填补版面的空白栏，以其作为标准的单元模件，可辨别版面书仪中的阙字及提行的形式设计和等级尺度。同理，在雕版印刷技术主导的宋刻本版面范式设计里，以版面的留白为线索，通过比较留白空间的尺度规律，从而探索平阙书仪等级观念下的文本内容层级关系的模数标准。以两浙东路茶盐司刻本《外台秘药方》为例，卷第四的版面书仪可分为五个层级关系：第一层级以“外台秘要方卷第四”的卷名为上行方位，做顶格设计；第二层级以“朝散大夫守光禄卿直秘阁判登闻检院上设军臣林亿等上进”的官职称谓为提行阙字空两字，其文字上方的留白空间吻合基于宋代营造尺度量标准的模数单元三分之二宋寸；第三层级以“温病论病源一十首、辟温方二十首”等文章标题为提行阙字空前排三字，文字上方的留白空间同时吻合模数单元的一又三分之一宋寸；第四层级以“温病论病源一十首”文章的标题为提行抬头高于前排一字，同时低于首行阙字空三字，文字上方留白空间为一宋寸单元格；第五层级为“温病论病源一十首”的正文内容，做提行顶格设计，如图13所示。

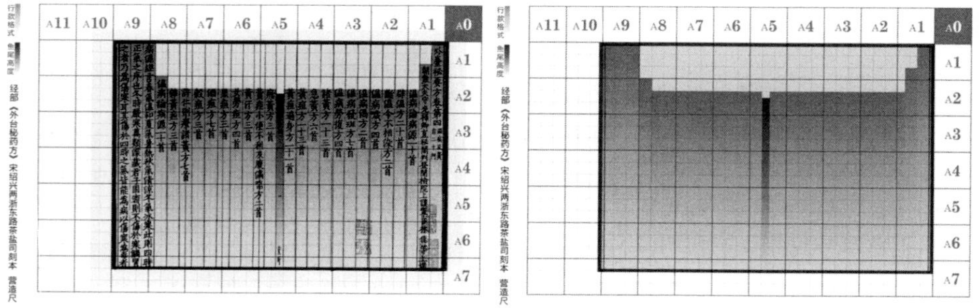

图 13 《外台秘药方》宋绍兴两浙东路茶盐司刻本 卷第四（图片系作者绘制）

《外台秘要方》卷第四的版面范式为典型的基于宋寸三分法的九宫图式形式结构，即以一宋寸单元格为一个模块，单元格内纵横三等分，版面所书大字约占九分之一宋寸单元，并以三等分的倍数关系依次布局版面文字的信息层级。与上述同类案例，笔者将在后文对宋刻本撷珍以图论证做具体分析。综上，宋刻本中文本信息分类繁多，包括标题、序引、小标题、正文、注释、跋等多个层级关系，这种平阙书仪与书法文本是形式与内容相表里，书写格式的层级关系也反映出“等级名分”的道德观，由模数体系所塑造的版面空间等级布局，实质是宋代社会礼制文化的外在表现。

（二）基于比例而非绝对尺度的形式逻辑

“设计离不开测量数据和必要的计算，即使在以经验为主的手工业时代也如此。”[10]古人制器，所有部件实现周密的标准化首先需要有尺度的建立，而模数既是某一个尺寸数值，也可以视为一整套数值的序列[11]。如《营造法式》记述建筑与结构设计遵循“材份制”的用材制度，规范梁柱建筑的木构件长度测量为“分和寸”，而建筑营造的尺度规范则是以“分”为基本尺度单位，设15分为一“材”，21分为一“足材”的比例系统。换言之，基本单位“分”可称为一个模数单元，而所有建筑的木构件尺寸均为“分”的整倍数。[12]书中所述建筑构件的绝对尺寸是依据建筑级别而确定的。这里，“分”既作为长度单位值又作为一个模数，其包含着绝对尺寸和相对尺寸两个概念。建筑等级不同，建筑构件分、寸的绝对尺寸各不相同，但其相互之间的尺度比例保持不变[13]。如，“材”是一个斗拱或木方的横截面积，高宽比为2:3，有8个等级尺寸。无论大木作、小木作皆按此法，依照建筑规模选择等

10. 刘道广等：《图证〈考工记〉：新注、新译及其设计学意义》，南京：东南大学出版社，2012年，第8页。

11. 同注5。

12. 同注6，第185页。

13. 同注6，第167页。

分用之。可见，建筑营造中“材份等级制”的模数制生产系统也是基于比例而非绝对尺度进行计算的。反观宋刻本的设计生产，有关尺寸的记载是录刻本半页的版框高广。刻本的版框高广因时代、地域、出版机构的变化而有所不同，书版尺寸和规格看似无规律可循，但“书的版式由页宽和页高之间的比例关系决定。不同大小、开本的图书通常具有相同的版式”[14]。因此，笔者以此为思路，研究版框高与宽之间的比例关系，从而探索宋刻本版面范式设计的形式逻辑。

古人鉴别宋书版面，以半页为准[15]，并以字体特征、行款样式作为主要依据，认为版式次之。这种约定俗成的研究思路忽视了对宋刻本版框高广的尺度探讨。目前，学界对宋刻本版面设计中的字体刀法和半页行款字数已进行了比较充分的研究[16]，但对版框高广的分析仅停留于尺寸的记载[17]。然而宋刻本印量大、刻书范围广、出版机构多，其版面设计为配合雕版印书技术下的大规模生产需求，必有其形制设计的规律与标准。

我国纸质文献的装帧形式在经历了卷轴装、经折装及旋风装之后，受雕版印书生产方式的影响，蝴蝶装应运而生。蝴蝶装也称蝶装，盛行于宋。其与雕版印刷一版一张的印书方式相辅相成，两者共同作用于宋刻本版框高广及书版规格。由“印版两面都刻印”的雕版工序可见，人们为节约成本及劳力，人尽其才，物尽其用。蝴蝶装的设计方法更是巧妙地将每张印好的书页，沿

---

14. 安德鲁·哈斯拉姆：《书籍设计》，钟晓楠译，北京：中国青年出版社，2007年，第30页。

15. 陈国庆编著：《古籍版本浅说》，沈阳：辽宁人民出版社，1957年，第49页。“论书的行格，通常是以半叶（即“页”）为准的。”

16. 如江标：《宋元本行格表》，试图计算半页行款字数以寻求书版形式的版刻规律；黄永年：《古籍版本学》，南京：江苏教育出版社, 2005年，从实物分析，将字体列为最主要因素；李清志《古书版本鉴定研究》，台北：文史哲出版社，1986年，以直观法，认为字体为版本鉴定上最重要的基准；李致忠：《古书版本鉴定》，北京：文物出版社，1997年，依据版式风格特点，如黑白口，四周单双边等特征初步鉴定版本真伪。

17. 同注15，第50页。“我国目录学家著录版框的大小，始建于瞿中溶古泉馆题跋。不过，每举一书，止说到大版、中版而已。至缪荃孙作学部图书馆善本书目，才用尺寸记版框的高广。”到近代学者，对版框高广的研究还停留于记版框高广的尺寸。

中缝对折，一块印版作为两个半页使用。因此，在版框中间需要设计对折的空间及参照符号或线，对折的空间称为版口。蝶装的装帧方式使宋刻本呈现出以版口对称的布局结构。这种对称式设计，使左右两页的行款和一行字数等量。因而古人谈及宋书版框大小，皆以半页版框高广为准，计半页行款与字数。然而，对称式布局的印版与宋刻本装帧之后的物质形态不同。人们所看到的宋刻本，呈竖开本的书版规格，框高长于框宽。“一页宋版”实则为印版中的二分之一大小，是由一张纸对折的两个半页组成。因此，“一页宋版”的版框高广应为“一版两页”的尺寸。如果用“半页为准”的说法，宋刻本版框高广应为“一版一页”的尺寸。为免发生歧义，故将宋刻本一块印版的版框高广表述为“一版双面”的横开本的样式，即版框宽长于框高。

鉴于此，笔者结合类型学和现代版式设计方法，以《中华再造善本·唐宋编》影印本为基本视觉材料，选取宋刻本经部80本，史部96本，子部97本，集部167本，共440本，统计分析版框高广的尺寸比值规律，提出研究宋刻本版面设计的新思路：一，研究宋刻本书版规格以“一版双面”的版框高广为准，即横开本样式，版框宽度长于框高的尺度比例；二，不同大小开本的宋刻本有相同的比例规律，版框高广成正比例关系，即框高比框宽平均比值约为0.7，各部类刻本均在0.65至0.75之间上下浮动；三，从宋刻本“一版双面”版框高广7:10的尺度范式，可窥探雕版印刷规模化生产的设计标准是基于比例而非绝对尺度。这种比例尺度隐藏着我国宋代尺系标准及“比率”审美概念的形式逻辑。

宋刻本传本极少，遗存的孤本、善本弥足珍贵，或在藏家秘不示人，或公藏于博物馆难以流通观摩。2002年，我国文化部和财政部共同启动了中华再造善本工程，以同书同版配补为原则，选录卷帙完足的版本[18]，为学术界提供视觉材料。本书依据《中华再造善本·唐宋编》每篇提要前记载的版框高

18. 中华再造善本工程编纂出版委员会编著：《中华再造善本总目提要》，北京：国家图书馆出版社，2013年，“序言”，第5页。

广数据，研究在不同分类标准下的版框高与框宽之间的尺度比例关系。以“一版双面”为准，版框框高记为 x，框宽乘以 2，为双面框宽记为 y，用 k 表示两者的比值，公式可表示为：x/y=k。研究发现，对于不同大小的刻本，框高 x 和框宽 y 虽为两个变量，但是比值 k 一定。即，宋刻本“一版双面”版框高宽的比值规律成正比例关系，如图 14 所示。

在440本有版框高广记录的宋书中，“一版双面”版框高宽的比例，平均值为0.7。统计30本以上版框高广具有相同比值的宋刻本，出现六个高峰值。分别为：50本相同比值为0.69，43本相同比值为0.68，38本相同比值为0.72，35本相同比值为0.7，34本相同比值为0.67，31本相同比值为0.66。统计20—30本之间的比值，图表出现两个相同峰点。有两个峰点同为26本：第一个26本相同比值为0.73，第二个26本相同比值为0.74。还有两个峰点同为22本：第一个22本相同比值为0.65，第二个22本相同比值为0.75。从以上峰值来看，统计20本以上具有相同比值的宋刻本，共计350本，比值范围在0.65—0.75区间，约占总统计量的79.5%。换言之，有近八成的宋刻本，虽然书版尺寸规格不同，但却有相同的比例规律，即以“一版双面”的版框高广比值成正比例关系，并且遵循以0.7为平均值，在0.65—0.75之间上下浮动的数字规律。

1. 时空轴上不同尺寸规格的宋刻本“一版双面”版框高广比值一定

从时间轴来看，南北两宋，不同尺寸规格的刻本，版框高宽比值一定。公元 960 年，北宋建都汴京，宋王朝以文德致治，一系列崇文政策客观上推动了宋代雕版印刷业的繁荣发展。尤其是科举制度改革，降低取士门槛，学术昌、文化兴，举国上下刻书出版盛行。公元 1127 年，南宋建炎南渡，定都临安。从北一路南逃，途中丢失不少书籍。皇室要重建文库，下令地方官府收集旧监本雕版，或递修重印，或以善本为底本重新抄写镂版。三百多年间，刻本几经易主，然形制演变，设计有标准。如，北宋集部刻本《范文正公文集》（框高 22.5 厘米，宽 15.5 厘米）；南宋初年杭州净戒院刻本，子部《长短经》（框高 22 厘米，宽 15.2 厘米）；南宋淳熙八年（1181），经部泉州州学刻本《禹贡论》（框高 19.6 厘米，宽 13.6 厘米）；南宋绍熙五年（1194），史部

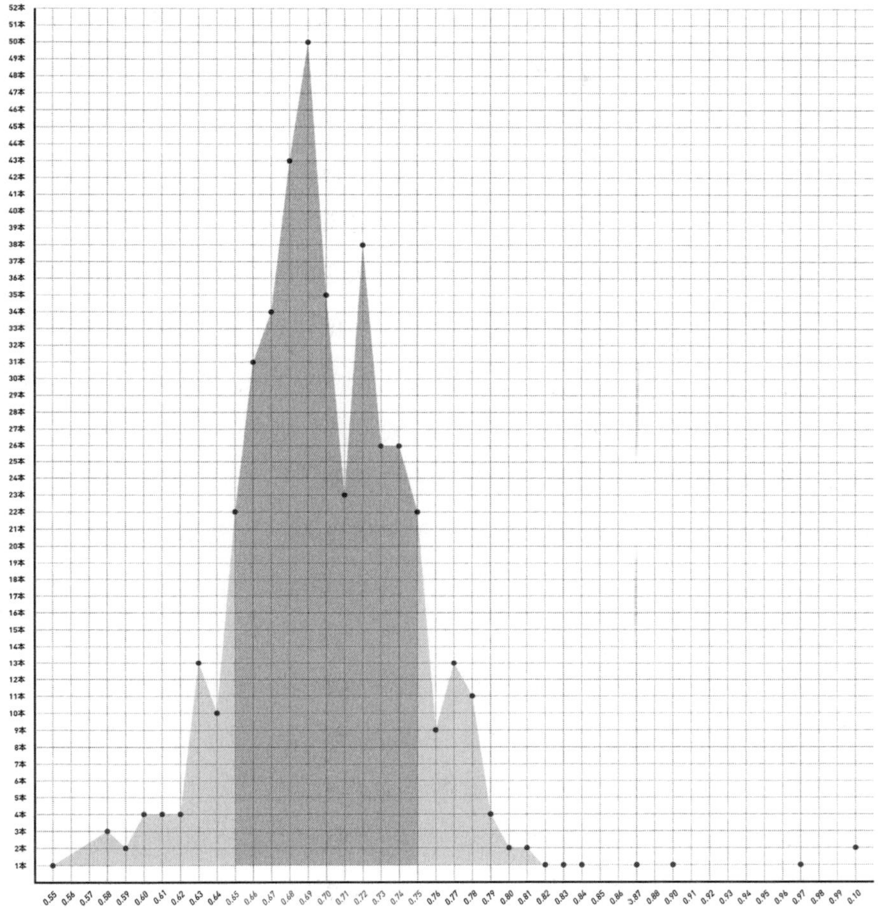

图 14　宋刻本“一版双面”版框高宽比值规律（图片系笔者绘制）

择善堂刻本《新入诸儒议论杜氏通典详节》（框高 18.6 厘米，宽 12.9 厘米）；南宋景定二年（1261），子部《梅花喜神谱》（框高 15 厘米，宽 20.8 厘米）。以上五本，虽跨南北两宋，但“一版双面”，版框高宽比值均为 0.72。

从空间轴来看，不同地域、不同尺寸规格的刻本，版框高宽比值一定。宋代刻书地域分布广泛，逐渐形成浙江、福建、四川、江西这四个主要的刻书中心。北宋定都汴京，中央设国子监、崇文苑和秘书省等刻书机构。但其中不少印版沿用五代旧版印书，也有写好纸样，下送杭州等地刻印，再运回汴京印刷。到南宋定都临安，以杭州为中心的两浙地区，刻书产业更加繁荣，两浙各府县也竞相刻书。两宋福建地区，文教事业发达，客观推动了书籍的出版流通，主要集中在福州和建阳地区。蜀地山林茂密，刻书用纸物料丰富，在唐五代时期一直都是刻书中心。从北宋到南宋，四川的刻书中心由成都转移到西南眉山，有著名的《眉山七史》，但遗存下来的多是江浙地区的刻本。江西地区则以抚州公使库刻书最为著名。[19] 比较分析以上四个不同地域四大刻书中心的刻本书版规格，如，宋绍兴十六年（1146），浙江地区两浙东路茶盐司刻本，子部《事类赋》（框高 22.2 厘米，宽 15.9 厘米）；宋乾道五年（1169），福建地区建宁府黄三八郎刻本，经部《钜宋广韵》（框高 20.3 厘米，宽 14.7 厘米）；南宋初期西蜀崔氏书肆刻本，子部《南华真经》（框高 20.7 厘米，宽 14.8 厘米）；宋庆元二年（1196），江西地区周必大刻本，集部《欧阳文忠公集》（框高 21.5 厘米，宽 15.4 厘米），虽地域不同，但“一版双面”版框高广比值均为 0.69。

2. 四部分类中不同尺寸规格的宋刻本“一版双面”版框高广比值一定

从四部分类法来看，经史子集，不同尺寸规格的刻本，版框高宽比值一定。如经部《孟子或问纂要》（框高22.4厘米，宽16厘米）；北宋刻递修本（卷三十配宋庆元元年建安刘元起刻本，卷三十九配宋嘉定蔡琪家塾刻本），史部《汉书》（框高22厘米，宽15.5厘米）；宋嘉泰元年（1201），子部金式、赵善镰刻本《帝王经世图谱》（框高27.3厘米，宽19.5厘米）；宋绍兴三十一年（1161），集部陈辉刻本《古灵先生文集》（框高20.2厘米，宽14.3厘米）。以上四部刻本，类别不同，但“一版双面”的版框高广比值均为0.7。笔者统计了宋刻本经部80本，史部96本，子部97本，集部167本，比较四部刻本版框高广的比值标准，佐以说明，如图15所示。

3. 刻书系统中不同尺寸规格的宋刻本“一版双面”版框高广比值一定

从刻书系统来看，不同刻书机构、不同尺寸规格的刻本，版框高宽比值

19. 杨玲：《宋代出版文化》，北京：文物出版社，2012年，第58—273页。

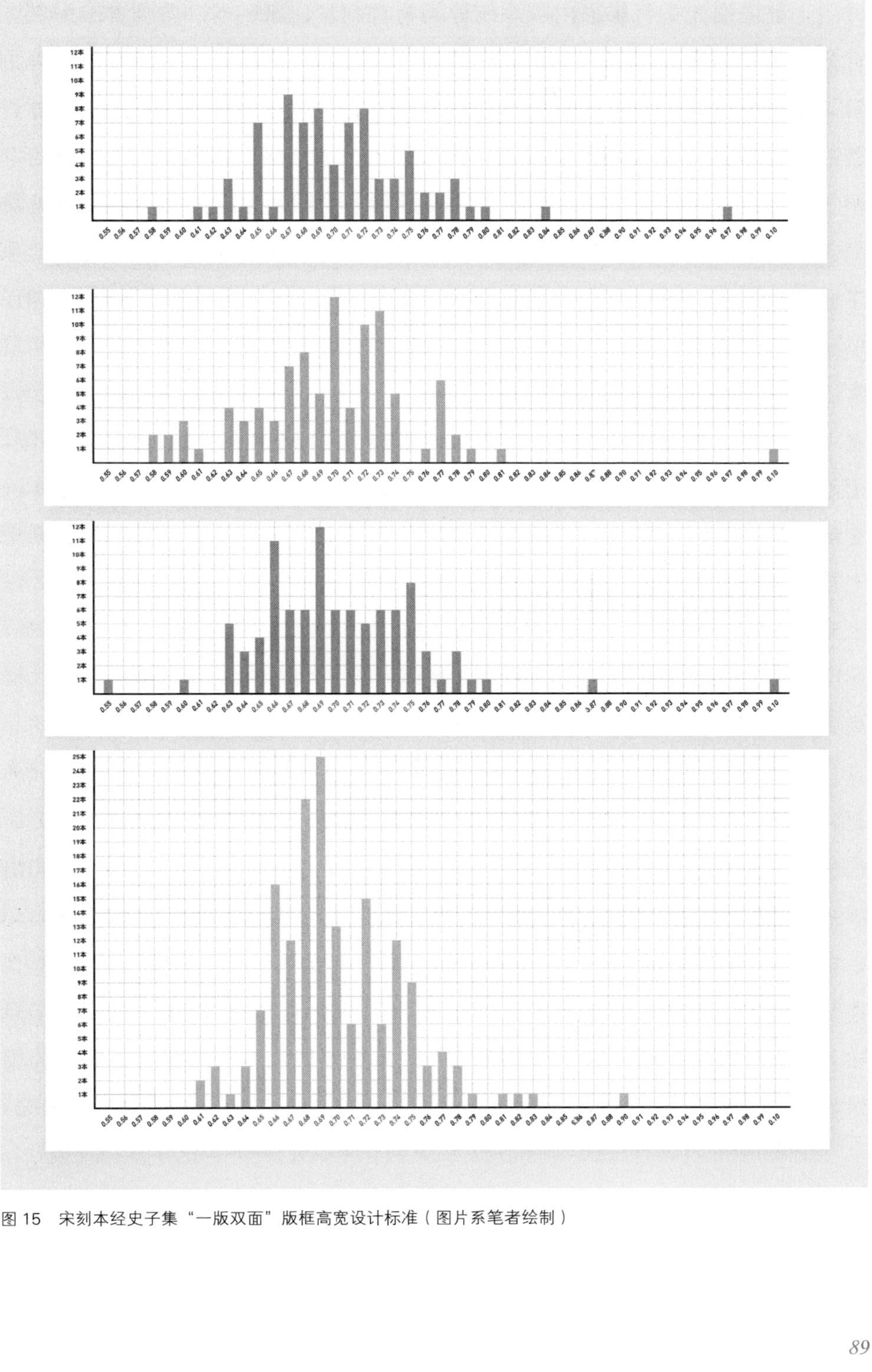

图 15　宋刻本经史子集“一版双面”版框高宽设计标准（图片系笔者绘制）

一定。魏隐儒先生将宋书出版系统分类为官刻本、家刻本、坊刻本三大类。官刻本主要由政府出资，文人官员把关，其出版的书籍以儒家经书正史为主旨，体现皇权意识与权威性。家刻本为士大夫的私家刻本，“于官刻本外俨若附庸之国矣”[20]。宋朝曾发动过五次举国上下大规模的佛教印书活动。绍定四年（1231），全藏开雕，从刻工姓氏推测多为同姓家族共同劳作，可见雕版印刷术的纯熟技艺已传播到民间作坊。宋代坊间刻本成为独立而普遍的手工业生产领域。以浙江地区为例，浙刻本以杭州为中心，各路级、各府县官府、书院等刻书居多，家刻书坊林立，多出版售卖经史子集、科举考试和民间日常用书。[21]有官刻本两浙东路茶盐司刻本，子部《外台秘要方》（框高 20.1 厘米，宽 14.4 厘米）和《事类赋》（框高 22.2 厘米，宽 15.9 厘米）两本；绍兴府刻，子部《论衡》（框高 21.5 厘米，宽 15.4 厘米）；公使库出版衢州州学刻本，史部《三国志》（框高 21.2 厘米，宽 15.1 厘米）；家刻本婺州吴宅桂堂刻王宅桂堂修补印本，经部《三苏先生文粹》（框高 16.7 厘米，宽 12 厘米）。以上刻本，“一版双面”，版框高宽比值均为 0.71。以《中华再造善本·唐宋编》影印本中《外台秘要方》（框高 20.1 厘米，宽 14.4 厘米）与《事类赋》（框高 22.2 厘米，宽 15.9 厘米）两本为例，以作说明，如图 16 所示。

从刻书系统来看，一部书，两套出版系统，版框高宽比值一定。以经部《礼记》为例，有浙江婺州义乌蒋宅崇知斋刻本（框高 13.2 厘米，宽 9.2 厘米）、福建余仁仲万卷堂家塾刻本（框高 17.9 厘米，宽 12.5 厘米）。这两个不同出版系统的刻本书版尺寸相差悬殊，但“一版双面”的版框高宽比值均为 0.71。以史部《后汉书》为例，有白鹭洲书院刻本（框高 21.8 厘米，宽 14 厘米）、建安黄善夫本（框高 20.1 厘米，宽 13 厘米）两个版本。白鹭洲书院于南宋淳祐元年（1241）创建，位于今江西省吉安市区东赣江中，而建安黄善夫为福建刻本，这两个出版系统的框高宽比值均为 0.77。以《中华再造善本·唐宋编》

20. 叶德辉：《书林清话》，北京：中华书局，1957年，第85页。

21. 田建平：《宋代书籍出版史研究》，北京：人民出版社，2018年，第26—230页。

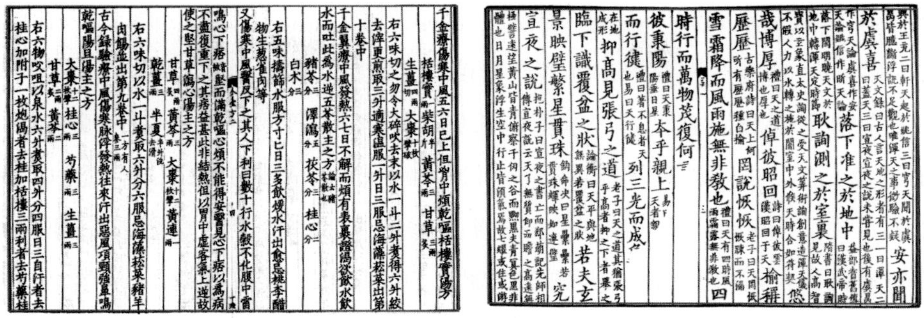

图 16　图左侧为《外台秘要方》（框高 20.1 厘米，宽 14.4 厘米），图右侧为《事类赋》（框高 22.2 厘米，宽 15.9 厘米）（图片来源：《中华再造善本·唐宋编》影印本复印图，加黑线框系笔者添加）

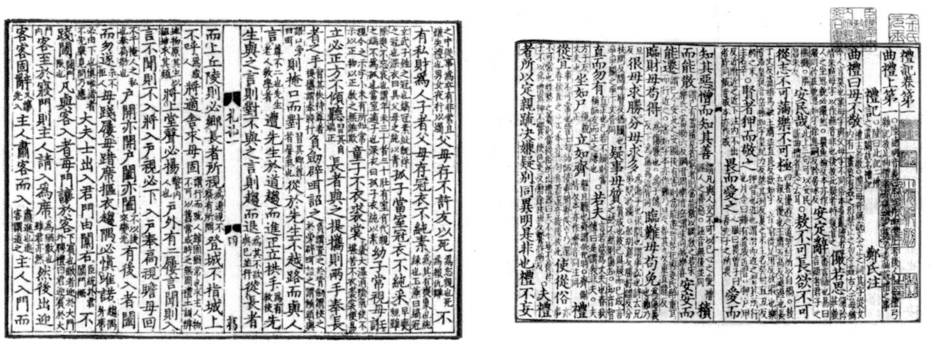

图 17　图左侧为《礼记》浙江婺州义乌蒋宅崇知斋刻本（框高 13.2 厘米，宽 9.2 厘米），图右侧为《礼记》福建余仁仲万卷堂家塾刻本（框高 17.9 厘米，宽 12.5 厘米）（图片来源：《中华再造善本·唐宋编》影印本复印图，加黑线框系笔者添加）

影印本《礼记》的浙江刻本与福建刻本为例，以作说明，如图 17 所示。

4. 抄本、拓本或唐本修补本不受比值规律制约，孤例不立

图14中也有一些孤例节点，可归为个案分析。比值呈现书版规格，比值为1，即为框高与宽尺度相等，印版呈正方形，宋刻本呈2:1的长方形竖开本；比值为0.55，即框高约为宽的二分之一，印版呈1:2的长方形，宋刻本呈1:1的正方形开本。以下个案分析顺序为，从大到小，从比值为1到比值为0.55的顺序。如比值为1，是宋绍兴二年（1132），史部，王永从刻安吉州思溪法宝资福禅寺大藏本《大唐西域记》（框高25厘米，宽11.4厘米）和宋刻递

修本，史部《隋书》（框高29厘米，宽13.2厘米）；比值为0.97，是宋刻拓本《隶书》10卷（框高26.6厘米，宽13.6厘米）；比值为0.9，是宋淳熙五年（1178），集部王崧刻本《窦氏联珠集》（框高21.1厘米，宽11.7厘米）；比值为0.87，是子部《重雕改正湘山野录续录》（框高18.3厘米，宽10.4厘米）；比值为0.84，是经部《紫云先生增修校正押韵释疑》（框高18.5厘米，宽11厘米）；比值为0.83，是集部《骆宾王文集》（框高18.7厘米，宽11.2厘米）；比值为0.55，是北宋元丰元年（1078）司天监秦孝先、苏宗亮、徐钦邻等抄本《景祐乾象新书》（框高27.7厘米，宽24.8厘米）。由此可见，这些不在比例规律内的孤例有抄本、拓本和修补本[22]。以宋刻递修本史部《隋书》为例，版本鉴定专家通过避讳字，断定此本刻于南宋之初。而关于其成书过程："唐武德四年（621）令狐德棻建议修北齐、梁、陈、北周、隋史……贞观十年（636）《隋书》帝纪、列传、其他四朝史完成，合称《五代史》……"[23]可见，此宋刻递修本是在唐本的基础上进行修补，历时数年，时空跨度大，多承唐代书版规格特点。宋刻本存世珍贵，以上孤例虽有版框尺寸，却不受宋朝雕版印刷系统的制约，孤例不立。

5. 从 7:10 版框高广的尺度范式窥探宋刻本规模化生产的设计标准

透过以上数据和图表分析，宋刻本之间有些彼此涉及，或出于同一出版时期、或处在同一刻书地域、或归属同类出版机构，有些彼此之间毫无关联。无论是求同存异还是求异存同，不同分类标准下的不同尺寸规格的宋刻本，"一版双面"版框高宽的比值成正比例关系。平均值为 0.7 的比值规律表明宋刻本"一版双面"版框高广的尺度范式为 7:10。中间虽有 0.6—0.8 不同的数值变化，究其原因，笔者认为从三方面可做解释。其一，宋刻本版框高广存在宋代尺系的度量标准与现代公尺之间的关系式问题。陈国庆在《古籍版本浅说》中有说明，高广是指版框的尺寸，至缪荃孙作学部图书馆善本书目，才用尺

22. 张丽娟、程有庆：《宋本》，南京：江苏古籍出版社，2002年，第45页。"递修本也是一种修补本，它指的是对原有板片进行了两次或两次以上的重新加工修补。"

23. 同注18，第193页。

寸记。此后，版本学家多用营造尺为度量的标准。因为营造尺不如公尺精确通行，近日为说明高广，多用公厘为度量单位。[24] 从我国的度量衡发展来看，古代尺度以尺、寸、分为度量单位，而现代公尺的计量单位为米、厘米、毫米。用现代公尺的计量标准来衡量宋尺的尺度值，多少存在关系式问题。其二，印版由刻工手作，存在版框线条的粗细变化。宋刻本有文武双边，也有四周单边等版框样式。不同于现代机器生产，刻工用刀刻木版，线条存在粗细宽窄的变化。这也影响版框高宽的尺寸精确度。其三，测量标准的基线问题。版框测量的标准不同，有以左右双边的外粗框线边缘为准，也有取宽度值的中线为准。由于测量标准的细节不同，也会导致版框高广存在小数值的偏差。因此，宋刻本 7:10 的尺度范式蕴含宋代尺系的度量标准。印版设计的版框高广以现代公尺计量，比例尺度会出现小数点后两位的摆动范围。

宋刻本以 0.7 的比率概念建立书版规格尺度标准，或许能从侧面反映出宋代手工业生产比率衡量的美学标准。公元前 4 世纪，西方有《几何原本》等比例理论，系统论述了黄金分割比例的形式逻辑。0.618:1 的黄金比值同在宋刻本“一版双面”版框高广比值规律 0.6—0.8 之间的浮动范围内。虽没有确切史料证实两者之间的内在联系，但在我国先秦遗迹残本《九章算术》、南宋秦九韶《数书九章》等数学理论著作中，可见已有“比率”的概念，并使用数学形式化的审美逻辑来处理生活中的实际问题[25]。以 0.7 为平均比值的特定比率，内含东方造物的智慧与审美标准。反观当下工业化大生产，现代版式设计方法基于包豪斯的教育体系和设计理念，亦趋于系统化和标准化。视觉设计元素之间的比例和间距关系，也遵循着某种数字规律的逻辑关系[26]。古为今用，宋刻本“一版双面”版框高广的尺度范式或许可以为现代书籍版面设计提供东方美学的衡量标准，如图 18 所示。

---

24. 同注15，第49—50页。

25. 李继闵：《〈九章算术〉导读与译注》，西安：陕西科学技术出版社，1998年，第28页。

26. J. Müller-Brockmann, *The Graphic Artist and His Design Problems*, U.S.A: Ram Publications, 2003.

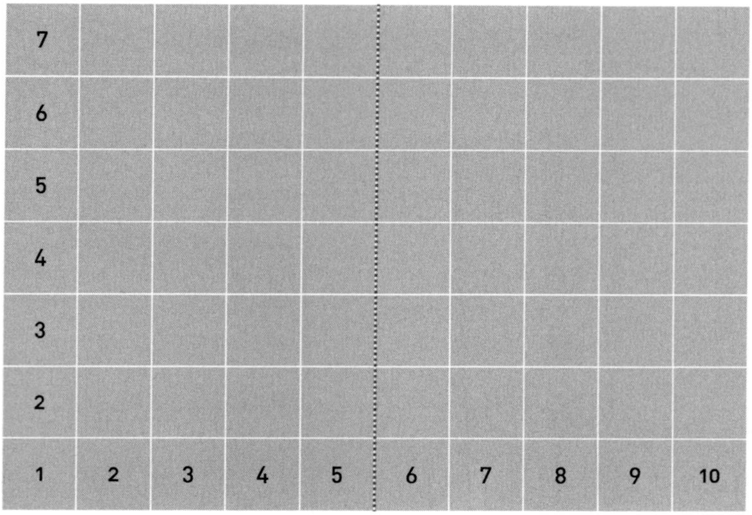

图 18　宋刻本“一版双面”版框高宽 7:10 设计标准（图片系笔者绘制）

宋刻本是雕版印刷系统化生产的产物，以 7:10 的尺度范式建立版框开本，是隐藏于印版工序中的设计标准。宋代出版印刷业从政府机构到民间坊肆的盛行，实现了雕版印刷大规模生产的跃进。一块印版的机械复制过程，包括写版、刻版、刷印与装裱等工序。[27] 刻本生产在写版人之前即已确定了书版规格和版面样式。无论是口袋本的巾箱本，还是官府刻印的大开本，其“一版双面”版框高广的设计标准是相同的。建筑营造有官书规制《营造法式》，为建材构件规定了严密的标准化设计体系。然而雕版印书的生产活动多从书版附刻的工匠姓名或刻书单位获取刻本的制作信息。宋书的刻工匠人往往是师徒相传、父子相继的手工生产模式。为书版规格制定这种一定比值的设计标准，符合并促使雕版印刷规模化的生产。因此，从宋刻本一版双面版框高广的尺度范式，可窥见宋代手工业造物的思维模式是基于比例而非绝对尺度。以巾箱本《春秋经传集解》和宋绍定三年（1230）越州读书堂刻本《切韵指掌图》

27.同注6，第192页。

为例。前者巾箱本，一版双面的框高只有 9.7 厘米，宽 13.4 厘米；而后者一版双面的框高 25.5 厘米，宽 35.2 厘米。虽然，二者开本大小全然不同，若以比例尺度的设计逻辑比较分析，两本刻本“一版双面”下的版框高广比值均约为 0.72。如图 19 佐以证明。

宋刻本以极为讲究的书品在中国古籍善本中受人推崇，实用性与审美并重。从印版来看，宋刻本为横开本的书版规格，每版印出一张对折页，版面设计呈对称式布局；从版框高广来看，统计分析了 440 本宋书的书版尺寸，不同大小开本的宋刻本，具有相同的比例规律；从造物思维来看，宋刻本生产的设计标准是基于比例而非绝对尺度。与以往研究不同，笔者认为，对宋刻本版面的鉴赏和研究，除了记录版框高广的尺寸数值以外，框高与框宽之间的比例关系也是一项重要的参考依据。以上述史料记载和图文分析，重新认识宋刻本版框高广的比例关系及其版面设计元素之间的内在联系；以一印版一张纸的“一版双面”设计重新定义版框高广的尺度关系，意义有三。一是，“一版双面”的对称式结构，直接影响版面界行、字体、版口等设计元素的布局逻辑关系；二是，版框高广的尺寸比例影响版面内其他设计要素的尺度关系，如“一版双面”的行款数量和容字量；三是，版框高广起到宋书开本大小的作用，对于找寻宋刻本的版式规律起到关键作用。综合而言，宋刻本“一版双面”版框高广的尺度范式，是以 7:10 为比例常数呈正比关系的设计标准，并遵循 0.65—0.75 之间浮动的比例规律。这种基于比例而非绝对尺度的比例

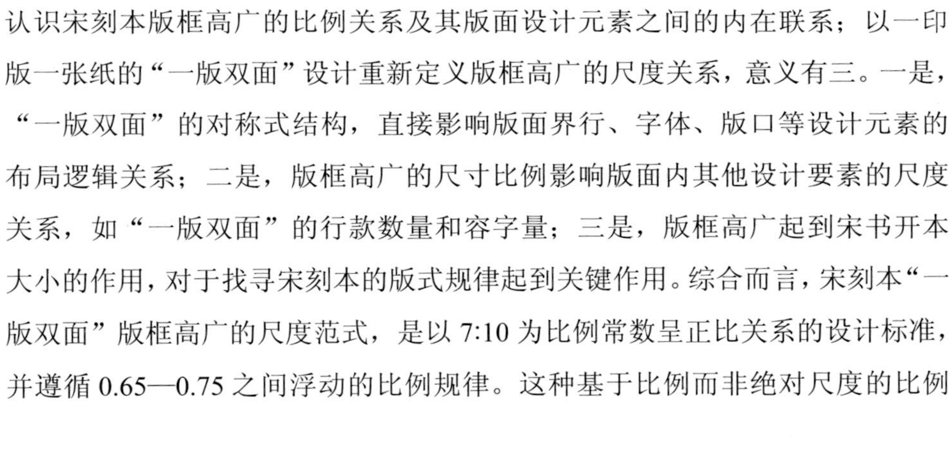

图 19　图左侧为《春秋经传集解》，图右侧为《切韵指掌图》，不同大小开本版框高广比值一定（图片系笔者绘制）

系统，在设计中保证了既合理又具形态美的设计标准，显示了雕版印刷系统规模化生产与蝴蝶装帧形式对宋刻本版框尺度范式的共同作用。以一定比值为书版规格的设计标准，从侧面亦反映出宋刻本印书生产的审美标准及形式逻辑。

第二节　三分法与九宫图式：宋刻本版面范式设计的审美意识

（一）基于宋寸三分法的审美认同

在设计生产中，宋代雕版印刷技术发展的成熟与普及，促使版刻印书的民间基础坚实而丰厚，并由家庭作坊的生产模式逐渐分工细化为较为专业的刻工、写工等工种。这种流传在师徒匠人之间口传心授的工艺方法解决了不同雇主出资或市场竞争而产生的审美偏好及成本预算等问题，从而呈现出宋刻本版面行款多寡和字体书风等表层特征。从历时性与共识性结合的研究角度来看，宋代的刻书机构、刻书地域及刻书种类涉及范围十分广泛，但是在刻本设计上却呈现出一定的版面范式。这种规律性的版刻形制，除了受雕版印刷及蝴蝶装帧客观的工艺限制，还有其内在章法的规范制约。由表及里，在现代设计语境下，本章以类型学和几何学为理论依据与研究方法，对《中国版刻图录》《中华再造善本》等宋刻影印本进行时空分类与比较，图证宋刻本版面范式的设计规制内含基于“宋寸”的模数网格系统。即，以“宋寸”为基本尺度单位，以三分法为主要横向分割布局的模数制网格结构。如果说行款和字体是衡量宋代刻本版面特征的重要标尺，那么这套网格系统则解释了雕版印刷优于活字印刷的内在原因：匠人依据宋代尺度单元，通过构建纵横交织的网格结构进行横向及纵向的灵活设计，在版面空间中合理布局视觉元素的相互位置及等级秩序，从而满足不同出版对象在版面设计上的审美认同，并实现雕版印刷规模化生产的通用性需求。

1.“叁分其长”的审美标准

受审美与技术的双重影响，宋刻本的版面设计包括版框、界行、字体、鱼尾、象鼻、书耳、牌记、插图等可见的视觉元素，它们相互构建了版面范式的空间秩序。直观宋刻本的外在形式，版框高与广的尺度关系影响刻本天头与地脚的空间比例；界行宽窄的数量多少导致版面率的高低变化；版口、鱼尾、书耳、牌记及插图的大小加强版面范式的差异性与相似性。若撇开以上版面范式的符号性特征，重新分析文本内容之间的信息层级关系，从右至左、文本段落在版面空间的高低与疏密的布局秩序则隐藏着行款格式横向“叁分其长”的审美标准。

首先，从宋刻本文字内容的信息层级关系来看，篇与卷是古籍重要的计量单位[28]。一书多卷，宋刻本对卷次的命名有一、二、三等依次命名的方法，也有用“上下”、“内外”、“前后”或“上中下”等方式命名。再具体到刻本内容的编制体例上，宋代类书盛行，基本上依据内容分类编排。在其影响之下，宋本的唐诗别集往往也将内容分类或分体编次[29]。篇目的数量和排列被视作版本鉴定的一条线索，落实到具体标题名称上，则呈现刻本的一级、二级、三级等大小不同的标题级别[30]。为使不同的文本层级关系有序排列，故将书名、卷次、署名、内文标题等信息以提行形式以示分界、醒目[31]。较之现代文章结构中每段或每小节提行空两格的书写方式，宋刻本直排的行款格式中则有顶格、空行，另起提行等表现文章内容层次的布局样式。在文本交接的段落之间，通过版面空间的留白，以显示文面层次。这种在文本内容的切割或分界上，以往版本鉴定以“空前排几行几字”来描述缩格，而笔者在对宋刻本之影印本的图像分析中发现，诸如一些无法以前排汉字数量界定的空

28. 曹之：《中国古籍版本学》，武汉：武汉大学出版社，1992年，第401页。

29. 同注28，第406—409页。

30. 王天恩等编：《出版工作手册》，北京：战士出版社，1981年，第185页。

31. 林文勉、程克夷、程国安编写：《基础写作辞典》，武汉：湖北辞书出版社，1989年，第186页。

格关系，则吻合基于宋尺、宋寸的横向网格结构三分法的尺度标准。以宋代蜀刻本为例，通过《中国版刻图录》文献考证，并以《中华再造善本·唐宋编》为视觉材料，选取具有精确版框尺寸记载的宋代蜀刻本共计28本，其中蜀刻小字本十一行本和十二行本共计20本。宋代以营造尺、浙尺为主要的度量标准，构建经纬之交的方格模数网格系统，归纳并提炼宋蜀刻小字本两套版刻系统设计（除个案蜀本小字《嘉祐集》等网格结构横纵四等分之外），网格结构为纵向两宋寸六等分到五等分的设计，横向均为宋寸单元格内三等分的尺度规律。这种三分法的分割设计同样在宋代浙江刻本及福建地区的刻本中有所体现，笔者将在后面篇章中对区域分类的宋刻本版面范式设计逐一分析，如表格4所示。

表格 4

宋刻本分类	宋寸模块网格系统的网格状结构		
	横向分割标准		
	二等分	三等分	四等分
浙本及浙本系统刻本 48 本	2 本	47 本	1 本
建刻本 35 本		35 本	1 本
蜀刻本 28 本		27 本	1 本

注：宋刻本卷数不同，有些存在多套用尺标准，网格结构纵横分割标准并存。如建刻本经部刘氏天香书院刻本《监本纂图重言重意互注论语》序与卷上有两套尺度标准，分别为序为营造尺，网格结构纵向两宋寸五等分；卷上为福建乡尺，网格结构纵向二等分。

其次，从三分法版面空间布局的功能上来看，这种基于宋寸三分法的尺度设计解释了以长度单位米计量宋刻本版框高广所存在的带小数结果。将国际单位制换算为宋尺、宋寸，可明晰匠人制版过程，即使有行业规范的一定比值做参考，仍存在版框在高度或宽度上的偏差。而这种数值的偏差则体现在网格结构的横向三等分或纵向分割的比例关系上。例如宋浙本系统经部两浙东路茶盐司刻宋元递修本《周易注疏》，框高 21.5 厘米，宽 16.3 厘米。该刻本吻合宋代营造尺的用尺标准，一版双面的宽度约为十又三分之一宋寸，高度约为七宋寸。以尺度倍值来看，浙刻本《周易注疏》一版双面版框高与宽的比例关系约为 7:10，其中，版框高度或宽度存在带小数的精确数值，或许为宋尺宋寸单元格内基于三等分的比值结果。第二，基于宋寸三分法的尺度设计规范了文本信息在版面空间传达的层级关系及书写格式。仍以《周易注疏》为例，该刻本版面的书写格式基本按照空前排几个汉字的规律进行编排布局，同时以宋寸模块网格系统的网格线为设计标准。其中序的书写格式可分为三个层级关系，一级层级以“周易正义序”标题为例，顶格设计；二级层级以“国子祭酒”等字为例，空格前排两个汉字，同时以网格线为基准，空三分之二宋寸；三级层级为正文，顶格设计。中缝版口宽约三分之一宋寸，上鱼尾高度约空前排四个汉字。目录的书写格式可分为四个层级关系，一级层级以“略附之卷首尔”标题为例，顶格设计；二级层级以“八论”为例，顶格设计；三级层级以“自此下分为八叚”为例，空前排两个汉字，同时符合网格线标准，空三分之二宋寸；四级层级以“第一论易之三名”为例，空格一宋寸。中缝版口的上下鱼尾设计与序同。“易序”最后一页附“计五千三百六十七字”，以网格线为基准，空格三宋寸。《周易注疏》卷第二的书写格式可分为三个层级关系，一级层级为“周易注疏卷第二”，顶格设计；二级层级以“国子祭酒上”等字为例，以网格线为基准，空格一宋寸；三级层级为正文，顶格设计。第三，基于宋寸三分法的尺度设计限定了牌记布局与插图比例。以宋代福建乡尺为度量标准的黄善夫家塾刻《后汉书》为例，刻本目录后有牌记设计，牌记宽同三个界行宽度，约为一又二分之一宋寸，高度以网格线为标准，上空两个宋寸单元格，高三又三分之二宋寸单元格；又如刘日新宅三桂堂刻本《童溪王先生易传》，其刻本牌记设计宽约一又三分之一宋寸，高度以网格线为基准，高约二又三分之二宋寸；再如吴革刻本《周易本义》版面范式设计，“易图”版面，标题字“伏羲六十”以网格线为基准，横向界行，上方空一宋寸，字高一宋寸。右图黑白方格的插图高度约占三个单元格，上方基准线空格三又三分之一宋寸。由此看出，基于宋寸模块网格结构的横向三分法是建立文本信息在版面空间秩序的标准，以此条理性的安排版面视觉元素的空间布局关系，提高文本信息阅读效率，使行格目而有据，使牌记与插图各居其位。如图 20 所示。

最后，基于宋尺三分法的设计标准还有“叁分其长”的审美渊源。“叁即三，也有第三、三倍、三分之一、并列为三等等含义。”[32]从尺度关系来看，我国古代就有一种用于定位和测量的仪器称为“叁表”[33]，《老子》亦有“道生一，一生二，二生三，三生万物”的论述。尤其是与“叁”字相关的设计规范，在《周礼·考工记》[34]的工艺系统中多见三分的慧识。我国古代手工业娴熟的技术经验，产生于长期的生产实践。匠人制器，所选定的一种标准尺度单位是基于比例而非绝对尺度，因此方法与工具不如后世之精密。虽然这在客观上降低了尺寸度量的精度，但其中的三等分比例关系体现出我国百工造物的美学原理。以“舆人”“匠人”为代表的制车、制磬等器物生产尺度体系为例，造物中的比例多取二等分、三等分与四等分的倍数关系。比如，“舆人为车，轮崇，车广，衡长，叁如一，谓之叁称”，[35]是说车轮的高度，车厢宽度和车衡长度，三者相等。后以车厢宽度的三分之二为车厢长度；再将车厢长度三等分，三分之一在前，三分之二在后，将车厢前部栏杆顶端的横木，揉曲在此位置。[36]又如，“磬氏制磬。取股宽为一个单位长度，则股长为两个单位长度，鼓长为三个单位长度。鼓宽是股宽的三分之二，

32. 庞朴：《一分为三论》，上海：上海古籍出版社，2003年，第39页。

33. 同上。

34. 《周礼·考工记》文中记载制车系统、铜器铸造、兵器护甲、礼乐饮射、建筑水利、制陶等各部件组装遵从的规程和尺度比例标准原则。

35. 闻人军译注：《考工记译注》，上海：上海古籍出版社，2008年，第29页。

36. 同上。“舆人为车。轮崇、车广、衡长，叁如一，谓之叁称。叁分车广，去一以为隧。叁分其隧，一在前，二在后，以揉其式。以其广之半，为之式崇；以其隧之半，为之较崇。”

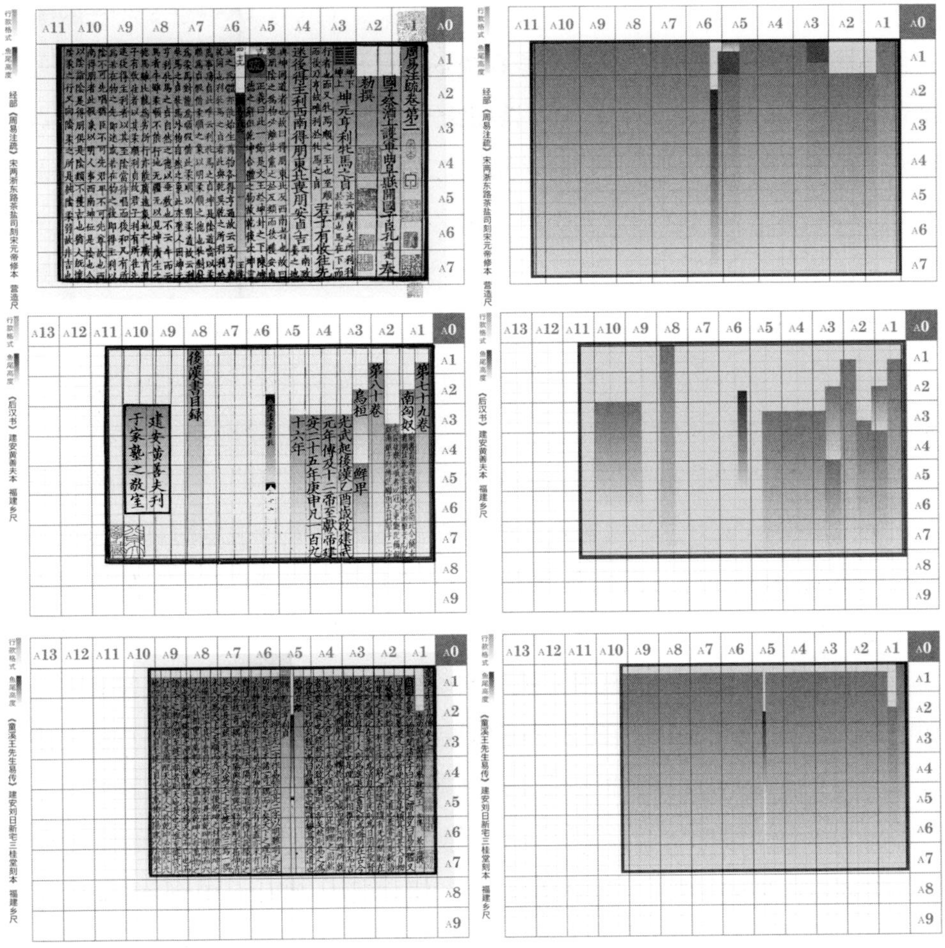

图 20　基于三分法审美认同：《周易注疏》《后汉书》《童溪王先生易传》

以鼓宽的三分之一作为磬的厚度”[37]。再如冶氏制作杀矢，“戟广寸有半寸，内三之，胡四之，援五之”[38]，是说戟宽作为模数，尺寸为一寸半，

37. 同上，第88页。“磬氏为磬。倨句一矩有半，其博为一，股为二，鼓为三。叁分其股博，去一以为鼓博。叁分其鼓博，以其一为之厚。”

38. 同上，第44页。

内长是它的三倍（四寸半），胡长是它的四倍（六寸），援长是它的五倍（七寸半）。还有周人上舆，制车系统以“四尺”为基本单位值，部件之间建立六个等级差数关系。“车有六等之数：车轸四尺，谓之一等；戈柲六尺有六寸，既建而迤，崇于轸四尺，谓之二等；人长八尺，崇于戈四尺，谓之三等；殳长寻有四尺，崇于人四尺，谓之四等；车戟常，崇于殳四尺，谓之五等；酋矛常有四尺，崇於戟四尺，谓之六等。车谓之六等之数。”[39]由此，从技术生产的角度来看，基于宋寸三分法的设计路径蕴含我国古籍版面设计“叁分其长”的审美法则，以及三生万物的造物思想。

2. 中西三分法之异同

叶德辉言，古者简籍之式，木以一版为一枼（即“页”）。[40]宋刻本的版框大小决定了书版的外部比例，而版面内部元素的布局关系则有“网格”结构的制约。[41]在宋刻本成熟的版面形制中，界行是一种显性的网格线，用来规范善书者纵向书写的垂直标尺。而在西方，1455年古登伯格（Gutenberg）的42行圣经版面设计里，也有明显的用来确定栏、页边空白和宽度位置的垂直引导线，以及引导横排手写的水平标尺线。[42]这些基于线的网格使页面上的字体和图片有序布局，是形成版面设计空间秩序的有效手段。宋刻本纵向分割的比例关系直接影响版面行款字体的形态变化，从而改变视觉图像的主观感受。除刻本中界行这种显性网格线，还有横向隐性的基于宋寸三分法的网格线，规范视觉元素中字体大小、界行版框高广的比值，以及文本书写格式的层级秩序。网格系统是现代版面设计的常用方法，以拉丁字母为视觉元素的西方设计形式原理有黄金分割、柯布西耶模数、有理和无理矩形等审美法则。

---

39. 同注36，第11页。

40. 叶德辉：《书林清话》，北京：华文出版社，2012年，第21页。关于“书之称叶”的解释，今俗称书一纸为一页。其字又作叶，盖其本字当作“枼”；“古者简籍之式，或用竹，或用木。竹以一简为一枼，木以一版为一枼”。

41. 同注14，第42页。

42. 维克多·马格林编著：《设计问题——历史·理论·批评》，柳沙、张朵朵等译，北京：中国建筑工业出版社，2010年，第169页。

最常见的网格是用水平与垂直的网格线划分版面区域，形成“方格坐标”。在宋刻本版面设计中，“界行”作为字行之间的分界线，从视觉形态上可以看作是版式的网格线。西方编排设计三分法是版面基于比例分割的一种构图方法。在确定页面版心的尺寸比例后，由 3×3 网格状结构将一个矩形或正方形分别在水平和垂直方向上分为三份，构成 4 个交叉点，从而分割图文的空间布局。运用三分法，设计者可以确定布局重要的设计元素，通过控制版面空间的层级关系，从而建立观看者的视觉焦点。[43] 由此可见，网格是建立版面元素与元素之间秩序关系的有效机制。在规范视觉元素的版面位置与建立版式标准，以及使信息有效传递这三点功能作用上，宋刻本版面范式设计中的三分法矩阵与西方版面设计中的 3×3 网格状结构有异曲同工之妙。

伴随西方全球工业化批量生产的客观需求，基于数理逻辑的网格设计，强调版面视觉元素与结构布局的秩序感，使版式趋于系统化，从而提高经济效益。在不同时期、不同经济基础的背景下，基于拉丁字母的西方版面设计形式原理与宋代刻本版面设计三分法仍有不同之处，具体表现为以下三点。

一是视觉对象不同。美国教育家金伯利·伊拉姆将矩形或正方形分别沿水平和垂直方向平均三等分，后得出构成中的四个交叉点系统。显然，西方是基于拉丁字母特征而设计，26 个拉丁字母单个字母呈点状，连句成线，在书写过程中采用横向基线为尺度标准，规范拉丁文中字母与字母之间的比例关系。区别于西方这种三分法，宋寸三分法网格系统以方块汉字为视觉对象，内含井田制坐标和面积的观念，以宋寸为基本单位，宋分为最小单位的一套基于模块的网格系统。自仓颉造字，汉字从甲骨文、金文到篆、隶、楷、行的书体演变，汉字自身的造型结构呈方块状的视觉特征。再加之古籍阅读顺序和书法行书方向都是竖直走势，方块字有大小变化，字与字之间有穿叉关系。故，因视觉对象的不同，中西三分法对字符的书写规范有不同标准。如图 21

43. 金伯利·伊拉姆：《网格系统与版式设计》，孟姗、赵志勇译，上海：上海人民美术出版社，2018年，第13页。

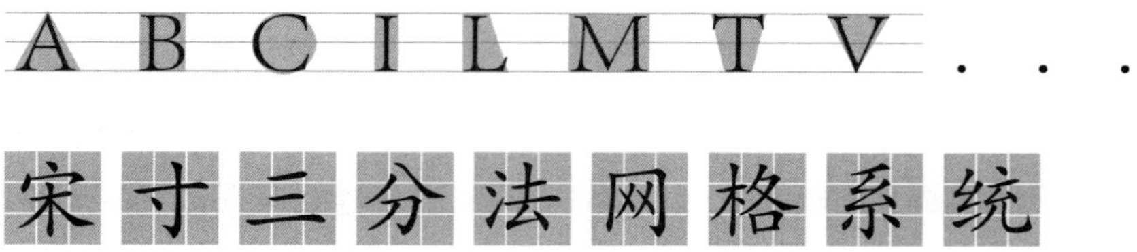

图 21　视觉对象不同（图片系作者绘制）

所示。

二是视觉焦点不同。虽然都是 3×3 的网格系统，西方三分法的视觉焦点为纵横交错所得的交叉点、轴线及边线，最佳焦点为四个交叉点；而宋寸三分法的视觉焦点则为井字格所构成的九宫之面，最佳焦点为九宫的中宫。运用西方三分法，设计师未必直接将版面视觉元素放置在交叉点上，而是可以通过位置和距离的关系来布局版面视觉元素，从而产生最佳视觉焦点。比较而言，运用宋寸三分法，可通过井字格结构，探究宫与宫之间的比例关系，从而布局视觉元素，建立视觉秩序。如图 22 所示。

三是构成方式不同。西方三分法，是通过版面中点、线、面的构成关系，组合排列版面中的视觉元素。网格系统中形成了16个点，四条轴线和四条边线。这是元素之间的限制，同时也是设计的基准。在网格中可做水平构成、垂直构成、对角构成。在宋寸三分法的使用中，井田经界不仅是定位标准，更有粗细变化。经界粗细的尺度即是汉字，字与字、行与行之间的间距大小。设计师可比较版面的图底关系，布局实空间和虚空间之间的面积大小，从而产生画面的韵律感、大小比例和层级关系。如图23所示。

综上所述，中西三分法的网格系统皆以科学逻辑强调复制生产的功能性及标准化。西方基于几何学原理、拉丁字母书写规律及大规模生产的量化、标准化需求，形成了版面设计的诸多网格系统。而宋刻本版面范式设计则是基于宋尺的度量标准，以方块汉字为书写对象，通过定量思维将单元格横向三等分作为刻本生产的内在设计标准。文本内容的层级关系由此纵横交织的

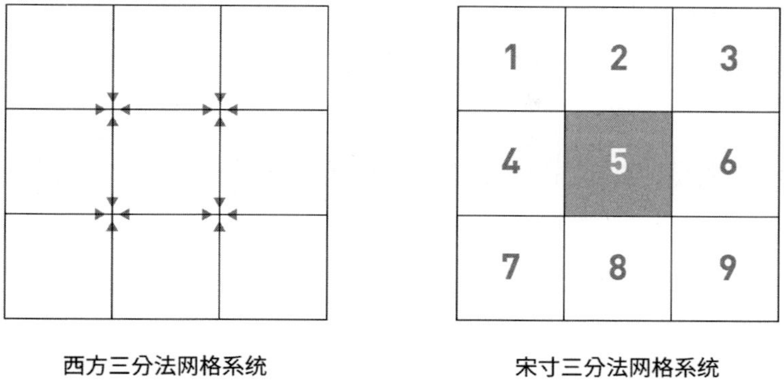

图 22　视觉焦点不同（图片系作者绘制）

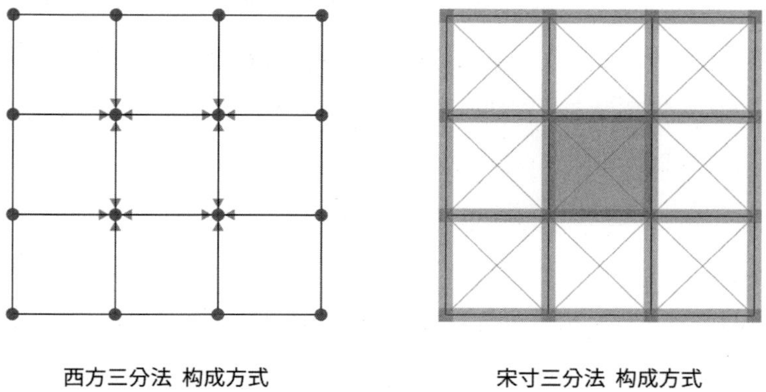

图 23　构成方式不同（图片系作者绘制）

网格结构建立版面空间的布局秩序，从而使书写的行款格式通过尺度倍值实现版面信息的有效传递。基于宋寸的三分法或许从侧面反映出宋代“等级名分”的道德观与礼制思想。在设计实践层面，笔者希望通过对比分析中西三分法，为东方书籍设计提供理论依据和设计方法，并试图建立符合我国汉字元素的视觉东方网格系统，使汉字版面设计有章可循，有法可依。

（二）九宫图式结构的空间秩序

在宋刻本版面范式设计中出现的典型3×3网格状结构，可视为一种基于宋寸三分法的九宫图式。从起源来看，这种九宫格或称井字格的网状结构可追溯为三种空间方位观：一是自上古时代洛书九宫中的数理结构与方位秩序；二是井田坐标面积观的九宫图式计量法；三是书法字规九宫之说的空间结构。首先，洛书九宫图式代表我国古代空间秩序及方位观念，与之相关的文字记载可见于先秦、两汉诸典[44]。前人学者主要是从洛书的含义和使用功能进行推论，主要有以其为物的猜想，故有洛书古称龟书，也有以其为王位传授的象征物等推测，并以西汉古文经学派刘歆的观点引用较多。直到北宋初期，华山方士陈抟在隋唐图学著作基础之上制成“河图、洛书”等易理图式，这在易学史上遗存下来的史料中，使洛书从文字记录终于有了形式上的图式解说。后在宋代朱熹、元代吴澄等学者的传承推演下，洛书九宫图式与周易阴阳五行术数相联系。到近代，学者对洛书的研究主要分为两个方面。一是形式上的象数研究，二是内容上的义理研究。其中有论洛书九宫与数理模型的黄金分割、斐波那契数列之间的关系；有论洛书是古代方位图；有论其阴阳建模在建筑、医学、季节时令等方面的联系；也有论其龟灵占卜文化中的哲学思维；等等。在此，本书摒弃洛书与道教之间卦爻占卜的神秘色彩，也不论河洛起源或“图十书九”等概念解说的诸多争论，而是转向视觉图像的角度，客观探究基于宋寸三分法所呈现的九宫图式内在数字排列规律的空间秩序及方位美学。

44. 关于洛书的文字记载，《尚书・顾命》有“大玉、夷玉、天球、河图在东序……”；《论语・子罕》有“凤鸟不至，河不出图，吾已矣夫”；《墨子・非攻》有“河出洛图，地出乘黄，武王践功”；《易・系辞上》有“天一，地二；天三，地四；天五，地六；天七，地八；天九，地十。是故天生神物，圣人则之；天地变化，圣人效之；天垂象，见吉凶，圣人象之；河出图，洛出书，圣人则之”；孔氏传《尚书・洪范》有“天与禹洛出书，神龟负文而出，列于背，有数至于九，禹遂因而第之，以成九类常道，所以次叙……天乃锡禹洪范九畴”。

1. 洛书九宫的数理结构与方位秩序

从可考据的易学图解资料上来看，洛书九宫格结构起源于北宋陈抟所制的洛书图式。历经宋元的发展和推演，至元代，吴澄所撰《易纂言外翼》文中有土之九区方洛书图式，可见九宫格的面貌。在易学史的图解上，北宋陈抟所制洛书图式为开放式的点阵图，四周无边框围合。如图 24 所示，白圈黑点并没有形成直观的九宫图式，但为九宫格的产生布局了方位点。中间五个白圈，以“十”字结构做图式骨架，以中心白圈为基点向四周延展。受完型心理学的视错觉影响，可见“田”字方形的轮廓雏形。朱熹在《周易本义》书中亦沿用陈抟相同的开放式洛书点阵图式。到胡方平《易学启蒙通释》中有“先后天八卦合洛书数图”，可见图式外围已出现纵横闭合的正方形轮廓线。到元代吴澄《易纂言外翼》中土之九区方洛书图式，图像结构四方、四隅、中央，其位有九。[45] 九宫格结构完整地呈现于此。

洛书中的九宫图式表示方位和次序，从数理结构来看是一至九的排列组合。图像结构为“戴九履一，左三右七，二四为肩，六八为足，以五居中，五方白圈皆阳数，四隅黑点为阴数”[46]。《周书 · 洪范》中认为洛书的九个数字即九畴。天道人事分为九类，为夏禹治天下的九类大法。文曰：“天乃

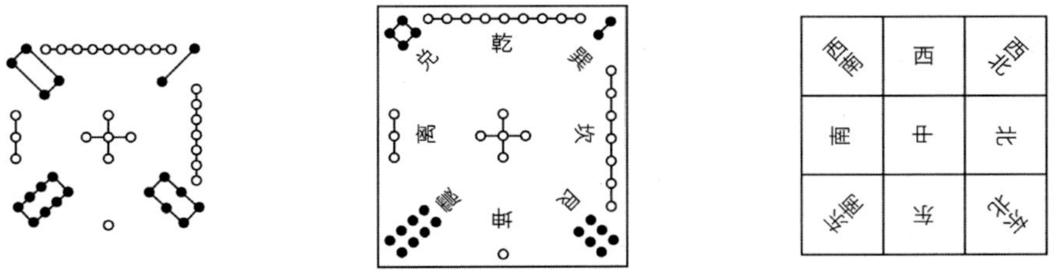

陈抟制洛书图式　　先天八卦合洛书数图　　土之九区方洛书

图 24　洛书九宫图式推演（图片系作者绘制）

45. 施维：《〈周易〉八卦图解》，成都：巴蜀书社，2003，第284页。

46. 中国易学文化研究院编著：《梅花易数入门》，北京：九州出版社，2009年，第61页。

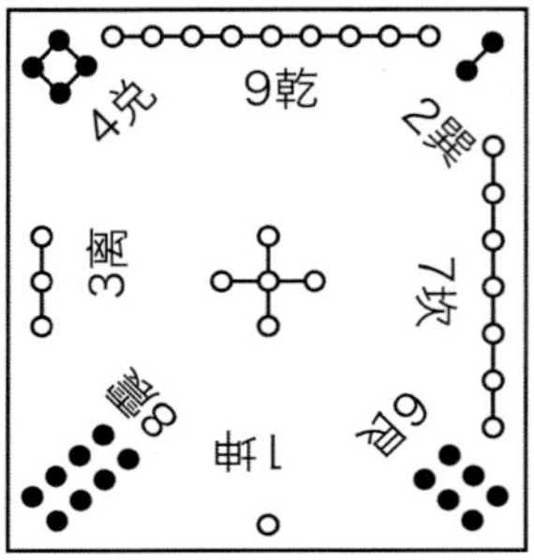

八卦合洛书九宫数理结构

四	九	二
三	五	七
八	一	六

洛书九宫图式方位秩序

图 25　八卦合洛书九宫数理秩序图（图片系作者绘制）

锡禹洪范九畴。初一、次二、次三、次四、次五、次六、次七、次八、次九。”在八卦合洛书图中，数序对应卦序，洛书九宫的空间秩序存在特定的数理结构模式，并且在《易经》中的八卦九宫方位图亦有体现。公元前173年的太乙九宫占盘天盘中的八个数字与洛书中数的排列方位相同，进而被认为源自洛书[47]，如图25所示。

洛书九宫图式的方位秩序或许对我国画州井地、建筑营造、汉字书写均产生影响，并提供了方法。“九州”的空间秩序观发展至宋，有北宋哲学家邵雍认为，洛书九宫的方形象征大地，为画州井地之法[48]。这点在我国系统性的地理观念著作《尚书·禹贡》卷二也有记载。文中以山川河流为脉络，提出将天下分为九州的地理空间概念。[49]九州攸同、九河即道、九江甚中、九山

47. 夏远辉：《河图、洛书的传承途径考》，《河南科技大学学报》（社会科学版）2019年第5期。

48. 同注46，第286页。“地之土有九区，有正东、正南、正西、正北、西北、东北、东南、西南及中区是也。九者，有中央、四边，而又有四角。有四角故方。画州井地之法皆分为九。以中国方圆三千里分为九州，此画州之九也。以农田九百亩之地，沟之作井字，分为九，夫此井地之九也。凡此所画所井之法，皆仿效地域九区之九。”

49. 曾运乾注、黄曙辉校点：《尚书》，上海：上海古籍出版社，2015年，第41页。“禹别九州，隧山浚川，任土作贡。”

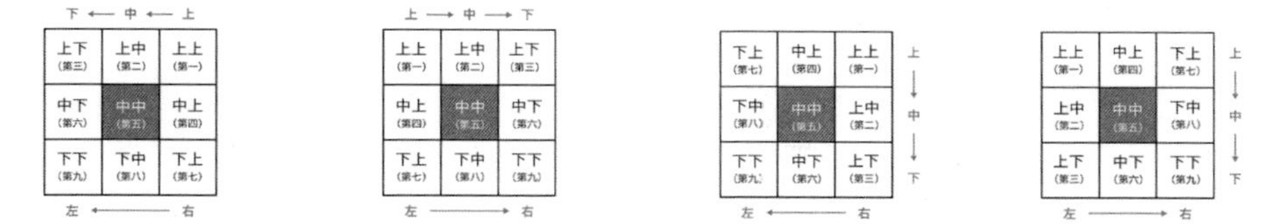

《尚书·禹贡》田赋方位图解一（横向）　《尚书·禹贡》田赋方位图解二（横向）　《尚书·禹贡》田赋方位图解三（纵向）　《尚书·禹贡》田赋方位图解四（纵向）

图 26　《尚书·禹贡》田赋方位图解（图片系作者绘制）

刊旅、九川涤源、九泽既陂。九州为冀、兖、青、徐、扬、荆、豫、梁、雍等地域。九州之间的方位描述用“以北、以西、以东、以南、东南、西北”等词汇，表示相互所在空间秩序。谈及田赋，有文字：“厥赋惟上上错，厥田为中”“厥田惟上下，厥赋中上”“厥田惟上中，厥赋中中”“厥田惟下下，厥赋下上，上错”[50]。其中，“中中”为洛书九宫图式的中央方位，为第五；以此类推，“上上”为第一；“上中”为第二；“上下”为第三；“中上”为第四；“中下”为第六；“下上”为第七；“下中”为第八；“下下”为第九。由此看出，对于《尚书·禹贡》所述的田赋方位可做四种图解：从横向排序来看，可分由右向左、由左向右两种排列秩序；从纵向排序来看，也可分为由右向左、由左向右两种排列秩序。若由中间向左右两边进行排序分布，与文中所叙方位词汇不吻合，故排除此方位秩序。九宫图式的数字以五为中心，向四周上中下的方位概念始终贯穿在我国地理的空间秩序之中，如图26所示。综上，这些方位图解在视觉层面未与宋代刻本的版面布局设计直接发生关联，但其中的数理结构与方位秩序的思考为探究宋代雕版刻印的工艺生产提供了研究思路。

2. 井田坐标面积观的九宫图式计量法

夏商周时期土地赋税制度中的井田制坐标面积观念呈现为九宫图式的计量方法。在我国商周奴隶社会中，随生产力发展，夏商两部落已存在阶级差别和国家萌芽。氏族内部有了阶级分化，出现了氏族贵族奴隶主和奴隶。

50. 同上，第43—52页。

进入阶级社会，氏族贵族奴隶主占统治阶级地位，宣扬“礼”的习俗，并施加于被压迫阶级。原始社会的礼文化表现为人的意志和情感须服从于集体。而礼的实质即是等级区分。我国的井田赋税制度就是在这种社会背景下发展而来。井田赋税制是古代一种公社所有制，公田为统治阶级的“共有地”，私田为分配给家庭使用的“份地”，每年收成需向统治阶级交赋税。其中，西周井田制是一种土地王有，村社制度下劳役地租的封建土地制度。其最主要特征就是“分田制禄”，即农奴分配土地，领主分配地租。那么，如何分田？有滕文公向孟子问为国的一段文字，解答了分田的方式。这段话也是关于井田制系统而全面的记载。《孟子·滕文公上》曰：“夫仁政，必自经界始。经界不正，井地不均，谷禄不平。是故暴君污吏，必漫其经界。经界既正，分田制禄，可坐而定也。……方里而井，井九百亩，其中为公田。”[51]因而可知，井田是将面积一方里的土地，划成“井”字形的九个方块。正中间一块为天子诸侯之公田，四周八块为八家农民的私田。关于“井”字所划分形成的九宫格图式在春秋战国时期的官书《周礼·考工记》也有记载，“九夫为井，井间广四尺，深四尺，谓之沟。片十里为成，成间广八尺，深八尺，谓之。方百里为同，同间广二寻，深二仞，谓之浍”[52]。井田制中，九夫为井，一里三百步，故一井为一平方里。《周礼·考工记》中不仅记录了井田的图像形式，还蕴含田地分配的尺度概念。如今西周时期，农民一份地，每个方块约为一百亩左右，合今31.2亩。可见，井田制中九宫图式的尺度概念还包含了十进制的计量方法，以此作为单元的模块化网格状结构丰富了百工制器的造物门径。如图27所示。

3. 书法字规九宫之说的空间结构

与三分法形式上直观联系的是书法字规的九宫空间结构。关于我国文字起源有五种假说：八卦说、结绳记事说、书契说、图画说、河图洛书说等，

51. 徐喜辰：《井田制度研究》，吉林：吉林人民出版社，1984年，第13页。

52. 同上，第120页。

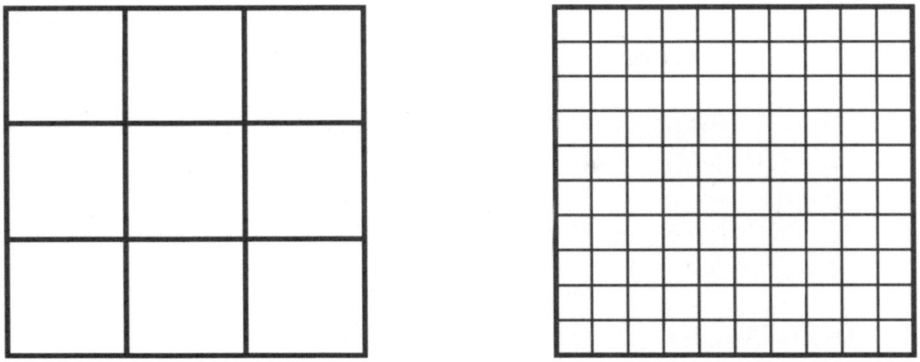

图 27　九夫为井与百井为成（图片系作者绘制）

其中一种相传神龟出于洛水，龟壳上有九宫格结构的“脉络图”像。从汉字伊始到结体章法，这种龟甲图式的龟灵占卜文化在殷商甲骨文化中就有体现，至清，包世臣在《艺舟双楫 · 述书》下中曰：“字有九宫。九宫者，每字为方格，外界极肥，格内用细画界一井字，以均布其点画也……每三行相并，至九字又为大九宫，其中一字即为中宫，必须统摄上下四旁之八字，而八字皆有拱揖朝向之势……九宫之说，始见于宋，盖以尺寸算字，专为移缩古帖而说，不知求条理于本字。”[53] 由此可见，汉字书写以方形为基本单元，纵横界行作“井”字状，将字安置在格内的中宫处，其余笔画在其余八宫中相得益彰。宋书之善，字体书风占有重要作用。宋刻本以正楷为主体，并在不同刻书地域崇尚各家书法风格，如浙刻本尚欧体、建刻本尚柳体、蜀刻本尚颜体。正楷体在唐代定型并作为一种书写工具被长期使用，还兼具各家书风的美学特征。唐尚法，书法诸家虞、欧、褚、颜、柳都在楷书上制定了典范[54]。以欧阳询楷书作品《九成宫醴泉铭》为代表，印证了其在《八法》言曰“点画调匀，上下均平”的书写范式。楷体字型组织结构严谨，在造型规律上又有均衡秩序之美。虽到宋代书体尚意，宋人试图摆脱规律法则，追求自由抒情，但从

53. 包世臣：《艺舟双楫》上，杭州：浙江人民美术出版社，2017年，第153—154页。

54. 熊秉明：《中国书法理论体系》，北京：人民美术出版社，2017年，第24页。

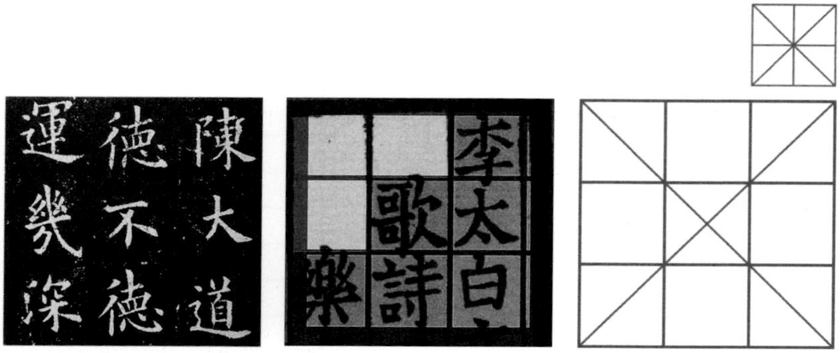

图 28　欧阳询字体、《李太白文集》版面与书法临帖字规九宫格对比图（图片系作者绘制）

雕版印刷技术的角度来看，宋本用楷体绝非偶然。一是书法风格有传承关系。从篆、隶、楷的书体变化，字体结构逐渐简化，宋袭唐风，无可非议。二是唐代楷书有规范的笔法和端庄的结体。写手刻工，笔法与刀法都需必在圆正，凝神静虑，当审字势。宋代雕版印书达到量产，规模化的刻书解放了手抄书的劳动力，这就需要刻版书写生产的标准化。宋刻本版面楷体章法之方正，其书法结体之九宫与刻本版面的横格与纵格之九宫，不仅便于匠人以统一的字型行格为准则完成刻工作业，在兼具易刻易读实用功能的同时，亦为雕版刻印技艺的传播与传承提供了审美认同的主导形式。如图 28 所示。

本章小结

本章从设计学视域以形式原理及审美意识两个视角探究宋刻本版面范式的设计规律及其成因。在宋刻本版面范式形式设计原理章节中，结合之前学者的研究成果，笔者根据宋代尺系的度量标准及十进制的计量方法，以宋寸单元格为最小单位初步建立了基于宋寸尺度单位的模数网格结构。这里的“宋寸”有绝对尺度与相对尺度的概念，依据不同宋尺而具有精确的尺寸值。在这套网格系统中，版面视觉元素皆遵从一定的模数等级关系，并基于比例系统建立相互之间的设计联系。笔者以版框高广为线索，以考订理功法与目鉴直观法为理论依据，通过类型学的方法[55]对刻本版框高广的尺寸进行数据统计，进而分析宋刻本书版规格的设计标准及尺度范式。研究表明，宋刻本“一版双面”框高比框宽是基于比例而非绝对尺度的7:10的正比例关系。从版式形式原理的层面来看，雕版印刷技术生产分工细化，写工将文稿誊抄纸上，再由刻工操刀刻版，由此形成宋刻本版面的视觉元素受书法文本平阙书仪的影响以字画如写为美誉。这种由平阙书仪主导的模数等级形式原理形成了宋刻本版面范式设计的刻版法式，并由基于比例而非绝对尺度的设计关系塑造了宋刻本行款上下错落的布局秩序及版面空间布白的形式节奏。从营建典章制度来看，虽然没有官书具体记录宋代雕版印刷工艺中的规范标准，但“知者创物，巧者述之，守之世，谓之工”[56]。这种规定基本单元由此衍生出的序列和集合的设计方法在我国古代工艺制造规范的相关文献皆有体现。《周礼·考工记》《营造法式》《佛像造》《钦定武英殿聚珍版程式》等，书中蕴藏的模数制造物思想与基本尺度标准化的设计作为一种内在的隐性标尺规范着我国手工业的各项生产。

在宋刻本版面范式设计审美意识章节中，笔者试图追溯基于宋寸三分法的文化内涵，从洛书九宫、井田制的面积计量，以及书法九宫之说探寻我国古代手工艺设计生产与“叁分其长”审美标准的历史渊源。从设计学视角比较分析中西三分法之异同，从中探寻我国古籍设计的内在章法。综上，通过阐述宋刻本版面范式的视觉形式结构，掌握我国手工业生产中利用基本尺度标准建立的统一造物体系的模数等级生产规律。由表及里，宋刻本版面设计

55. 俞伟超主编：《考古类型学的理论与实践》，北京：文物出版社，1989年，第6—7页。“这种方法不仅可研究器物的形态演化规律，人们制造的各种建筑物、交通工具、服装，乃至雕塑、书画等等物品，都可以用它来研究其形态变化过程。” 李开升：《明嘉靖刻本研究》，上海：中西书局，2019年，第22页。“考古学中对文物进行分类排比，探讨其形态演变规律，以判断其年代等属性的方法论称为类型学。”

56. 同注36，第1页。《周礼·考工记》文中记载制车系统、铜器铸造、兵器护甲、礼乐饮射、建筑水利、制陶等各部件组装遵从的规程和尺度比例标准原则。

中基于尺度的模数等级结构内含“分类”式的哲学思维[57]，并“坦诚”地表现为宋刻本版面范式横向分割“三分法”的尺度规律。宋刻本设计分数运算下的“叁分其长”及典型的九宫图式在审美层面映射出我国古代数理逻辑及三生万物的造物智慧。

57. 同注10。“在先秦时期，《考工记》选择的只是以‘中人’为设计标准，‘中人’指中等身材的人。这种方式有如今天服装设计中的‘L’标准：先设定一个基本尺度，再在此基础上产生‘XL’‘XXL’。不同的是，《考工记》的‘中人’只是一个‘类’的标准,以此制定相应器物的长度、高度。在《考工记》中,设计制作车乘是重要内容。车乘又据用途的不同，分为战车、牛车、厢车等不同样式，牵涉到‘六旗’‘伞’‘軥’‘轼’等部件的高下、大小比例；牵涉到‘轮’，有‘毂’‘辐’‘牙’的结构、配合关系。所有这些，又都是以具体数据的比例展开论述的。由此可见，设计离不开测量数据和必要的计算，即使在以经验为主的手工业时代也如此。不难看出,《考工记》毕竟是手工业时期的设计制作专著，设计方法，按‘类’的方式进行。这一点与西方工业社会之前的手工业时期崇尚亚里士多德的‘分类’式的哲学思维研究是相近的。工业设计则是从‘类’的研究阶段走入‘数’的研究的工业社会的产物，本质上说，工业设计是‘数学’逻辑的结果。所以《考工记》的具体分类设计制作符合人类设计思想进程的历史规律。”

第四章
浙刻本版面范式设计研究

第一节　浙刻本发展的多重属性

宋代浙江地区的雕版印刷业发展普及，因南宋定都临安后城市商业经济外延扩张，在政治文化大气候的影响下，作为政治内部追求稳定统一的有效手段，浙刻本以官刻本居多，其刻本版面范式设计在用尺规范、网格结构的分割标准、书版规格、行款样式等设计层面基本呈现宋代皇权与士大夫的审美取向。公元960年，北宋建都汴京，国子监和印经院等官府刻书盛极一时。宋朝肇建，太祖太宗急需安定社会秩序和保障民生，从刻印法律文书、医药书籍到正经正史的儒家经典和小说文章等，促使雕版印刷的数量和种类剧增。再加之宋朝降低取士门槛，实行科举制改革，学术昌、文化兴，举国上下刻书出版盛行，这种文德致治和一系列崇文政策客观上推动了宋代雕版印刷业的繁荣发展，从而促使浙江地区的刻书呈现多重属性的特点：其一，浙江刻书地域辐射的广博性；其二，浙江刻书及出版主体的多元化；其三，浙江刻书品类及体例的多样性；其四，浙江刻工群体的流动性；其五，浙江刻书文化与传播的大众化。

（一）广博性与多元化：浙江地区刻本发展的历史背景

王国维《两浙古刊本考》序："及宋有天下，南并吴越，嗣后国子监刊书，若七经正义，若史、汉三史，若南北朝七史，若唐书，若资治通鉴，若诸医书，皆下杭州镂版。北宋监本刊于杭者，殆居泰半。南渡以后，临安为行都，胄监在焉，板书之所萃集。"[1] 从宋代刻书的地域分布来看，北宋时期就逐渐形成了以杭州为中心的刻书系统。北宋汴京刻书，很多经史书籍的刻书镂版都是沿用五代的旧版印书，也有纸样写好下送杭州等地刻印再运回汴京印刷。由此看出，受中央政府国子监及重文院等官府机构校勘图籍并大量刊印发行的影响，北宋时期杭州地区的刻印技术已极为精湛，同时也为杭州周边地区的出版事业培育了生产资源和能工巧匠的人力资源[2]。可惜遗留至今的北宋刻本极少，北宋监本多遭焚毁，存世的宋代官刻本主要指南宋各路使司、各级公使库、各级官学的刻书[3]。究其原因，一方面受靖康之变的战乱影响，金人占领汴京时掠走了许多书版印本；另一方面则因南宋建炎南渡，从北一路南逃的途中丢失不少书籍。到公元 1127 年南宋定都临安，皇室因重建文库颁布经典，便下令地方官府收集旧监本雕版或递修重印，或以善本为底本重新抄写镂版。一时间，浙江地方官府刻书景象繁荣，其中较著名的有两浙东路提举茶盐司本和两浙西路提举茶盐司本[4]，还有临安府刻本、绍兴的两浙东路茶盐司刻本、建德的严州官刻、温州州学等官刻本。

相对于官府出版的刻书，浙江地区的私家刻书与坊间刻书最负盛名的是廖莹中与浙江陈起，集中在"书棚本"的有"临安府棚北睦亲坊南陈宅书籍铺""临安府太庙前尹家书籍铺"等。南宋坊刻本的品类丰富多元，以实用

1. 谢维扬、房鑫亮主编：《王国维全集》第七卷，杭州：浙江教育出版社，2010年，第3页。
2. 田建平：《宋代书籍出版史研究》，北京：人民出版社，2018年，第80页。
3. 张丽娟、程有庆：《宋本》，南京：江苏古籍出版社，2002年，第24页。"南宋路一级官署刻书主要有安抚使司、转运司、茶盐司等刻本。府州军一级政府刻书，主要为临安府、绍兴府等某某府刻本，更多的则作某某郡斋刻本。县级政府刻书，多著录做某某县斋刻本。还有公使库刻本。"
4. 浙江人民出版社编：《西湖揽胜》，杭州：浙江人民出版社，1979年，第56页。

性文书和日用杂书为主，具体有应举之书、百科全书、市民文学与曲艺类书籍、佛道经书和禁书等[5]。在编纂方面，坊间刻书对经疏合刊的书籍还增添了音义、释文、考辨等内容。总体而言，宋朝的文人士大夫群体在当时具有政治话语权的独特性，刺激下层文人进身取士。社会文风昌盛，书生对科举考试的正经、正史等参考书目需求迫切，促使民间书坊找到商机，雕印刊行。再加之宋朝的文人士风及对程朱理学思潮的推崇营造了浓厚的社会氛围，在经济利益的多方催化下，浙江刻书地域的辐射区域逐步拓展，官刻、家坊刻书欣荣昌盛。天时地利人和，如叶梦得言："今天下印书以杭州为上，蜀本次之，福建最下，京师比岁印板，殆不减杭州，但纸不佳。"[6]

（二）流动性与大众化：浙江地区刻本工艺的生产体系

晚唐雕版印刷手工业的发展迅速，以后唐长兴三年（932）国子监刊印《九经》为标志，儒家经书从传统的手抄模式转向雕版刊印[7]，从而确立了印本书籍的地位。后唐以来对雕印事业控制严格，不仅令国子监雕印经书，还规定以其印本为标准本，从而巩固了国子监印本经书的标准化地位[8]。至北宋监本"皆下杭州镂版"到宋室定都临安，人口与技术大规模南迁，促使以杭州为中心的浙江官府刻本成为宋代刻本中的典型代表。相对于家刻本为名扬家族精神，或为传播文化思想而刻，官刻本是皇权为加强中央集权的统治工具，其刊刻有财力支持，版刻有校勘审慎的特点，其版面形式又有"行格疏朗、开版宏阔、纸洁墨莹"等风貌。南宋浙江地区作为政治中心，官刻本的正统和定式不容忽视。其版面范式及形制标准是否规范并影响了家刻本及坊刻本的成书样式，或许从浙江地区刻本工艺的生产流程及传承方式显露端倪。

5. 董强、隗静秋：《浙江坊刻本的脉络及其特点》，《宁波教育学院学报》2011年第13期，第78—81页。

6. 叶梦得：《石林燕语》卷八，北京：商务印书馆，1941年，第74页。

7. 宿白：《唐宋时期的雕版印刷》，北京：生活·读书·新知三联书店，2020年，第5页。

8. 同上，第6页。

宋代雕印书版数量激增，顺应形势所需，杭州手工业的规模发展由大量官营手工作坊及私营作坊支撑[9]，许多印刷手工行业的能工巧匠从各地市井乡间募来受官府雇佣。宿白先生以流动的刊工为切入，考证了宋代刻书地域之间的密切联系。以庆元二年（1196年）周必大在吉州开雕《欧阳文忠公居士集》为例，“集中了五十名以上的刊工，其中外地刊工有来自饶州、严州，但最多的是来自隆兴”[10]。从时空变迁来看，宋室从汴京到南渡临安，人口流动打破了坊与市的城市规模[11]。再从宋刻本的受众阶层来看，有为加强中央政权统治的皇室群体；有为树家风祭祖传承的士大夫知识分子群体；有受科举教育传播影响的民众群体；以及以营利为目的的百工经商群体；等等。雕版刻书成为百姓农耕闲暇的副业，一些刻工有的是临时招募的。随着雕印书籍的生产工序逐渐明确，书写和雕版的分工规范为公私雕印手工业者所遵循。一家一户的家庭作坊模式逐步转向坊肆雇佣的专业写刻工匠[12]。个体雕印工匠之间口传心授的传承方式，易于雕印技艺的广泛传布。刊工流动于官府、书坊之间，促使以杭州为中心的两浙刻本逐渐形成并影响周边地区刊刻设计的范式标准。

随南宋市民阶层发展壮大，刊书商品化的繁荣使书商兼有出版家的身份，并且出现了业务范围囊括了编书、刻书及印书、售书[13]的经营模式。刻书群体与生产程序的大众化，利于书坊主体以市场所需形成各自的经营路线，由此呈现同一出版机构的刻本具有相同版面范式的特点。以临安陈起为例，在棚北大街睦亲坊南有自己的芸居楼作藏书处。陈起书坊不仅刻书、售书，还藏书、写书，供文人学士做学术研讨。其刊印的刻本以唐诗别集及宋江湖诗人作品集最为著名[14]，并在字体刀法及书版规格上呈现统一范式。可见，在雕版印刷

9. 吴振华编著：《杭州古港史》，北京：人民交通出版社，1989年，第90页。

10. 同注7，第5页。

11. 吴晓亮主编：《宋代经济史研究》，昆明：云南大学出版社，1994年，第149—171页。

12. 李万健：《中国古代印刷术》，郑州：大象出版社，1997年，第36页。

13. 肖东发：《坊刻的特点及贡献：中国古代出版印刷史专论之四》，《编辑之友》1990年第5期，第60—64页。

14. 曹之：《中国古籍版本学》（第3版），武汉：武汉大学出版社，2015年，第220—221页。

逐渐分工细化的基础上，家坊刻书这种集编、写、刻、印为一体的出版体制，从侧面反映出刻版印书在设计程式与趣味大众化方面的审美认同。宋代刻本书籍版面的版框、界行、字体、版口、鱼尾等设计个体要素，构成了刻本版面设计系统的本质特征。版式系统内相互关联的个体元素与内在结构框架的联系与规律[15]，受出版主体及财力、物力的客观影响，表露在浙江地区官府刻书、私家与坊刻本之间版式标准与规范之异同。结合之前学者的研究成果，本章从设计学与图像学的视角，根据时间轴以不同出版机构为线索，以《中国版刻图录》《中华再造善本》之宋刻影印本为视觉材料，选取具有精确版框高广的浙江刻本进行分析研究，并试图总结宋代浙江地区刻本版面范式设计的内在规律与联系。

第二节　浙刻本的版刻特征

（一）以欧体为主的字体版式

从版本学的视角看，宋代浙刻本的版刻特征主要体现在字体、版式、纸张这三个要素上。从字体特征来看，浙刻本呈现欧体字的笔画特点，也有属于浙本系统的刻本带有欧体以外颜体的味道。欧体和颜体这两种字体风格主要源于北宋时期沿袭唐五代的书体。唐代初期以欧阳询字体为风尚，唐末又涌现颜真卿、褚遂良等大家并形成新的风向标，到宋代像米芾、蔡京等书法家的字体也都受到颜体字的影响。但是，浙刻本的字体却以欧体字为主，究其原因主要有两个方面。从雕版印书工艺来看，欧体字的笔画特点更易于刻工雕版。欧体起笔如刀切，以方笔为主，字体的笔画粗细一致等特点都特别适合刻工刻字。而颜体起笔逆入，以圆笔为主，即使用于印版刻字，也会受刻刀工具的影响无法保留笔画圆润的特征。但是从书法结体和行列布局来看，欧体与颜体二者就十分不同。欧体结体呈长、稳、严的特点，而颜体则阔、正、

15. 丁月华等：《图证设计方法论》，南京：东南大学出版社，2012年，第50页。

稳。在行列布局时，同样大小字格内，欧字最小，而颜体就字大撑格。因此，欧、颜之不同直接影响了浙刻本版面的行列布局以及字距行距的视觉面貌。

（二）除去文饰的实用精神

浙刻本的版式设计在功能上具有适用性特征，其版式多数为白口、单黑鱼尾、左右双边，书名、卷次在上鱼尾下方，上方有时记录本页的字数，下鱼尾记页次[16]。在设计领域的美学境界上，宋代的设计思想深受范仲淹所崇尚的"制器尚象"之影响。范仲淹《制器尚象赋》："器乃适时之用，象惟见意之筌。当制器而何本，实尚象以为先。"[17]欧阳修《斫雕为朴赋》："德以俭而为本，器有文而可除。"以上二者所倡导的"除去文饰，归彼淳朴"的审美趣味在浙刻本中均有所体现。宋代刻本蝴蝶装，书页单面印好后沿中心对折，版心向内。这种书籍装帧的形制设计使版面设计具有版口鱼尾做中心对折的参照标准，从而确立了版框、界行、字体等视觉要素。相比建刻本版面牌记、墨盖等装饰性符号，浙江刻本版面设计简洁雅致，个体设计要素相互联系，没有多余的视觉文饰。如版框边线样式的设计多左右双边，上下单边；多白口，也有中缝折页的细黑口；行款样式配合大小字做宽窄布局；理性直线黑鱼尾而非曲线花纹鱼尾，在其下方刻有卷次。意识是社会实践的产物，浙刻本的版面范式兼具实用功能与理性趣味的设计主张，为宋代美学的平淡写照。在范仲淹、欧阳修等大家继承并推崇的实用精神审美基调下，浙刻本的版面范式显现归彼淳朴的形态，亦有制度为版刻之准绳。

（三）技术纯熟的竹皮造纸

宋苏易简《文房四谱·纸谱》："江浙间多以嫩竹为纸，北土以桑皮为纸。"[18]浙江地区盛产竹纸，尤其越州地区（绍兴）的竹纸，被南宋陈槱称赞"今

16. 黄永年：《古文献学讲义》，上海：中西书局，2014年，第152页。

17. 曾枣庄、刘琳主编：《全宋文》，成都：巴蜀书社，1994年，第427页。

18. 祝慈寿：《中国古代工业史》，上海：学林出版社，1988年，第538页。

越之竹纸甲于他处”[19]，更享有米芾赞其光滑如金版的美誉。除越竹，还有温州盛产的洁白坚滑桑皮纸、专供刊印经书的金粟山藏经纸等。从“贫不及素”到“洛阳纸贵”，从一时之甲的南唐澄心堂纸，到细薄光润的宋仿澄心堂纸，宋代浙江造纸业技术纯熟，原料丰富，种类繁多。杭州雕版印刷用纸虽不及宋代书画选用名纸美笺，但多采用白滑如凝霜的桑皮纸，也是纸上佳品。如南宋杭州刻《汉官仪》《文选五臣注》等书皆为皮纸[20]。南宋时期各路有从事造纸的工匠和作坊，纸张生产规模增大[21]。官府刻版书籍用黄纸印卷帜，黄本置官，重于白本[22]。古法造纸，纸的幅面越大，纸上帘纹随之变细[23]。如白麻纸和黄麻纸的制作是由纸浆浇在竹丝或金属丝制的框上晾干，揭下来后便形成了框子线的一道道暗线条。故而，浙刻本的用纸具有这种纸纹约两指宽的特征。可见，浙江地区造纸业鼎盛，与雕版刻书业联动发展。

第三节　浙刻本版面范式设计

（一）浙官刻本版面范式设计

宋书出版系统分类为官刻本、家刻本、坊刻本三大类。宋代官刻本主要由政府出资，文人官员把关。其出版的书籍以儒家经书正史为主旨，体现皇权意识与权威性。北宋时期的官刻本，主要指中央部门刊行的国子监本。北宋监刻无闻，到南宋，监本下发各州郡刊刻，故南宋官刻本主要指地方官府

19. 邵庆国主编：《宋代科技成就》，郑州：河南科学技术出版社，2014年，第98页。
20. 潘吉星：《中国的造纸术》，北京：中国国际广播出版社，2010年，第47页。
21. 葛金芳等：《南宋全史 6 社会经济与对外贸易》卷下，上海：上海古籍出版社，2016年，第71页。
22. 马衡等：《古书的装帧：中国书册制度考》，杭州：浙江人民美术出版社，2019年，第71页。
23. 同注20，第53页。

刻书[24]。浙刻本的地方官刻系统，有两浙东路茶盐司、两浙西路茶盐司为主体的路级机构；临安府、绍兴府、新安郡斋等十一府的府州军监政府；两浙东路茶盐司公使库，明州、台州、绍兴府公使库，嘉禾郡库（嘉兴府）的公使库出版机构；还有婺州丽泽书院、绍兴府学、衢州州学、温州州学、临安府学、婺州州学、象山县学等书院、府州军县学教育组织出版机构[25]。从地域范围看，浙江在北宋为两浙路，到南宋，两浙路分两浙西路与两浙东路。依据王国维《两浙古刊本考》中著录的两浙地区宋元刻本书目分类法，浙刻本所属十一府，列杭州府刊板、绍兴府刊板、庆元府刊板（今浙江宁波）、嘉兴府刊板、湖州府刊板、台州刊板、严州府刊板（今浙江建德）、婺州刊板（今浙江金华）、衢州府刊板（今浙江衢州）、温州府刊板、处州府刊板（今浙江丽水）。其中以杭州、绍兴、宁波三府书目较多。依据文献资料，笔者总结浙刻本及浙本系统刻本的版面范式设计规律如下。

1. 经部两浙东路茶盐司刻宋元递修本《周易注疏》，框高 21.5 厘米，宽 16.3 厘米。每半页八行，行十九字，白口，左右双边，尺度标准为营造尺。笔者总结出该刻本一版双面的宽度约为十又三分之一宋寸，高度约为七宋寸，界行宽约三分之二宋寸。大字同界行宽，双行小字。书写格式基本按照空前排几个汉字的规律进行编排布局，同时以宋寸模块网格系统的网格线为设计标准。序的书写格式可分为三个层级关系：一级层级以“周易正义序”标题为例，顶格设计；二级层级以“国子祭酒”等字为例，空前排两个汉字，同时以网格线为基准，空三分之二宋寸；三级层级为正文，顶格设计。中缝版口宽约三分之一宋寸，上鱼尾高度约空前排四个汉字。目录的书写格式可分为四个层级关系：一级层级以“略附之卷首尔”标题为例，顶格设计；二级

---

24. 张丽娟、程有庆：《宋本》，南京：江苏古籍出版社，2002年，第22页。“一级官署刻书有：转运司、安抚使司、茶盐司、漕台、漕治、漕司、仓司、计台等；府州军一级政府刻书多题某府刻，如郡斋；县级政府多著录某县斋刻本，如县斋；诸道监帅司及诸州军县皆设公使库；路一级公使库刻书有绍兴两浙东路茶盐司公使库；地方官学刻书有郡学、郡庠、学宫、学舍等名目。”

25. 同注2，第57—169页。

层级以“八论”为例，顶格设计；三级层级以“自此下分为八段”为例，空前排两个汉字，同时符合网格线标准，空三分之二宋寸；四级层级以“第一论易之三名”为例，空格一宋寸。中缝版口的上下鱼尾设计与序同。“易序”最后一页附“计五千三百六十七字”，以网格线为基准，空三宋寸。《周易注疏》卷第二的书写格式可分为三个层级关系：一级层级为“周易注疏卷第二”，顶格设计；二级层级以“国子祭酒上”等字为例，以网格线为基准，空一宋寸；三级层级为正文，顶格设计。

两浙东路茶盐司刻《周易注疏》版面范式设计规律：第一，此刻本版面设计以营造尺为尺度标准；第二，“一版双面”版框高与宽的比例关系约为7:10；第三，界行宽度比例分两种，一种受双边版框线影响为宽三分之二宋寸，一种宽约五分之三宋寸，大字同界行宽，双行小字，字高约为三分之一宋寸；第四，行款与宋寸模块的比例关系为2:3和3:5，即两宋寸模块三等分和三宋寸模块五等分；第五，书写格式以网格线为基准，空格标准为宋寸模块横向三等分；第六，网格系统为两个宋寸模块纵向三等分，三个宋寸模块纵向五等分，横向三等分。如图29所示。

2. 经部两浙东路茶盐司刻本《尚书正义》，框高20.2厘米，宽16.3厘米。每半页八行，行十六、十七、十九字不等，注文小字双行同，白口，左右双边，尺度标准为营造尺。笔者总结出该刻本一版双面的宽度约为十又三分之一宋寸，高度约为七宋寸，界行宽约三分之二宋寸。大字同界行宽，双行小字。书写格式基本按照空前排几个汉字的规律进行编排布局，同时以宋寸模块网格系统的网格线为设计标准。《尚书正义》卷第二的书写格式可分为三个层级关系：一级层级以“尚书正义卷第二”标题为例，顶格设计；二级层级以“国子祭酒”等字为例，空前排两个汉字，同时以网格线为基准，空一宋寸；三级层级为正文，顶格设计。中缝版口宽约三分之一宋寸，上鱼尾高度空前排四个小字。

两浙东路茶盐司刻本《尚书正义》版面范式设计规律：第一，此刻本版面设计以营造尺为尺度标准；第二，“一版双面”版框高与宽的比例关系约

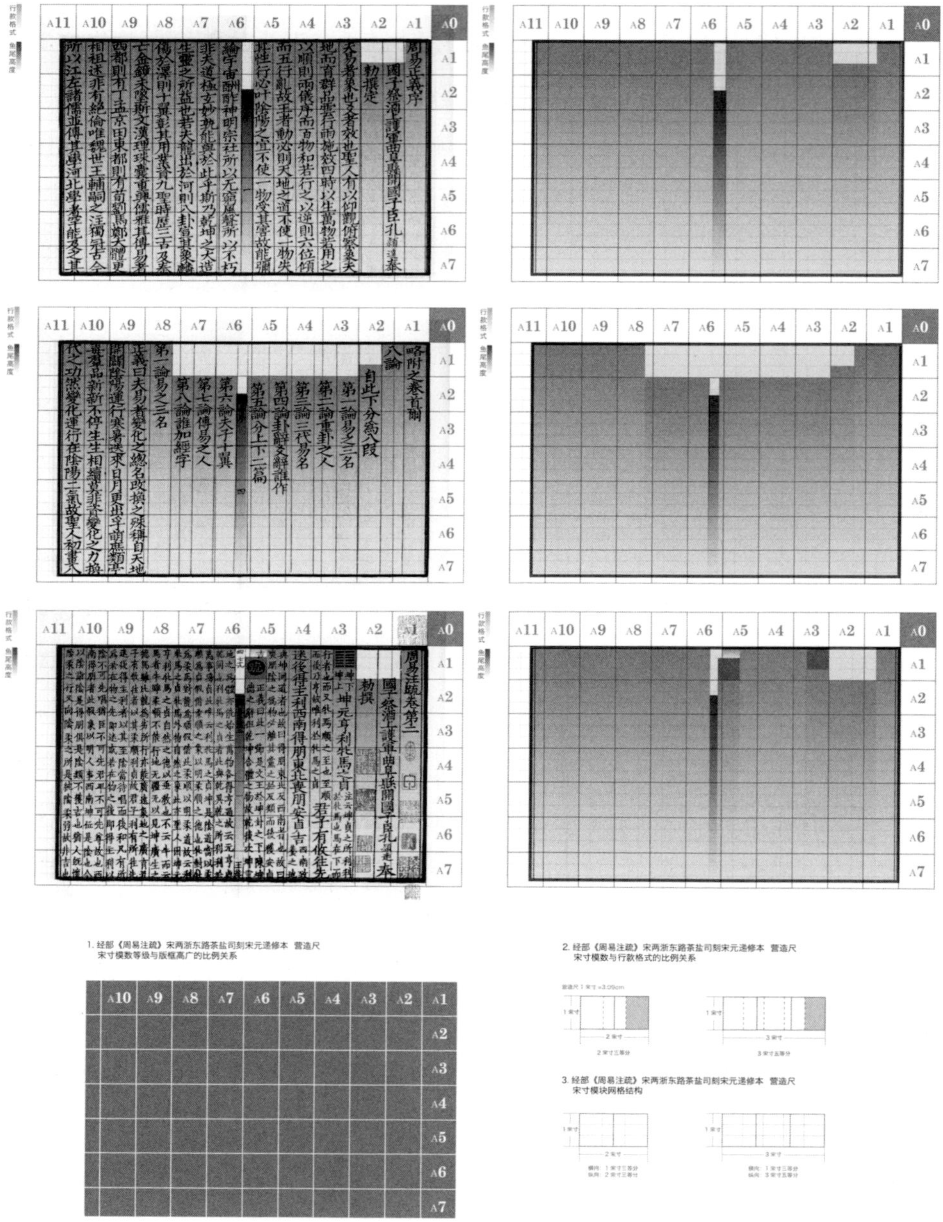

图 29 《周易注疏》宋两浙东路茶盐司刻宋元递修本（网格分析系作者绘制）

为 7:10；第三，界行宽度比例分两种，一种受双边版框线影响为宽三分之二宋寸，一种宽约五分之三宋寸，大字同界行宽；第四，行款与宋寸模块的比例关系为 2:3 和 3:5，即两宋寸模块三等分和三宋寸模块五等分；第五，书写格式以网格线为基准，空格标准为宋寸模块横向三等分；第六，网格系统为两个宋寸模块纵向三等分，三个宋寸模块纵向五等分，横向三等分。如图 30 所示。

3. 经部两浙东路茶盐司刻宋元递修本《周礼疏》，框高 20.6 厘米，宽 16.1 厘米。每半页八行，行十五至十七字不等，注文小字双行二十二字，白口，左右双边，尺度标准为营造尺。笔者总结出该刻本一版双面的宽度约为十宋寸，高度约为六又二分之一宋寸。卷第一界行宽约五分之二宋寸。大字同界行宽，双行小字。书写格式基本按照空前排几个汉字的规律进行编排布局，同时以宋寸模块网格系统的网格线为设计标准。《周礼疏》卷第一的书写格式可分为三个层级关系：一级层级以“周礼疏卷第一”标题为例，顶格设计；二级层级以“唐朝散大夫行太学博士”等字为例，空前排三个汉字，同时以网格线为基准，空一宋寸；三级层级为正文，顶格设计。中缝版口宽窄于界行宽，上鱼尾高度约空两宋寸。

两浙东路茶盐司刻宋元递修本《周礼疏》版面范式设计规律：第一，此刻本版面设计以营造尺为尺度标准；第二，“一版双面”版框高与宽的比例关系约为 6:10，约等于 7:10；第三，卷第一界行宽约五分之二宋寸，右侧两条界行间宽度受双边版框线宽度影响宽约二分之一宋寸，卷第五界行宽三分之二宋寸，大字同界行宽；第四，卷第一行款与宋寸模块的比例关系为 2:5，即两宋寸模块五等分，卷第五行款与宋寸模块的比例关系为 2:3，即两宋寸模块三等分；第五，书写格式以网格线为基准，空格标准为宋寸模块横向三等分；第六，网格系统为两个宋寸模块，纵向三等分或五等分，横向三等分。如图 31 所示。

4. 子部宋绍兴两浙东路茶盐司刻本《外台秘药方》，框高 20.1 厘米，宽 14.4 厘米。每半页十三行，行二十一至二十五字不等，白口，左右双边，尺

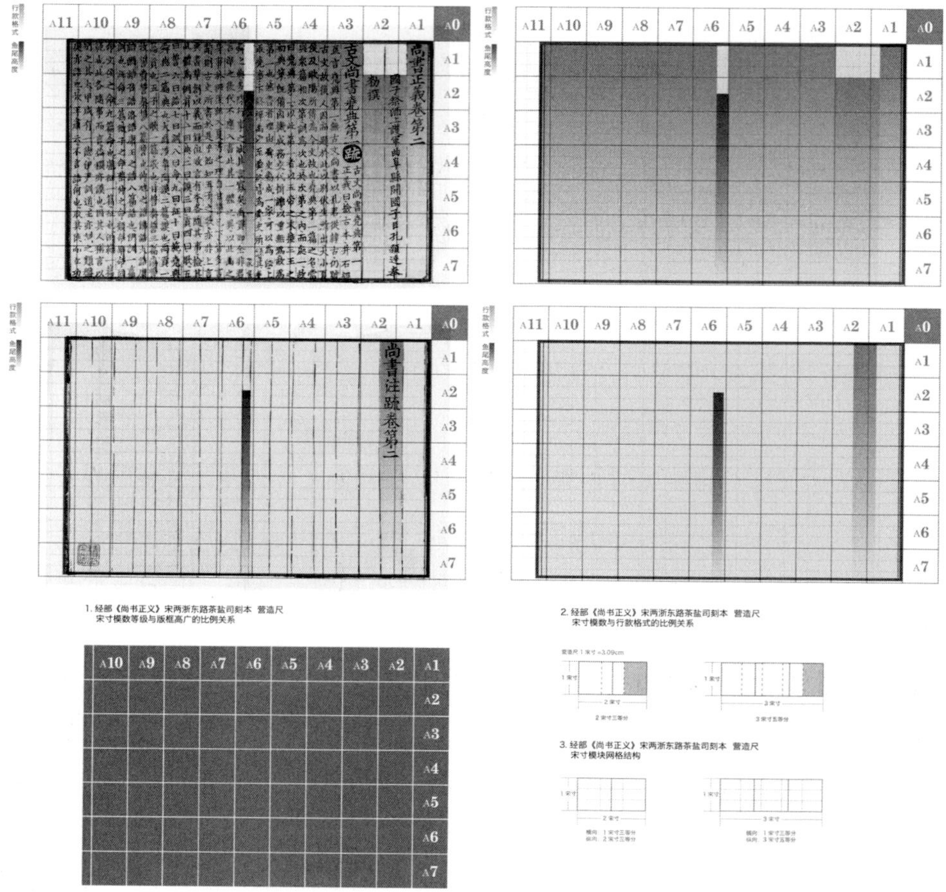

图 30 《尚书正义》宋两浙东路茶盐司刻本（网格分析系作者绘制）

度标准为营造尺。笔者总结出该刻本一版双面的宽度约为九宋寸，高度约为六又三分之一宋寸，界行宽约三分之一宋寸。大字同界行宽，双行小字。书写格式基本按照空前排几个汉字的规律进行编排布局，同时以宋寸模块网格系统的网格线为设计标准。《外台秘要方》卷第四的书写格式可分为五个层级关系：一级层级以“外台秘要方卷第四”标题为例，顶格设计；二级层级以“朝散大夫守光”等字为例，空前排两个汉字，同时以网格线为基准，空三分之二宋寸；三级层级以“温病论”等字为例，空前排三个汉字，同时以

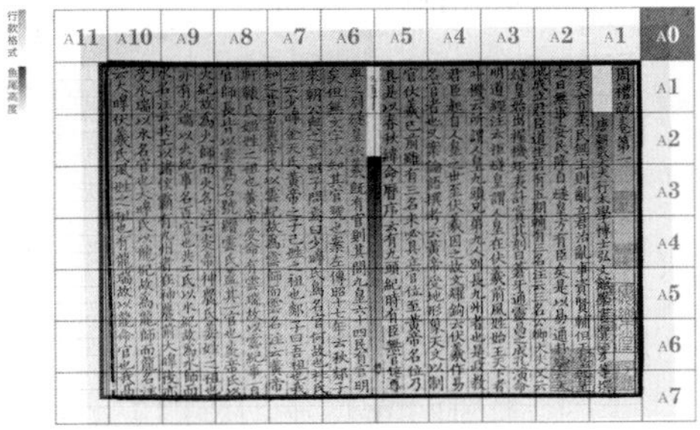

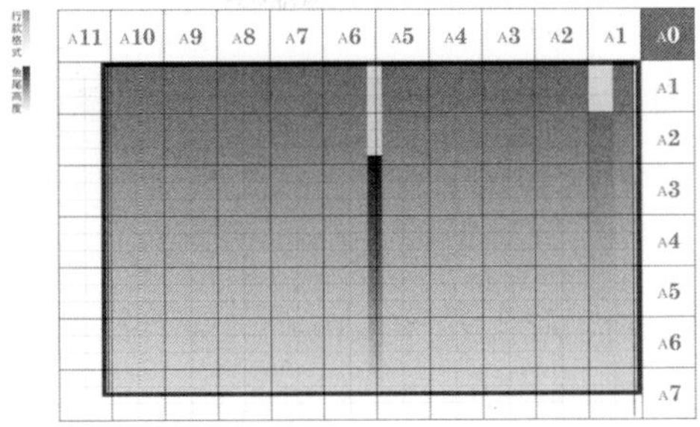

1. 经部《周礼疏》宋两浙东路茶盐司刻宋元递修本 营造尺
宋寸模数等级与版框高广的比例关系

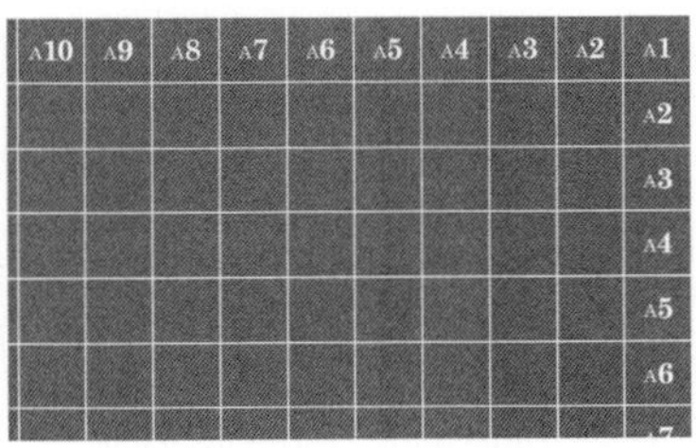

2. 经部《周礼疏》宋两浙东路茶盐司刻宋元递修本 营造尺
宋寸模数与行款格式的比例关系

3. 经部《周礼疏》宋两浙东路茶盐司刻宋元递修本 营造尺
宋寸模块网格结构

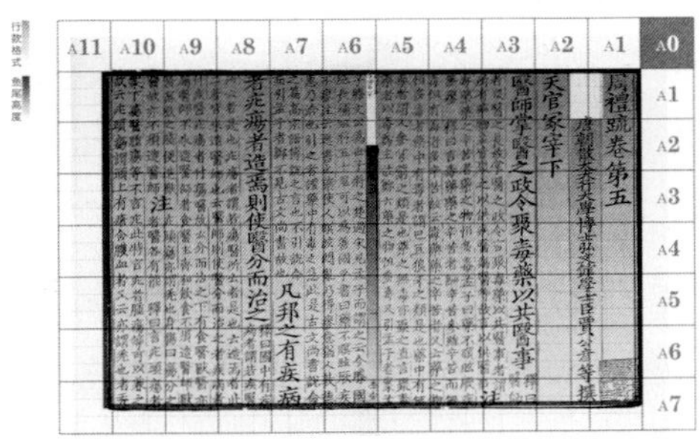

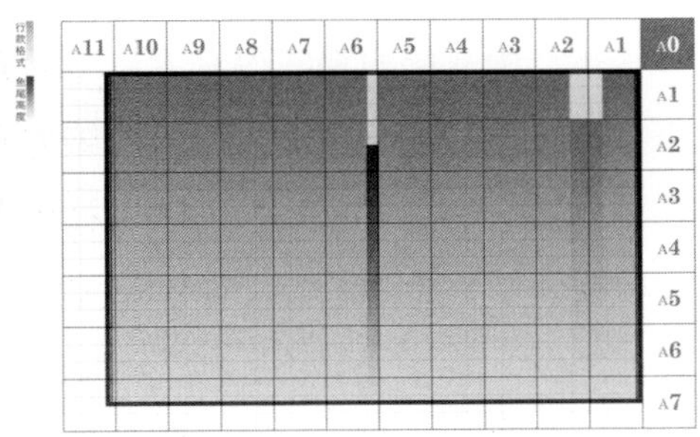

1. 经部《周礼疏》宋两浙东路茶盐司刻宋元递修本 营造尺
宋寸模数等级与版框高广的比例关系

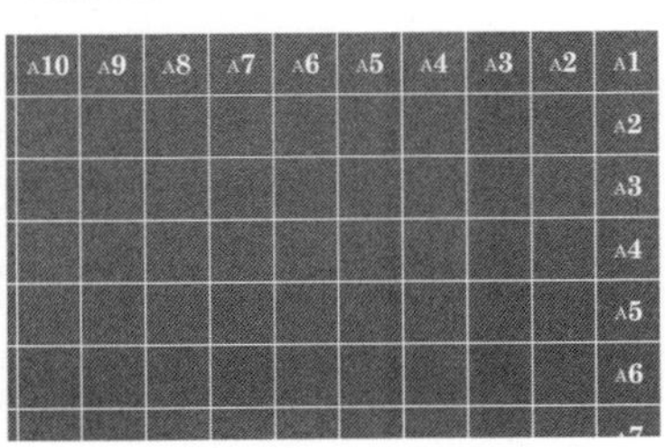

2. 经部《周礼疏》宋两浙东路茶盐司刻宋元递修本 营造尺
宋寸模数与行款格式的比例关系

3. 经部《周礼疏》宋两浙东路茶盐司刻宋元递修本 营造尺
宋寸模块网格结构

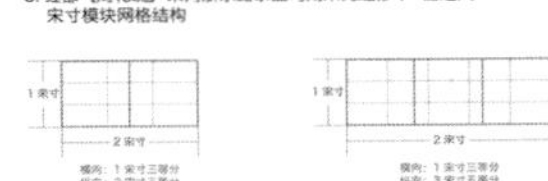

图 31 《周礼疏》宋两浙东路茶盐司刻宋元递修本（网格分析系作者绘制）

网格线为基准，空一又三分之一宋寸；四级层级以“温病论病源一十首”标题为例，以网格线为基准，空一宋寸；五级层级为正文，顶格设计。中缝版口宽窄于界行宽度，上鱼尾高度约空一又二分之一宋寸。

宋绍兴两浙东路茶盐司刻本《外台秘药方》版面范式设计规律：第一，此刻本版面设计以营造尺为尺度标准；第二，“一版双面”版框高与宽的比例关系约为2:3；第三，界行宽三分之一宋寸，大字同界行宽；第四，行款与宋寸模块的比例关系为1:3，即一宋寸模块三等分；第五，书写格式以网格线为基准，空格标准为宋寸模块横向三等分；第六，网格系统为宋寸模块，纵向三等分，横向三等分。如图32所示。

5. 子部宋绍兴十六年（1146）两浙东路茶盐司刻本《事类赋》，框高22.2厘米，宽15.9厘米。每半页八行，行十六至十九字不等，小字双行，行二十五至二十八字不等，白口，左右双边，尺度标准为营造尺。笔者总结出该刻本一版双面的宽度约为十宋寸，高度约为七宋寸，界行宽约三分之二宋寸、五分之三宋寸。大字同界行宽，双行小字。书写格式基本按照空前排几个汉字的规律进行编排布局，同时以宋寸模块网格系统的网格线为设计标准。《事类赋》卷第一的书写格式可分为六个层级关系：一级层级以“事类赋卷第一”标题为例，顶格设计；二级层级以“勃海吴淑撰奉”等字为例，以网格线为基准，空三宋寸；三级层级以“天部一”为例，以网格线为基准，空一宋寸；四级层级以“天日月”为例，空一又三分之二宋寸，字与字间隔约为三分之二宋寸；五级层级以“天赋”为例，以网格线为基准，空一又三分之一宋寸；六级层级为正文，顶格设计。中缝版口，上鱼尾高度空前排六个双行小字。

两浙东路茶盐司刻本《事类赋》版面范式设计规律：第一，此刻本版面设计以营造尺为尺度标准；第二“一版双面”版框高与宽的比例关系约为7:10；第三，界行宽度比例分两种，一种受双边版框线影响为宽三分之二宋寸，一种宽约五分之三宋寸，大字同界行宽；第四，行款与宋寸模块的比例关系为2:3和3:5，即两宋寸模块三等分、三宋寸五等分；第五，书写格式以网格线为基准，空格标准为宋寸模块横向三等分；第六，网格系统为宋寸模块

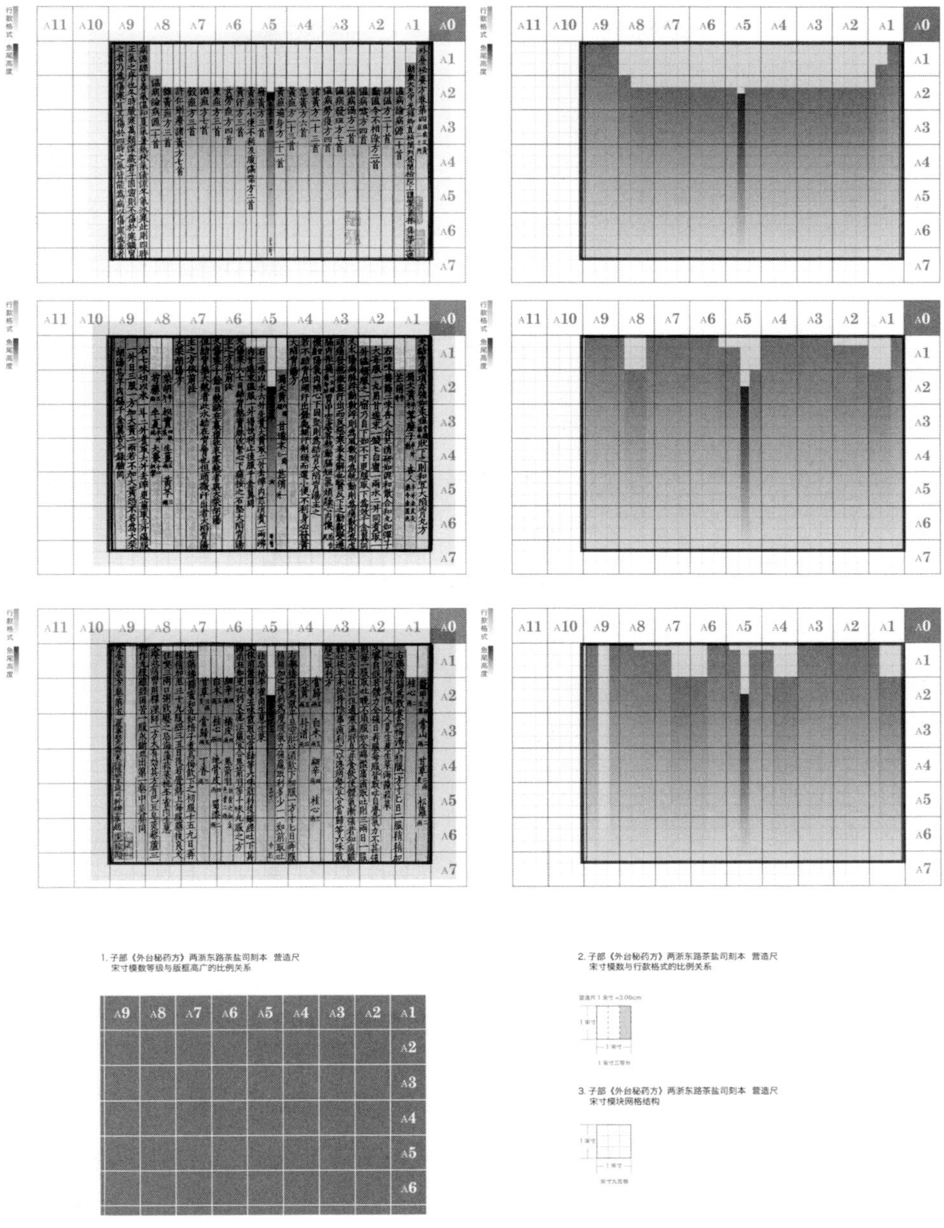

图 32　《外台秘药方》宋绍兴两浙东路茶盐司刻本（网格分析系作者绘制）

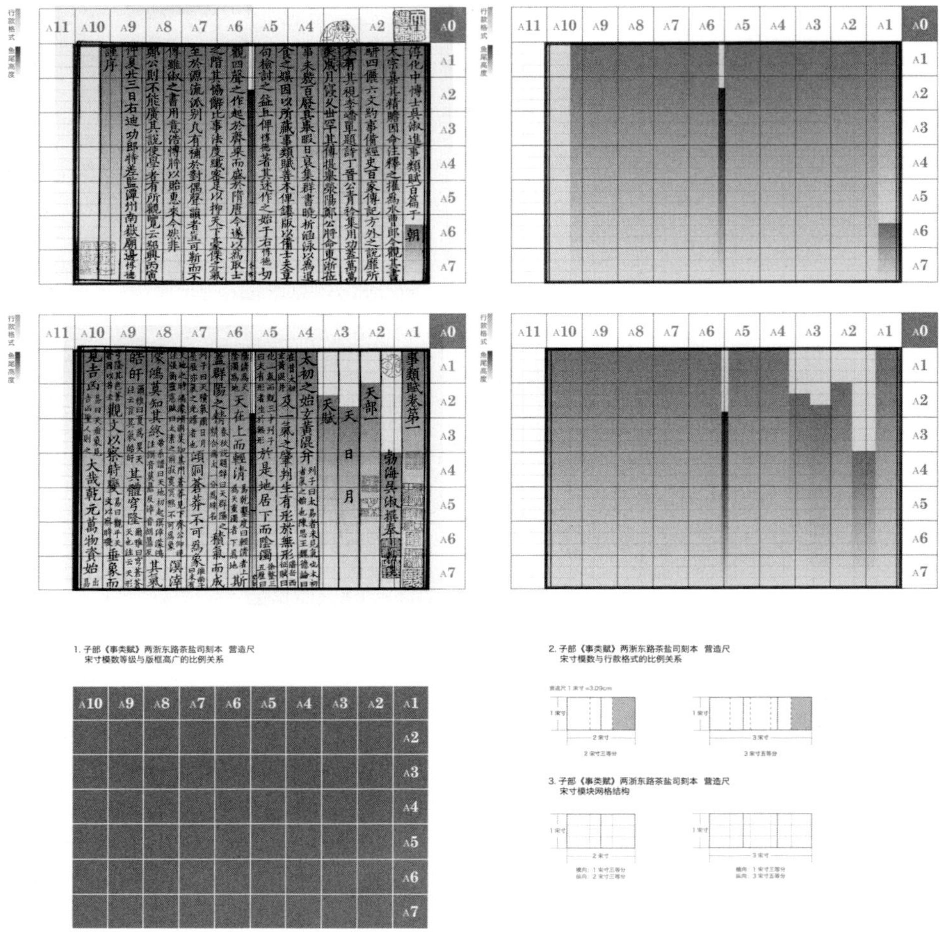

图 33 《事类赋》两浙东路茶盐司刻本（网格分析系作者绘制）

横向三等分，纵向两宋寸三等分，三宋寸五等分。如图33所示。

6. 集部宋绍兴二十一年（1151）两浙西路茶盐司刻本《临川王先生文集》，框高 20.4 厘米，宽 16.3 厘米。每半页十二行，行二十字，白口，间细黑口，左右双边，尺度标准为太府尺。笔者总结出该刻本一版双面的宽度约为九又三分之二宋寸，高度约为六又三分之一宋寸，界行宽约五分之二宋寸。书写格式基本按照空前排几个汉字的规律进行编排布局，同时以宋寸模块网格系统的网格线为设计标准。《临川先生文集》卷第一的书写格式可分为五个层级关系：一级层级以“临川先生文集卷第一”标题为例，顶格设计；二级层级以“古诗”为例，空前排两个汉字，同时以网格线为基准，空三分之二宋寸；三级层级以“元丰行示德逢”为例，以网格线为基准，空一宋寸；四级层级为正文，顶格设计；五级层级以“徐熙花”为例，空前排四个汉字，同时以网格线为基准，空一又三分之一宋寸。中缝版口极窄。

两浙西路茶盐司刻本《临川王先生文集》版面范式设计规律：第一，此刻本版面设计以太府尺为尺度标准；第二，“一版双面”版框高与宽的比例关系约为2:3；第三，界行宽五分之二宋寸，大字同界行宽；第四，行款与宋寸模块的比例关系为2:5，即两宋寸模块五等分；第五，书写格式以网格线为基准，空格标准为宋寸模块横向三等分；第六，网格系统为宋寸模块横向三等分，纵向两宋寸五等分。如图34所示。

7. 经部宋绍熙三年（1192）黄唐两浙东路茶盐司刻本《礼记正义》，框高21.5厘米，宽16.7厘米。每半页八行，行十四、十六、二十一字不等，疏文小字双行二十一、二十二、二十六字不等，白口，左右双边，尺度标准为营造尺。笔者总结出该刻本一版双面的宽度约为十又二分之一宋寸，高度约为六又三分之二宋寸，界行宽约三分之二宋寸。大字同界行宽，双行小字。书写格式基本按照空前排几个汉字的规律进行编排布局，同时以宋寸模块网格系统的网格线为设计标准。《礼记正义》卷第一的书写格式可分为四个层级关系，一级层级以“礼记正义卷第一”标题为例，顶格设计；二级层级以“国子祭酒”等字为例，空前排两个汉字，同时以网格线为基准，空一宋寸；三级层级以“敕撰”为例，空前排一个汉字，同时符合网格线标准，空一又三分之一宋寸；四级层级为正文，空三分之一宋寸。《礼记正义》卷第五的书写格式同卷一，只是第四级层级正文顶格设计。中缝版口宽约二分之一界行宽度，上鱼尾高度空一又二分之一宋寸。

黄唐两浙东路茶盐司刻本《礼记正义》版面范式设计规律：第一，此刻本版面设计以营造尺为尺度标准；第二，“一版双面”版框高与宽的比例关

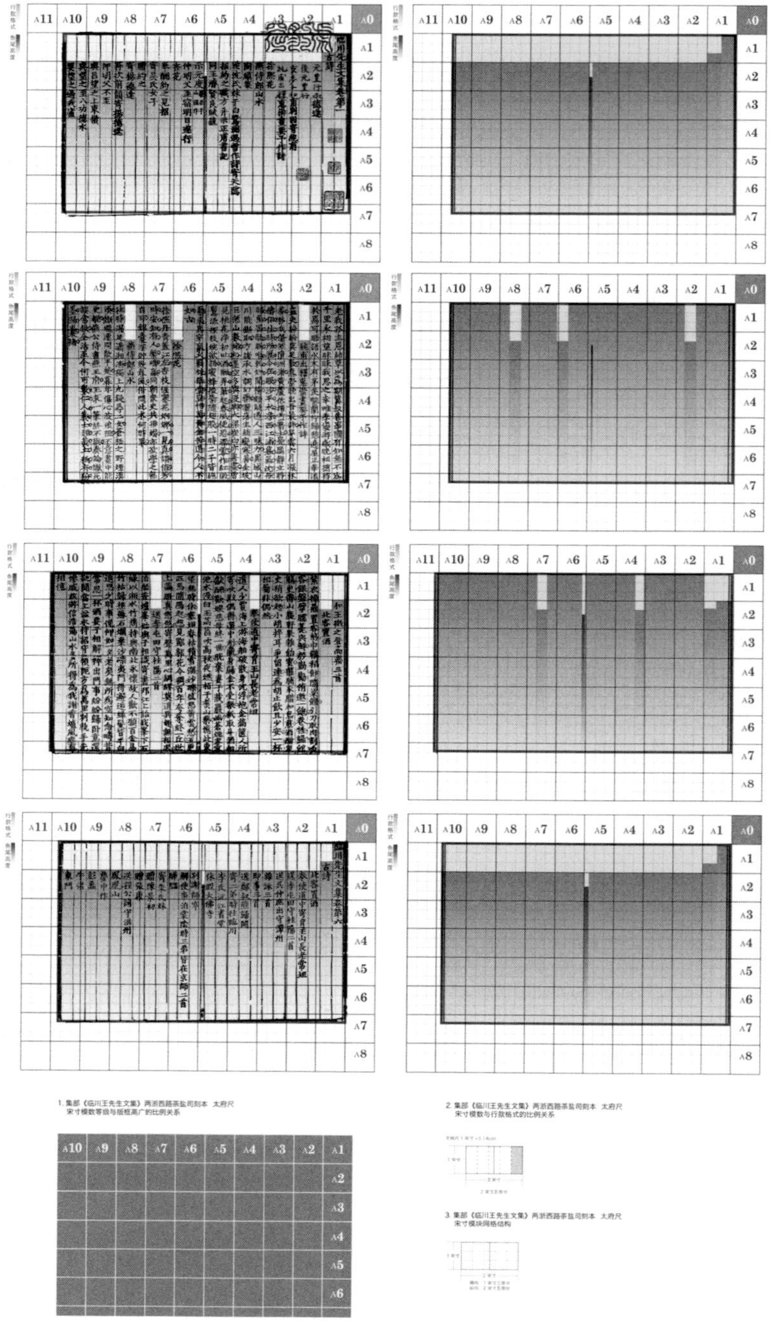

图 34 《临川王先生文集》两浙东路茶盐司刻本（网格分析系作者绘制）

系约为7:10；第三，界行宽三分之二宋寸、五分之三宋寸，大字同界行宽；第四，行款与宋寸模块的比例关系为2:3，即两宋寸模块三等分，以及3:5，即三宋寸模块五等分；第五，书写格式以网格线为基准，空格标准为宋寸模块横向三等分；第六，网格系统为宋寸模块横向三等分，纵向两宋寸三等分、三宋寸五等分。如图35所示。

8. 史部宋绍兴两浙东路茶盐司刻本《唐书》，框高21.7厘米，宽15厘米。每半页十四行，行二十五字，小字双行三十二字，白口，左右双边，尺度标准为营造尺。笔者总结出该刻本一版双面的宽度约为九又三分之一宋寸，高度约为六又三分之二宋寸，界行宽约三分之一宋寸。字同界行宽。书写格式基本按照空前排几个汉字的规律进行编排布局，同时以宋寸模块网格系统的网格线为设计标准。《唐书志卷》第十一的书写格式可分为五个层级关系：一级层级以“唐书志卷第十一”标题为例，顶格设计；二级层级以“刘昫”等字为例，空三又三分之一宋寸；三级层级以“音乐四”为例，以网格线为基准，空一又三分之一宋寸；四级层级以“享太庙乐章”等字为例，空约三分之二宋寸；五级层级为正文，顶格设计。中缝版口宽度窄于界行宽，上鱼尾高度约空前排六个字。

两浙东路茶盐司刻本《唐书》版面范式设计规律：第一，此刻本版面设计以营造尺为尺度标准；第二，“一版双面”版框高与宽的比例关系约为2:3；第三，界行宽三分之一宋寸；第四，行款与宋寸模块的比例关系为1:3，即宋寸模块三等分；第五，书写格式以网格线为基准，空格标准为宋寸模块横向三等分；第六，网格系统为宋寸模块横向三等分，纵向三等分。如图36所示。

9. 集部宋绍兴九年（1139）临安府刻本《文粹》，框高23.4厘米，宽16.4厘米。每半页十五行，行二十四至三十字不等，白口，左右双边，尺度标准为营造尺。笔者总结出该刻本一版双面的宽度约为十又三分之一宋寸，高度约为七又三分之一宋寸，界行宽约三分之一宋寸。大字同界行宽，双行小字。书写格式基本按照空前排几个汉字的规律进行编排布局，同时以宋寸模块网格系统的网格线为设计标准。目录的书写格式可分为五个层级关系：

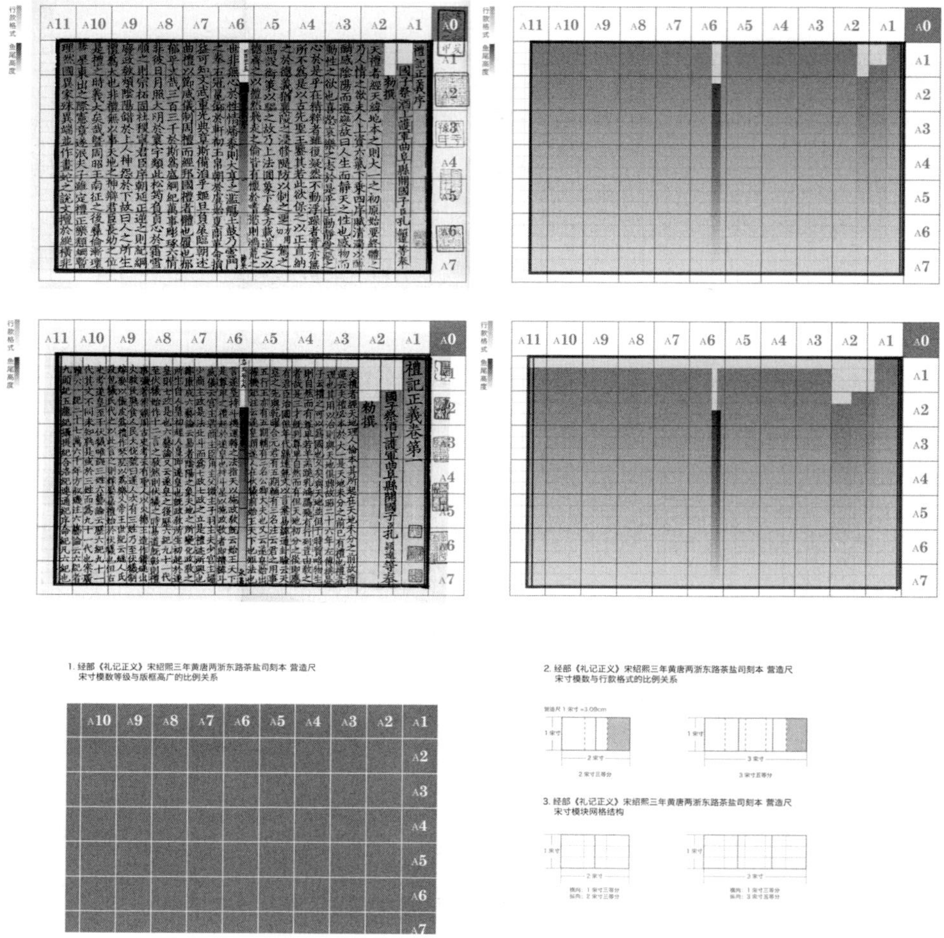

图 35 《礼记正义》黄唐两浙东路茶盐司刻本（网格分析系作者绘制）

一级层级以“文粹目录卷上”标题为例，顶格设计；二级层级以“文粹卷第一”标题为例，空前排一个汉字，同时以网格线为基准，空三分之一宋寸；三级层级以“古赋甲”等字为例，空前排一个汉字；四级层级以“含元殿赋”等字为例，以网格线为基准，空一宋寸；五级层级以“进三大礼赋表”标题为例，以网格线为基准，空一又三分之一宋寸。中缝版口宽度极窄，上鱼尾高度空约两宋寸。《文粹》序的界行宽度约为五分之二宋寸，书写格式

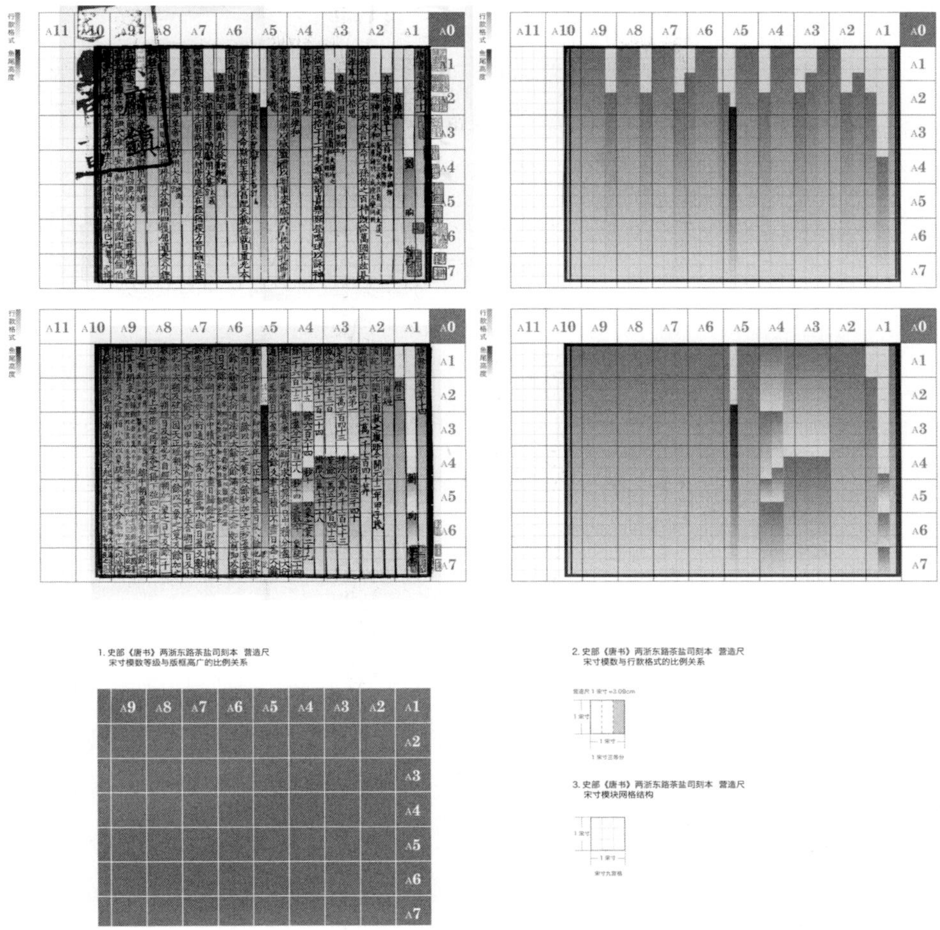

图 36　《唐书》两浙东路茶盐司刻本（网格分析系作者绘制）

可分为三个层级关系：一级层级以“文粹序”，顶格设计；二级层级以“吴兴姚”等字为例，以网格线为基准，空四个宋寸；三级层级为正文，顶格设计。《文粹》卷第一的书写格式可分为六个层级关系，一级层级以“文粹卷第一”标题为例，顶格设计；二级层级以“古赋甲”为例，以网格线为基准，约空三宋寸；三级层级以“吴兴姚”等字为例，空四宋寸；四级层级以“含元殿赋”等字为例，空两个宋寸；五级层级以“含元殿赋并序”为例，约空一又三分之一宋寸；六级层级为正文，顶格设计。

临安府刻本《文粹》版面范式设计规律：第一，此刻本版面设计以营造尺为尺度标准；第二，“一版双面”版框高与宽的比例关系约为7:10；第三，目录及卷第一的界行宽三分之一宋寸，序的界行宽约五分之二宋寸，大字同界行宽；第四，行款与宋寸模块的比例关系为1:3，即一宋寸模块三等分；第五，书写格式以网格线为基准，空格标准为宋寸模块横向三等分；第六，网格系统为宋寸模块横向三等分，纵向三等分。如图37所示。

10. 子部宋绍兴九年（1139）临安府刻本《汉官仪》，框高24.3厘米，宽16.3厘米。每半页十行，行十七字，小字双行二十二至二十七字不等，白口，左右双边，尺度标准为营造尺。笔者总结出该刻本一版双面的宽度约为十又三分之一宋寸，高度约为七又二分之一宋寸，界行宽约二分之一宋寸。大字同界行宽，双行小字。书写格式基本按照空前排几个汉字的规律进行编排布局，同时以宋寸模块网格系统的网格线为设计标准。《汉官仪》卷上的书写格式可分为六个层级关系：一级层级以“汉官仪卷上”标题为例，顶格设计；二级层级以“凡此书皆汉仪也”等字为例，顶格设计；三级层级以“选举”等字为例，以网格线为标准，空一宋寸；四级层级以“相府”为例，空一又三分之二宋寸；五级层级以“相国”为例，空二又三分之一宋寸；六级层级为正文，顶格设计。中缝版口宽约二分之一宋寸，上鱼尾高度空一又三分之一宋寸。

临安府刻本《汉官仪》版面范式设计规律：第一，此刻本版面设计以营造尺为尺度标准；第二，“一版双面”版框高与宽的比例关系约为7:10；第三，界行宽二分之一宋寸，大字同界行宽；第四，行款与宋寸模块的比例关系为1:2，即一宋寸模块二等分；第五，书写格式以网格线为基准，空格标准为宋寸模块横向三等分；第六，网格系统为宋寸模块横向三等分，纵向二等分。如图38所示。

11. 史部咸淳临安府刻本《临安志》，框高26.4厘米，宽19.4厘米。每半页十行，行二十字，小字双行同，白口，左右双边，尺度标准为浙尺。笔

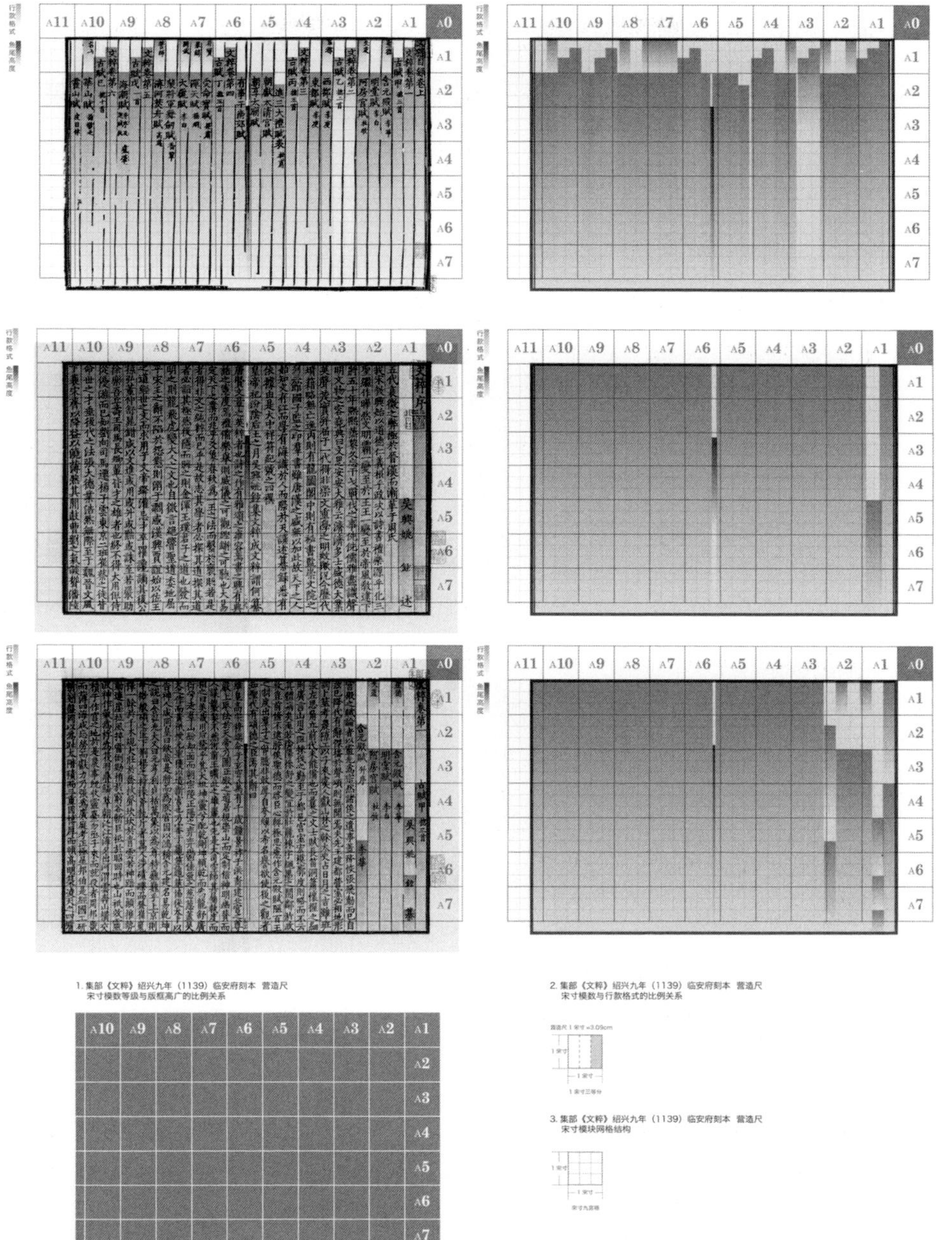

图 37　《文粹》临安府刻本（网格分析系作者绘制）

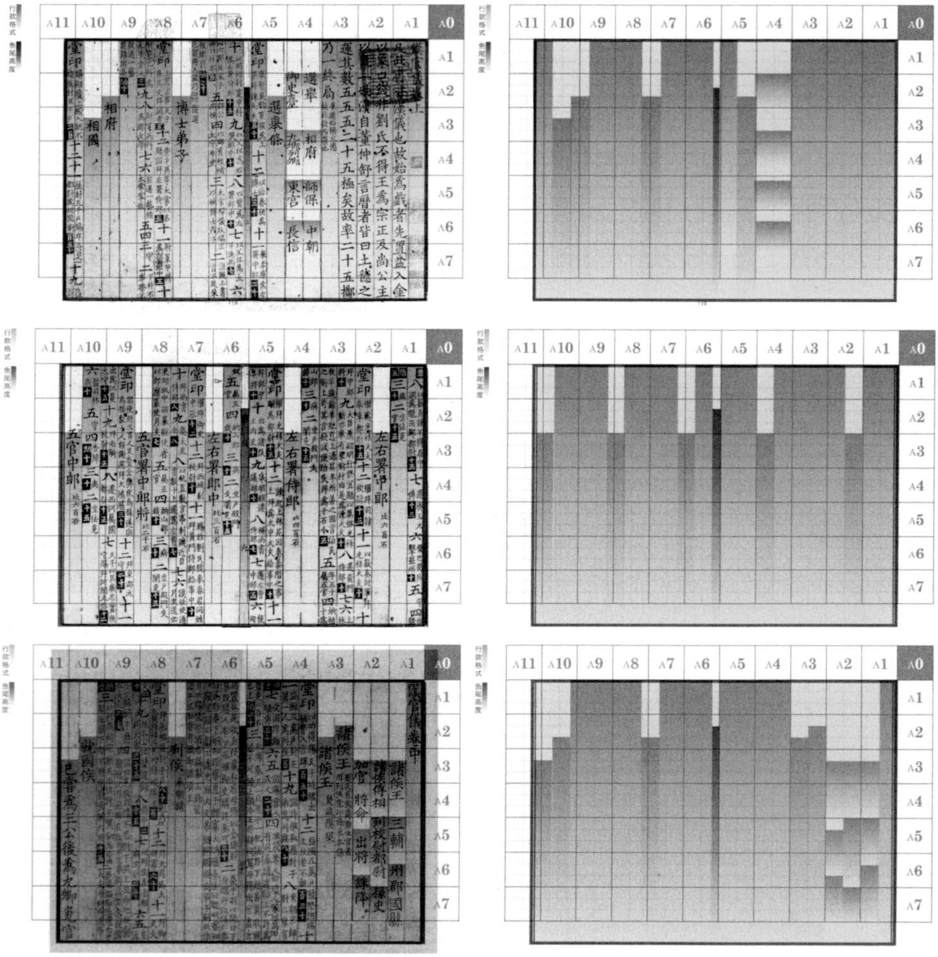

1. 子部《汉官仪》绍兴九年（1139）临安府刻本 营造尺
宋寸模数等级与版框高广的比例关系

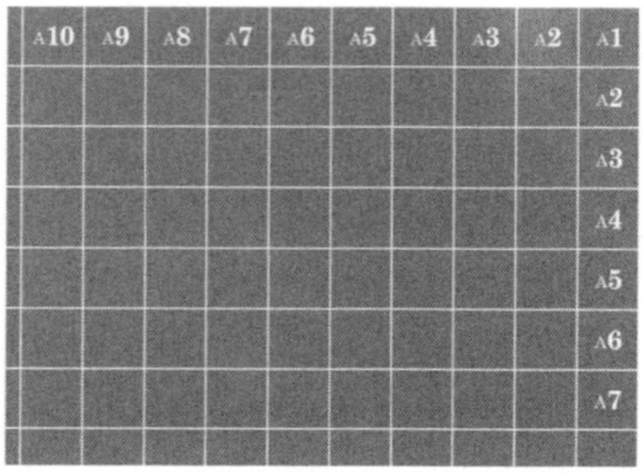

2. 子部《汉官仪》绍兴九年（1139）临安府刻本 营造尺
宋寸模数与行款格式的比例关系

3. 子部《汉官仪》绍兴九年（1139）临安府刻本 营造尺
宋寸模块网格结构

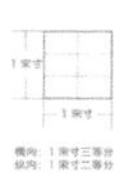

图 38　《汉官仪》临安府刻本（网格分析系作者绘制）

者总结出该刻本一版双面的宽度约为十三宋寸，高度约为九又三分之一宋寸，界行宽约三分之二宋寸。大字同界行宽，双行小字。书写格式基本按照空前排几个汉字的规律进行编排布局，同时以宋寸模块网格系统的网格线为设计标准。《临安志》卷第三的书写格式可分为五个层级关系：一级层级以“咸淳临安志卷之三”标题为例，顶格设计；二级层级以“行在所录”为例，顶格设计；三级层级以“郊庙”为例，以网格线为基准，空两宋寸；四级层级以“郊丘”为例，顶格设计；五级层级为正文，空前排一汉字，同时以网格线为基准，约空三分之二宋寸。中缝版口宽度极窄，上鱼尾高度约空两宋寸。《临安志》京城图以插图为主。

临安府刻本《临安志》版面范式设计规律：第一，此刻本版面设计以浙尺为尺度标准；第二，“一版双面”版框高与宽的比例关系约为 2:3；第三，界行宽三分之二宋寸，大字同界行宽；第四，行款与宋寸模块的比例关系为 2:3，即两宋寸模块三等分；第五，书写格式以网格线为基准，空格标准为宋寸模块横向三等分；第六，网格系统为宋寸模块横向三等分，纵向两宋寸三等分。如图 39 所示。

12.史部宋淳熙十年（1183）象山县学刻本《汉隽》，框高21.2厘米，宽16.7厘米。每半页九行，行十八或十九字，小字双行三十字，白口，左右双边，尺度标准为浙尺。笔者总结出该刻本一版双面的宽度约为十二宋寸，高度约为七又二分之一宋寸，界行宽约三分之二宋寸。大字同界行宽，双行小字。书写格式基本按照空前排几个汉字的规律进行编排布局，同时以宋寸模块网格系统的网格线为设计标准。《汉隽》目录的书写格式可分为五个层级关系，一级层级以“汉隽目录”标题为例，顶格设计；二级层级以“第一卷”为例，空前排一个汉字；三级层级以“称制、调补”等字为例，以网格线为基准，空一宋寸；四级层级以“三宫、按职、法比”等字为例，以网格线为基准，空三宋寸；五级层级以“群僚、贤豪”等字为例，空五宋寸。中缝版口宽约二分之一界行宽，上鱼尾高度空前排两个汉字。《汉隽》卷第三的书写格式可分为六个层级关系：一级层级以“汉隽卷第三”标题为例，顶

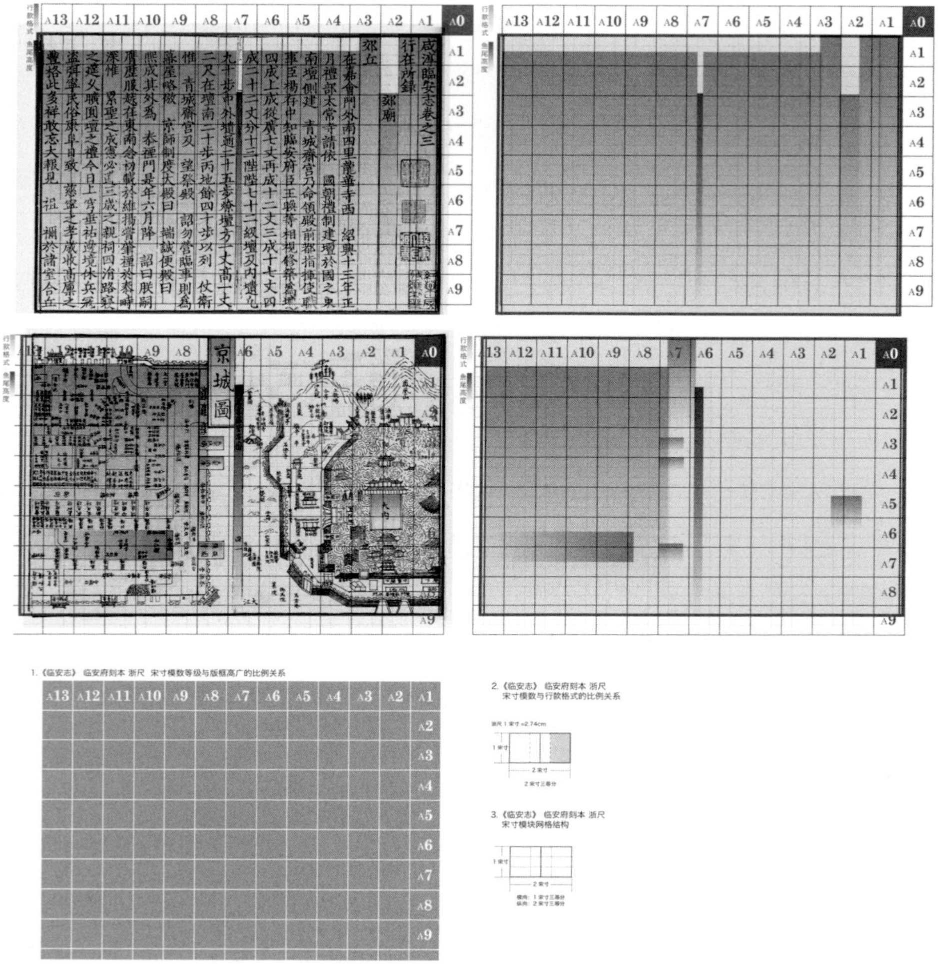

图 39 《临安志》临安府刻本（网格分析系作者绘制）

格设计；二级层级以“国士”为例，空前排两个汉字，同时以网格线为基准，空一宋寸；三级层级以“支属”为例，以网格线为基准，空三宋寸；四级层级以“贤豪”为例，空五宋寸；五级层级以“国士篇”为例，以网格线为基准，空两宋寸；六级层级为正文，顶格设计。

象山县学刻本《汉隽》版面范式设计规律：第一，此刻本版面设计以浙

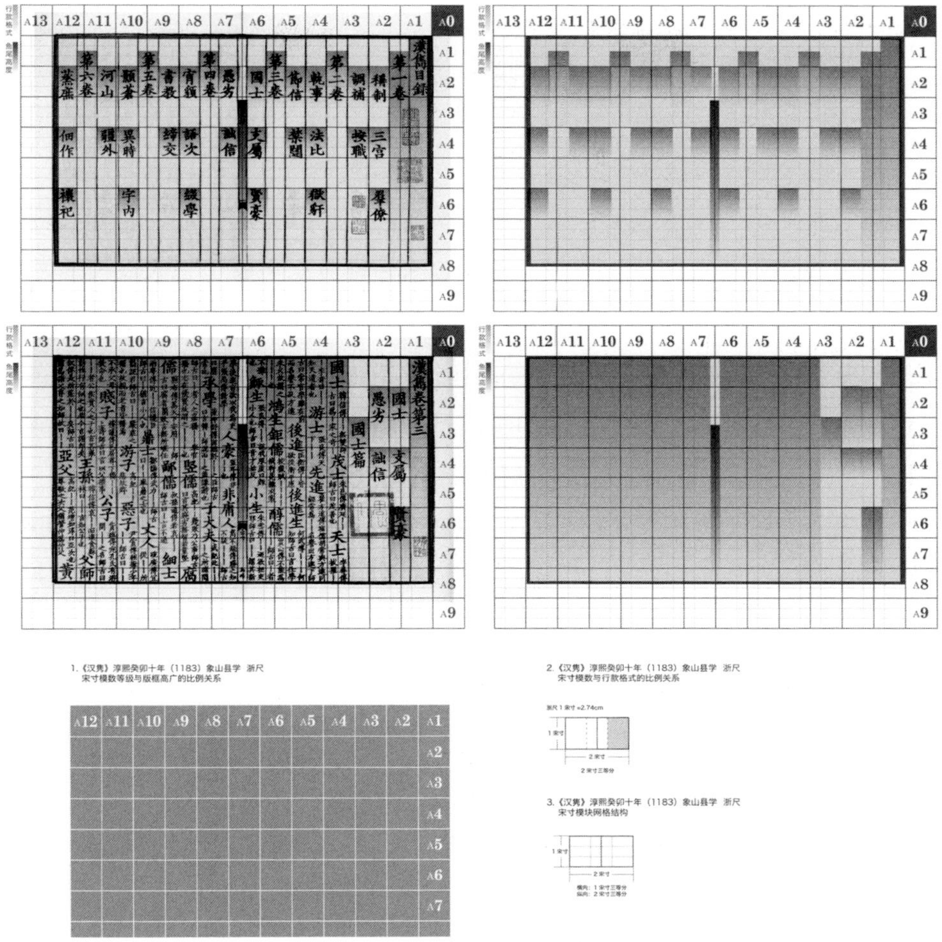

图 40　《汉隽》象山县学刻本（网格分析系作者绘制）

尺为尺度标准；第二，“一版双面”版框高与宽的比例关系约为 7:12；第三，界行宽三分之二宋寸，大字同界行宽；第四，行款与宋寸模块的比例关系为 2:3，即两宋寸模块三等分；第五，书写格式以网格线为基准，空格标准为宋寸模块横向三等分；第六，网格系统为宋寸模块横向三等分，纵向两宋寸三等分。如图 40 所示。

（二）浙家刻、坊刻本版面范式设计

至于浙江地区的家刻本，现存本较少，“于官刻本外俨若附庸之国矣”[26]。著有婺州市门巷唐宅《周礼郑注》十二卷、婺州义乌苏溪蒋宅崇知斋《礼记》五卷、婺州东阳胡仓王宅桂堂《三苏文粹》七十卷等。家刻出版为自需，或为文化传承，或为个人爱好，大多精雕细校，为出版艺术之典范。宋代坊间刻本成为独立而普遍的手工业生产领域。宋朝曾五次举国上下大规模地发动佛教印书活动。绍定四年（1231），全藏开雕，从刻工姓氏推测多为同姓家族共同劳作，可见雕版印刷术的纯熟已传播到民间作坊。浙江地区书坊林立，多出版售卖经史子集、科举考试和民间日常用书。尤其以临安陈宅书籍铺、尹氏书籍铺为典范。陈起，又称陈解元，主要刊印集部唐宋诗词。

1. 集部宋四明楼氏家刻本《攻媿先生文集》，框高 22.3 厘米，宽 15.5 厘米。每半页十行，行十八字，白口，左右双边，尺度标准为浙尺。笔者总结出该刻本一版双面的宽度约为十一宋寸，高度约为八宋寸，界行宽约二分之一宋寸。书写格式基本按照空前排几个汉字的规律进行编排布局，同时以宋寸模块网格系统的网格线为设计标准。《攻媿先生文集》目录卷第二的书写格式可分为六个层级关系：一级层级以“攻媿先生文集目录卷第二”标题为例，顶格设计；二级层级以“第十一卷”为例，空前排一个汉字，同时以网格线为基准，空三分之一宋寸；三级层级以“表笺”为例，空前排一个汉字，约空三分之二宋寸；四级层级以“请举乐”为例，空前排一个汉字，约空一又三分之一宋寸；五级层级以“皇帝第一表”为例，空前排一个汉字，同时以网格线为基准，空一又三分之二宋寸；六级层级以“拟第二表”为例，以网格线为基准，空两宋寸。中缝版口宽约二分之一界行宽，上鱼尾高度约空一又三分之二宋寸。

宋四明楼氏家刻本《攻媿先生文集》版面范式设计规律：第一，此刻本版面设计以浙尺为尺度标准；第二，“一版双面”版框高与宽的比例关系约为 8:11；第三，界行宽二分之一宋寸；第四，行款与宋寸模块的比例关系为 1:2，

---

26. 叶德辉：《书林清话》，北京：中华书局，1957年，第85页。

即一宋寸模块二等分；第五，书写格式以网格线为基准，空格标准为宋寸模块横向三等分；第六，网格系统为宋寸模块横向三等分，纵向二等分。如图41所示。

2. 经部宋婺州市门巷唐宅刻本《周礼》，框高19.8厘米，宽13.6厘米。每半页十三行，行二十五至二十七字不等，小字双行三十五至三十六字不等，白口，左右双边，尺度标准为营造尺。笔者总结刻本一版双面的宽度约为八又三分之二宋寸，高度约为六又三分之一宋寸，界行宽约三分之一宋寸。大字同界行宽，双行小字。书写格式基本按照空前排几个汉字的规律进行编排布局，同时以宋寸模块网格系统的网格线为设计标准。《周礼》卷第一的书写格式可分为三个层级关系：一级层级以“周礼卷第一”为例；二级层级以“天官冢宰第一”为例；三级层级为正文，三个层级关系均顶格设计。中缝版口宽约二分之一界行宽，上鱼尾高度约空一又三分之二宋寸。卷末有牌记设计，四周双边，宽约一宋寸，高约一又三分之一宋寸。

宋婺州市门巷唐宅刻本《周礼》版面范式设计规律：第一，此刻本版面设计以营造尺为尺度标准；第二，“一版双面”版框高与宽的比例关系约为2:3；第三，界行宽三分之一宋寸、大字同界行宽；第四，行款与宋寸模块的比例关系为1:3，即一宋寸模块三等分；第五，书写格式以网格线为基准，空格标准为宋寸模块横向三等分；第六，牌记四周双边，宽高比为2:3；第七，网格系统为宋寸模块横向三等分，纵向三等分。如图42所示。

3. 集部宋咸淳廖氏世彩堂刻本《昌黎先生集》，框高20.4厘米，宽13.7厘米。每半页九行，行十七字，小字双行同，细黑口，四周双边，尺度标准为营造尺。笔者总结出该刻本“重校昌黎集凡例、昌黎集叙说、目录、卷第一”等版面，其“一版双面”的宽度约为八又三分之二宋寸，高度约为六又二分之一宋寸，界行宽约二分之一宋寸。大字同界行宽，小字双行。书写格式基本按照空前排几个汉字的规律进行编排布局，同时符合宋寸模块网格系统的网格线为设计标准。目录部分的版面书写格式可分为三个层级关系：一级层级以“昌黎先生外集目录”标题为例，顶格设计；二级层级以“第一卷”为例，空前排

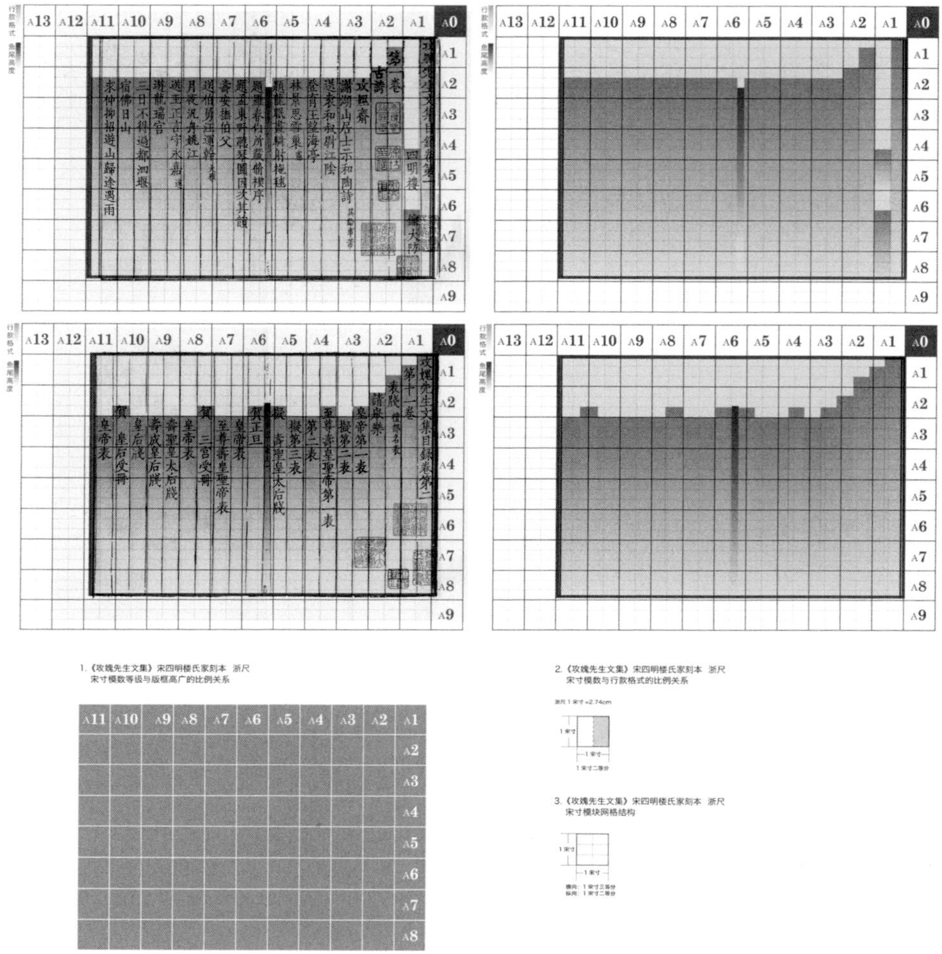

图 41 《攻媿先生文集》宋四明楼氏家刻本（网格分析系作者绘制）

一个汉字；三级层级以“明水赋”为例，空前排两个字符，符合网格线标准，空约一又三分之一宋寸。卷第一部分的版面书写格式可分为四个层级关系，一级层级以“昌黎先生集卷第一”标题为例，顶格设计；二级层级以“赋”为例，空前排两个汉字，约空四分之三宋寸；三级层级位双行注文小字，以网格线为基准，空格两个宋寸；四级层级以“感二鸟赋”为例，空一又四分

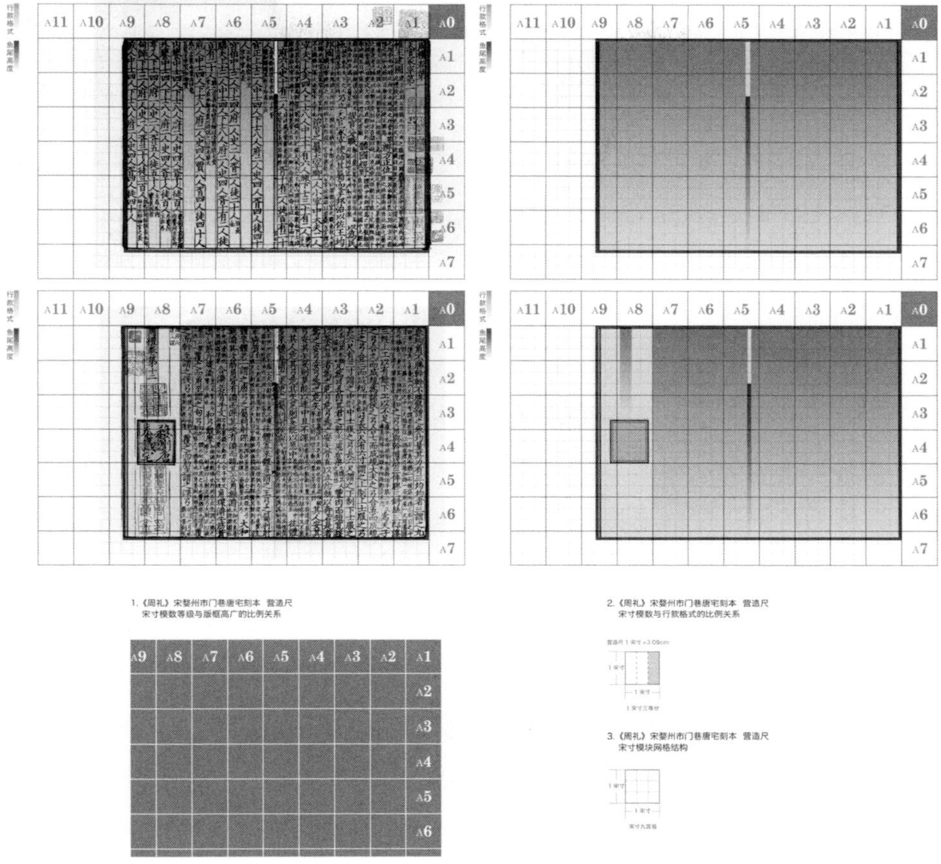

图 42　《周礼》宋婺州市门巷唐宅刻本（网格分析系作者绘制）

之一宋寸。中缝版口宽度较窄，约为二分之一界行宽度，上鱼尾上方空约一又二分之一个宋寸，上下鱼尾间高约三宋寸。

廖氏世彩堂刻本《昌黎先生集》版面范式：第一，此刻本版面设计以营造尺为尺度标准；第二，“一版双面”版框高与宽的比例关系约为 3:4；第三，界行宽为二分之一宋寸；第四，行款与宋寸模块的比例关系为 1:2，一个宋寸模块二等分；第五，书写格式以网格线为基准，空格标准为宋寸模块横向三等分、四等分；第六，网格系统为一个宋寸模块，横向三等分或四等分，纵向二等分。如图43所示。

4. 集部宋咸淳廖氏世彩堂刻本《河东先生集》，框高20.7厘米，宽13.7厘米。每半页九行，行十七字，小字双行同，细黑口，四周双边，尺度标准为营造尺。笔者总结出该刻本“河东集叙说、河东集凡例、目录、卷第一”等版面，一版双面的宽度约为八又三分之二宋寸，高度约为六又二分之一宋寸，界行宽约二分之一宋寸。大字同界行宽，小字双行。书写格式基本按照空前排几个汉字的规律进行编排布局，同时符合宋寸模块网格系统的网格线为设计标准。河东集凡例部分的版面书写格式可分为四个层级关系：一级层级以“河东集凡例”标题为例，顶格设计；二级层级以“韩柳二集”等字为例，空前排两个汉字，符合网格线标准，约空四分之三宋寸；三级层级以“一阁京杭”等字为例，空前排两个汉字，符合网格线标准，空约一又四分之三宋寸；四级层级以“今并加”等字为例，空前排一个汉字，符合网格线标准，空两个宋寸。卷第一部分的版面书写格式可分为五个层级关系，一级层级以“河东先生集卷第一”标题为例，顶格设计；二级层级以“雅诗歌曲”为例，空前排两个汉字；三级层级以“献平淮夷”等字为例，空前排一个汉字，同时符合网格线标准，空一又四分之一宋寸；四级层级为双行注文小字，空前排两个汉字，同时以网格线为基准，空两个宋寸；五级层级为正文，顶格设计。中缝版口宽度较窄，约为二分之一界行宽度，上鱼尾上方空约一又二分之一个宋寸，上下鱼尾间高约三又四分之一宋寸。

廖氏世彩堂刻本《河东先生集》版面范式：第一，此刻本版面设计以营造尺为尺度标准；第二，“一版双面”版框高与宽的比例关系约为3:4；第三，界行宽为二分之一宋寸；第四，行款与宋寸模块的比例关系为1:2，即一个宋寸模块二等分；第五，书写格式以网格线为基准，空格标准为宋寸模块横向三等分、四等分；第六，网格系统为一个宋寸模块，横向三等分或四等分，纵向二等分。牌记高宽比约为3:2。如图44所示。

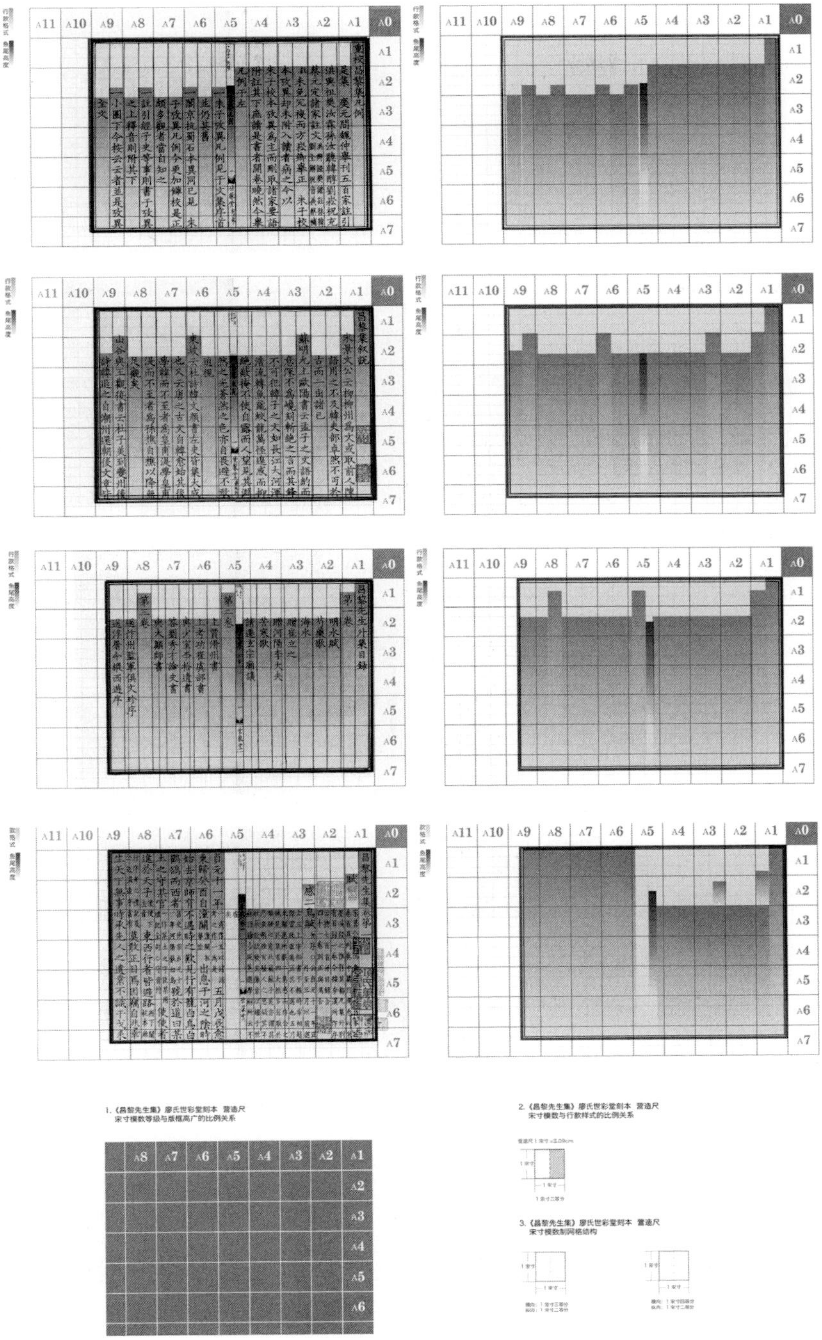

图 43　《昌黎先生集》廖氏世彩堂刻本（网格分析系作者绘制）

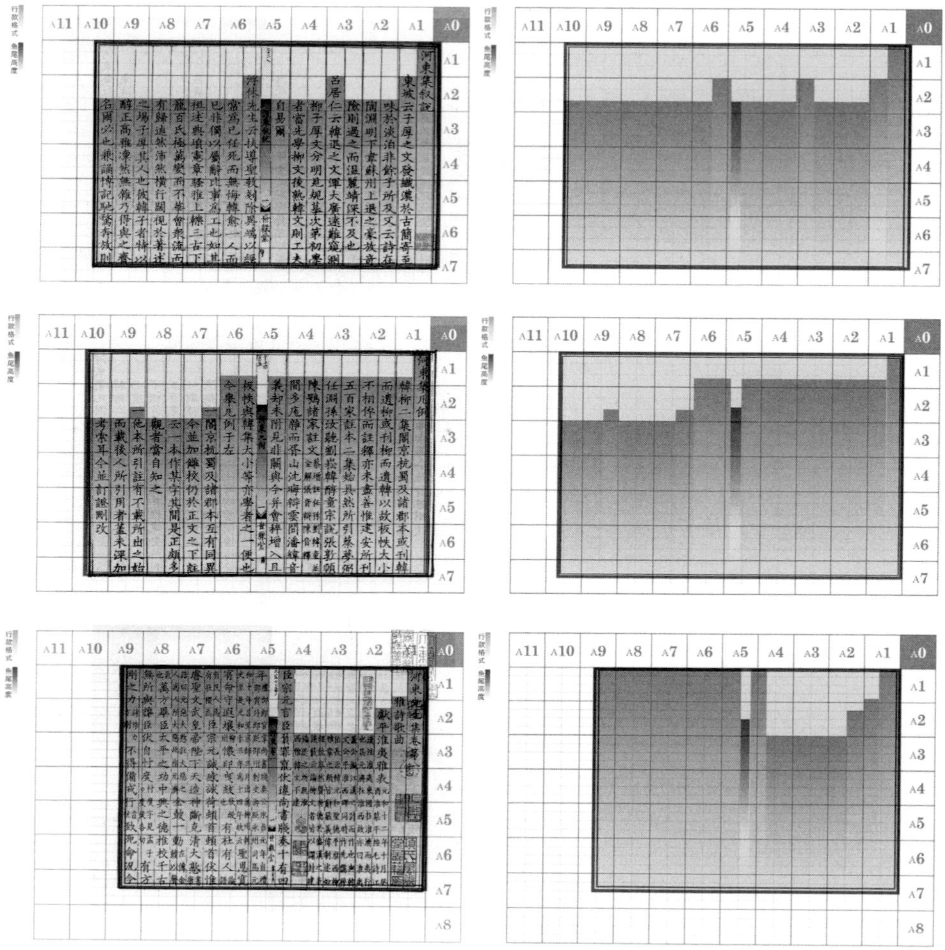

1.《河东先生集》廖氏世彩堂刻本 营造尺宋寸模数等级与版框高广的比例关系

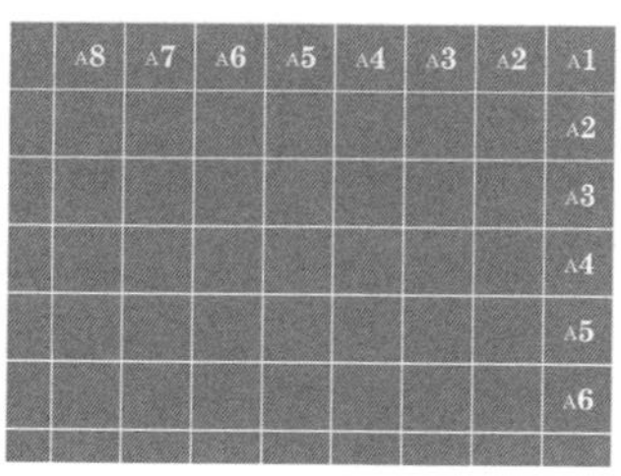

2.《河东先生集》廖氏世彩堂刻本 营造尺宋寸模数与行款样式的比例关系

3.《河东先生集》廖氏世彩堂刻本 营造尺宋寸模数制网格结构

图 44 《河东先生集》廖氏世彩堂刻本（网格分析系作者绘制）

5. 子部宋临安府太庙前尹家书籍铺刻本《续幽怪录》，框高 18.7 厘米，宽 13.5 厘米。每半页九行，行十八字，白口，左右双边，尺度标准为营造尺。笔者总结出该刻本一版双面的宽度约为八又二分之一宋寸，高度约为六宋寸，界行宽约二分之一宋寸。大字同界行宽，双行小字。书写格式基本按照空前排几个汉字的规律进行编排布局，同时以宋寸模块网格系统的网格线为设计标准。《续幽怪录》卷第一的书写格式可分为四个层级关系：一级层级以“续幽怪录卷第一”标题为例，顶格设计；二级层级以“李”等字为例，以网格线为基准，空二又三分之一宋寸；三级层级以“杨恭政”为例，以网格线为基准，空一宋寸；四级层级为正文，顶格设计。中缝版口宽约二分之一界行宽，上鱼尾高度空前排三个汉字。

宋临安府太庙前尹家书籍铺刻本《续幽怪录》版面范式设计规律：第一，此刻本版面设计以营造尺为尺度标准；第二，“一版双面”版框高与宽的比例关系约为 3:4；第三，界行宽二分之一宋寸，大字同界行宽；第四，行款与宋寸模块的比例关系为 1:2，即一宋寸模块二等分；第五，书写格式以网格线为基准，空格标准为宋寸模块横向三等分；第六，网格系统为宋寸模块横向三等分，纵向二等分。如图 45 所示。

6. 集部宋临安府陈宅书籍铺刻本《李丞相诗集》，框高 18 厘米，宽 13 厘米。每半页十行，行十八字，白口，左右双边，尺度标准为营造尺。笔者总结出该刻本一版双面的宽度约为八宋寸，高度约为五又三分之二宋寸，界行宽约五分之二宋寸。书写格式基本按照空前排几个汉字的规律进行编排布局，同时以宋寸模块网格系统的网格线为设计标准。《李丞相诗集》卷上的书写格式可分为五个层级关系：一级层级以“李丞相诗集卷上”标题为例，顶格设计；二级层级以“陇西李建”等字为例，空格前排五个汉字，同时以网格线为基准，空一又三分之二宋寸；三级层级以“诗四十四首”为例，以网格线为基准，空三分之二宋寸；四级层级以“中酒寄刘行军”为例，以网格线为基准，空一宋寸；五级层级为正文，顶格设计。中缝版口宽窄于界行宽，上鱼尾上方以网格线为基准，空一宋寸。

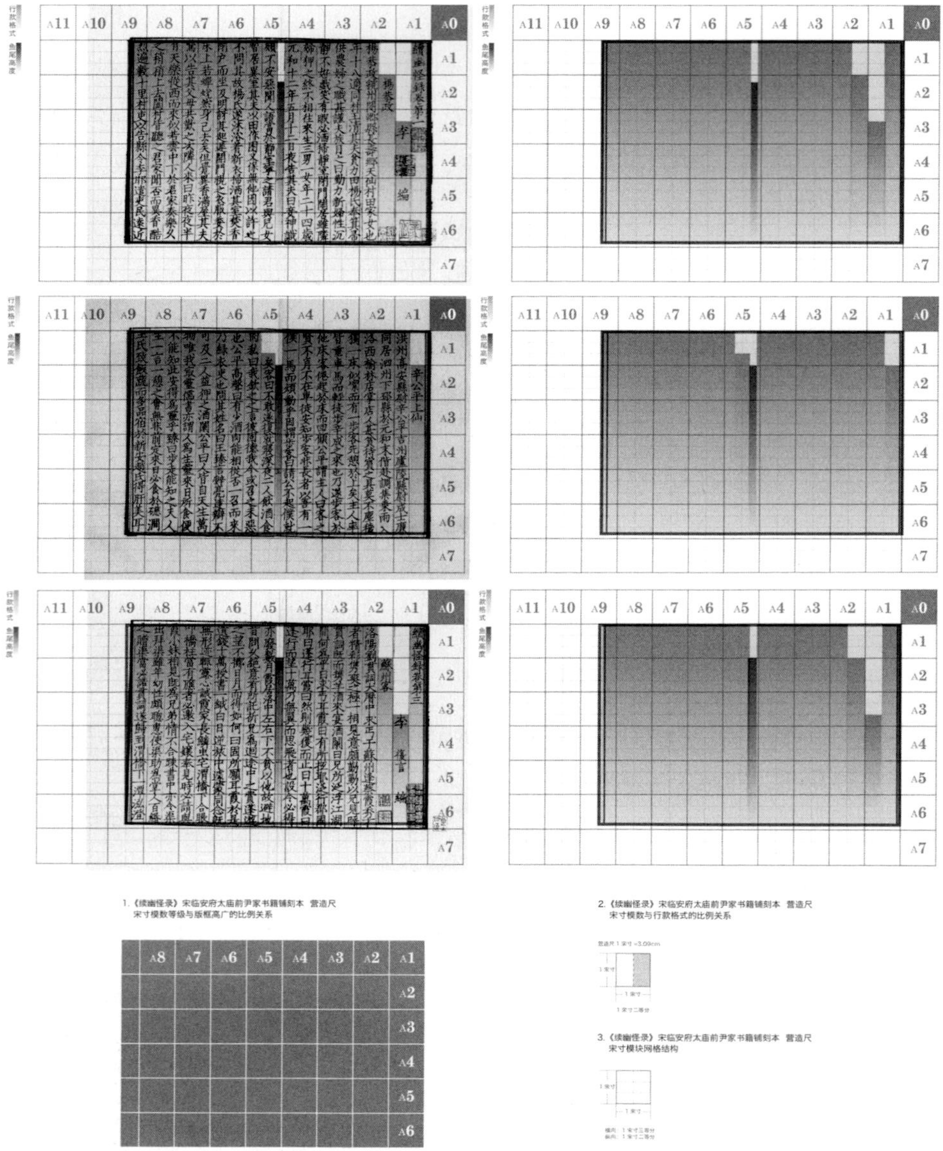

图 45 《续幽怪录》宋临安府太庙前尹家书籍铺刻本（网格分析系作者绘制）

临安府陈宅书籍铺刻本《李丞相诗集》版面范式设计规律：第一，此刻本版面设计以营造尺为尺度标准；第二，“一版双面”版框高与宽的比例关系约为 5:8，可视其约为 3:4；第三，界行宽五分之二宋寸；第四，行款与宋寸模块的比例关系为 2:5，即两宋寸模块五等分；第五，书写格式以网格线为基准，空格标准为宋寸模块横向三等分；第六，网格系统为宋寸模块横向三等分，纵向两宋寸五等分。如图 46 所示。

7. 集部宋临安府棚北大街陈宅书籍铺刻本《棠湖诗稿》，框高17.3厘米，宽13厘米。每半页十行，行十八字，白口，左右双边，尺度标准为营造尺。笔者总结出该刻本一版双面的宽度约为八宋寸，高度约为五又三分之一宋寸，界行宽约五分之二宋寸。书写格式基本按照空前排几个汉字的规律进行编排布局，同时以宋寸模块网格系统的网格线为设计标准。《棠湖诗稿》的书写格式可分为四个层级关系：一级层级以“棠湖诗稿”标题为例，顶格设计；二级层级以“相台岳”等字为例，以网格线为基准，约空两宋寸；三级层级以“宫词一百首”为例，以网格线为基准，空三分之一宋寸；四级层级为正文，空前排一个汉字，以网格线为基准，空三分之二宋寸。中缝版口宽窄于界行宽，上鱼尾上方以网格线为基准，空一宋寸。

临安府棚北大街陈宅书籍铺刻本《棠湖诗稿》版面范式设计规律：第一，此刻本版面设计以营造尺为尺度标准；第二，“一版双面”版框高与宽的比例关系约为 5:8；第三，界行宽五分之二宋寸；第四，行款与宋寸模块的比例关系为 2:5，即两宋寸模块五等分；第五，书写格式以网格线为基准，空格标准为宋寸模块横向三等分；第六，网格系统为宋寸模块横向三等分，纵向两宋寸五等分。如图 47 所示。

8. 集部宋临安府陈宅书籍铺刻本《才调集》，框高 17.5 厘米，宽 12.6 厘米。每半页十行，行十八字，白口，单鱼尾，左右双边，尺度标准为营造尺。笔者总结出该刻本一版双面的宽度约为八宋寸，高度约为五又二分之一宋寸，界行宽约五分之二宋寸。书写格式基本按照空前排几个汉字的规律进行编排布局，同时以宋寸模块网格系统的网格线为设计标准。《才调集》卷第三的

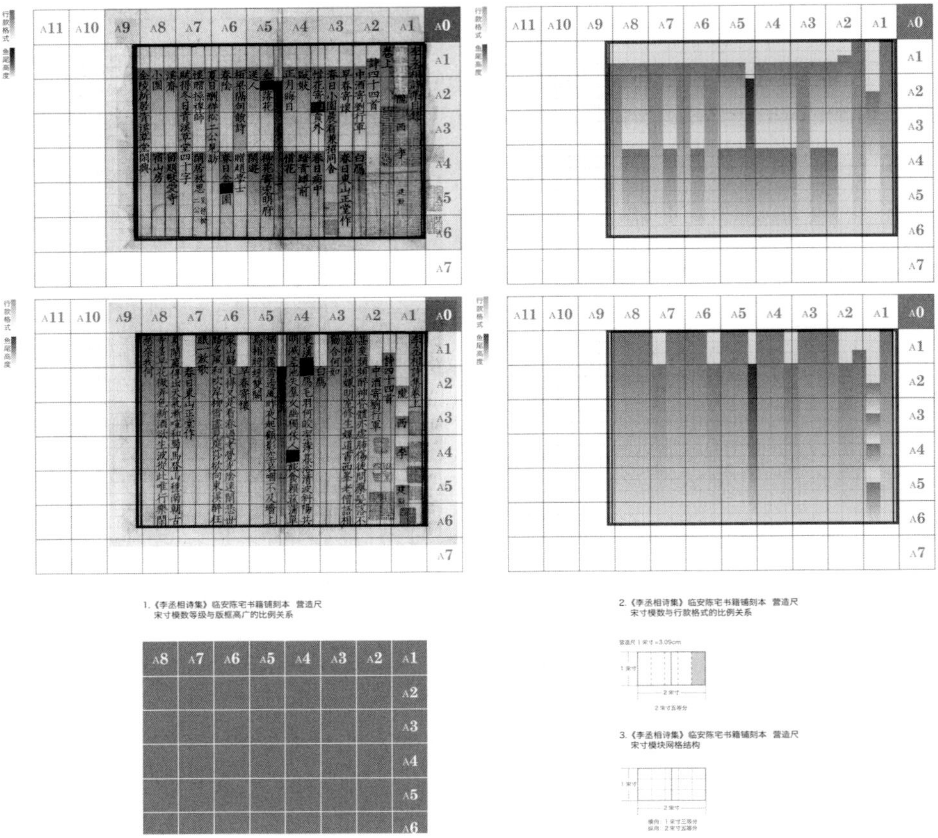

图 46 《李丞相诗集》临安陈宅书籍铺刻本（网格分析系作者绘制）

书写格式可分为五个层级关系：一级层级以“才调集卷第三”标题为例，顶格设计；二级层级以“古律杂歌诗一百首”等字为例，空前排一个汉字，同时以网格线为基准，空三分之一宋寸；三级层级以“韦庄六十三首”为例，以网格线为基准，空三分之二宋寸；四级层级以“关山”标题为例，空前排一个汉字，同时以网格线为基准，空一宋寸；五级层级为正文，顶格设计。中缝版口宽窄于界行宽，上鱼尾上方以网格线为基准，空一宋寸。

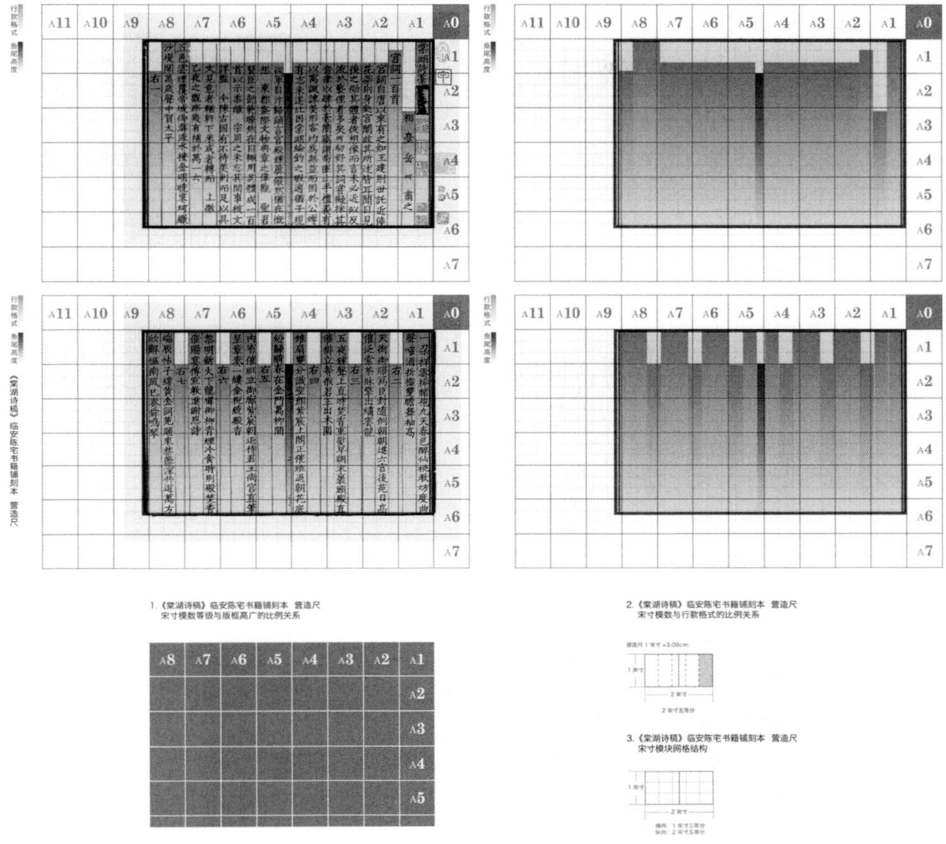

图 47　《棠湖诗稿》临安陈宅书籍铺刻本（网格分析系作者绘制）

临安府陈宅书籍铺刻本《才调集》版面范式设计规律：第一，此刻本版面设计以营造尺为尺度标准；第二，“一版双面”版框高与宽的比例关系约为 5:8，可视其约为 3:4；第三，界行宽五分之二宋寸；第四，行款与宋寸模块的比例关系为 2:5，即两宋寸模块五等分；第五，书写格式以网格线为基准，空格标准为宋寸模块横向三等分；第六，网格系统为宋寸模块横向三等分，纵向两宋寸五等分。如图 48 所示。

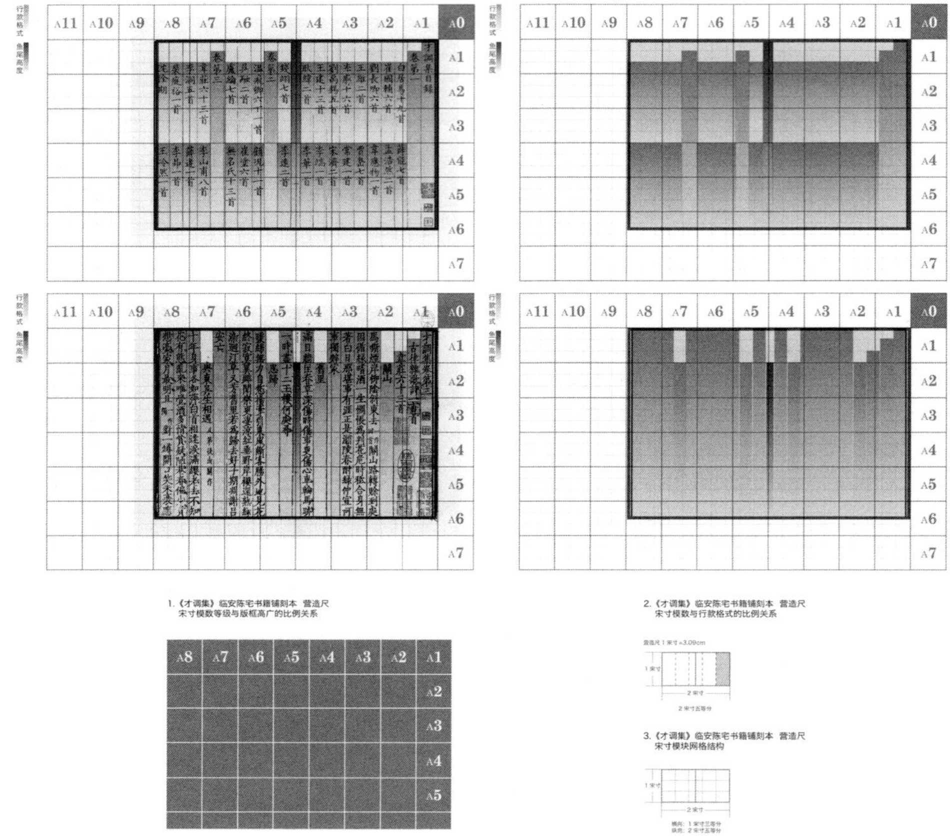

图 48 《才调集》临安陈宅书籍铺刻本（网格分析系作者绘制）

（三）浙本系统刻本版面范式设计

1. 集部宋庆元二年（1196）周必大刻本《欧阳文忠公集》，框高 21.5 厘米，宽 15.4 厘米。每半页十行，行十六字，白口，左右双边，尺度标准为浙尺。笔者总结出该刻本一版双面的宽度约为十又三分之二宋寸，高度约为七又三分之二宋寸，界行宽约二分之一宋寸。书写格式基本按照空前排几个汉字的规律进行编排布局，同时以宋寸模块网格系统的网格线为设计标准。《欧阳文忠公文集》总目的书写格式可分为五个层级关系：一级层级以“欧阳文忠公文集总目”标题为例，顶格设计；二级层级以“居士集五十卷”等字为例，空前排一个汉字；三级层级以“卷第一”为例，以网格线为基准，空一宋寸；四级层级以“文集一”为例，以网格线为基准，空四又三分之一宋寸；五级层级以“古诗”为例，空前排一个汉字，同时空一又三分之二宋寸。居士集卷第一的书写格式可分为五个层级关系，一级层级以“居士集卷第一”标题为例，顶格设计；二级层级以“欧阳文忠公集一”为例，以网格线为基准，空三又三分之一宋寸；三级层级以“古诗三十八首”为例，空前排一个汉字；四级层级以“颜跖”为例，空前排一个汉字，同时以网格线为基准，空一宋寸；五级层级为正文，顶格设计。中缝版口宽窄于界行宽，上鱼尾上方以网格线为基准，空一又二分之一宋寸。

周必大刻本《欧阳文忠公集》版面范式设计规律：第一，此刻本版面设计以浙尺为尺度标准；第二，“一版双面”版框高与宽的比例关系约为 7:10；第三，界行宽二分之一宋寸；第四，行款与宋寸模块的比例关系为 1:2，即一宋寸模块二等分；第五，书写格式以网格线为基准，空格标准为宋寸模块横向三等分；第六，网格系统为宋寸模块横向三等分，纵向二等分。如图 49 所示。

2. 经部宋嘉定四年（1211）胡槻江右计台刻本《春秋繁露》，框高 22.3 厘米，宽 16.1 厘米。每半页十行，行十八字，白口，左右双边，尺度标准为太府尺。笔者总结出该刻本一版双面的宽度约为十宋寸，高度约为七宋寸，界行宽约二分之一宋寸。书写格式基本按照空前排几个汉字的规律进行编排布局，同时以宋寸模块网格系统的网格线为设计标准。《春秋繁露》目录的书写格式可分为四个层级关系：一级层级以“春秋繁露目录”标题为例，顶格设计；二级层级以“汉董”等字为例，以网格线为基准，空三又三分之二宋寸；三级层级以“卷一、卷二”等字为例，以网格线为基准，空三分之一宋寸；四级层级以“楚庄王第一”为例，空前排一个汉字。《春秋繁露》卷第一的书写格式可分为三个层级关系：一级层级以“春秋繁露卷第一”标题为例，顶格设计；二级层级以“楚庄王第一”标题为例，空约一又二分之一宋寸；三级层级为正文，顶格设计。中缝版口宽窄于界行宽，上鱼尾上方以网格线为

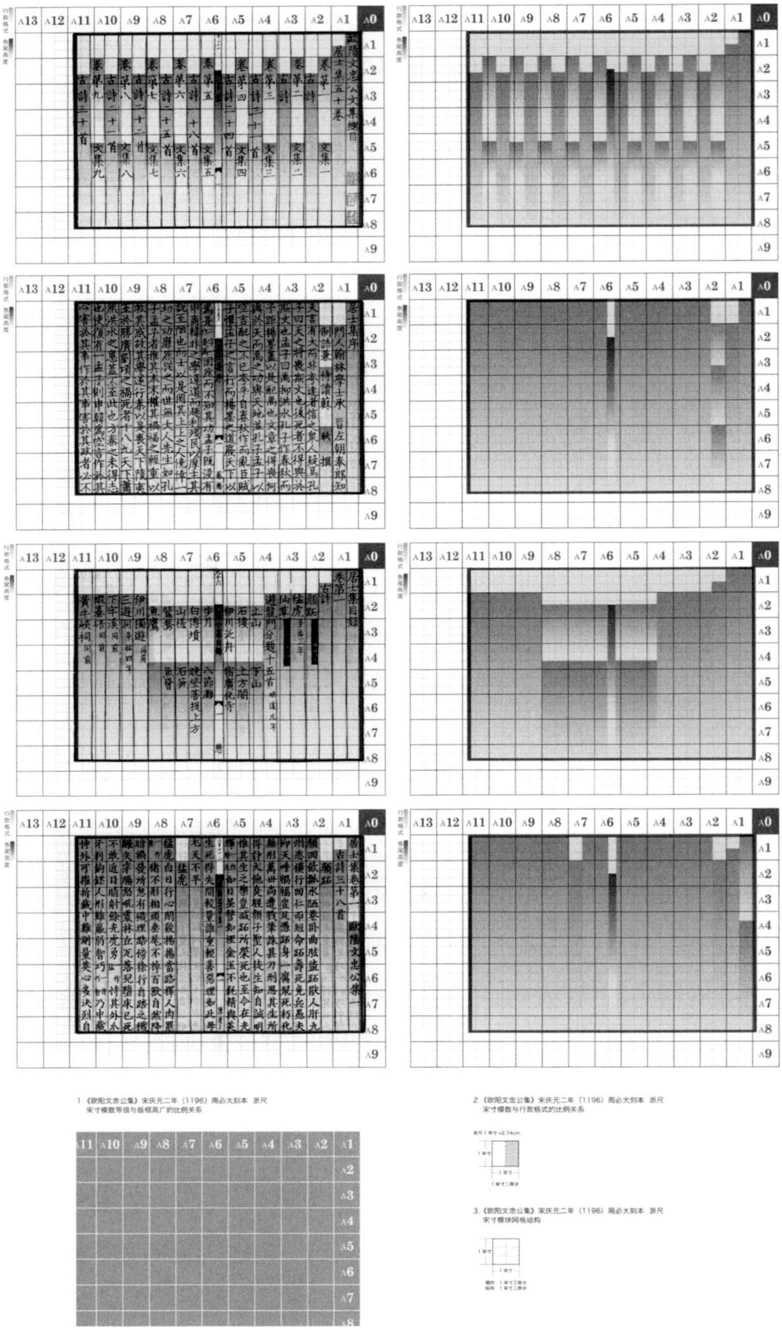

图 49　《欧阳文忠公集》周必大刻本（网格分析系作者绘制）

基准，空一又二分之一宋寸。

胡槻江右计台刻本《春秋繁露》版面范式设计规律：第一，此刻本版面设计以太府尺为尺度标准；第二，“一版双面”版框高与宽的比例关系约为7:10；第三，界行宽二分之一宋寸；第四，行款与宋寸模块的比例关系为1:2，即一宋寸模块二等分；第五，书写格式以网格线为基准，空格标准为宋寸模块横向二等分、三等分；第六，网格系统为宋寸模块横向二等分或三等分，纵向二等分。如图50所示。

3. 经部宋淳熙九年（1182）江西漕台刻本《吕氏家塾读诗记》，框高21.4 厘米，宽 14.9 厘米。每半页九行，行十九字，注文小字双行同，白口，左右双边，尺度标准为太府尺。笔者总结出该刻本一版双面的宽度约为九宋寸，高度约为六又三分之二宋寸，界行宽约二分之一宋寸。大字同界行宽，双行小字。书写格式基本按照空前排几个汉字的规律进行编排布局，同时以宋寸模块网格系统的网格线为设计标准。《吕氏家塾读诗记》卷第一的书写格式可分为四个层级关系：一级层级以“吕氏家塾读诗记卷第一”标题为例，顶格设计；二级层级以“纲领”标题为例，以网格线为基准，空一宋寸；三级层级以“论语诗三百一言”等正文为例，顶格设计；四级层级为双行小字，跳行以网格线为基准，空三分之一宋寸。中缝版口宽窄于界行宽，上鱼尾上方以网格线为基准，空一又二分之一宋寸。

江西漕台刻本《吕氏家塾读诗记》版面范式设计规律：第一，此刻本版面设计以太府尺为尺度标准；第二，“一版双面”版框高与宽的比例关系约为 2:3；第三，界行宽二分之一宋寸；第四，行款与宋寸模块的比例关系为 1:2，即一宋寸模块二等分；第五，书写格式以网格线为基准，空格标准为宋寸模块横向三等分；第六，网格系统为宋寸模块横向三等分，纵向二等分。如图 51 所示。

4. 经部宋庆元六年（1200）寻阳郡斋刻本《𬨎轩使者绝代语释别国方言》，框高 21.6 厘米，宽 15.2 厘米。每半页八行，行十七字，注文小字双行同，白口，四周双边，尺度标准为浙尺。笔者总结出该刻本一版双面的宽度约为十一宋

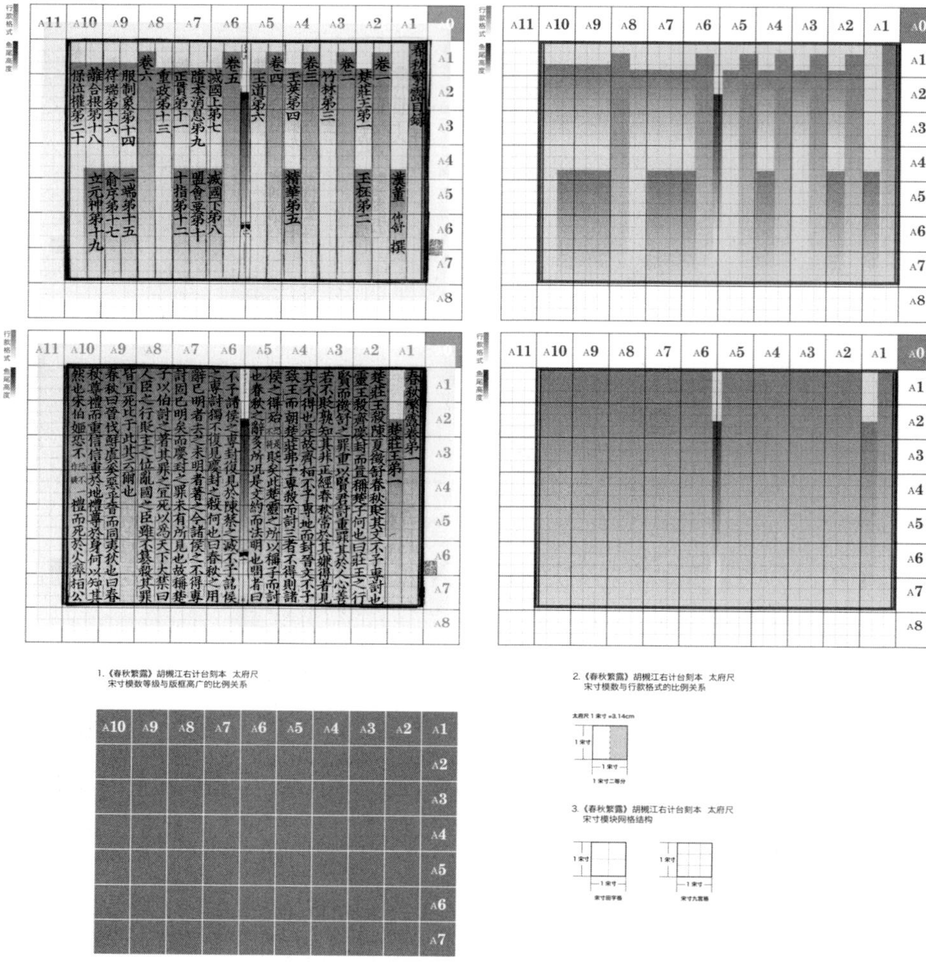

图 50 《春秋繁露》胡槻江右计台刻本（网格分析系作者绘制）

寸，高度约为七又三分之二宋寸，界行宽约三分之二宋寸。书写格式基本按照空前排几个汉字的规律进行编排布局，同时以宋寸模块网格系统的网格线为设计标准。《輶轩使者绝代语释别国方言》方言序的书写格式可分为三个层级关系：一级层级以“方言序”标题为例，顶格设计；二级层级以“郭璞”为例，以网格线为基准，空四又二分之一宋寸；三级层级为正文，顶格设计。

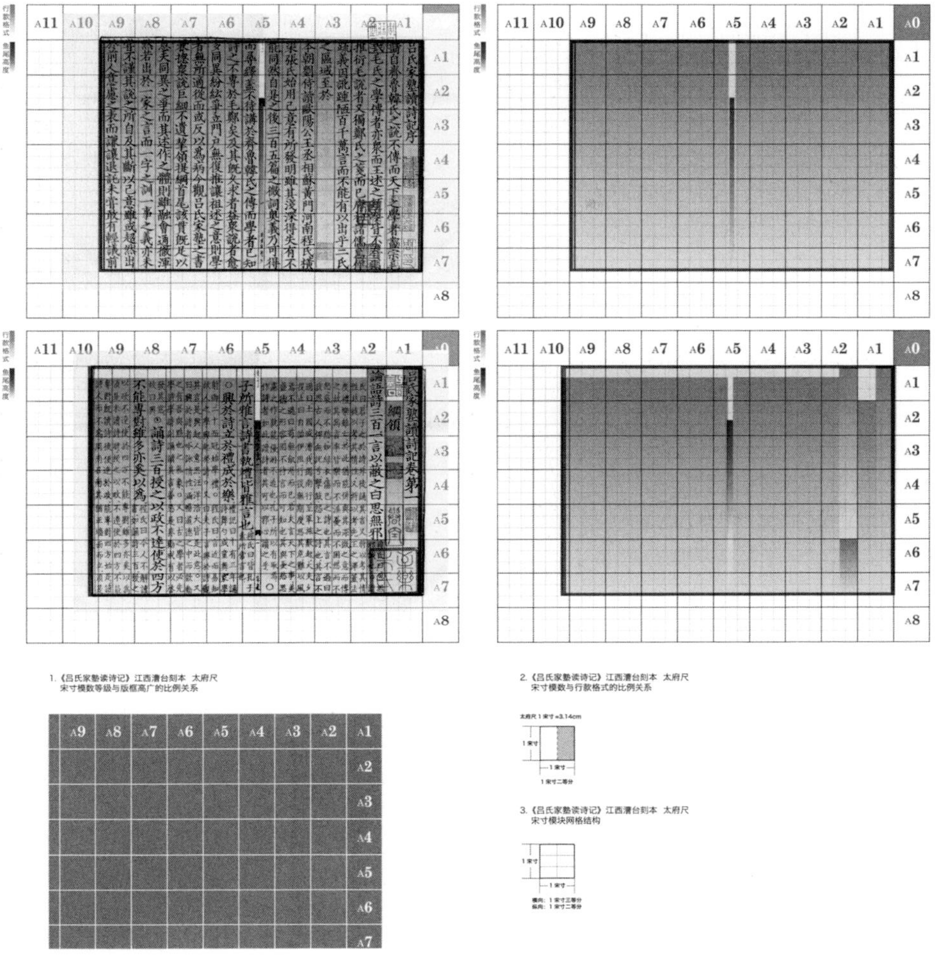

图 51　《吕氏家塾读诗记》江西漕台刻本（网格分析系作者绘制）

以中缝版口宽窄于界行宽，上下鱼尾间高度约为三宋寸。

寻阳郡斋刻本《輶轩使者绝代语释别国方言》版面范式设计规律：第一，此刻本版面设计以浙尺为尺度标准；第二，“一版双面”版框高与宽的比例关系约为 7:11；第三，界行宽三分之二宋寸；第四，行款与宋寸模块的比例关系为 2:3，即两宋寸模块三等分；第五，书写格式以网格线为基准，空格标准为宋寸模块横向三等分；第六，网格系统为宋寸模块横向三等分，纵向两宋寸三等分。如图 52 所示。

5. 史部宋白鹭洲书院刻本《后汉书》，框高21.8厘米，宽14厘米。每半页八行，行十六字，小字双行二十一字，细黑口，四周双边，尺度标准为淮尺。笔者总结出该刻本一版双面的宽度约为八宋寸，高度约为六宋寸，界行宽约二分之一宋寸。大字同界行宽，双行小字。书写格式基本按照空前排几个汉字的规律进行编排布局，同时以宋寸模块网格系统的网格线为设计标准。《后汉书》目录的书写格式可分为五个层级关系：一级层级以“后汉书目录”标题为例，顶格设计；二级层级以“十二帝后纪一十二卷”为例，空格前排四个汉字，以网格线为基准，空一又二分之一宋寸；三级层级以“光武起后汉”等字为例，以网格线为基准，空两宋寸；四级层级以“第一卷上”为例，以网格线为基准，空三分之一宋寸；五级层级以“光武上”为例，以网格线为基准，空一宋寸。《后汉书》光武帝纪第一上的书写格式可分为三个层级关系：一级层级以“光武帝纪第一上”标题为例，顶格设计；二级层级以“唐章怀太子”标题为例，空格前排五个汉字，同时以网格线为基准，空两宋寸；三级层级为正文，顶格设计。中缝版口宽窄于界行宽，上下鱼尾间高约三宋寸。

白鹭洲书院刻本《后汉书》版面范式设计规律：第一，此刻本版面设计以淮尺为尺度标准；第二，“一版双面”版框高与宽的比例关系约为3:4；第三，界行宽二分之一宋寸；第四，行款与宋寸模块的比例关系为1:2，即一宋寸模块二等分；第五，书写格式以网格线为基准，空格标准为宋寸模块横向二等分、三等分；第六，网格系统为宋寸模块横向二等分、三等分，纵向二等分。如图53所示。

6. 史部宋嘉定十七年（1224）白鹭洲书院刻本《汉书》，框高 20.7 厘米，宽 14 厘米。每半页八行，行十五、十六字不等，小字双行二十一字，细黑口，四周双边，尺度标准为淮尺。笔者总结出该刻本一版双面的宽度约为八宋寸，高度约为六宋寸，界行宽约二分之一宋寸。大字同界行宽，双行小字。书写

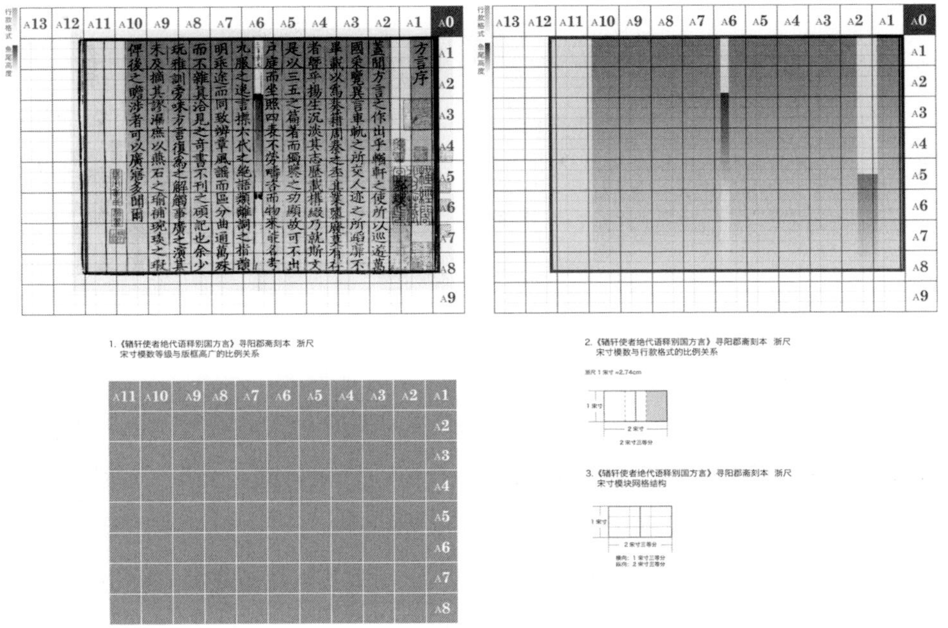

图 52　《辖轩使者绝代语释别国方言》寻阳郡斋刻本（网格分析系作者绘制）

格式基本按照空前排几个汉字的规律进行编排布局，同时以宋寸模块网格系统的网格线为设计标准。《汉书》高帝纪第一上的书写格式可分为六个层级关系：一级层级以“高帝纪第一上”标题为例，顶格设计；二级层级以“汉书一”为例，为网格线为基准，空四宋寸；三级层级以“师古曰”等双行小字为例，空前排两个汉字，同时以网格线为基准，空一宋寸；四级层级以“汉护军班固撰”等字为例，以网格线为基准，分别空一宋寸、两宋寸、三宋寸、四宋寸等；五级层级以“唐正议”等字为例，以网格线为基准，空一宋寸；六级层级为正文，顶格设计。以中缝版口宽窄于界行宽，上鱼尾上方以网格线为基准，空一又二分之一宋寸。

白鹭洲书院刻本《汉书》版面范式设计规律：第一，此刻本版面设计以淮尺为尺度标准；第二，“一版双面”版框高与宽的比例关系约为 3:4；第三，界行宽二分之一宋寸；第四，行款与宋寸模块的比例关系为 1:2，即一宋寸模

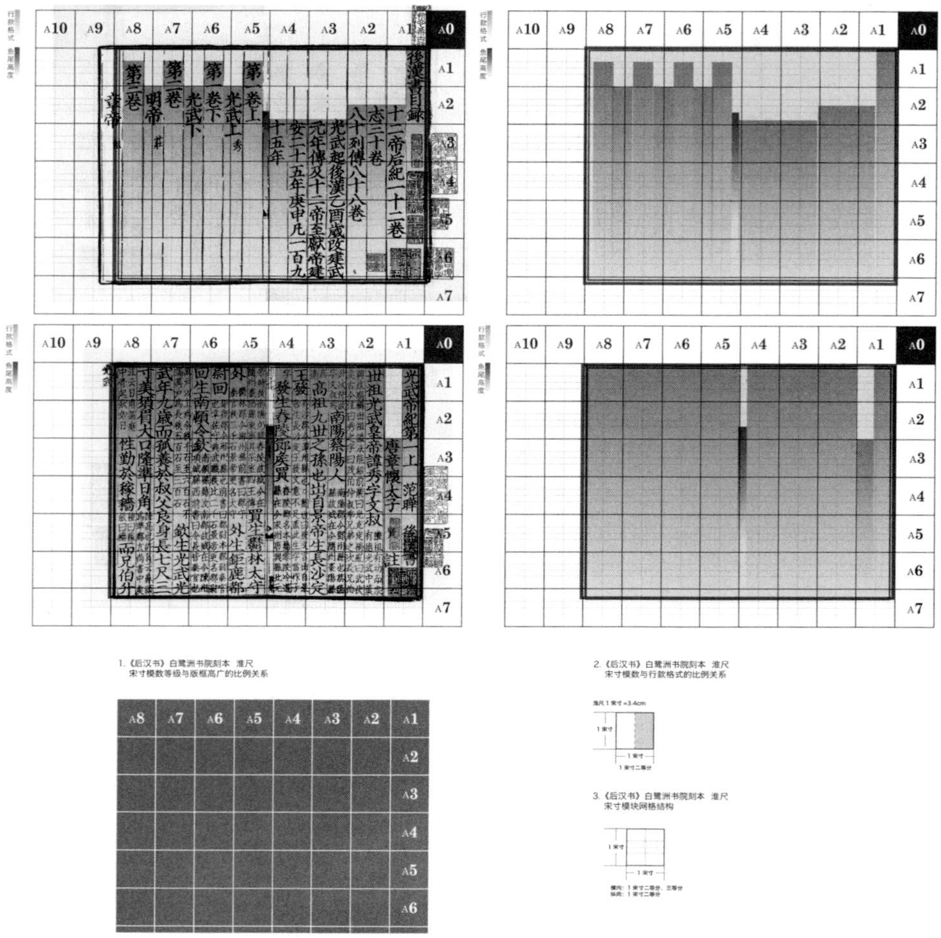

图 53 《后汉书》白鹭洲书院刻本（网格分析系作者绘制）

块二等分；第五，书写格式以网格线为基准，空格标准为宋寸模块横向二等分、三等分；第六，网格系统为宋寸模块横向二等分、三等分，纵向二等分。如图 54 所示。

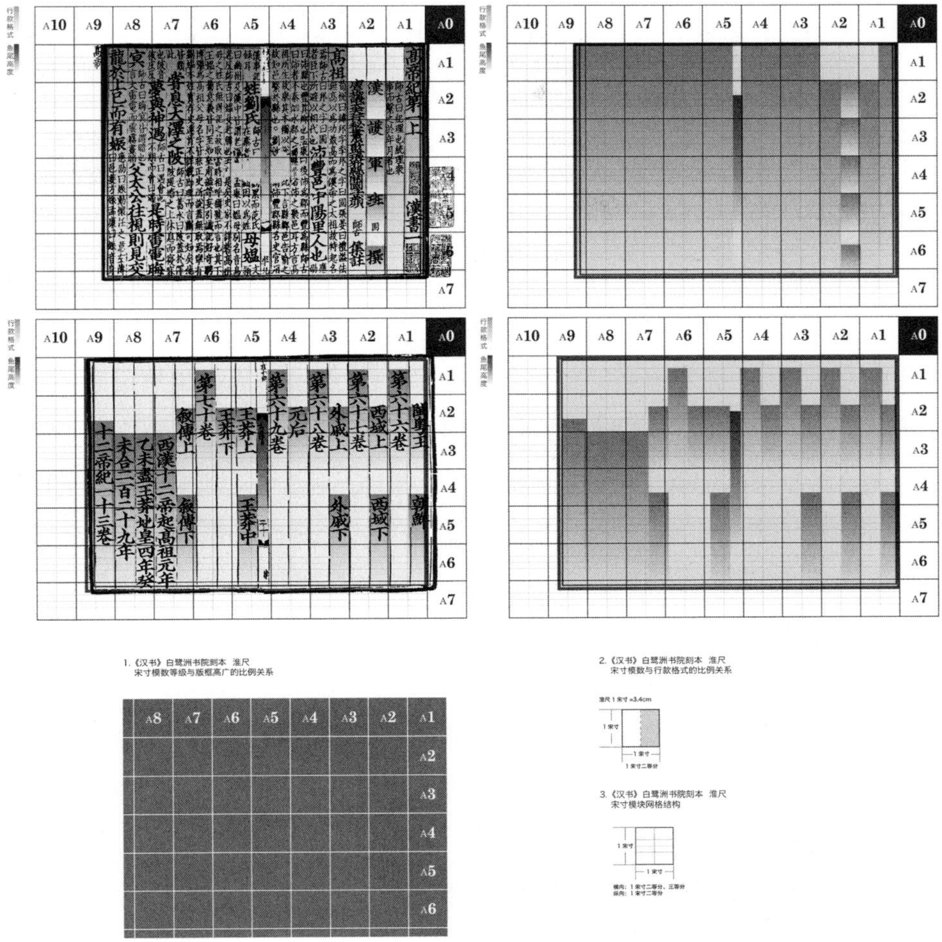

图 54　《汉书》白鹭洲书院刻本（网格分析系作者绘制）

本章小结

（一）宋代浙江刻书体系庞大

以版本类型学为依据，研究宋代浙刻本的版面范式设计需先厘清浙刻本的出版主体。以刻书机构来看，官刻本、家刻本和坊刻本的分类系统可将一般有明确著录出版年份及出处的刻本归类分析。然而，对于辨别浙刻本的刻书主体属性问题在学界尚有争论。因为，宋代刻本的出版主体有时是官府出资未能直接刻印，规定书籍要求委托至私家或书坊刻印；有些虽然定为家刻，细究又是士人在其做官时所刻当属官刻本；有些县级政府可能只承担雕版印刷及装订工序等具体的生产环节，并非出版主体[27]。基于上述情况，反观在北宋时期就积淀了丰厚刻书资源的浙江刻书中心，至南宋定都临安，其城市化水平不断提高，镇的经济职能充分发挥。加之地方政府部门的刻书机构繁多，浙江地区由于其刻书主体的复杂性，包罗了宋代刻本的四个基本职能：一是以加强中央集权统治为目的的政治职能；二是针对“共同体认知”群体的传播教育职能；三是以树个人家风荣誉为目的的职能；四是以营利为目的的经济职能。例如，“在南宋时期，国子监出版书籍主要下放在地方路州政府出版，但对书籍名称、种类、规格、因数、质量有统一要求”[28]；“江浙地区是路级机构书籍出版地的汇集地，出版主体以茶盐司、提刑司、转运使司及漕司等实权机构为主”[29]；茶盐司，全称为提举常平茶盐司[30]，两宋期间，诸路提举常平并入茶盐司，总掌常平、茶、盐等公事，有一定的经济条件从事刻书，其所刻之书极为考究且附庸风雅，为学者藏家所珍重；两浙东路茶盐司治所

27. 同注2，第102页。

28. 同注2，第77页。

29. 同注2，第94页。

30. 中华再造善本工程编纂出版委员会编著：《中华再造善本总目提要》，北京：国家图书馆出版社，2013年，第3页。

绍兴，两浙西路治所临安府；公使库是官方资本运营下的商业出版方式[31]，设雕造所，以刻印售书来增加公史库收入；而以陈宅书籍铺为代表的书坊刻印，逐渐形成书籍生产与销售一体化的经营模式等。综上可见，宋代浙江地区的刻书活动，不仅是以印刷媒介方式进行的一种普遍的政治行为，更是拥有在民间、社会、寺院道观、士人等诸多社会层面的受众群体，是包括了主流文化、精英文化和通俗文化的一种综合性文化行为。总体而言，宋代浙江地区的刻书种类繁多，其出版体制和刻书主体丰富多样。在出版体制上，有从中央到地方政府、教育组织、寺院与道观[32]等纵向出版体制的分类。其中，中央政府刻书又有帝制、馆阁、国子监等部门的区别；地方政府的书籍出版机构还有路级机构、府州军监政府、县政府、公使库等主要刻书机构；教育组织与寺院道观还有书院和学校的书籍出版。从横向来看，私家刻书与书坊刻书业的发展受宋代政治主张、文化学风和资本经济因素等影响，发展繁荣。以杭州为中心的浙江刻本和浙本系统就在此庞大的刻书出版体制中生长，浙刻本的政府出版与民间出版双向发展[33]。

在浙刻本和浙本系统如此庞大的刻书体系中，“同一家刻书机构在同一时期所刻的同一批图书，往往采取相同的版式、行款、字体”[34]。虽然一些出版主体会将刻版制作下放他处，但在如傅增湘撰善本古籍目录《藏园群书经眼录》中“浙路小字本者”的字句亦可看出，宋代浙江地区的刻书已形成了技术生产层面的范式规范和设计共识。本章通过宋代的尺度标准与构建基于宋寸的模块网格系统这两条路径，以数据统计及结构分类来总结宋浙刻本及浙本系统的尺度标准、网格分割、书版规格等版面范式设计。笔者以具有明

31. 同注2，第110页。

32. 同注2，第51页—78页。

33. 同注2，第33页。

34. 同注24，第36—37页。“行款版式虽然不像字体那样有明显的地域与时代特征，但在鉴定版本上仍然可以给我们一定的参考。同一家刻书机构在同一时期所刻的同一批图书，往往采取相同的版式、行款、字体……另如南宋两浙东路茶盐司所刻注疏合刻本经书，均为每半页八行，世称越州本又称八行注疏本。”

确著录刻书机构及出处的宋浙刻本为视觉图像材料，以官刻、家刻和坊刻为分类标准，通过设计几何学试图探寻其中的版面范式设计规律。

（二）浙刻本版面范式设计规律

1. 浙刻本版面范式设计的尺度标准

以文献记载的十进制宋代尺度换算为依据，笔者以一尺十寸，分别基于营造尺、浙尺、太府尺、淮尺及闵乡尺等宋代常用尺度系统[35]，构建宋寸单元格内纵横二等分、三等分、四等分和十等分的网格结构系统，以《中国版刻图录》《中华再造善本》之宋刻影印本为视觉材料，通过选取具有精确版框尺寸、刻书出处的宋浙刻本及浙本系统刻书共计 48 本，比对分析其版面设计的版框高广、界行宽窄、字符大小，版口鱼尾高宽，以及跳行格式，总结宋代浙江地区的版面范式设计的尺度标准主要有营造官尺和浙尺两套标准，其中浙本系统刻本还有太府尺和淮尺的度量标准。

总体来看，使用营造尺的宋浙刻本，多为两浙东路茶盐司刻本，如《周易注疏》《尚书正义》《周礼疏》《外台秘药方》《事类赋》《礼记正义》《唐书》等，也有临安府刻本《汉官仪》《文粹》，绍兴府刻本《论衡》，沈作宾绍兴府刻《春秋左传正义》，新定郡斋刻本《礼记集说》，以及临安府荣六郎家刻本、宋临安府太庙前尹家书籍铺刻本和临安陈宅书籍铺刻本等家坊刻本。使用浙尺的宋浙刻本，多为地方刻印，如杭州地区刻本《战国策》、绍兴府学的刻本《诸史提要》、衢州州学刻本《三国志》、温州州学刻本《大唐六典》、象山县学刻本《汉隽》，也有两浙东路茶盐司公使库刻本《资治通鉴考异》，宋四明楼氏家刻本《攻媿先生文集》等。使用太府尺的刻本为浙本系统的胡槻江右计台刻本《春秋繁露》。其中也有发现同一书名的刻本由于卷次较多、跨年代久远，会出现不同卷次有不同尺度标准的偏差，但能够在可考据的宋

35. 宋代营造尺一尺合今为30.9厘米，一宋寸即为3.09厘米；浙尺一尺合今为27.4厘米，一宋寸即为2.74厘米；太府尺一尺合今为31.4厘米，一宋寸即为3.14厘米；淮尺一尺合今为32.9厘米，一宋寸即为3.29厘米。

图 55　宋浙刻本（包括部分浙本系统刻本）的尺度标准（图片系作者绘制）

代尺度系统中进行分析。由此可见，无论是官刻还是私家坊刻本，宋代营造尺度量标准的使用更具有广泛性及普遍性特点；而宋代浙尺的度量标准，虽然自南宋定都临安府由地方用尺上升为宋代官尺的地位，还是存在地缘性的用尺惯性；浙本系统刻书，仅有少量刻本使用太府尺及淮尺的度量标准，是受宋代官方尺度时间线上的演变影响，还是因尺度的地域性通行范围制约，尚有待进一步探究。如图 55 所示。

2. 浙刻本版面范式设计的网格分割

宋代浙刻本涉及的官府刻书机构种类较多，其纵横交织的网格结构呈现多样化的设计特点，以纵向分割来看，具体总结为以下六种类型。

第一种，以一版双面的右侧起始，网格结构受左右双边版框线影响，呈现两宋寸三等分与三宋寸五等分结合的分割规律。主要有营造尺度量标准的宋两浙东路茶盐司刻本《周易注疏》《尚书正义》《周礼疏》（卷第五）《事类赋》《礼记正义》等。如图 56 所示。

第二种，以一版双面的右侧起始，网格结构呈现两宋寸三等分的分割规律。主要有营造尺度量标准的临安府学刻本《群经音辨》、沈作宾绍兴府刻《春秋左传正义》；浙尺度量标准的临安府刻本《临安志》、绍兴府学刻本《诸史提要》、象山县学刻本《汉隽》、寻阳郡斋刻本《辅轩使者绝代语释别国方言》。如图 57 所示。

第三种，以一版双面的右侧起始，网格结构呈现两宋寸五等分的分割规律。主要有营造尺度量标准的两浙东路茶盐司公使库刻本《资治通鉴》卷

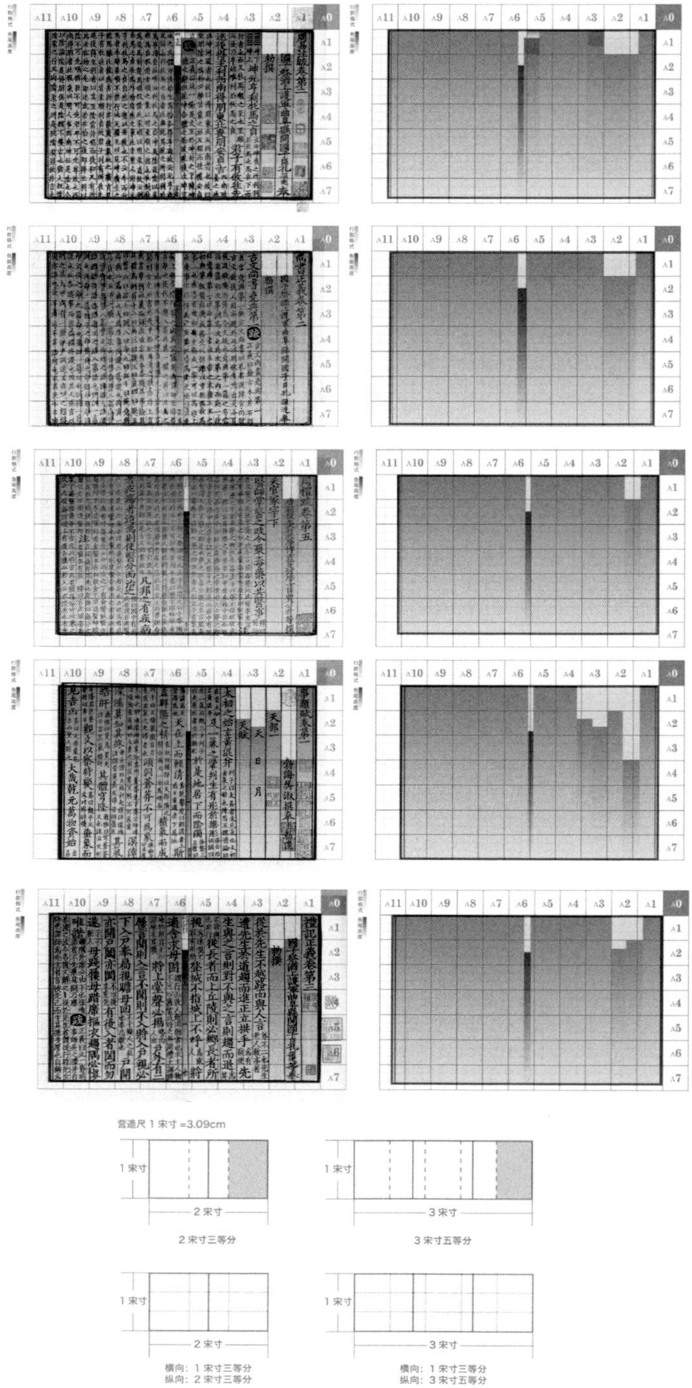

图 56　网格结构为两宋寸三等分与三宋寸五等分结合的分割规律（网格分析系作者绘制）

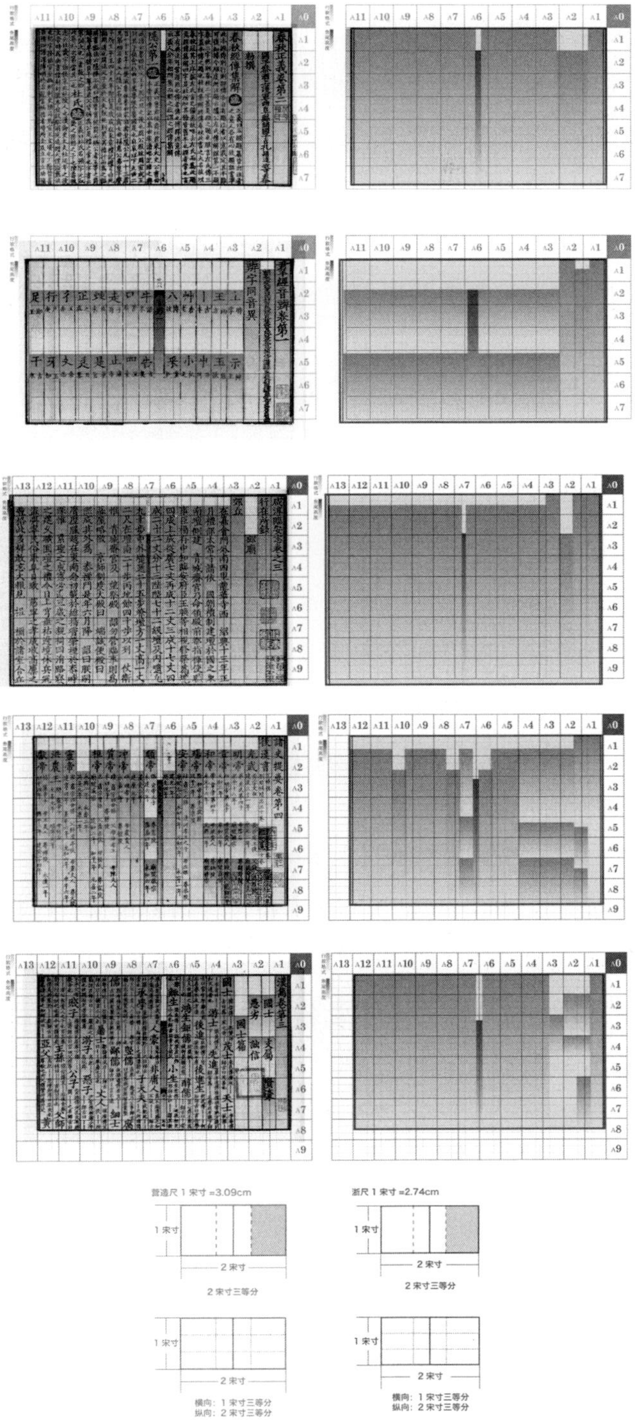

图 57　网格结构为两宋寸三等分的分割规律（网格分析系作者绘制）

第八，金华双桂堂刊刻《梅花喜神谱》，临安陈宅经籍铺刻本《甲乙集》《周贺诗集》《朱庆馀诗集》《李丞相诗集》，临安陈解元宅刻本《王建诗集》，临安府陈道人书籍铺刻本《画继》《才调集》，临安睦亲坊陈宅经籍铺刻本《宾退录》，临安府棚北大街陈宅书籍铺刻本《棠湖诗稿》，周必大刻本《文苑英华》；浙尺度量标准的临安陈宅书籍铺刻本《唐女郎鱼玄机诗》；太府尺度量标准的两浙西路茶盐司刻本《临川王先生文集》。如图58所示。

第四种，以一版双面的右侧起始，网格结构呈现宋寸模块纵向二等分的分割规律。主要有营造尺度量标准的临安府刻本《汉官仪》，绍兴府刻本《论衡》，婺州州学刻本《古三坟书》，廖氏世彩堂刻本《昌黎先生集》《河东先生集》，临安府太庙前尹家书籍铺刻本《续幽怪录》；浙尺为度量标准的杭州地区刻本《战国策》、两浙东路茶盐司公使库刻本《资治通鉴考异》、衢州州学刻本《三国志》、温州州学刻本《大唐六典》、宋四明楼氏家刻本《攻媿先生文集》、周必大刻本《欧阳文忠公集》；太府尺度量标准的胡榥江右计台刻本《春秋繁露》、江西漕台刻本《吕氏家塾读诗记》；淮尺度量标准的白鹭洲书院刻本《后汉书》《汉书》。如图 59 所示。

第五种，以一版双面的右侧起始，网格结构呈现宋寸模块纵向三等分的分割规律。主要有营造尺度量标准的两浙东路茶盐司刻本《外台秘药方》《唐书》、临安府刻本《文粹》、婺州市门巷唐宅刻本《周礼》；浙尺为度量标准的饶兴德兴县银山庄溪董应梦集古堂刻本《重广眉山三苏先生文集》。如图 60 所示。

第六种，以一版双面的右侧起始，网格结构呈现宋寸模块纵向四等分的分割规律。主要有营造尺度量标准的临安府荣六郎家刻本《抱朴子内篇》。如图 61 所示。

由以上六种浙刻本版面范式行款设计的内在网格结构分割规律，从侧面反映出雕版印刷优于活字印刷的灵活性特点。以两浙东路茶盐司刻本《周易注疏》为例，从表象看似是行款疏朗呈现皇室恢宏大气之象的官府刻书，实

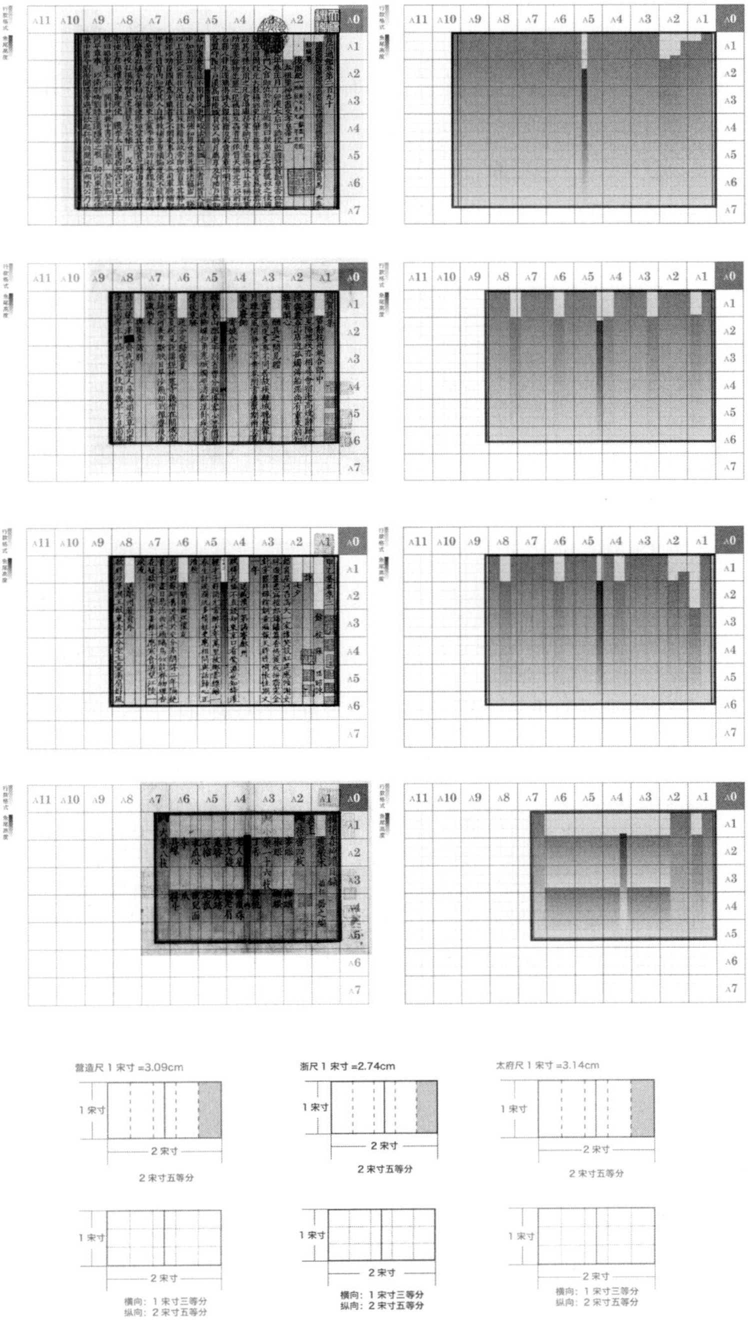

图 58　网格结构为两宋寸五等分的分割规律（网格分析系作者绘制）

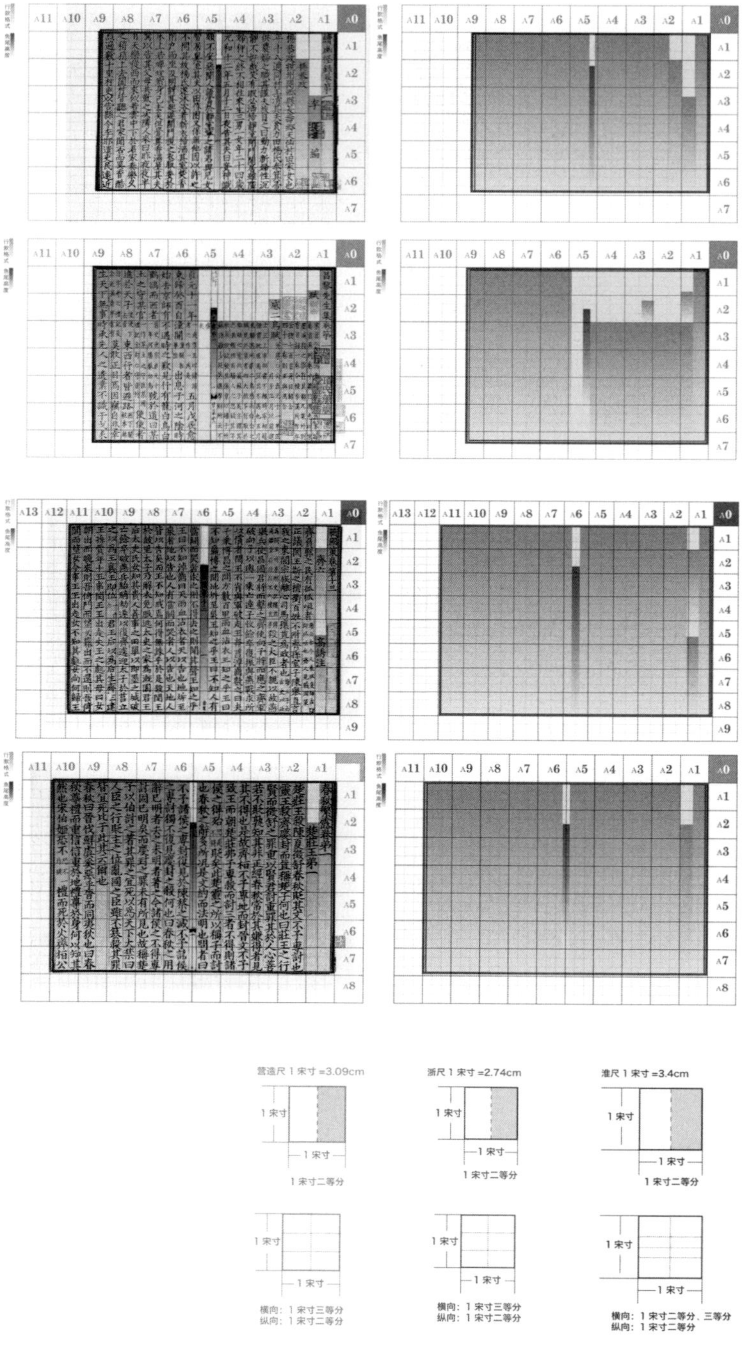

图 59　网格结构为宋寸模块纵向二等分的分割规律（网格分析系作者绘制）

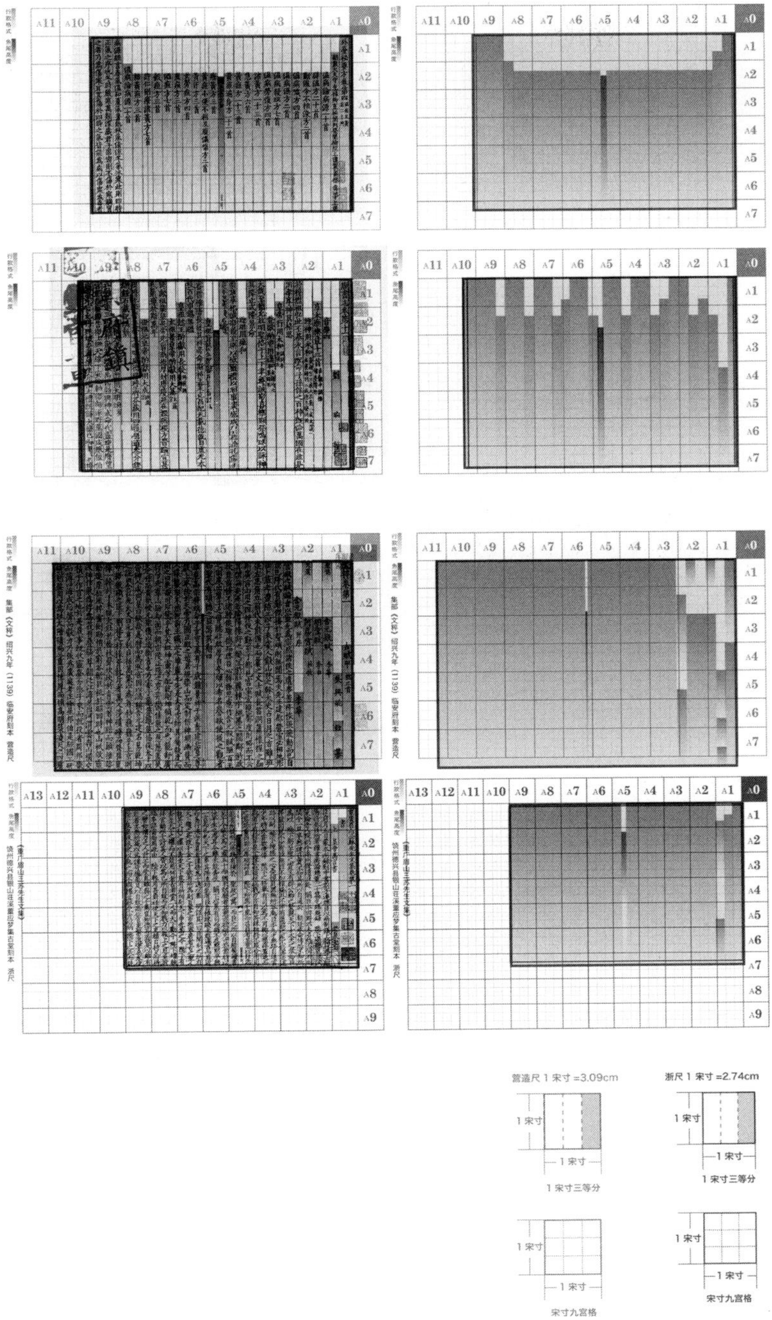

图 60　网格结构为宋寸模块纵向三等分的分割规律（网格分析系作者绘制）

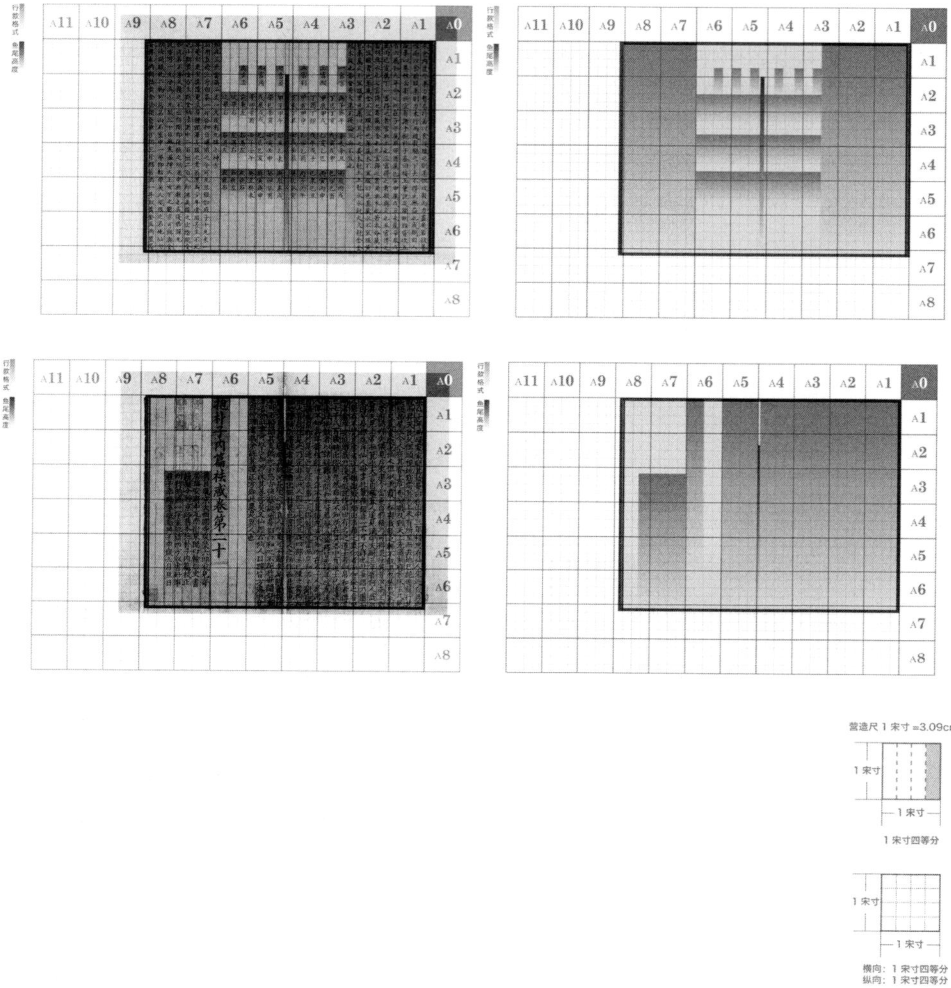

图 61　网格结构为宋寸模块纵向四等分的分割规律（网格分析系作者绘制）

则是内在网格结构比例分割的设计结果。从一版双面的刻本版面，由右向左的书写秩序看出制版者的造物智慧：受左右双边的版框样式影响，如何在五个宋寸单元格内划分出“每半页八行”？其设计思路是将五宋寸的长度值分为两宋寸和三宋寸两个单元，然后再以两宋寸三等分和三宋寸五等分的分割设计实现“半页八行”的版面范式。这种灵活性不仅体现在对版面行款格式的视觉变化，还可通过对一定书版规格的字数大小、多寡的控制起到降低刻书成本的作用。

3. 浙刻本版面范式设计的书版规格

笔者甄选宋代浙刻本及浙本系统中的官刻本、家刻本和以陈宅书籍铺为主的坊刻本，以一版双面分析其书版规格的尺度规律。研究发现，相同出版机构的浙刻本版面设计有统一的书版规格，不同出版主体的刻本亦存在相同的比值规律。例如，浙本中官刻本经部、史部有开本阔视，大方庄重的视觉效果，其刻本版框尺度严谨，一版双面基本吻合高七宋寸、广十宋寸的比值规律，切合笔者之前以数据统计分析的宋刻本版框高广 7:10 的一般规律[36]。再如，同属临安陈宅书籍铺刊印的坊间刻本，一版双面的版框高约 8 宋寸，广约 5.5 宋寸；另有《诸史提要》《汉隽》等书，其一版双面的版框高约 12 宋寸，宽约 8 宋寸，这与《外台秘药方》《资治通鉴》等书的版框高约 9 宋寸，宽约 6 宋寸的比值一致，版框大小虽然不同，但均遵循 2:3 的比值规律。笔者以参数量化宋代浙刻本及浙本系统的书版规格，总结归纳出以下四种设计标准。第一，宋代浙刻本及浙本系统刻本，约有 19 本吻合一版双面书版规格 7:10 的比值规律；第二，约有 13 本吻合一版双面书版规格 2:3 的比值规律，其中包括 6:9 和 8:12 的版框高广比例；第三，约有 10 本吻合一版双面书版规格 3:4 的比值规律，其中包括 6:8 及近似六宋寸与八宋寸的版框高广比例；第四，约有 4 本吻合一版双面书版规格 8:11 的比值规律。以上四种比例规律由刻本

36. 孙琬淑：《比例规律与设计标准——宋刻本“一版双面”版框高广的尺度范式研究》，《装饰》2020年第6期，第76—80页。

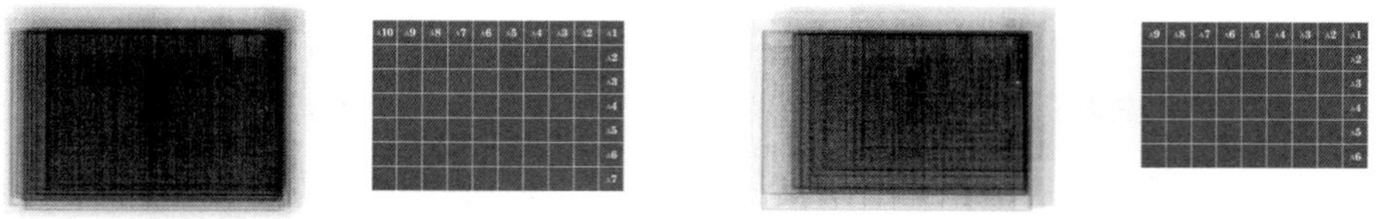

图 62　浙刻本书版规格 7:10 与 2:3（网格分析系作者绘制）

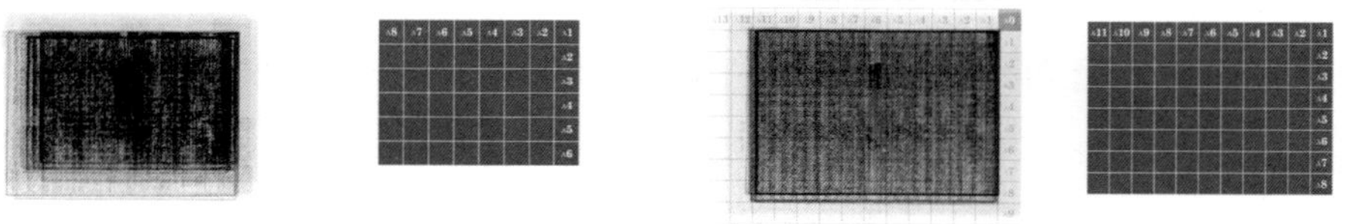

图 63　浙刻本书版规格 3:4 与 8:11（网格分析系作者绘制）

数量从多到少依次通过图像叠影所示，还有一本《临安志》书版规格约为 9:13 视为孤例。如图 62、图 63 所示。

（三）浙刻本版面范式设计的数学思维与审美取向

1. 分数运算：浙刻本及浙本系统版面范式设计的数学思维

不同于造纸，关于雕版印刷如何印制的技术过程在我国文献中很少有详细的记录。钱存训先生深感此类研究的缺略，以调研访谈的形式记录下细化分工劳作的“写样、上板、刊刻、校样”等基本雕版印刷的生产步骤[37]。然而，雕版“誊写”之前的设计过程仍然没有像活字印刷设计那般详细，其中的原因还是受工匠技艺师徒相授的影响。宋代浙江区域的坊刻本多于家刻本，但还是不如官刻本之多。浙刻本中的官刻本，虽然是官府出资生产发行，对刻本书版规格或版面样式有统一的规定，但落实到具体的印制上仍以雕版印刷工艺的经验设计为主。在我国“器与道”的博弈中，一直秉承“形而下者谓之器”的论辩态度，这或许使文人墨客不愿记录手工劳动和生产的技术信息，

37. 钱存训：《中国古代书籍纸墨及印刷术》，北京：北京图书馆出版社，2002年，第159—161页。

又或许认为这种民间手工艺普遍熟知的技术方法不值得大费笔墨。这就使得我们在鉴赏或描述宋代刻本的版面特征以表象的几行几字为衡量标尺，若由表及里对技术设计的环节进行概况，以求阐明其中的科学原理，如《周礼·考工记》《管子·地员篇》等著书中的数学思维，不难发现，宋代浙江地区的刻本生产深藏数理方法的分数运算设计。

以南宋最有名的绍兴两浙东路茶盐司官刻的八行本诸经注疏为例，现存有《周易注疏》《尚书正义》《周礼疏》《礼记正义》等[38]。以上八行本是诸经注疏的首次合刻本，从表象观察皆为半版的八行设计规范，若以确切尺寸来衡量版式的设计元素会发现其中并不精确的设计问题。比如，界行宽度之间并不完全等宽，版口鱼尾处的宽度与界行宽度并无直接联系，左右双边的版框高广并不是每版一致。诸如此类的看似“随意”的设计却是经验设计的智慧结果。笔者以宋代尺度度量为切入口，构建基于宋尺宋寸的网格结构，发现浙刻本的八行本范例有统一的设计原理，即从一版双面来看，版面界行的宽度与版框高广相互关联，并以分数运算的数理方法来解决设计问题。

具体来看，此类八行本皆以宋代营造尺为度量标准，一版双面的版框高广，其宽约十宋寸，高七宋寸，界行宽度以版面中心对称五五分，从右至左可分为四个设计阶段。第一阶段，宽约十宋寸的版框宽度以中缝版口线为基准对半分，受双边版框线的宽度影响，工匠将右侧双边的宽度也纳入界行度量的范围，在宋代营造尺的尺度网格结构中，右侧五宋寸的宽度分为两宋寸三等分和三宋寸五等分这两个部分。即八行本分为三行和五行的局部设计，前三行界行宽约三分之二宋寸，后五行界行宽约五分之三宋寸；第二阶段，将鱼尾和一个界行划分在一宋寸宽度内，以界行宽为基准，剩余宽度为版口的鱼尾宽度，故鱼尾宽略窄于界行宽；第三阶段，重复三宋寸五等分的设计原理，解决左侧设计在五个宋寸宽度内六条界行的设计；第四阶段，剩余界行及双边版框线则以前面划出的界行宽度为参照，继续向左延展，故一版双面的版

38. 黄永年：《古籍版本学》，南京：江苏教育出版社，2009年，第64页。

框宽度略宽于十宋寸。笔者以从右至左的空间秩序阐述“写样”之前的版式设计步骤，从而解释了为什么界行宽度之间并不精确等值的尺寸问题，实际是数学思维中分数运算的设计结果。这种传统家庭手工作坊的工匠劳作被逐步分工细化，诸如此类的“设计经验”却蕴藏分数运算的数理思维和临机制变的造物智慧。

2. 三分法：浙刻本及浙本系统版面范式的审美取向

笔者以基于宋尺宋寸的模块网格结构，归纳浙本及浙本系统的刻本范式是以数理方法的分数运算设计其版面网格结构。其中，以官刻本居多的宋浙刻本，其纵向的网格分割设计呈现出灵活多样的两宋寸三等分，两宋寸五等分，三宋寸五等分，宋寸单元格内二等分、三等分、四等分这六种主要的分割规律；而横向分割则是较为统一的三等分，即提供以三分法为长度比例的审美取向。如果说活字印刷在捡字排印上比雕版印刷更加灵活，那么隐藏在工匠们之间“口传心授”的工艺规范，可以客观地解释为什么雕版印刷能够在北宋毕昇发明活字之后仍然占主导地位的内在原因。

其一，在宋浙刻本及浙本系统的版刻设计上，从纵向对网格结构的多种分割规律，显示了雕版印刷技术比活字印刷术更加具有灵活性和适用性的优势。宋代浙江刻本有多重身份的属性，无论是官刻还是家刻、坊刻均受其出版主体、书籍体例、市场需求等因素的制约，在样式设计或是纸墨用材上呈现出不同的版面风貌。相对雕版印刷，活字印刷只能刻好一套活字模具，在相同尺度的范围内进行汉字的模块化组合排列，虽然在排印的速度上胜于雕版刻印，但在书版规格或是行款样式上则恪守成式，毫无变化。然而，雕版印刷从其生产程序的表面来看是在一整块木板上刻字印刷，实际上，工匠们可根据编辑出版者的要求做灵活的变化。例如，在既定成本的制约下，做巾箱本、小字本或中字本、大字本等版式的变化；在满足出版者或市场受众群体的需求下，做开版宏阔或是密行细字的刻版样式；随注疏合刻等体例革新的应时而生，做小字双行或牌记符号等功能需求的适用设计等。以上通过雕版印刷术才能呈现的刻本版面范式设计的灵活性都在工匠或是编辑出版者对数理尺度的掌控中。

其二，宋浙刻本及浙本系统的版面范式在横向网格结构的三分规律，看似是不值笔墨著录的形而下之“器”的制作工艺，却蕴含三生万物的“道”的造物思想。从功能实用性来看，纵向分割的网格结构决定了刻本的行款数量及字体大小，那么，横向分割的网格结构则决定了刻本版面空间秩序的审美标准。在浙江地区的刻本版式中，一些无法用空前排几个汉字的常规衡量标准来解释的布局现象，通过隐藏的基于宋尺宋寸的网格结构，可从中窥见源于“三分法”的审美取向。这种三等分的分数运算可追溯至百工造物的《周礼·考工记》。“舆人为车。轮崇、车广、衡长，参如一，谓之叁称。叁分车广，去一以为隧。叁分其隧，一在前，二在后，以揉其式。”[39]《考工记》中以制车系统为代表的二十五个工种，其手工艺设计规范均有对三等分分数运算的熟练运用。而这种以三等分比例准则的设计方法又是我国古代乐律制中为制定音律所用的生律法，称为三分损益法[40]。《管子·地员篇》：“三分而益之以一，为百有八，为徵。不无有三分而去其乘，适足以生商，有三分而复于其所，以是生羽。有三分去其乘，适足以是成角。”[41]由此可见，不同工艺设计中对长度尺度准则的制定偏向“三等分”的审美认同。无论成书的版面特征如何变化，这种横向分割标准的审美取向似乎不受刻工或出版机构的制约。一种约定俗成的工艺规范并没有通过浙刻本及浙本系统刻本版面范式的直观性呈现出来，而是以留白处的三分法构建了刻本版面布局设计的空间秩序。在以人体手为刻字尺度的参照对象，三等分的设计避免了二等分的单一性，或四等分对文字高度的挤压感，由此纵横交织的网格状结构产生版面文本层

39. 闻人军译注：《考工记译注》，上海：上海古籍出版社，2008年，第29页。

40. 戴念祖、白欣：《中国音乐声学史》，北京：中国科学技术出版社，2018年，第148页。“所谓‘损益法’，就是以三分法来确定各律相对音高或音程关系的数学方法。由该数学方法计算所得的律，称为‘三分损益法’。”

41. 汪建平、闻人军：《中国科学技术史纲》（修订版），武汉：武汉大学出版社，2012年，第401页。

级关系的多种变化。这种对数理思维的熟练运用折射出我国传统手工艺制作程序的科学进步。

（四）结语

关注北宋到南宋政治地理格局变迁过程的发展与演变，分析浙江刻书出版机构与市场需求对刻本生产的直接影响，从中窥见浙江以杭州为中心的刻书地域由于其特殊的政治地位，以官府刻书居多的浙刻本及浙本系统的刻本版面范式设计规律呈现宋代皇权与士大夫政治职能大气恢宏的审美取向。直观性上，宋代浙刻本及浙本系统的版面范式彰显大气庄重的视觉感受，其版面布局受平阙书仪体式的影响，文字群体的层级关系因行款布白的高低排列呈现出视觉疏朗的节奏感；字体尚欧，法度严谨，呈清秀俊美之貌。浙江刻本的版面范式没有多余文饰，设计要素简洁，兼具实用功能与审美趣味，因其所处的特殊地理和政治位置，也为其他地域的刻本印书树立版面范式的设计标准，并为后世历代奉为典范所追捧。

本章基于宋尺宋寸构建模数网格系统，科学统计浙刻本及浙本系统刻本的版面结构规律，进而探索潜藏其表象之下的设计方法及造物思想。具体表现为：其一，浙刻本的尺度标准为宋代营造尺及浙尺，也有少数浙本系统刻本有太府尺及淮尺的用尺情况；其二，浙刻本的行款样式与文字群体的层级关系受内在网格结构纵横分割的设计制约，行款疏朗的多样性实则为纵向宋寸单元格 1:2、1:3、1:4、2:3、2:5、3:5 这六种主要的设计标准变化，而行款布白的高低错落则为横向 1:3 的设计结果，即基于宋寸三分法为长度比例的审美规范；其三，浙刻本中的官刻本“一版双面”版框高广的比值吻合宋刻本版框尺度范式 7:10 的一般规律，而以临安陈宅书籍铺刊印为代表的坊间刻本，“一版双面”的版框高约 8 宋寸，宽约 5.5 宋寸，内在网格结构的分割比例与书版规格等设计要素则自成体系。

第五章
宋建刻本版面范式设计研究

第一节　建刻本之兴盛及其成因

古籍版本学上所说的宋建本多指坊刻本，因其刻书以营利为目的，校勘水平不高，故有“今天下印书，以杭州为上，蜀本次之，福建最下”[1]的评价。但是，黄永年先生在《古籍版本学》中提到，建阳坊刻有一个特点，刊刻力求精工，使读者开卷即有赏心悦目之感[2]。目前学者对于宋建本的版刻特征研究，主要是从字体、版式、纸墨等标尺做地域差异性的解读。笔者认为，宋建本的版刻特征还应有历时性与共时性研究的讨论空间[3]，刻本优良的衡量标准不仅有文字比勘的内容维度，还包括刻本生产的设计维度。由此，在设计学视域下，宋建本版面的“赏心悦目”或许还可以继续从以下两个层面展开讨论。一是宋建本版面范式内容与形式的设计关系；二是宋建本版面形式多样化的设计路径及其原因。基于以上两点，笔者试图以宋建本版面范式的设计规律为线索，探索其背后雕版印刷工艺的技术特点、文化形态。

1. 叶梦得：《石林燕语》，西安：三秦出版社，2004年，第163页。

2. 黄永年：《古籍版本学》，南京：江苏教育出版社，2005年，第72—75页。“古籍版本学上所说的宋建本，主要是指建宁府建阳县的坊刻本”。

3. 万安伦、刘浩冰：《出版学科视阈下出版生活史的实践探索与问题启示》，《中国出版史研究》2020年第7期，第57—56页。

（一）建刻本发展资源优厚

1. 地缘优势。福建地区能够继浙江杭州、四川眉山之后形成宋代的又一大刻书中心，主要得益于得天独厚的地理位置和经济文化的发展。首先来看，南方较为稳定的社会基础保障了福建地区的经济发展。北宋有辽、西夏的骚扰，南宋有女真和蒙古的入侵，南方地区相对北方和中原一带社会安稳，有利于经济的发展。闽北“垦山陇为田”，耕种面积扩大，加之外来的耐水耐旱的优良水稻品种的种植，成就了福建地区的农业产量与发展。与此同时，两宋时期稳定的政局和丰富的粮食产量，客观上促使福建人口迅速增长。在矿冶业和造船业方面，福建地区在国内占有重要的地位。福建地处我国东南一隅，背山面海，海运发达，尤其甘蔗和蔗糖是其海内外贸易的重要商品。宋代泉州成了全国最大的贸易海港，出口丝帛和瓷器。建茶和建锦均在闽北，并远销海内外。与雕版印刷业密切相关的造纸业，更是得益于福建的地缘优势。北部山区竹林茂盛，造纸业就地取材，为刻书业发展提供了物质基础。以建阳为例，地处闽北山区，土壤肥沃，树木品种可达十余种，木材资源十分充裕，可为刻书业提供合适的板材。还有竹类也有毛竹、苦竹、石竹、黄竹、潇湘竹等二十几个品种，这为造纸业的竹纸提供了诸多品类、不同质地的选择。建阳是闽北盛产竹纸的中心，并且还盛产做工精良的金黄色椒纸。这种纸张由秦椒染成，不仅质地坚韧而且防蛀。在闽北的瓯宁、松溪、崇安等地还有以楮树皮为原料制作的纸帐和纸被，可见其造纸工艺的发展。比如建阳还有一大天然优势——有名的崇华书林“聚墨池”。以上造纸业发达的地区亦是刻书业繁荣的地区，这些刻版印书所需要的纸、墨、笔等物料，皆可自产，为福建地区的刻书业提供了巨大的资源优势。

2. 福建本几遍天下。宋代三大版刻系统之建刻本，从狭义的角度只包括福建北部建平地区的坊刻本，具体来说是建阳县下的麻沙坊和崇化坊[4]。建阳书坊刻本的兴起可追溯到北宋时期，到南宋已流传广泛。然而北宋的建刻本

4. 同注2，第72页。“古籍版本学上所说的宋建本，主要是指建宁府建阳县的坊刻本”。

未能留存下来，存世的多为南宋时期的坊刻本，官刻本、家刻本较少。占据多数的私家刻书往往兼有出版家和学者两种身份，虽有“家塾”字样，实则已有贩卖性质，家刻与坊刻并无明显界限。坊刻本著名的有“建安余氏”余仁仲万卷堂，书坊以刻印经书享誉闻名，以“书林门阀”称之。私家刻书南宋嘉定间蔡琪刻印《汉书集注》、南宋乾道间建阳蔡梦弼家塾刻《史记集解索隐》，是《史记》集解与索隐的最早合刻本。此外还有魏仲卿刻《诸家注分类东坡先生诗》、祝穆《事文类聚》、刘元起《汉书注》等。以营利为目的的建坊刻本，为如何方便读者查阅，如何吸引读者购买，在诸多设计营销的层面做足了文章，更能看出书商竞争的设计智慧。

从魏晋南北朝时期，经济重心便逐渐南移，到南宋靖康之乱后，大量的人口迁移，亦促进了闽浙两地的雕版印刷交流，并对宋代福建刻书业的技术和人文产生巨大的推动和影响。宋代闽刻中心是福州和建阳，福州以寺院刻藏而著名，建阳则以坊肆刻书而闻名。北宋福州闽县东禅等觉院刻《崇宁万寿大藏》、开元寺刻《毗卢大藏》、天宁万寿观刻《政和万寿道藏》[5]，这两部佛藏和一部道藏，即是宋代著名的释、道三大藏的刊刻。从北宋元丰三年（1079 年）至南宋绍兴二十一年（1151 年），这 72 年间，佛道三藏各集十数万块的版木，镂刻近 2 万卷佛道全藏，其中万寿大藏的刊竣仅用 5 年多时间完成[6]。其中也有浙江地区刻工南下加入此项刊刻工作，因而提高了刻印质量。同在福州属县闽县境内先后完成了如此浩大规模的刻书活动，可见福建雕版的实力。

（二）朱子理学与书院文化

以朱熹为代表的南宋理学的影响不容忽视。受重文抑武的基本国策影响，闽浙两地的士人成为宋王朝文人士大夫的重要支柱。靖康之难后，政治

5. 谢水顺、李珽：《福建古代刻书》，福州：福建人民出版社，1997年，第31页。

6. 同上，第52页。

经济重心的再次南移，更加促进了福建理学、文学、科学等文化事业的发展。尤其是以朱熹为代表的南宋理学在福建地区得到进一步的传承与发展。建阳为朱熹故里，朱熹创立了“闽学”，并在建阳、武夷一带兴建书院、结庐讲学，逐渐在闽北形成了“考亭学派”。闽北书院文化深厚，到南宋书院林立，以建阳为例，朱熹晚年居于考亭书院，并和其师门人士兴学校、明教化。仅在建阳，便兴建了寒泉、云谷、考亭、西山、庐峰、云庄、溪山等十几所书院[7]。书院遍布闽北，出版用书需求大，朱熹自己也身体力行出资刊刻诸多书籍，同时倡导藏书。总体而言，建阳文风鼎盛，藏书家辈出，诸多书林人物同时又是朱熹高足，从而大大提高了图书出版的校勘质量。从地方志记载来看，建阳家刻者多数都是闽学人物的后代，这足以说明程朱理学的发展不仅促进了福建刻书业在内容和形式上的发展，且对建阳家学、家族刻书业及图书典藏事业的发展均有深远的影响。

第二节　南宋建阳书坊刻本的特征与创新

福建官学与私学并兴，作为科举文化和理学思想传播的重要基地，受市场需求的强烈刺激，宋代建刻本以坊刻为主，刻书种类可分为四种：一是经史子集儒家经典；二是诗文别集和选本；三是时文和应试参考书；四是字书、类书等工具书。建刻本种类丰富，印量大，书商经营意识超前，逐渐兴起了集编辑、雕版、印刷、发行为一体的流水作坊经营模式[8]。并且，书坊主人重视培育人才，不仅自己从事售卖，更是主持编辑校对的组织者。南宋时期建刻本的主要特征是在刻书内容和形式上的几种创新。首先，在刻书内容上，书坊为迎合市场的需求，把经注和疏编刻一起，便于读者查阅。比如南宋中期黄善夫刻印的《史记》，就是将集解、索隐、正义三家注合为一体的合刻本。

7. 方彦寿：《朱熹学派与闽台书院刻书的传承和发展》，福州：福建教育出版社，2015年，第37页。

8. 李瑞良：《福建出版史话》，厦门：鹭江出版社，1997年，第13页。

还有“纂图”的经子新读本，就是经书中配有大量插图，如图像、图解和地图等，都是为了便于科举考试的阅读与理解。

其次，南宋建刻本在版刻形式上的特征及创新可从字体、版式、纸墨等以下诸点依次解读：一是，建阳书坊刻本的字体均为颜体字，这种书法特征，可将源头追溯到北宋时期的杭州刻书，原因是民间刻书更受到社会上所流行的书法字体的影响。唐朝中期，颜真卿的书法受到广泛欢迎，到后期，社会主流学习颜体，其影响一直延续到五代至宋。从北宋时期流传下来的杭州民间刻本，出现了颜体字的书体特征，然而到南宋便逐渐演变为具官府刻书的欧体字特点。北宋杭州地区的坊间刻本书体主要是颜体字为主，这种民间的流传影响了建阳书坊刻本的字体风格。建阳刻书的颜体字又有几个变化。早期字体比较瘦劲，笔画横竖粗细基本相近；中期以后是非常纯粹的颜体字，以多宝塔碑的字体为实物代表，横轻竖重。其中原因是颜真卿中期字体风格呈匠气，而这种特点更便于工匠掌握。同时，为配合刻书内容的注疏合编，在汉字排印上，书商有意识调整正文大字和双行注文小字的字体特点，使大字笔画横细竖粗，看起来墨色更黑、更醒目，使注文小字字体笔画横竖粗细一致，视觉上墨色淡，看起来不如正文大字明显。

二是，建阳书坊刻本的版式特点，早期为白口，中期以后，比较多的是细线黑口。版框特点也是延承宋浙本，早期左右双边，上下单边，到了后期则变成了四周双边的特点。鱼尾样式丰富，多双鱼尾，有强烈的装饰性特点。并且，版框外围出现了书耳的创新设计，功能性作用是便于查阅这一页的篇章名。建刻本前期多有刻书题识，书商刻书受限于自身的文化水平，没有增加刻书的序与跋。到了中期之后，在书末增加了牌记的设计，这个创新点，目的是为记录商家的刻书时间和名称。版式中还出现了建阳书坊刻本版画插图的独有特点。以北宋仁宗嘉八年（1063）余靖安勤有堂刻《列女传》为最高水平。其插图版式形式上下分割，上图下文，图文相辅。除了版框以内的形式创新，建阳书坊刻本的开本形式也多样。《福建通志·版本志》中，将麻沙刻本分大字本、中字本、小字本，还有袖珍本。

三是，造纸业、刻书业的繁荣发展共同促进了福建雕版技术与工艺的进步，但是又受限于书坊降低成本的牟利限制，建阳书坊的刻书版式紧凑密集，尤其是用纸，有取材当地的麻沙纸，纸质发黄或发黑，且不易保存。以上均为建阳坊刻本的主要特点。总体而言，其书籍形制和版面设计形成强烈的风格特点，而福建地区官刻本和家刻本由于存世较少，其版刻形式基本介于浙刻本和坊刻本的特征之间。

第三节　建刻本版面范式的设计路径

（一）建刻本版面范式设计的尺度标准

福建地处闽北山区，远离政治中心，相对封闭，在尺度标准上一受宋代官尺影响，二受地方闽乡尺的尺度影响。宋代度量衡的行政机构属于太府管辖，考据宋代用尺共 21 种尺度，太府尺为宋代施用之尺度的第一等尺[9]。宋太府定制用尺本以唐大尺为准，而民间则用唐大、小二尺。受宋室南迁影响，浙江地区人口的流动，先进刻书技术的输入必然影响福建雕版印书的行业规范。以刻本《后汉书》王叔边为例，刻本自题“钱塘王叔边”，说明临安刻工有迁到福建地区，因此临安先进的刻书技艺和用尺规范都会影响建刻本的成书标准。在宋代地方用尺上，临安浙尺和福建乡尺的尺度值非常接近，根据史料及实物考证，本文以丘光明、邱隆、杨平著《中国科学技术史》度量衡卷的宋代尺度值为准，宋代官颁太府尺系列在使用中为 31.2—31.6 厘米，取标准值一尺合今 31.4 厘米，一宋寸为 3.14 厘米；营造尺，标准值一尺合今 30.9 厘米，一宋寸为 3.09 厘米；浙尺，标准值一尺合今 27.4 厘米，一宋寸为 2.74 厘米；福建乡尺，标准值一尺合今 27 厘米，一宋寸为 2.7 厘米。由以上的尺度标准，结合十进制的计量方法，建立基于宋寸模块尺子的网格结构，以验证建刻本版面范式的设计路径。

9. 吴承洛：《中国度量衡史》，上海：上海书店，1984年，第241页。

（二）建刻本版面范式设计的网格系统

建刻本版面范式设计网格系统的构建方法及作用与宋浙刻本相似，只是因地域不同，在尺度标准上需要因地制宜。建阳坊刻本是建刻本主要的组成部分，从牟利的角度来看，雕版写样工序前需要建立好完善的写样稿格子。书商或者是分工策划的编辑者，需要根据出版成本、书籍刻字量、读者需求等方面设计、核算好刻本的版面结构，从而达到以经济美观的原则刻印售卖的书籍。善书之人按照一定的写样格式书写，这个“格式”其实就是隐藏于刻版表象之下的版式内在网格结构，也是现代出版设计用的网格系统。因此，笔者以尺度为切入点，结合书法章法形式原理与现代版面网格系统的设计规范，构建基于宋代尺度系统的版刻网格设计系统。首先，在用尺标准的选择上，笔者选取营造尺、浙尺、福建乡尺，以及太府尺，这四种尺度为基本度量标准，分别对《中国版刻图录》《中华再造善本》之宋刻影印本的版面进行比对匹配分析；其次，以十进制为计量方法，以一宋寸为基本尺度单元格，进行模块网格结构的设计，从而建立完善的宋寸模块网格系统；最后，建立版面视觉要素与网格结构之间匹配的参考标准，即以建刻本版面的版框高广、行款格式、书写格式为主要参考依据，同时要结合该刻本的出版情况具体分析。有些刻本虽为官刻本，实际上却是以官府名义出资刊刻到私家刻书地或民间坊刻书铺制的版子，因此对于刻本印版的尺度分析就显得十分重要。民间作坊的行业规范局限性强，更具有一定的地域特点，此类的情况需根据刻本的具体刊刻情况做诸多方面的考虑。

（三）建刻本设计路径的参考要素

第一，要以版框高广作为辅助性的参考依据。因为，从雕版印书的工序流程来看，最先设计的应该是印版的尺寸大小，即成书的版框高广。笔者对扬州广陵古籍刻印社和南京金陵刻经处进行调研访谈。江苏省非物质文化遗产代表性传承人，中国当代雕版活字专业写样师芮名扬解释，写样稿的格子一般会由现代出版系统中的编辑完成，通过计算印书成本，从而设计书籍的开本大小及版面中的字数安排。他们很多的写样稿是需要先刻印出一块格子印版，通过刷印复制，再交给写样师傅完成一本书的写样工作。金陵刻经处第七代非遗传承人邓清之也提到，现在编辑制定好写样稿格子的标准后，会直接在电脑中排版生成，再打印到专门写样的纸张上。由此可知，借助数字技术完成古籍刻印是现代社会追求版面设计统一性与标准化的工作方法。然而，以售卖为目的和以营利为主的坊肆刻本版面质量低劣，因此，现代通过数字排印这种实现工艺精确与精美的制作流程不会出现在建阳坊刻本的设计中。古法今制，这不影响刻版印书的设计流程与设计方法，版框的尺度是首先需要确定下来的，而且作为辅助性的参考。宋刻本一版双面的影印本，中缝版口的宽度可能存在误差。尤其是印版，无论是材质硬度适中且纹理细滑的梨木还是质地坚硬且紧细的枣木，在刻版之前板材需要浸沤[10]与干燥的工序。其中木板自然干燥的时间需要根据木板的厚薄和环境季节而决定，一般需要5至6个月。对于需要急用的木料，可以用蒸煮加工的方法使之晾干，但最后会造成印版横断面或纵向的变形弯曲。所以，我们会看到许多影印本的版面有的上宽下窄、有的左短右高等情况，这些现象都是印本变形的结果。之所以版框高广也是一项参考依据，是因为相同刻印机构出版的版框尺寸基本一致。笔者更是在前期通过数据统计与分析，得出宋刻本“一版双面”的版框高广，存在一定的比例规律。在此基础上，以版框尺度作为衡量刻本设计用尺标准中的参考元素之一，行之有效。

第二，最有效的参考元素是刻本版式中的行款元素。从写样稿格子的制定来看，确定了版框尺寸后就要进行界行的绘制。界行的行列款式是紧而密，还是宽而疏，最后呈现即是刻本的行款格式。我国的尺度以十进制为计量方法，在用尺上一定是以最小宋寸为基本单位值，依次按倍率度量。所以，通过比对刻本的行款与宋寸模块尺子的网格结构之间的比例关系，就基本可以判定

10. 方晓阳、吴丹彤：《印刷》，郑州：大象出版社，2009年，第30页。浸沤的时间约为夏季1至2个月，冬季约3至4个月，目的是脱去胶质与其他水溶性的物质，从而改善木材的性质使之更易刊刻，另一方面可以杀死树体中的蛀虫，防止蛀虫。

这个尺度系统是否为此刻本的尺度标准。

第三，通过书写格式的留白辅助判断版面设计的用尺标准。在版本学研究中，通常会将刻本版面中的留白表述为空前排几行，空前排几个字。但是笔者通过对宋刻本影印本的图像分析，已知刻本版面的空格现象不能全部由前排字体大小或者汉字多少为依据。有些空字现象可能占据前排字体大小的一半或不等。但是如果以宋寸模块尺子的网格结构作为研究依据，可以清晰地看出这些书写格式的留白是基于隐形的尺度网格实现的。因此，在对刻本进行尺度标准的匹配中，需要结合版框尺寸、行款格式、书写格式这三项设计要素。只有三者均能较好地吻合所选的宋寸模块尺子的网格结构，才可判断此建刻本基本的尺度标准。

第四节　建刻本版面范式设计

（一）福建官刻本版面范式设计

建宁府在宋绍兴称为建州，绍兴三十二年（1162）升为府。管辖区域包括建安、瓯宁、建阳、崇安、浦城等八个县。府城官方刻书不在建宁，而是在刻书中心建阳，很多官刻本通常由官府出资，交付书坊刊刻出版。建本中的官刻本较少，并且有些刻本是官府出资，由私家或坊肆进行刻印，成书过程比较复杂。建阳刊刻的官刻本主要有漕司本、仓司本、府县本、府学（郡斋、郡庠）本、县学（县斋）本、书院本等[11]。笔者依据官刻本的分类标准选取有确切版框尺寸记载的影印本为视觉材料，总结福建官刻本的版面范式设计规律如下。

1. 史部宋淳祐十年（1250）史季温福州刻元明递修本《国朝诸臣奏议》，框高23.4厘米，宽16厘米。每半页十一行，行二十三字，白口，左右双边，尺度标准为营造尺。笔者总结出该刻本“卷第三”一版双面的宽度约为十一

11. 方彦寿：《增订建阳刻书史》，福州：福建人民出版社，2020年，第59—60页。

宋寸，高度约为七又三分之一宋寸。界行宽约二分之一宋寸，字体同界行宽。书写格式基本按照空前排几个汉字的规律进行编排布局，同时符合宋寸模块网格系统的网格线的设计标准。“国朝诸臣奏议序”书写格式可分为四个层级关系：一级层级以“国朝诸臣奏议序”标题为例，顶格设计；二级层级以“龙图阁直学士”等字为例，空格前排两个汉字，同时符合网格线标准，空三分之二宋寸单元格；三级层级以“圣旨撰”为例，空格以网格线为基准，空约三分之一宋寸单元格；四级层级为正文，顶格设计。中缝版口宽度同界行宽，上下鱼尾间高约三又三分之二宋寸。“国朝诸臣奏议总目”书写格式可分为六个层级关系：一级层级以“国朝诸臣奏议总目”标题为例，顶格设计；二级层级以“君道门”为例，空前排一个汉字，同时符合网格线标准，空三分之一宋寸单元格；三级层级以“君道”为例，空前排一个字符，同时以网格线为基准，空约三分之二宋寸单元格；四级层级以“一卷”为例，空格以网格线为基准，空一又三分之一宋寸单元格；五级层级以“二卷”为例，空标准符合网格线，约空三又三分之一宋寸单元格；六级层级以“三卷”为例，空五个宋寸单元格。“国朝诸臣奏议卷第三”书写格式可分为五个层级关系：一级层级以“国朝诸臣奏议卷第三”标题为例，顶格设计；二级层级以“君道门”为例，空前排一个汉字，同时符合网格线标准，空三分之一宋寸单元格；三级层级以“君道三”为例，空前排一个字符，同时以网格线为基准，空约三分之二宋寸单元格；四级层级以“上哲宗论修德为治之要十事”为例，空一宋寸单元格；五级层级为正文，顶格设计。

史季温福州刻元明递修本《国朝诸臣奏议》版面范式：第一，此刻本版面设计以营造尺为尺度标准；第二，一版双面版框高与宽的比例关系约为7:10；第三，界行宽为二分之一宋寸；第四，行款与宋寸模块的比例关系为1:2，即一个宋寸模块二等分；第五，书写格式以网格线为基准，空格标准为宋寸单元格横向三等分；第六，网格系统为一个宋寸单元格内，横向三等分，纵向二等分。如图64所示。

2. 经部龙山书院刻本《纂图互注春秋经传集解》，框高 18.7 厘米，宽

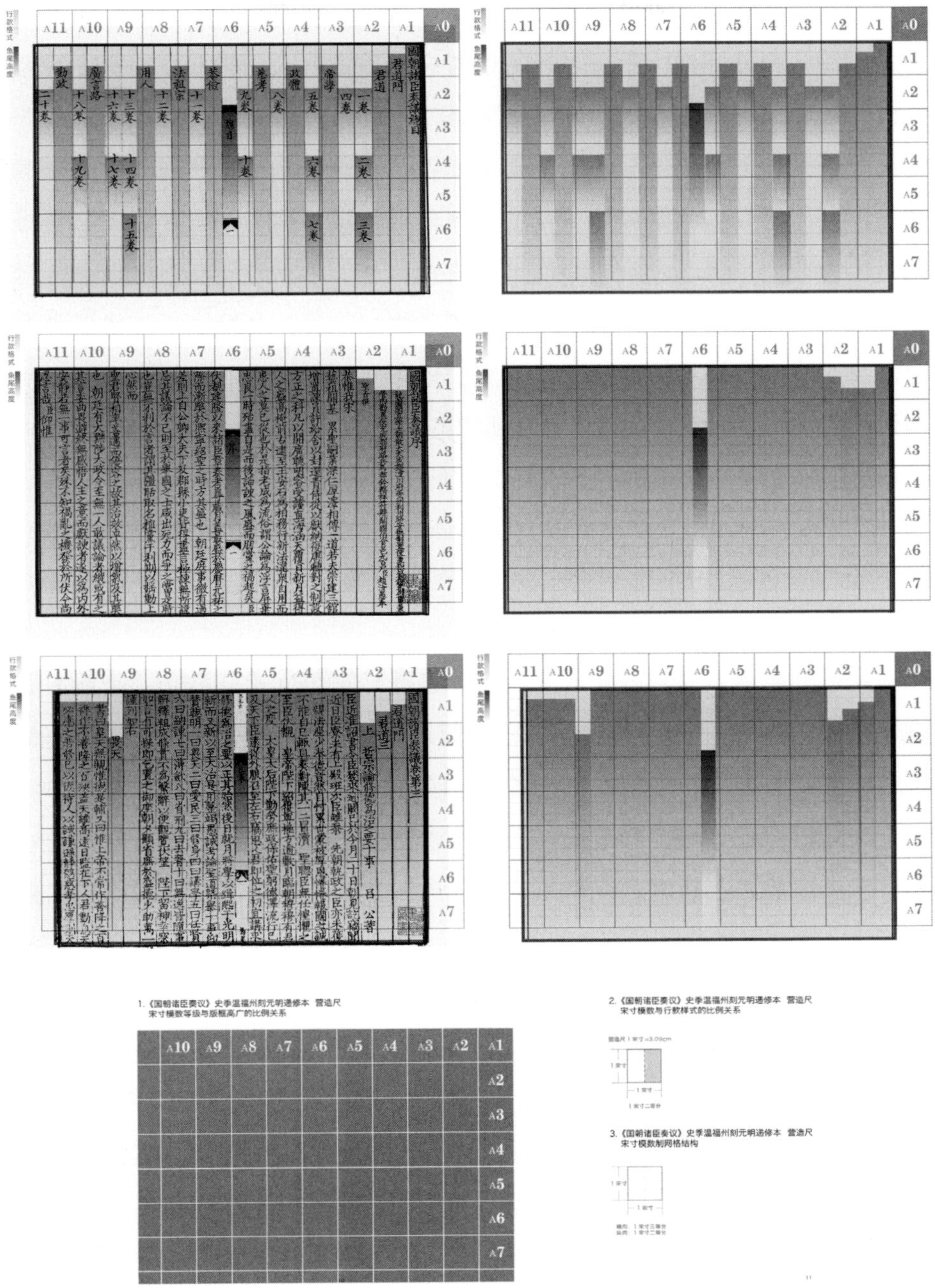

图 64　《国朝诸臣奏议》史季温福州刻元明递修本（网格分析系作者绘制）

12.4 厘米。每半页十二行，行二十一字，注文小字双行二十五字，细黑口，左右双边，尺度标准为福建乡尺。笔者总结出该刻本一版双面的宽度约为八又三分之二宋寸，高度约为六又三分之二宋寸。界行宽约三分之一宋寸，大字同界行宽，双行小字。书写格式基本按照空前排几个汉字的规律进行编排布局，同时符合宋寸模块网格系统的网格线的设计标准。“春秋序”书写格式可分为四个层级关系：一级层级以“春秋序”标题为例，顶格设计；二级层级以“唐国子博士兼太子”等字为例，约空前排一个汉字；三级层级为双行注文小字，以网格线为基准，约空一个宋寸单元格；四级层级为正文，顶格设计。中缝版口较窄，双鱼尾高度约占三个宋寸单元格。内文多插图，“春秋诸国地理图”标题宽度约三分之二宋寸，高度约占三个宋寸单元格，插图在四周版框之内。“三皇五帝”标题有四周双边的版框设计，宽约一宋寸，谱系设计以树状图结构，名称上方有空心圆圈设计，重点字符做黑底白字设计。

龙山书院刻本《纂图互注春秋经传集解》版面范式：第一，此刻本版面设计以福建乡尺为尺度标准；第二，一版双面版框高与宽的比例关系约为 3:4；第三，界行宽为三分之一宋寸。第四，行款与宋寸模块的比例关系为 1:3，即一个宋寸模块三等分；第五，书写格式以网格线为基准，空格标准为宋寸单元格横向三等分；第六，网格系统为一个宋寸单元格内，横向三等分，纵向三等分，呈九宫图式。如图 65 所示。

（二）福建家刻本的版面范式设计

建刻书业，以私刻和坊刻本的影响最大，私家刻书世称“家刻本”或“家塾本”，但其中很多“家塾本”实则为坊刻本。据方彦寿《增订建阳刻书史》统计的福建家刻本，笔者以《中国版刻图录》及《中华再造善本·唐宋编》影印本为视觉材料，选取有确切版框尺寸记载的家刻本进行分析，并总结其版面范式。其中未能找到相关材料的家刻本还有建安魏仲立宅、建安魏县尉宅、建安魏忠卿家塾、建安刘叔刚宅（又称刘叔刚一经堂）、建安陈彦甫家塾、

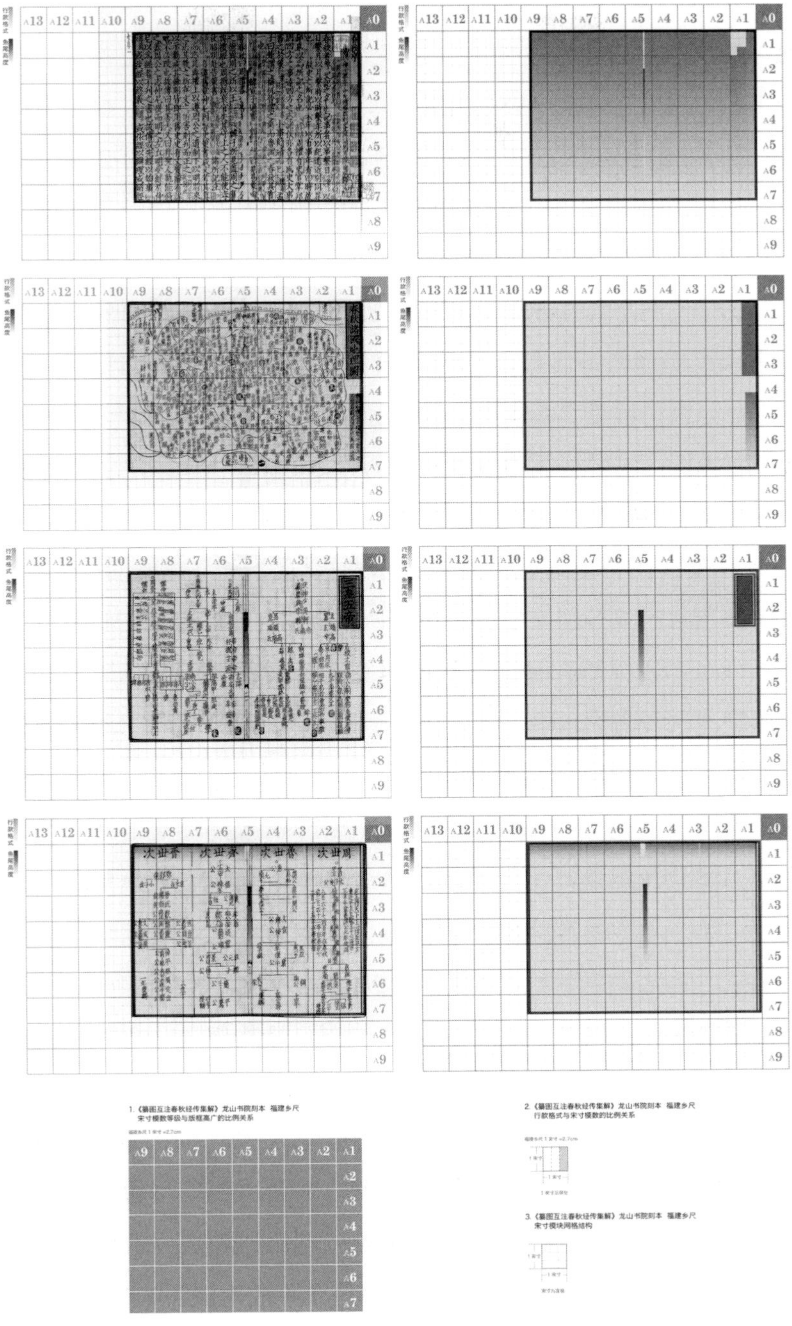

图 65　《纂图互注春秋经传集解》龙山书院刻本（网格分析系作者绘制）

建安虞氏家塾、建安曾氏家塾、建安余恭礼宅、麻沙刘仕隆宅、麻沙镇南斋虞千里、麻沙镇虞叔异宅。

1. 史部宋庆元四年（1198）黄善夫家塾刻本《后汉书》，框高 20.1 厘米，宽 13 厘米。每半页十行，行十八字，小字双行，行二十三字，细黑口，四周双边，尺度标准为福建乡尺。笔者总结出该刻本一版双面的宽度约为十又三分之一宋寸，高度约为七又三分之一宋寸。界行宽约二分之一宋寸。大字同界行宽，双行小字。书写格式基本按照空前排几个汉字的规律进行编排布局，同时以宋寸模块网格系统的网格线为设计标准。目录的书写格式可分为五个层级关系：一级层级以“后汉书目录”标题为例，顶格设计；二级层级以“第一卷”标题为例，以网格线为基准，空三分之二宋寸单元格；三级层级为“律历”标题，空前排两个汉字，同时符合网格线标准，空一又三分之二宋寸单元格；四级层级以“永光论历”为例，以网格线为标准，空格四个宋寸单元格；五级层级以卷名的双行注文小字为例，空前排两个汉字，同时符合网格线标准，空二又三分之二宋寸单元格。中缝版口宽窄于界行宽，上鱼尾高度以网格线为基准，空一又三分之二宋寸单元格，下鱼尾对齐标准为空四又三分之二个宋寸单元格。目录后有牌记设计，牌记宽同三个界行宽度，约为一又二分之一宋寸，高度以网格线为标准，上空两个宋寸单元格，高三又三分之二宋寸单元格。“光武帝纪第一上”的书写格式可分为四个层级关系：一级层级以“光武帝纪第一上”标题为例，顶格设计；二级层级以“范晔”为例，以网格线为基准，空三又三分之一宋寸单元格；三级层级以“唐章怀太子”为例，空前排五个汉字，同时符合网格线标准，空二又三分之一宋寸单元格；四级层级为正文，顶格设计。中缝版口的上下鱼尾设计与目录同。

黄善夫家塾刻《后汉书》版面范式：第一，此刻本版面设计以福建乡尺为尺度标准；第二，“一版双面”版框高与宽的比例关系约为 7:10；第三，界行宽二分之一宋寸，大字同界行宽，大字高约二分之一宋寸，双行小字，字高约为三分之一宋寸；第四，行款与宋寸模块的比例关系为 1:2，即一宋寸模块二等分；第五，书写格式以网格线为基准，空格标准为宋寸单元格横向三等分；第六，版口上下鱼尾间高度为三宋寸；第七，网格系统为一个宋寸单元格内，横向三等分，纵向二等分。如图 66 所示。

2. 集部宋建安黄善夫家塾刻本《王状元集百家注分类东坡先生诗》，框高 20.9 厘米，宽 13.4 厘米。每半页十三行，行二十二至二十三字不等，小字双行，行二十七至二十九字不等，白口，左右双边，尺度标准为福建乡尺。笔者总结出该刻本一版双面的宽度约为十又二分之一宋寸，高度约为七又二分之一宋寸，界行宽约二分之一宋寸。大字同界行宽，双行小字。书写格式基本按照空前排几个汉字的规律进行编排布局，同时以宋寸模块网格系统的网格线为设计标准。“王状元集百家注分类东坡先生诗卷之九”书写格式可分为六个层级关系：一级层级以“王状元集百家注分类东坡先生诗卷之九”标题为例，顶格设计；二级层级以“池沼”标题为例，空前排一个汉字，符合网格线标准，空二分之一宋寸单元格；三级层级为“庐陵须溪刘辰翁批”标题，空前排九个汉字，同时符合网格线标准，空三又二分之一宋寸单元格；四级层级以“诗三首”为例，空前排一个汉字；五级层级以“寄题兴州晁太守新”为例，空前排一个汉字，同时符合网格线标准，空一又四分之一宋寸单元格；六级层级为正文，顶格设计。中缝版口宽度非常细。

黄善夫家塾刻《王状元集百家注分类东坡先生诗》版面范式：第一，此刻本版面设计以福建乡尺为尺度标准；第二，“一版双面”版框高与宽的比例关系约为7:10；第三，界行宽二分之一宋寸，大字同界行宽，大字高约二分之一宋寸，双行小字，小字高约为三分之一宋寸；第四，行款与宋寸模块的比例关系为1:2，即一宋寸模块二等分；第五，书写格式以网格线为基准，空格标准为宋寸单元格横向四等分；第六，网格系统为一个宋寸单元格内，横向四等分，或横向三等分，纵向二等分。如图67所示。

3. 史部宋建安黄善夫家塾刻本《史记》，框高 21.1 厘米，宽 13.3 厘米。每半页十行，行十八字，小字双行二十三字，细黑口，左右双边，序与目录部分尺度标准为营造尺，史记正义论例谥法解部分，尺度标准为福建乡尺。笔者总结史记正义序、史记集解序，以及目录部分，以营造尺为尺度标准，

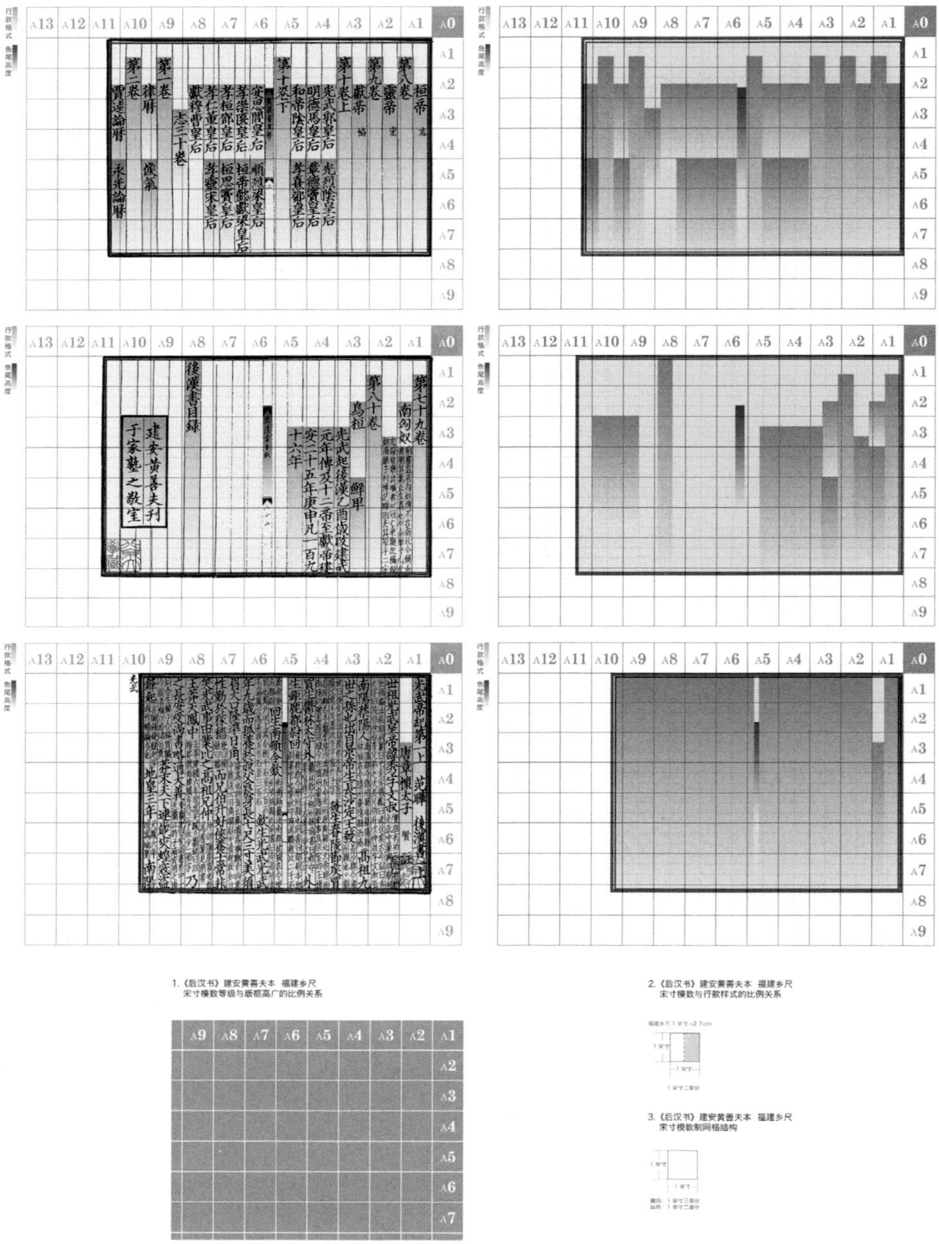

图 66 《后汉书》黄善夫家塾刻本（网格分析系作者绘制）

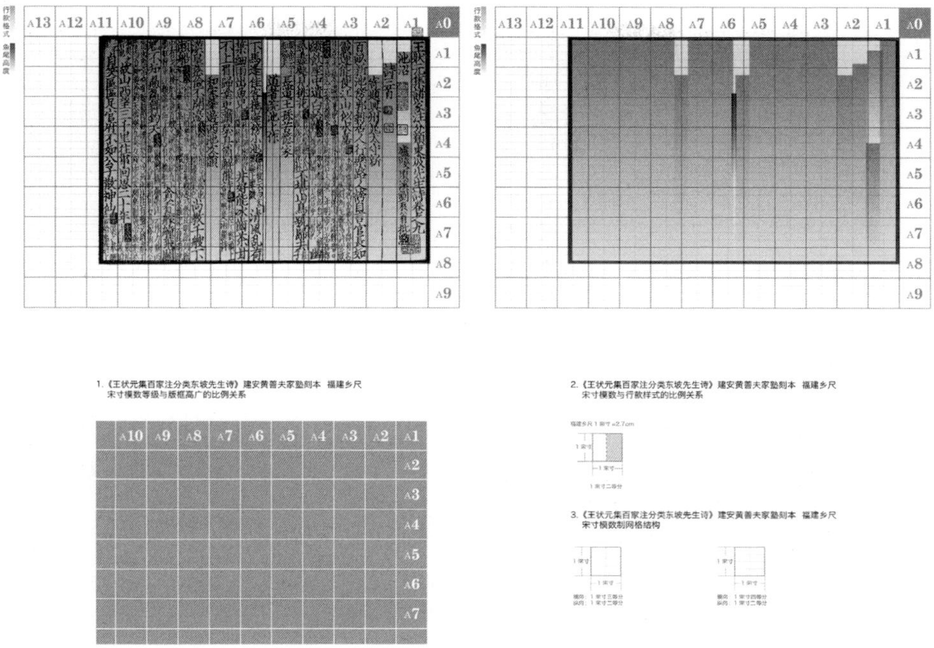

图 67　《王状元集百家注分类东坡先生诗》黄善夫家塾刻本（网格分析系作者绘制）

刻本一版双面的宽度约为九又三分之二宋寸，高度约为六又三分之二宋寸，界行宽约二分之一宋寸，大字同界行宽。书写格式基本按照空前排几个汉字的规律进行编排布局，以宋寸模块网格系统的网格线为设计标准。“史记集解序”书写格式可分为四个层级关系：一级层级以“史记集解序”标题为例，顶格设计；二级层级以“裴”为例，以网格线为基准，空一又三分之二宋寸单元格；三级层级以双行注文小字为例，以网格线为基准，空两个宋寸单元格；四级层级为正文，顶格设计。中缝版口宽度窄于界行，上鱼尾上方约空一又二分之一个宋寸单元格，上下鱼尾间高度约为三又二分之一宋寸单元格。目录部分有牌记设计，牌记四周双边，共六个字，每字大小约占一个宋寸单元格，牌记宽约四个界行宽度，高度以网格线为基准，高三宋寸。

史部黄善夫家塾刻本《史记》序及目录部分的版面范式：第一，此刻本版面设计以营造尺为尺度标准；第二，“一版双面”版框高与宽的比例关系约为2:3；第三，界行宽为二分之一宋寸；第四，行款与宋寸模块的比例关系为1:2，即一个宋寸模块二等分；第五，书写格式以网格线为基准，空格标准为宋寸单元格横向三等分；第六，网格系统为一个宋寸单元格内，横向三等分或二等分，纵向二等分。

史部黄善夫家塾刻本《史记》，史记正义论例谥法解部分，尺度标准为福建乡尺。笔者总结出该刻本一版双面的宽度约为十宋寸，高度约为七又三分之二宋寸，界行宽约二分之一宋寸，大字同界行宽。书写格式基本按照空前排几个汉字的规律进行编排布局，以宋寸模块网格系统的网格线为设计标准。“史记正义论例谥法解”书写格式可分为四个层级关系：一级层级以“史记正义论例谥法解”标题为例，顶格设计；二级层级以“诸王”等字为例，以网格线为基准，空三分之一宋寸单元格；三级层级以“论史例”为例，以网格线为基准，空一又三分之一宋寸单元格；四级层级为正文，顶格设计。中缝版口宽度窄于界行，上鱼尾上方约空一又三分之二个宋寸单元格，上下鱼尾间高度约为四宋寸。

史部黄善夫家塾刻本《史记》史记正义论例谥法解部分的版面范式：第一，此刻本版面设计以福建乡尺为尺度标准；第二，“一版双面”版框高与宽的比例关系约为7:10；第三，界行宽为二分之一宋寸；第四，行款与宋寸模块的比例关系为1:2，即一个宋寸模块二等分；第五，书写格式以网格线为基准，空格标准为宋寸单元格横向三等分；第六，网格系统为一个宋寸单元格内，横向三等分，纵向二等分。如图68所示。

4.史部北宋刻递修本卷三十配宋庆元元年（1195）建安刘元起家塾刻本《汉书》（卷三十九配宋嘉定蔡琪家塾刻本），框高22厘米，宽15.5厘米。每半页十行，行十九字，小字双行二十六至二十七字，白口，左右双边，尺度标准为营造尺。笔者总结出该刻本一版双面的宽度约为八又四分之一宋寸，高度约为六宋寸，界行宽约两个宋寸五等分。大字同界行宽，双行小字。书写格式基本按照空前排几个汉字的规律进行编排布局，以宋寸模块网格系统的网格线为设计标准。“高帝纪第一上”书写格式可分为六个层级关系：一级层级以“高帝纪第一上”标题为例，顶格设计；二级层级以“班固”为例，前排无汉字参照，以网格线为基准，空格三个宋寸单元格；三级层级以“汉书一”为例，与上“班固”空三分之一宋寸单元格；四级层级为双行注文小字为例，以网格线为基准，空一个宋寸单元格；五级层级以“正议大夫行秘书少监”等字样为例，空三分之二宋寸单元格；六级层级为正文，顶格设计。目录后有牌记设计，牌记宽度约占五个界行宽，牌记高度以网格线为基准，约占三又三分之二个宋寸单元格。中缝版口宽度窄于界行，上鱼尾上空一又三分之一宋寸单元格，上下鱼尾间高度共占三又三分之二宋寸。

刘元起家塾刻《汉书》版面范式：第一，此刻本版面设计以营造尺为尺度标准；第二，“一版双面”版框高与宽的比例关系约为 3:4；第三，界行宽为两个宋寸五等分，大字高二分之一宋寸。第四，行款与宋寸模块的比例关系为 2:5，即两个宋寸模块五等分；第五，书写格式以网格线为基准，空格标准为宋寸单元格横向三等分；第六，牌记高宽以宋寸模块为计量标准；第七，网格系统为两个宋寸单元格内，横向三等分，纵向五等分。如图 69 所示。

5. 集部宋庆元六年（1195）建安魏仲举家塾刻本《新刊五百家注音辨昌黎先生文集》，框高 20.6 厘米，宽 13.1 厘米。每半页十行，行十八字，注文小字双行二十三字，细黑口，四周单边，尺度标准为福建乡尺。笔者总结出该刻本一版双面的宽度约为十宋寸，高度约为七又三分之一宋寸。界行宽约二分之一宋寸。大字同界行宽，双行小字。书写格式基本按照空前排几个汉字的规律进行编排布局，但是对于前排无汉字参照的格式，则以宋寸模块网格系统的网格线为设计标准。“新刊五百家注音辨昌黎先生文集卷第一”书写格式可分为七个层级关系：一级层级以“新刊五百家注音辨昌黎先生文集卷第一”标题为例，顶格设计；二级层级以“赋”为例，空前排两个汉字，同时符合网格线标准，空一个宋寸单元格；三级层级以“古诗”为例，以网格线为基准，空两个宋寸单元格；四级层级以“琴操”为例，以网格线为基准，

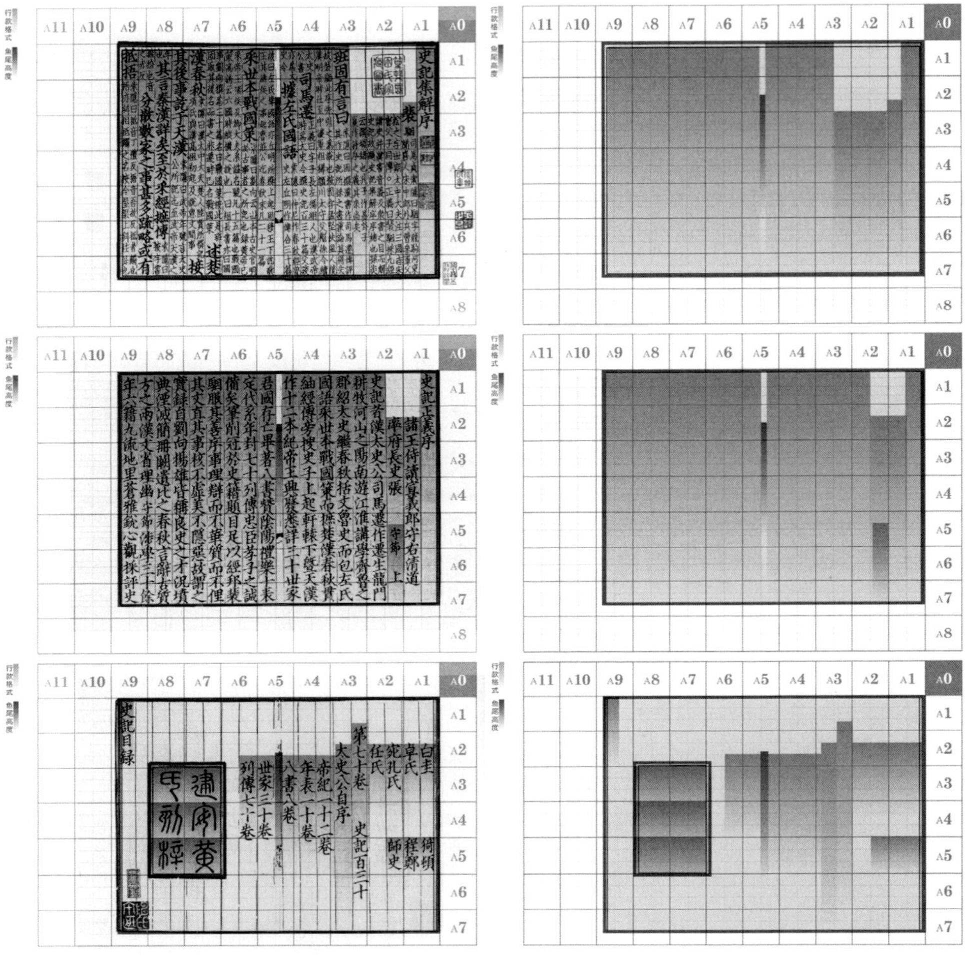

1.《史记》建安黄善夫家塾刻本 营造尺
宋寸模数等级与版框高广的比例关系

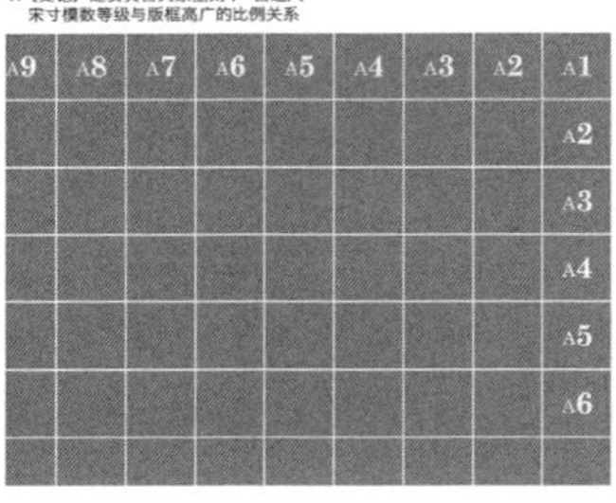

2.《史记》建安黄善夫家塾刻本 营造尺
宋寸模数与行款样式的比例关系

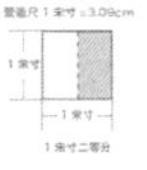

3.《史记》建安黄善夫家塾刻本 营造尺
宋寸模数制网格结构

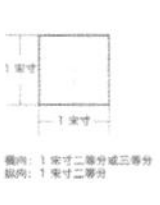

图 68–1 《史记》黄善夫家塾刻本（网格分析系作者绘制）

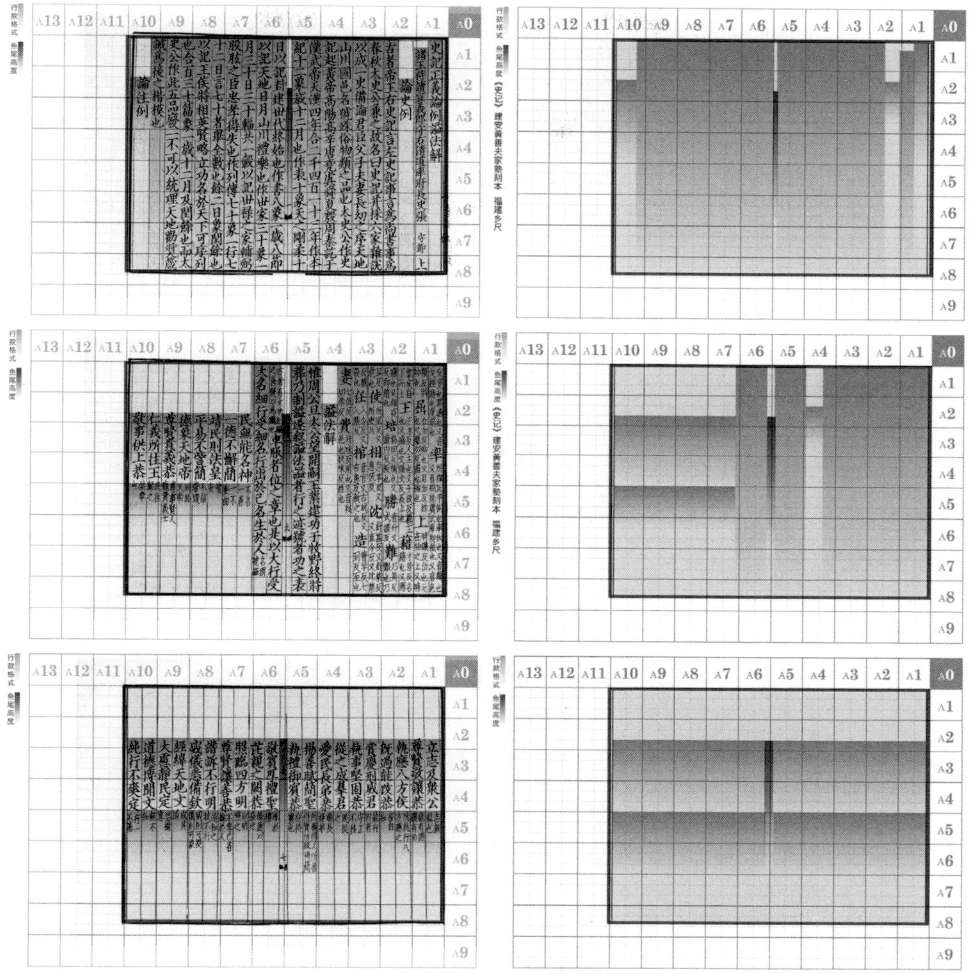

1.《史记》建安黄善夫家塾刻本 营造尺
宋寸模数等级与版框高广的比例关系

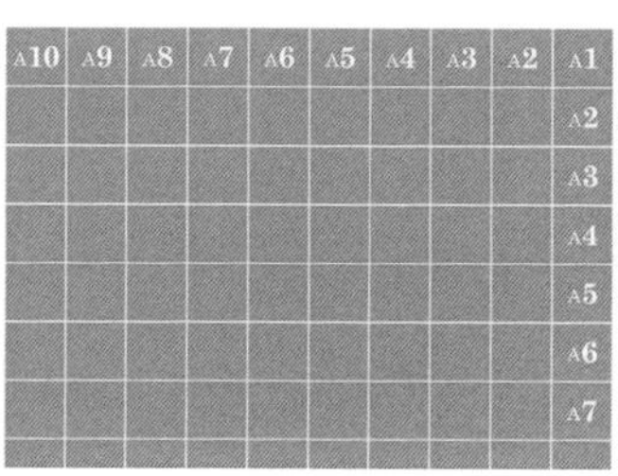

2.《史记》建安黄善夫家塾刻本 营造尺
宋寸模数与行款样式的比例关系

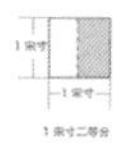

3.《史记》建安黄善夫家塾刻本 营造尺
宋寸模数制网格结构

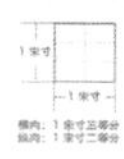

图 68-2　《史记》黄善夫家塾刻本（网格分析系作者绘制）

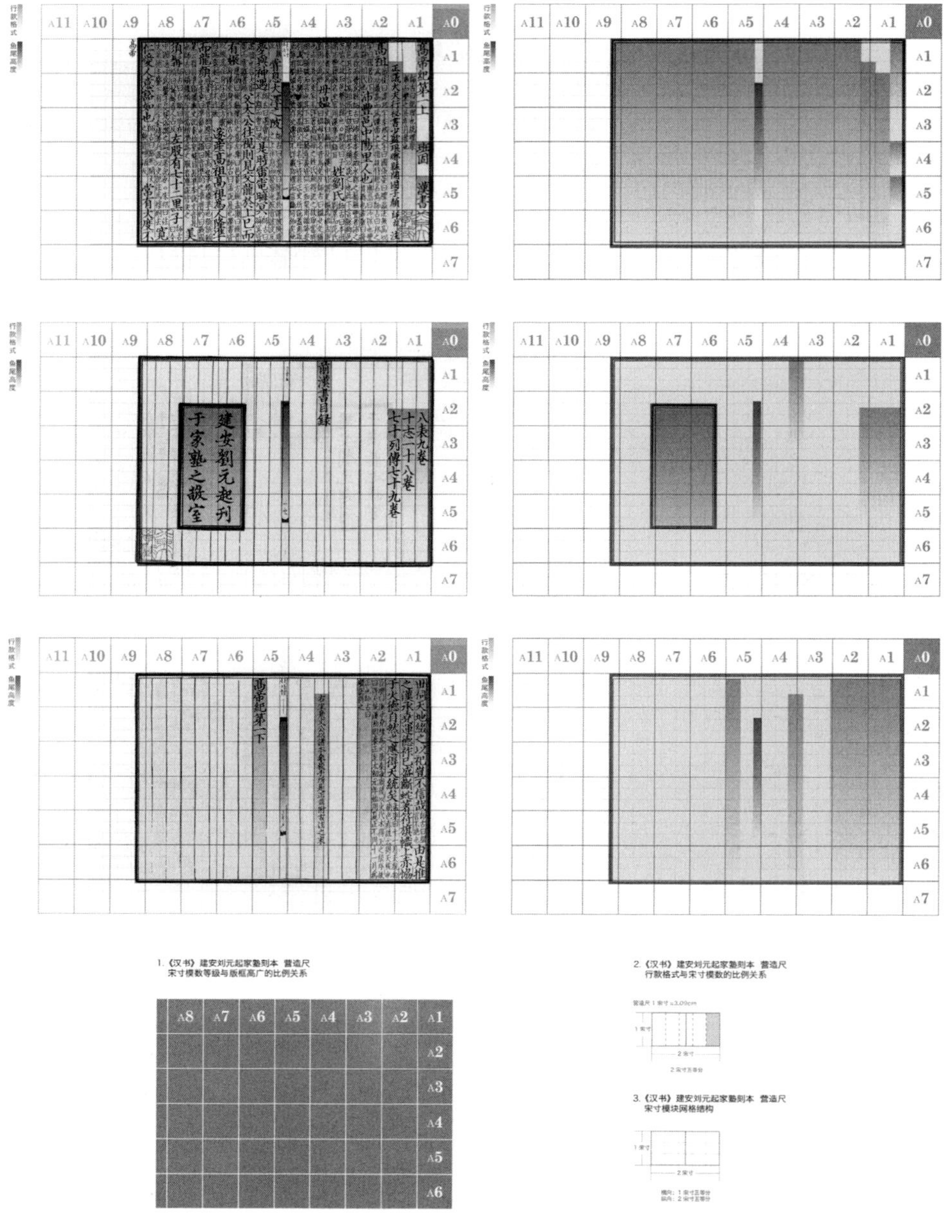

图 69 《汉书》刘元起家塾刻本（网格分析系作者绘制）

空三又三分之二宋寸单元格；五级层级以“感二鸟赋”为例，空一又三分之一宋寸单元格；六级层级双行注文小字，空前排一个汉字，空一又三分之二宋寸单元格；七级层级为正文，顶格设计。中缝版口宽度窄于界行，上鱼尾上空一又三分之二宋寸单元格，上下鱼尾间高度约为四宋寸。

魏仲举家塾刻《新刊五百家注音辨昌黎先生文集》版面范式：第一，此刻本版面设计以福建乡尺为尺度标准；第二，“一版双面”版框高与宽的比例关系约为 7:10；第三，界行宽为二分之一宋寸，大字高二分之一宋寸，小字高约三分之一宋寸；第四，行款与宋寸模块的比例关系为 1:2，即一个宋寸模块二等分；第五，书写格式以网格线为基准，空格标准为宋寸单元格横向三等分；第六，版口上下鱼尾高宽以宋寸模块尺度为计量标准；第七，网格系统为一个宋寸单元格内，横向三等分，纵向二等分。如图 70 所示。

6. 经部宋开禧元年（1205）建安刘日新宅三桂堂刻本《童溪王先生易传》，框高 19.2 厘米，宽 12.8 厘米。每半页十四行，行二十四字，细黑口，左右双边，尺度标准为福建乡尺。笔者总结出该刻本一版双面的宽度约为九又三分之一宋寸，高度约为七宋寸，界行宽约二分之一宋寸。字体同界行宽，字符约占九分之一宋寸单元格。书写格式基本按照空前排几个汉字的规律进行编排布局，同时符合宋寸模块网格系统的网格线的设计标准。“童溪王先生易传卷之一”书写格式可分为三个层级关系；一级层级以“童溪王先生易传卷之一”标题为例，顶格设计；二级层级以“迪功郎前韶州州学教授王”为例，空前排五个汉字，同时符合网格线标准，空一又二分之一宋寸单元格；三级层级为正文，空三分之一宋寸单元格。中缝版口宽度极窄，上鱼尾上空约空一又三分之二个宋寸单元格，上下鱼尾间高约二又三分之二宋寸。文中有黑底白字的装饰。牌记设计宽约一又三分之一宋寸，高度以网格线为基准，高约二又三分之二宋寸。

刘日新宅三桂堂刻本《童溪王先生易传》版面范式：第一，此刻本版面设计以福建乡尺为尺度标准；第二，“一版双面”版框高与宽的比例关系约为 7:9；第三，界行宽为三分之一宋寸；第四，行款与宋寸模块的比例关系为

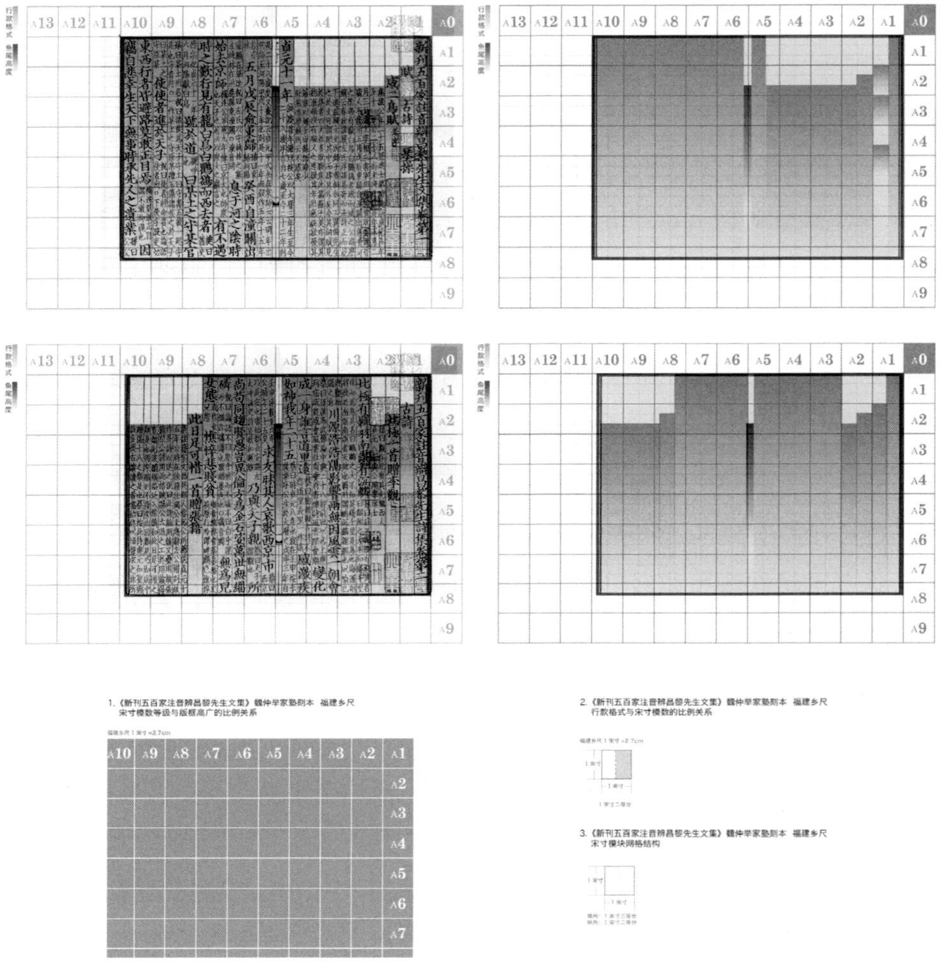

图 70 《新刊五百家注音辨昌黎先生集》魏仲举家塾刻（网格分析系作者绘制）

1:3，即一个宋寸模块三等分；第五，书写格式以网格线为基准，空格标准为宋寸单元格横向三等分；第六，网格系统为一个宋寸单元格内，横向三等分，纵向三等分，呈九宫格图式。如图 71 所示。

7. 子部麻沙刘通判宅仰高堂刻本《纂图分门类题五臣注扬子法言》，框高 18.9 厘米，宽 13.2 厘米。每半页十行，行十九字，小字双行二十三字，细黑口，左右双边，尺度标准为福建乡尺。笔者总结出该刻本“新刊扬子门类题目”一版双面的宽度约为九又二分之一宋寸，高度约为六又三分之二宋寸。“纂图分门类题五臣注扬子法言卷第一”一版双面的宽度约为十宋寸，高度约为七宋寸，界行宽约二分之一宋寸。字体同界行宽，双行小字。书写格式基本按照空前排几个汉字的规律进行编排布局，同时符合宋寸模块网格系统的网格线的设计标准。“纂图分门类题五臣注扬子法言卷第一”书写格式可分为三个层级关系：一级层级以“纂图分门类题五臣注扬子法言卷第一”标题为例，顶格设计；二级层级以“李”为例，空格前排一个汉字，同时符合网格线标准，空格二分之一宋寸单元格；三级层级为正文，顶格设计。中缝版口宽度极窄，上鱼尾上空约空一又二分之一个宋寸单元格，上下鱼尾间高约三宋寸。文中有黑底白字的装饰。版面有书耳设计，宽同版口鱼尾宽。

麻沙刘通判宅仰高堂刻本《纂图分门类题五臣注扬子法言》版面范式：第一，此刻本版面设计以福建乡尺为尺度标准；第二，“一版双面”版框高与宽的比例关系约为7:10；第三，界行宽为二分之一宋寸；第四，行款与宋寸模块的比例关系为1:2，即一个宋寸模块二等分；第五，书写格式以网格线为基准，空格标准为宋寸单元格横向三等分；第六，网格系统为一个宋寸单元格内，横向三等分，纵向二等分。如图72所示。

8. 史部南宋前期王叔边刻本《后汉书》，框高18.5厘米，宽13.7厘米。每半页十三行，行二十一至二十三字不等，小字双行二十八字，白口，左右双边，尺度标准为营造尺。笔者通过分析《后汉书》目录、帝纪第一上，以及内文的诸多版式，总结出该刻本一版双面的宽度约为营造尺八又三分之二宋寸，接近九宋寸，高度约为六宋寸。界行宽约三分之一宋寸，大字同界行宽，占宋寸单元格九分之一，双行小字为大字宽一半。书写格式基本按照空前排一个汉字的规律进行编排布局，但是对于前排无汉字参照的格式，则以宋寸模块网格系统的网格线为设计标准。目录部分的书写格式可分为四个层级关系：一级层级为“后汉书目录”标题，顶格设计；二级层级以“帝纪第一”标题为例，字前出现装饰纹样，约占三分之一宋寸单元格；三级层级以“第一卷”为例，

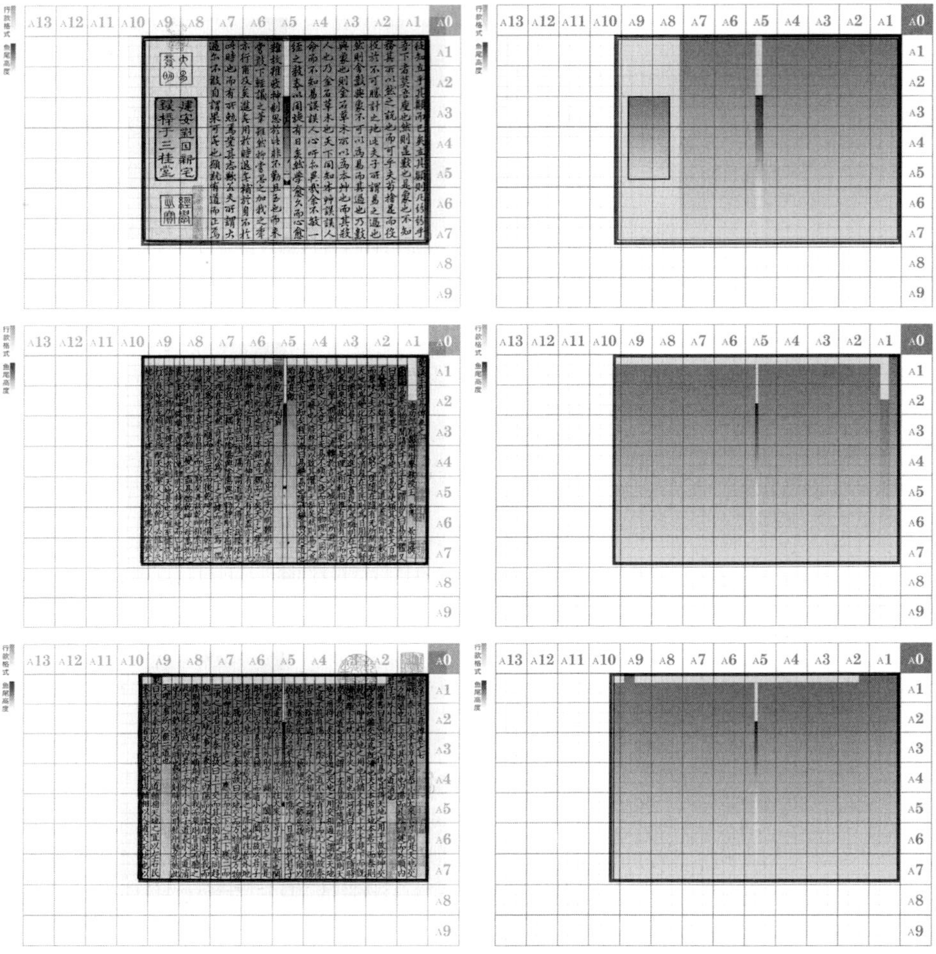

1.《童溪王先生易传》建安刘日新宅三桂堂刻本 福建乡尺
宋寸模数等级与版框高广的比例关系

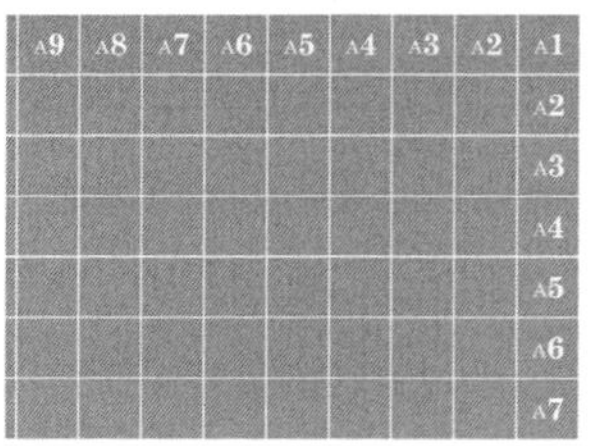

2.《童溪王先生易传》建安刘日新宅三桂堂刻本 福建乡尺
宋寸模数与行款样式的比例关系

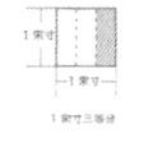

3.《童溪王先生易传》建安刘日新宅三桂堂刻本 福建乡尺
宋寸模数制网格结构

图 71 《童溪王先生易传》刘日新宅三桂堂刻本（网格分析系作者绘制）

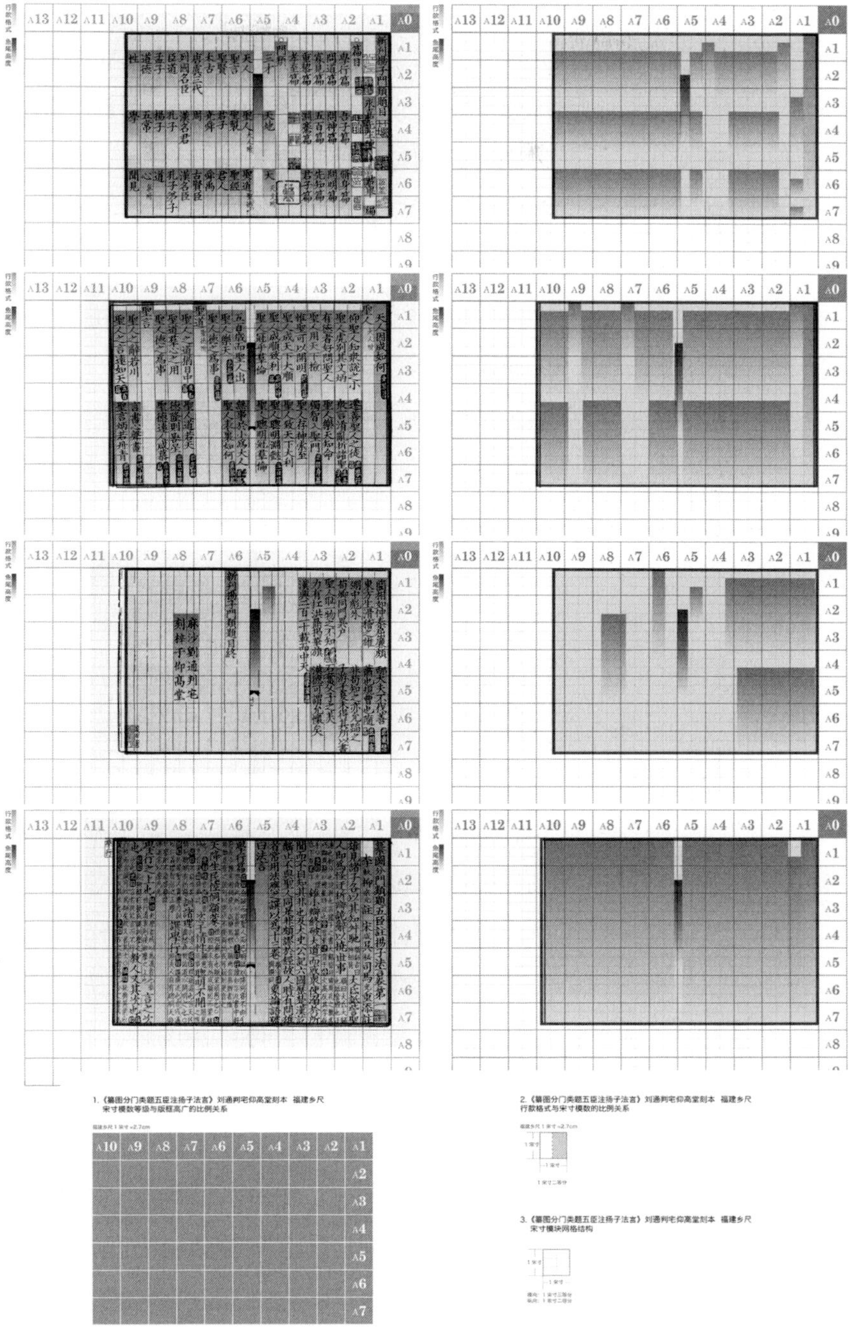

图 72　《纂图分门类题五臣注扬子法言》刘通判宅仰高堂刻本（网格分析系作者绘制）

空格与前排标题无字体大小的参照规律，而是以网格线为基准，空三分之一宋寸单元格；四级层级以“光武皇帝上”为例，约空前排两汉字，并以网格线为基准，空三分之二宋寸单元格。目录部分后有牌记设计，牌记宽度占五个界行宽，约为一又三分之二宋寸，牌记高度以网格线为基准，约占三个宋寸单元格。

南宋前期王叔边刻本《后汉书》版面范式：第一，此刻本版面设计以营造尺为尺度标准；第二，“一版双面”版框高与宽的比例关系约为 2:3；第三，界行宽约为三分之一宋寸，大字占九分之一宋寸单元格；第四，行款与宋寸模块的比例关系为 1:3，即一宋寸单元格三等分；第五，书写格式以网格线为基准，空格标准为宋寸单元格内三等分；第六，牌记高宽以宋寸模块为计量标准；第七，网格系统为宋寸三分法，即宋寸单元格内网格结构三等分，呈九宫格图式。如图 73 所示。

9. 集部宋蔡氏家塾刻本《李学士新注孙尚书内简尺牍》，框高 18.9 厘米，宽 12.7 厘米。每半页十二行，行二十字，小字双行二十五字，细黑口，左右双边，尺度标准为营造尺。笔者总结出该刻本一版双面的宽度约为八宋寸，高度约为六宋寸。“分类之目”的界行宽约二分之一宋寸。大字同界行宽，小字双行。有牌记设计，宽度约为两个界行宽，高度以网格线为基准，高约两宋寸。“李学士新注孙尚书内简尺牍目录”的界行宽约三分之一宋寸，字体同界行宽。书写格式基本按照空前排几个汉字的规律进行编排布局，同时符合宋寸模块网格系统的网格线的设计标准。目录部分的版面书写格式可分为五个层级关系：一级层级以“李学士新注孙尚书内简尺牍目录”标题为例，顶格设计；二级层级以“左朝奉郎”等字为例，以网格线为标准，空格一个宋寸单元格；三级层级以“门人李”等字为例，空前排六个字符，符合网格线标准，空约二又三分之二宋寸单元格；四级层级以“卷之一”为例，上方有装饰圆圈设计，以网格线为基准，空格三分之二宋寸单元格；五级层级以“舆信安郡王孟少传”为例，以网格线为基准，空格一宋寸单元格。卷之一部分的版面书写格式可分为五个层级关系：一级层级以“李学士新注孙尚书内简尺牍卷之一”

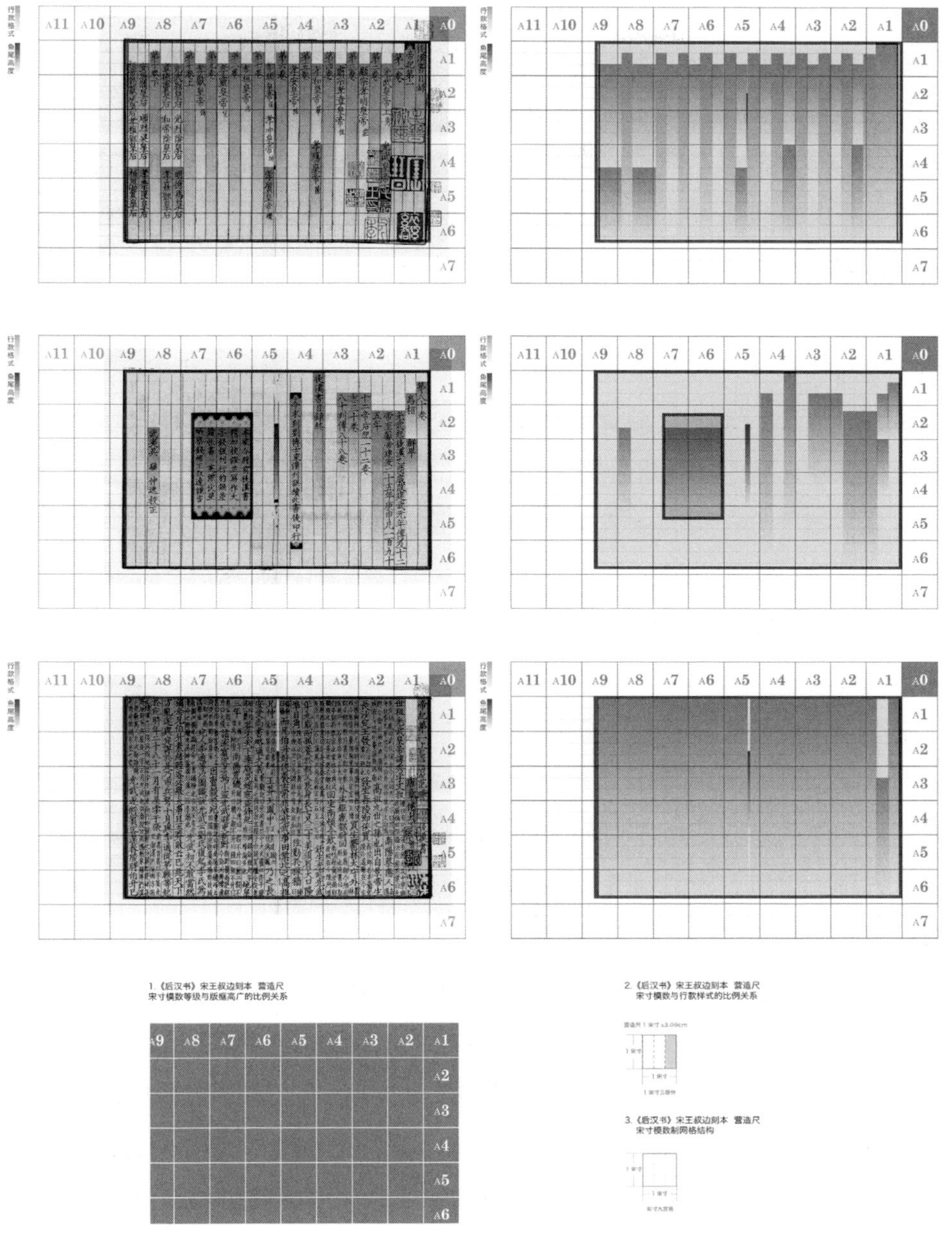

图 73　《后汉书》王叔边刻本（网格分析系作者绘制）

标题为例，顶格设计；二级层级以“左朝奉郎”等字为例，空前排两个汉字，符合网格线标准，空三分之二宋寸单元格；三级层级以“门人李”等字为例，空二又三分之一宋寸单元格，并且每个字符之间，字间距约三分之一宋寸单元格；四级层级以“舆信安郡王”等字为例，以网格线为基准，空一宋寸单元格；五级层级为正文，顶格设计。中缝版口宽度极窄，上鱼尾上空约空一又三分之一个宋寸单元格，上下鱼尾间高约二又三分之一宋寸。

集部宋蔡氏家塾刻本《李学士新注孙尚书内简尺牍》版面范式：第一，此刻本版面设计以营造尺为尺度标准；第二，“一版双面”版框高与宽的比例关系约为3:4；第三，目录部分界行宽为三分之一宋寸，卷第一界行宽为三分之一宋寸；第四，行款与宋寸模块的比例关系为1:2和1:3，即一个宋寸模块二等分、三等分；第五，书写格式以网格线为基准，空格标准为宋寸单元格横向三等分；第六，网格系统为一个宋寸单元格内，横向三等分，纵向三等分，呈九宫格图式。如图74所示。

（三）建阳坊刻本的版面范式设计

从出版机构官刻本、家刻本、坊刻本的分类来看，南宋建刻本主要以建阳坊刻本为其重要组成部分。坊刻，即书坊和书肆的刻书，也称书林、书堂、书铺、书棚、书籍铺等。坊刻起于民间，为民众所需刊刻，故其刻本内容广泛，数量大，分布广。许多百姓以刻版谋生，子承父业，世代相沿。笔者以时间轴为线索，以官刻、家刻、坊刻的版面范式为分类标准，以尺度标准和网格系统为研究路径，依次对南宋建刻本进行版面范式的设计研究，并总结规律如下。从时间轴来看，现存南宋前期黄三八郎刻《钜宋重修广韵》《韩非子》，蔡梦弼刻《史记集解索隐》《杜工部草堂诗笺》，余仁仲万卷堂刻《礼记》《春秋公羊经传解诂》《春秋谷梁传》。以后有蔡琪家塾刻《汉书》、龙山书堂刻《挥麈录》。此外还有未能辨识刊刻出处的刻本有《周易》《晋书》《唐书》《圣宋名贤五百家播芳大全文粹》《新校正老泉先生文集》《三国志》《唐宋白孔六帖》《类说》《分门集注杜工部

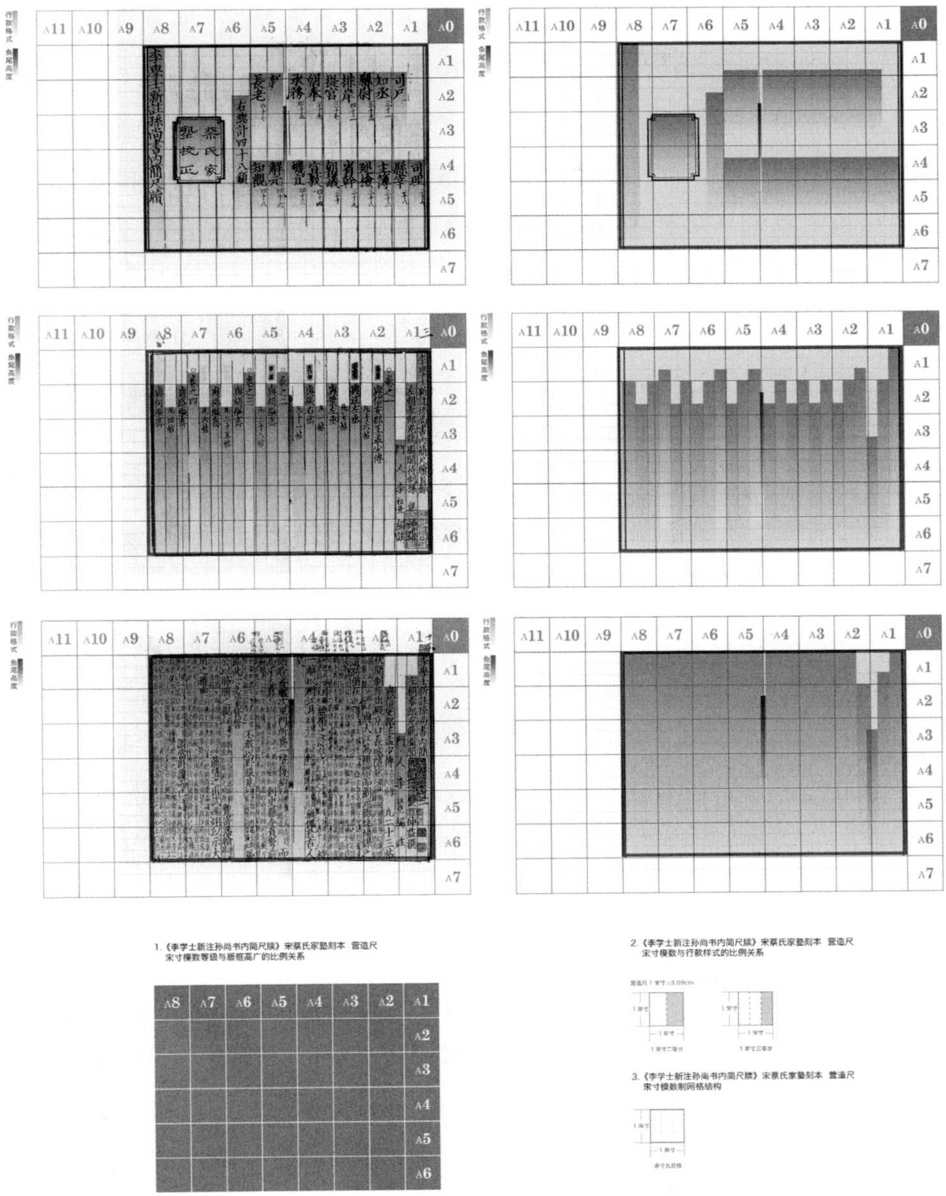

图 74　《李学士新注孙尚书内简尺牍》蔡氏家塾刻本（网格分析系作者绘制）

诗》《详注周美成词片玉集》，以及“纂图重言重意互注”本《五经》《六子》。笔者选取有确切版框尺寸记载的坊刻本有建宁府黄三八郎书铺、建安余仁仲万卷堂、建安蔡琪一经堂、建阳刘诚甫、建阳龙山书堂、刘氏天香书院、魏齐贤富学堂（又称毕万裔富学堂），共7家8本对其进行版面范式的设计研究。据统计，建阳坊刻可考者共计29家，还有诸多坊刻本受限于影印本的文献材料未能逐一分析，未考察的有福建坊刻本有建安余氏、建安余腾夫、建安余彦国励贤堂、建安余唐卿明经堂、建安钱塘王朋甫、建安王懋甫桂堂、建安刘德亨、建安蔡文子行之、建安陈氏、建安黄及甫、建安虞平斋务本书堂、建安万卷堂、建安庆有堂、建安江仲达群玉堂、麻沙刘智明（又称麻沙刘氏书坊）、麻沙刘仲立、麻沙万卷堂、东阳麻沙刘朝宗宅、东阳崇川余四十三郎宅、建阳崇化书坊陈八郎宅、书铺张金瓯、闽山阮仲猷种德堂[12]。希望从以下案例总结出坊刻本的版面范式设计规律。

1. 经部宋乾道五年（1169）建宁府黄三八郎刻本《钜宋广韵》，框高20.3厘米，宽14.7厘米。每半页十二行，行二十一字，小字双行三十四字，白口，左右双边。《钜宋广韵》上平声卷第一的版面设计尺度标准为营造尺，卷第四的尺度标准为福建乡尺。笔者通过对现存影印本的图像分析，总结《钜宋广韵》上平声卷第一的版面设计，刻本一版双面的宽度约为九又三分之一宋寸，高度约为六又三分之一宋寸，界行宽约两个宋寸五等分。大字同界行宽，双行小字。书写格式以宋寸模块网格系统的网格线为设计标准。书写格式可分为三个层级关系：一级层级为“钜宋广韵上平声卷第一”标题，顶格设计；二级层级以“东第一”为例，双行小字在上，空前排一个汉字，亦是空三分之一宋寸单元格，二级层级较多，之间空格留白三分之一宋寸单元格；三级层级为正文，顶格设计。

《钜宋广韵》去声卷第四的版面设计，则是符合福建乡尺的尺度标准。刻本一版双面宽约为十宋寸，高约七又三分之一宋寸，界行宽约二个宋寸五

12. 同注11，第103页。

等分。大字同界行宽，双行小字。版式内的数字序号加以装饰设计成图标，黑底白字，装饰图标宽同界行宽，高为三分之二宋寸。书写格式可分为四个层级关系：一级层级为“广韵去声卷第四”标题，顶格设计；二级层级以装饰图标为例，空前排两个汉字，亦是空一宋寸单元格；三级层级以添加了墨围符号的“一”为例，空一又三分之一宋寸；四级层级为正文，顶格设计。

宋乾道五年（1169）建宁府黄三八郎刻本《钜宋广韵》上平声卷第一的版面范式：第一，此刻本以营造尺为尺度标准；第二，“一版双面”版框高与宽的比例关系约为 2:3；第三，行款与宋寸模块的比例关系为 2:5，即二宋寸五等分；第四，书写格式以网格线为基准，空格标准为宋寸单元格横向三等分；第五，网格系统为宋寸单元格内，横向三等分，纵向两宋寸五等分。

去声卷第四的版面范式：第一，此刻本以福建乡尺为尺度标准；第二，“一版双面”版框高与宽的比例关系约为 7:10；第三，行款与宋寸模块的比例关系为 2:5，即两宋寸模块五等分；第四，书写格式以网格线为基准，空格标准为宋寸单元格横向三等分；第五，网格系统为两个宋寸单元格内，横向三等分，纵向五等分。如图 75 所示。

2. 经部建安余仁仲万卷堂家塾刻本《礼记》，框高 17.9 厘米，宽 12.5 厘米。每半页十一行，行十九字，小字双行二十七至二十八字不等，细黑口，左右双边。尺度标准为福建乡尺。笔者通过分析礼记卷第一、卷第七等诸多版式，总结刻本一版双面的宽度约为九宋寸，高度约为六又三分之一宋寸，界行宽约二个宋寸五等分。大字同界行宽，双行小字。书写格式基本按照空前排几个汉字的规律进行编排布局，同时以宋寸模块网格系统的网格线为设计标准。书写格式可分为五个层级关系：一级层级以“礼记卷第一”标题为例，顶格设计；二级层级以“曲礼上第一”标题为例，顶格设计；三级层级以“礼记”为例，空前排三个汉字，同时也是以网格线为基准，空一个宋寸单元格；四级层级以“郑氏注”为例，以网格线为基准，空四又三分之二个宋寸单元格；五级层级为正文，顶格设计。中缝版口宽窄于界行宽，高度对齐以网格线为标准。

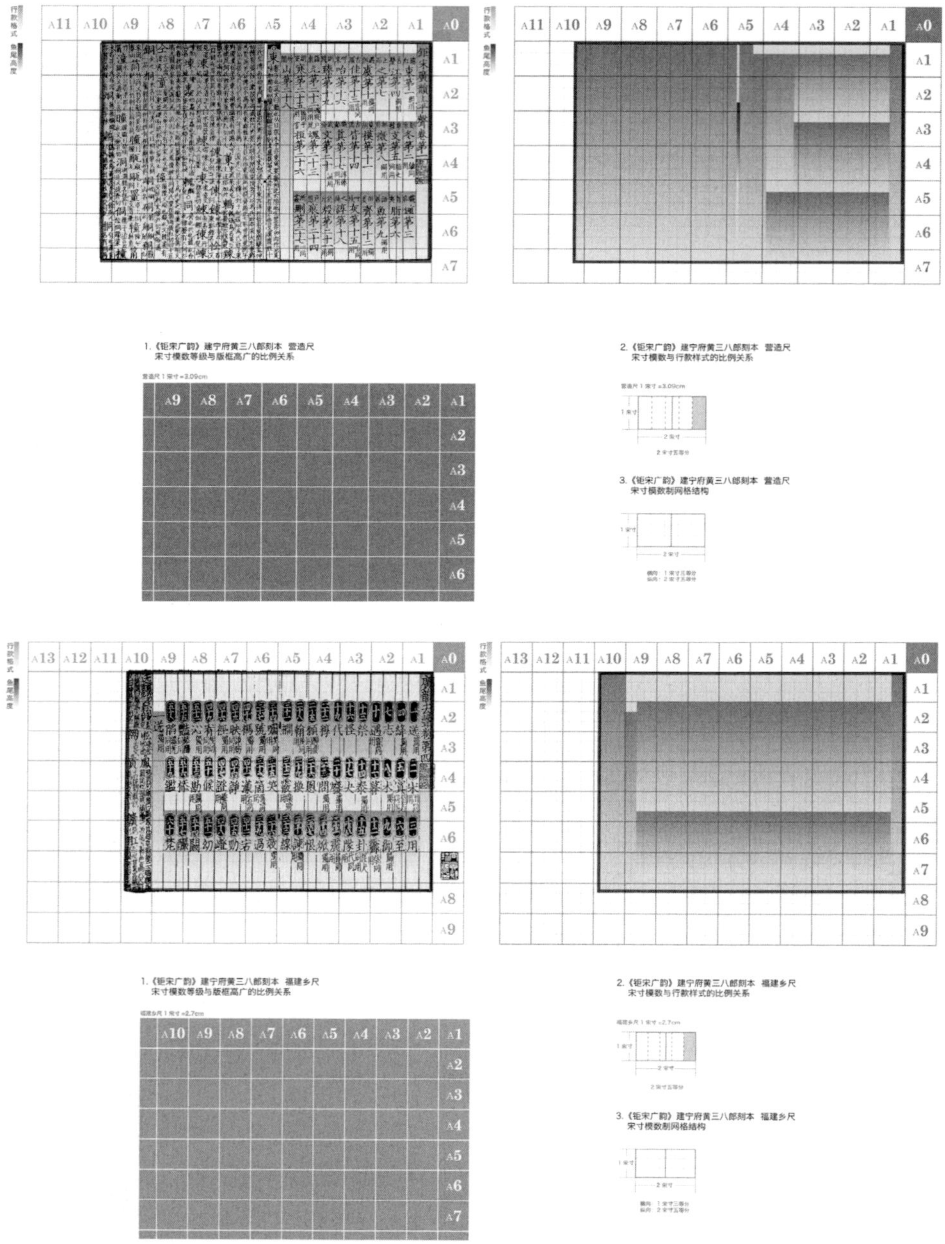

图 75 《钜宋广韵》建宁府黄三八郎刻（网格分析系作者绘制）

建安余仁仲万卷堂家塾刻本《礼记》版面范式：第一，此刻本版面设计以福建乡尺为尺度标准；第二，“一版双面”版框高与宽的比例关系约为 2:3；第三，界行宽为二个宋寸五等分，大字高三分之一宋寸；第四，行款与宋寸模块的比例关系为 2:5，即两个宋寸模块五等分；第五，书写格式以网格线为基准，空格标准为宋寸单元格横向三等分；第六，网格系统为两个宋寸单元格为一个模块网格，横向三等分，纵向五等分。如图 76 所示。

3.经部宋绍熙二年（1191）建安余仁仲万卷堂刻本《春秋公羊经传解诂》，框高18厘米，宽12.5厘米。每半页十一行，行十九字，小字双行二十七字，细黑口，左右双边。尺度标准为福建乡尺。笔者总结出该刻本一版双面的宽度约为九宋寸，高度约为六又三分之一宋寸，界行宽约二个宋寸五等分。大字同界行宽，双行小字。书写格式基本按照空前排几个汉字的规律进行编排布局，同时以宋寸模块网格系统的网格线为设计标准。《春秋公羊经传解诂》隐公第一的书写格式可分为三个层级关系：一级层级以“春秋公羊经传解诂隐公第一”标题为例，顶格设计；二级层级以“何休学”标题为例，空前排五个汉字，同时也以网格线为基准，空一又三分之二宋寸单元格；三级层级为正文，顶格设计。中缝版口宽窄于界行宽，上鱼尾高度空前排四个大字，同时以网格线为基准，空一又三分之一宋寸单元格，下鱼尾对齐标准为空四个宋寸单元格。落款无牌记样式，以网格线为对齐标准。

建安余仁仲万卷堂刻《春秋公羊经传解诂》版面范式：第一，此刻本版面设计以福建乡尺为尺度标准；第二，“一版双面”版框高与宽的比例关系约为 2:3；第三，界行宽为二个宋寸五等分，大字高三分之一宋寸；第四，行款与宋寸模块的比例关系为 2:5，即两个宋寸模块五等分；第五，书写格式以网格线为基准，空格标准为宋寸单元格横向三等分；第六，网格系统为以两个宋寸单元格为一个模块网格，横向三等分，纵向五等分。如图 77 所示。

4. 史部建安蔡琪家塾刻本《汉书》，框高 21.7 厘米，宽 14 厘米。每半页八行，行十五、十六字不等，小字双行二十一字，细黑口，四周双边，尺度标准为营造尺。笔者总结出该刻本一版双面的宽度约为八又四分之三宋寸，

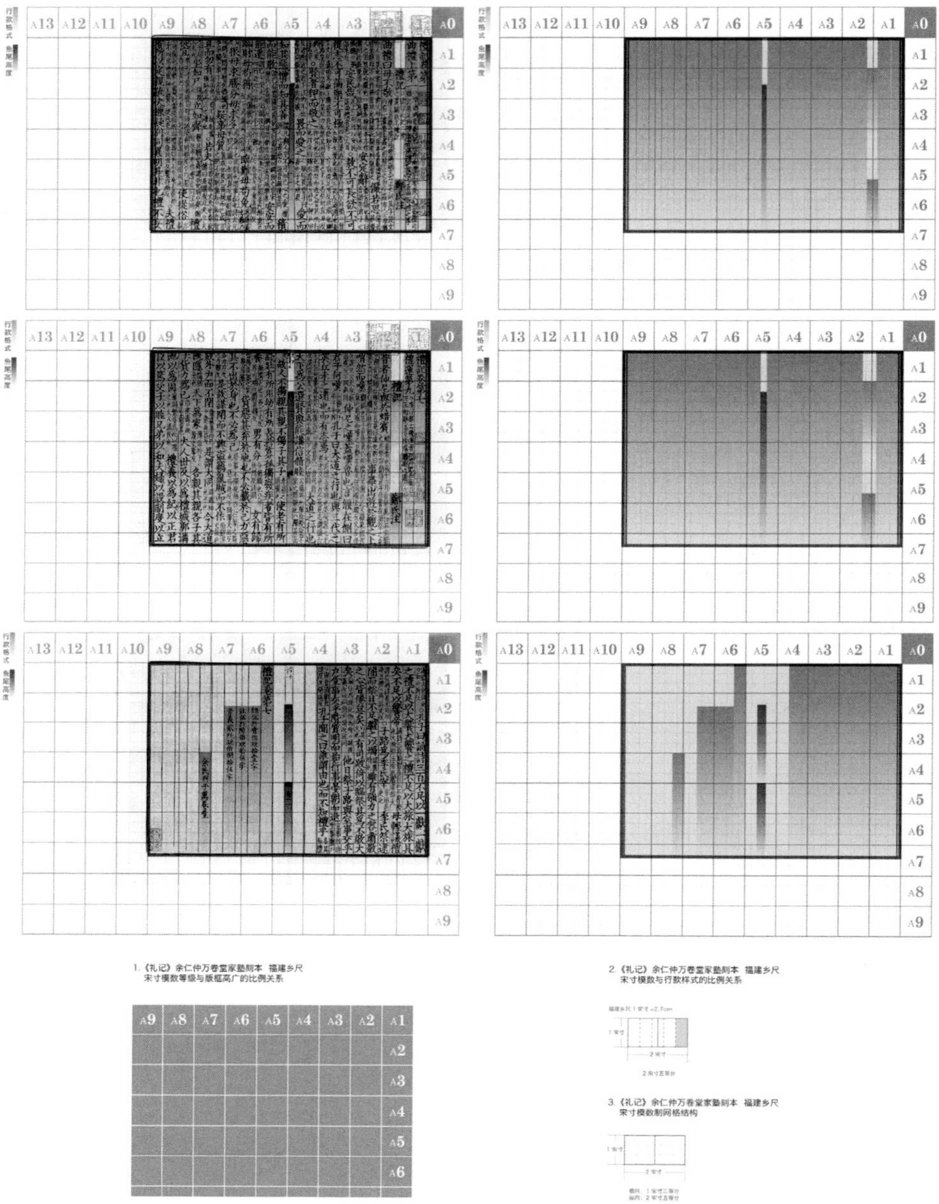

图 76 《礼记》余仁仲万卷堂家塾刻本（网格分析系作者绘制）

高度约为六又四分之三宋寸，界行宽约二分之一宋寸，大字同界行宽。书写格式基本按照空前排几个汉字的规律进行编排布局，但是对于前排无汉字参照的格式，则以宋寸模块网格系统的网格线为设计标准。“高帝纪第一上”书写格式可分为五个层级关系：一级层级以“高帝纪第一上”标题为例，顶格设计；二级层级双行注文小字；三级层级“汉护军班固撰”、四级层级“唐正议大夫行秘书少监琅琊县开国子颜”等字样，均空前排两个汉字，同时以网格线为基准，空一个宋寸单元格；五级层级为正文，顶格设计。牌记设计，牌记宽度约占四个界行宽，牌记高度以网格线为基准，约占三又二分之一个宋寸单元格。中缝版口宽度窄于界行，上鱼尾上空一又三分之二宋寸单元格。

建安蔡琪家塾刻本《汉书》版面范式：第一，此刻本版面设计以营造尺为尺度标准；第二，“一版双面”版框高与宽的比例关系约为3:4；第三，界行宽为二分之一宋寸，大字高二分之一宋寸；第四，行款与宋寸模块的比例关系为1:2，即一个宋寸模块二等分；第五，书写格式以网格线为基准，空格标准为宋寸单元格横向二等分、三等分；第六，牌记高宽以宋寸模块为计量标准；第七，网格系统为一个宋寸单元格内，横向二等分或三等分，纵向二等分。如图78所示。

5.子部宋嘉定三年（1210）庄夏刻本《东观余论》，框高23.1厘米，宽16.1厘米。每半页九行，行十八字，白口，左右双边，尺度标准为福建乡尺。《东观余论》初刻于建安漕司，有建本、蜀本、庄夏本等之别，此刻本为南宋宁宗嘉定三年（1210）庄夏本。笔者总结出该刻本一版双面的宽度约为十一又三分之二宋寸，高度约为八又三分之一宋寸。界行宽约两个宋寸三等分。书写格式基本按照空前排几个汉字的规律进行编排布局，但是对于前排无汉字参照的格式，则以宋寸模块网格系统的网格线为设计标准。“东观余论总目”书写格式可分为三个层级关系：一级层级以“东观余论总目”标题为例，顶格设计；二级层级以“法帖刊误上”为例，空前排一个汉字，同时符合网格线结构，约空三分之二宋寸单元格；三级层级以“弟一帝王书”为例，空前排一个汉字，符合网格线标准，空格一个宋寸单元格。中缝版口

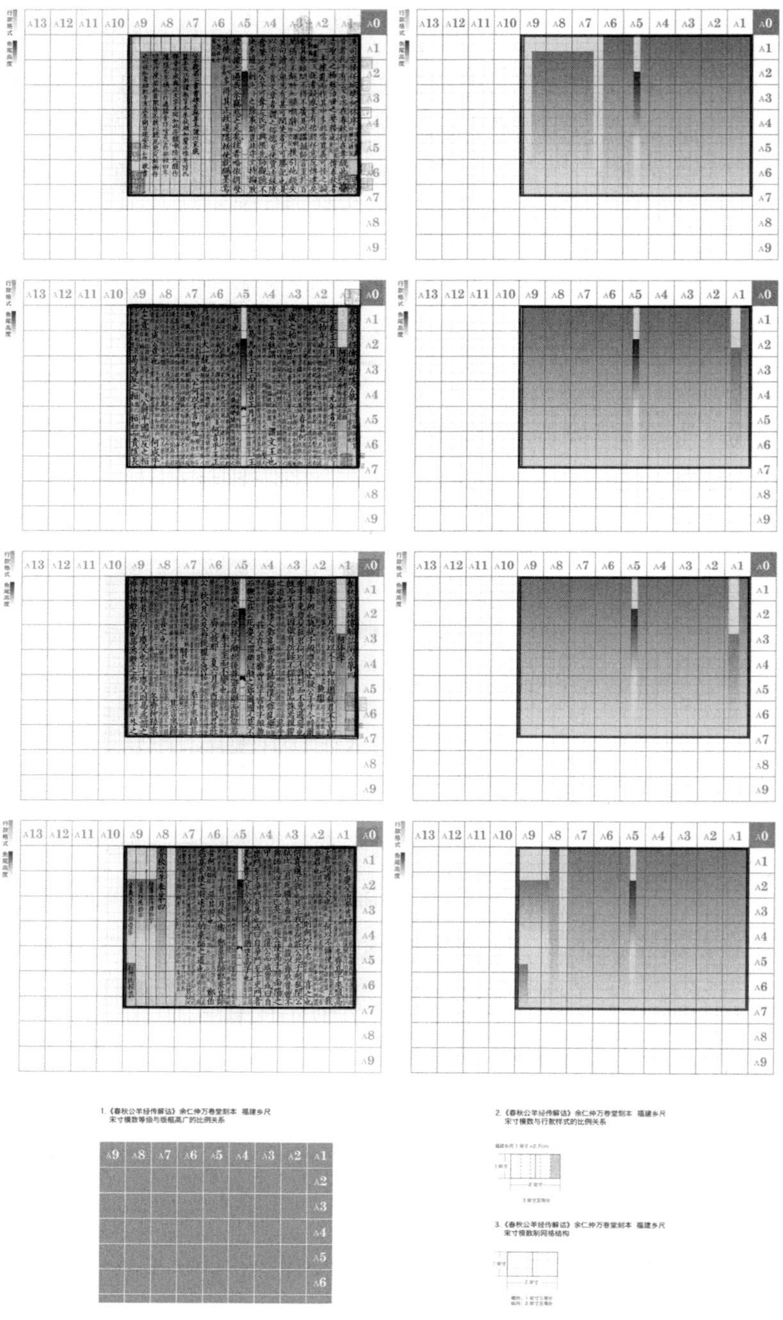

图 77 《春秋公羊经传解诂》余仁仲万卷堂刻（网格分析系作者绘制）

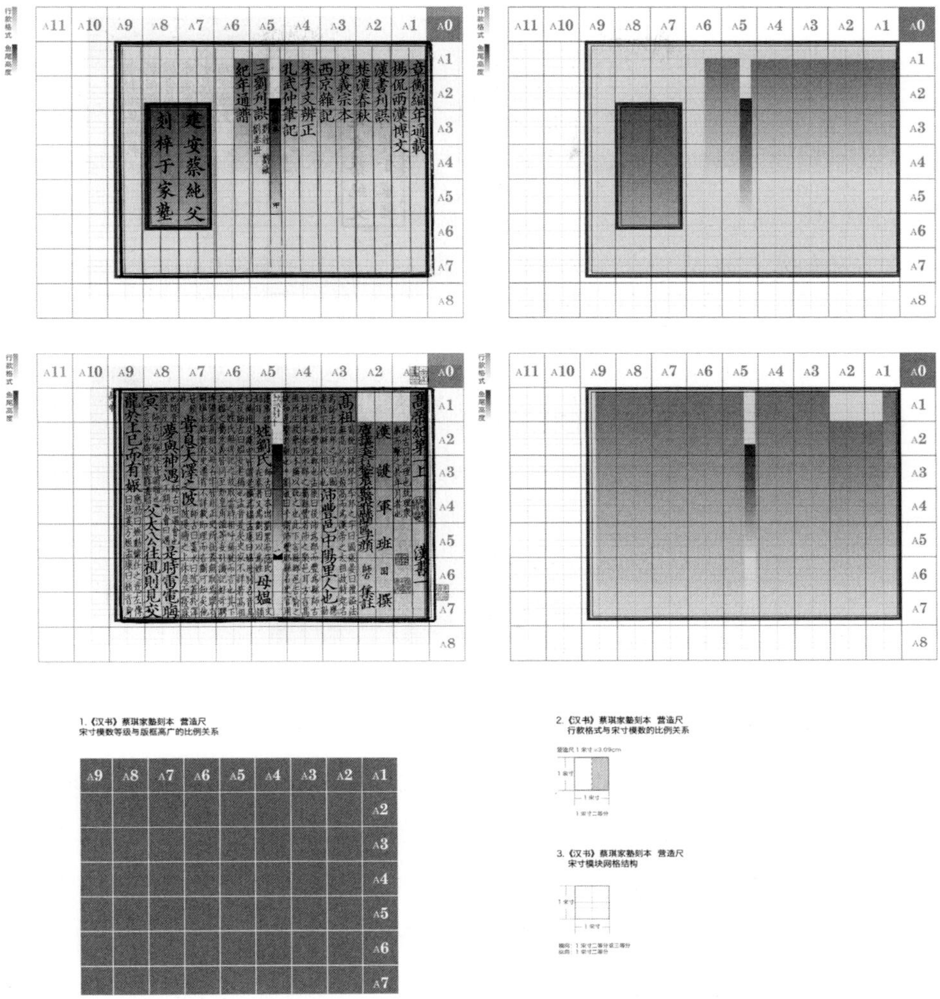

图 78　《汉书》蔡琪家塾刻本（网格分析系作者绘制）

宽度窄于界行宽，约为其一半宽，上鱼尾上空约二又二分之一个宋寸单元格。“法帖刊误卷上”书写格式可分为三个层级关系：一级层级以“法帖刊误卷上”为例，顶格设计；二级层级以“左朝奉郎行秘书省”等字为例，空前排两个汉字，同时以网格线为基准，空格一个宋寸单元格；三级层级为正文，顶格设计。

庄夏刻本《东观余论》版面范式：第一，此刻本版面设计以福建乡尺为尺度标准；第二，“一版双面”版框高与宽的比例关系约为 8:11；第三，界行宽为二宋寸三等分；第四，行款与宋寸模块的比例关系为 2:3，即两个宋寸模块三等分；第五，书写格式以网格线为基准，空格标准为宋寸单元格横向三等分；第六，网格系统为两个个宋寸单元格内，横向三等分，纵向三等分。如图 79 所示。

本章小结

（一）市场导向：宋建本版面范式的多元系统化设计

宋代福建地区刻本的版面范式设计特点，相当程度上反映了该地域出版的意志、规格、风气及趋向。宋建本以售卖获利的坊刻本为主，在版本学中尤其特指建阳书坊的刻本。不同于官刻或家刻本，建坊刻本受其刻书目的影响，刻本生产的人力、物力、财力均不同，从而形成自己独特的版面范式设计特点。坊刻书籍版面在如何方便读者查阅，如何吸引读者购买等诸多设计营销的层面做足文章，其中能看出书商竞争中的设计智慧。总体来看，建刻本的刻书情况比较复杂，有刻本是浙江杭州地区王叔边来刊刻的，有的是几个出版机构联合刊刻的，有的官刻本是官府出资，委托私家或坊间刻印。而私家刻书，更多的则取决于出书者个人意愿的喜好。从刻书地域来看，建刻本中常把建阳、建安、麻沙、崇化等地区的刻本并提。其实历史上建阳县隶属建安郡，东汉至隋称建安郡，唐五代称建州，宋以后为建宁府，因此“建安”就是“建

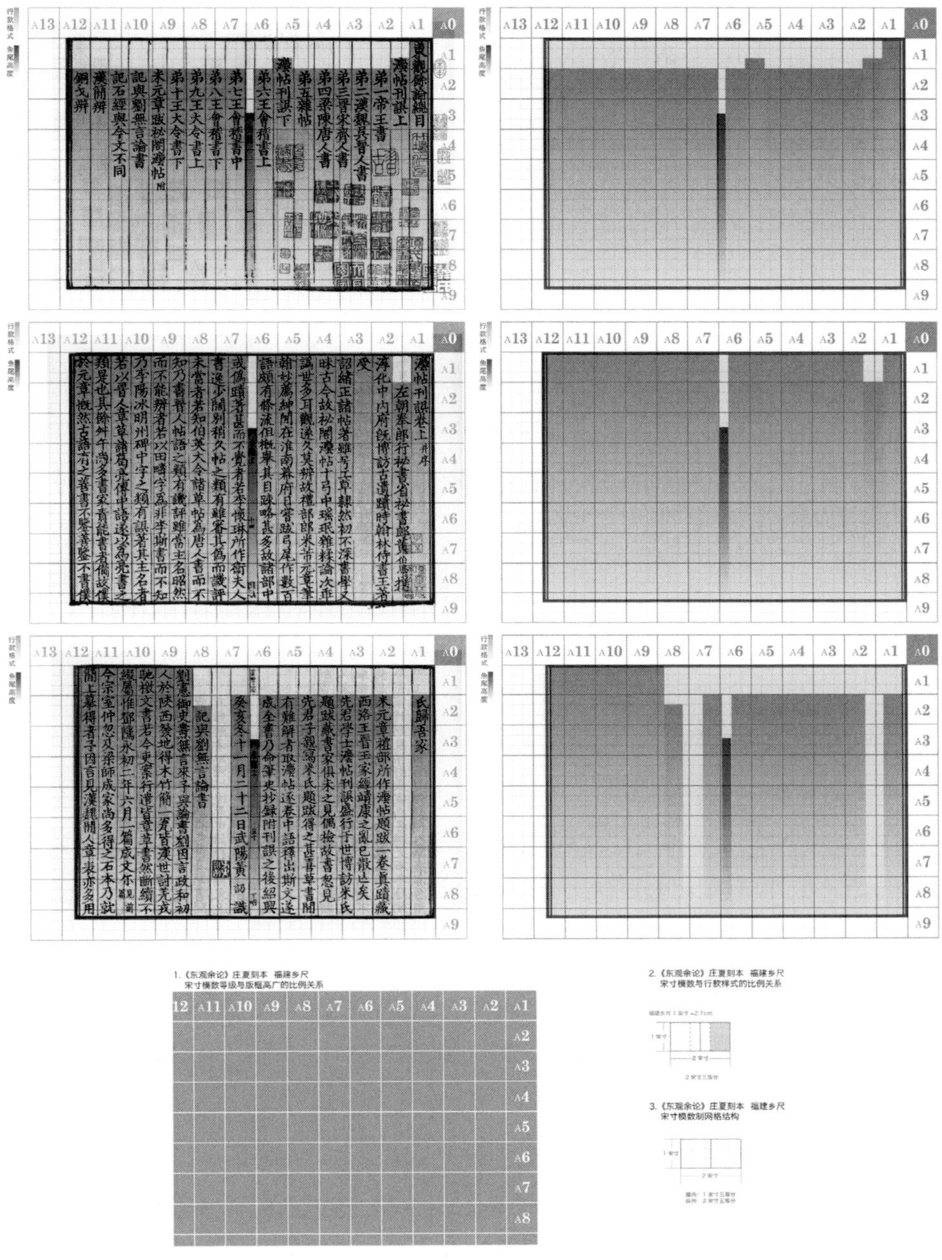

图 79　《东观余论》庄夏刻本（网格分析系作者绘制）

阳”[13]。还有崇华地区因交通不便，常把印好书籍运送麻沙出售，很多“麻沙本”有相当一部分其实是崇化书坊所刻。因此，建刻本的版面或许保留了浙刻本的基本特征，建官刻本的版面也会有私刻、坊刻本的刻书特点，即使有署名刻书地的版面也会是其他坊刻的面貌。笔者从设计学视角，以版式设计的尺度标准和网格系统为切入点，建立基于宋寸单元格的网格系统，通过对建刻本版面的版框高广、界行、字体、版口、鱼尾、书耳、牌记、插图、行款等视觉元素的分析，总结出建刻本的版面范式设计特征与规律。

1. 宋建本版面范式中版框高广的比例标准。笔者以《中国版刻图录》《中华再造善本》之宋刻影印本为视觉材料，分析具有确切版框尺寸记载的宋建刻本 35 本。从尺度标准来看，建官刻本的版面范式设计，主要有营造尺和福建乡尺两种尺度标准（第二章的图 7）。其中 18 本为营造尺标准，且多数集中在建官刻本中，而家刻本和坊刻本则是营造尺和福建乡尺两种标准共用。以家刻本为例，笔者统计的 13 本中，有 9 本为福建乡尺的尺度标准。从用尺标准上可见福建地区的地方性管制较为突出。

建刻本的影印图像通过在基于宋寸单元格的模块网格系统中的比对与叠加，笔者发现，官刻本中有 9 本以营造尺为尺度标准，有 8 本“一版双面”版框高与宽比值为 7:10，如图 80 所示，图中 7:10 的区域也是重叠最多的部分。13 本家刻本，其中 9 本为福建乡尺，有 8 本“一版双面”版框高广的比例为 7:10。从这一点可以看出，7:10 的比例规律似乎不受尺度影响，而是一种雕版刻书手工艺手口相传的标准。坊刻本中版框高广的比例关系比较多，有 4 本是 3:4，4 本是 2:3。似乎以营利为目的的书坊也形成了自己的一套行业规范，这种 3:4 或 2:3 的比例更利于减少成本，以达到版面使用率为目的。由此可见，不受用尺标准的制约，建刻本“一版双面”版框高广的比例标准主要有三种，主要是 7:10，还有 3:4 和 2:3。其中，7:10 的比例规律吻合宋刻本书版规格的基本审美标准。因为，笔者已经选取 440 本有精确公尺记载的宋刻本，并且通过

13. 同注9，第105页。

大数据统计与分析得出“一版双面”版框高广的比例值一致，即以0.7为平均值，各部类刻本均在0.65至0.75之间上下浮动。这也刚好论证了，不受尺度标准和古今尺度换算的影响，宋刻本一版双面的书版规格是在以7:10为标准的上下区间内浮动。然而坊刻本中还出现了一些其他比例值的个案，或许未受主流比例规律的影响，但都基本遵循宋寸模块网格系统中的基线标准。这些没有被标准化的比值，主要取决于书籍刊刻成本的预算或书商编辑设计的结果。尤其在民间雕版印刷业中，“父子相传、师徒相授”的传承模式，使刻本生产的设计准则各不相同。竞争越激烈，民间手工业的技艺越保密。因此，这些多样性的设计准则和地方用尺的设计现象，从侧面也反映出宋建本雕版印刷业发展的多元化。同时局限于地域性刻本生产技艺的保护，福建坊间刻本“一版双面”版框高广的比例规律逐渐形成7:10和3:4的设计规范，建刻本书版规格的审美标准正在萌芽并发展。

2. 宋建本版面范式中行款格式的设计标准。“行款，一般是指古籍书叶（即“页”）版面的行数和字数，又称行格、行字，历来是版本鉴定的重要依据。从现存宋本分析，似无定式。”[14]区别于“行格疏朗”的浙刻本，建刻本行款的鉴赏一般有“版面清爽”或“行款紧凑”等形容。在古籍鉴赏中，依据目测经验，仅仅是通过形容词标准来判定建刻本的版式特征似乎缺少科学性。其实建刻本形成的这种视觉面貌，是基于宋寸模块网格结构，以几何学平面分割设计的结果。

笔者进行图像实证，将建刻本影印本的版面等比例放大或缩小，目的是为了使其与记载的版框尺寸保持一致，还原该刻本的原书大小。根据尺度标准和宋寸模块网格系统的双重比对，发现建刻本中的行款格式因其刻书出处不同，呈现多种类型，主要可归纳为以下五种，即1:2、1:3、1:4、2:3、2:5的比例关系，可参见图81。最让笔者兴奋的是，其中10本以营造尺为主要尺度标准的建官刻本，其行款格式与宋寸模块的比值均为1:2的比例关系，还有

14. 黄镇伟编著：《中国编辑出版史》，苏州：苏州大学出版社，2014年，第198页。

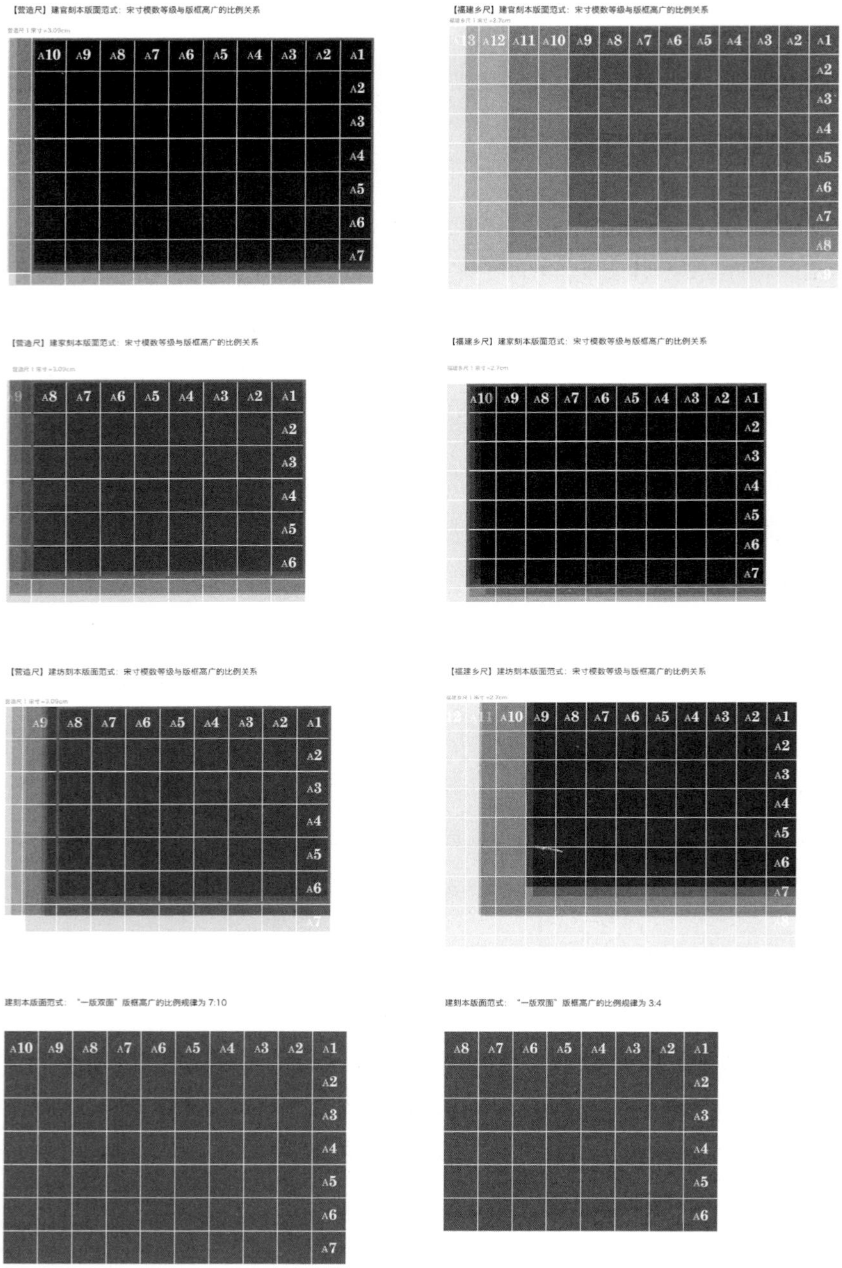

图 80　建刻本版框高广设计规律（图片系作者绘制）

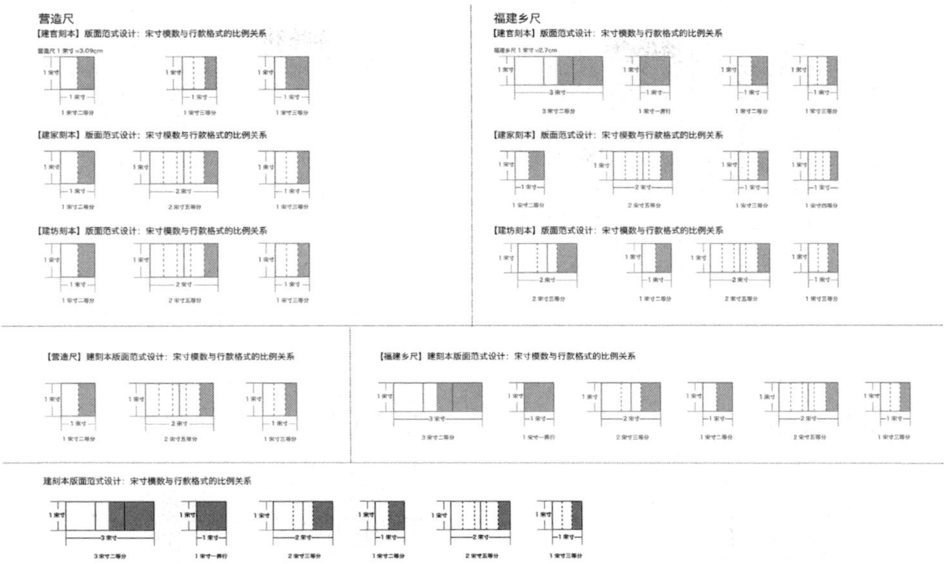

图 81　建刻本行款样式设计规律（图片系作者绘制）

7 本为福建乡尺标准的家坊刻本，其比值也为 1:2；其中 15 本建家坊刻本，其行款格式与宋寸模块的比值均为 2:5 的比例关系。通过以上数据可以总结出，建刻本版面“行款疏朗悦目”，其界行宽度为宋寸单元格内二等分，主要表现在建官刻本的版面特征中；建刻本版面“行款紧凑”，其界行宽度一般为两个宋寸单元格为五等分，主要表现为建家坊刻本的版面特征中。行款格式与宋寸模块的比例标准或许是师徒之间的制版规范，1:2 和 2:5 的比值不受用尺标准的影响，主要受出书人的成本预算和刻本品相的设计制约。建官刻书由政府出资，财力稳定，这类刻本一般以 1:2 的比例设定行款格式，而建家坊刻本，有为节省成本的，设定好印版大小，就用 2:5 的比例划分刻本的行款格式，由此文字细窄，上下排列紧密。

3.宋建本版面范式中宋寸模块网格系统设计。宋刻之善，看似是视觉层面的审美效果，实则是基于数学几何平面分割的结果。这种几何平面的分割关系，主要体现在写样底稿的格子结构，也是现代版式设计的网格系统。从表象来看，建刻本的版式多样，装饰性强，原因是坊刻书商因市场竞争而做出的许多版面设计的创新。比如为了便于读者有效阅读，在单个文字的设计上，单行大字的字体横细竖粗，双行小注的字体横竖等细，目的是在视觉上凸显大字，降低小字的版面灰度，从而使文字层级分明，提高易读性。在段落文字的设计上，则主要体现在句读与分章的层级关系上。然而，笔者在建刻本影印本的图像分析中发现，并不是所有提行或转行都以前排几个汉字为空格标准，有些是通过隐藏于表象之下的宋寸模块网格结构为设计标准。比如空一个宋寸单元格，或空三分之一宋寸单元格等规律。笔者通过对35本建刻本书写格式提行设计标准的分析，总结隐藏在建刻本版面范式中的宋寸模块网格设计系统，共计8种。分别是宋寸模块网格横向三等分；宋寸模块网格横向三等分、纵向二等分；宋寸模块网格横向四等分、纵向二等分；宋寸模块网格三等分法（宋寸模块九宫格）；宋寸模块四等分法；三个宋寸模块为一个网格单元，横向三等分、纵向二等分；两个宋寸模块为一个网格单元，三等分法；两个宋寸模块为一个网格单元，横向三等分、纵向五等分。如图82所示。总体来看，无论是一个宋寸模块的网格单元还是多个模块合为一个网格单元，其网格结构的横向分割，基本以三等分为标准，而纵向的分割主要决定了版面行款的疏密，限定了界行和字体的宽度。想要刻本的字大悦目、行款疏朗，那么宋寸模块的网格单元格分割数量约少；想要节约成本，字行紧凑，那么宋寸模块的网格单元格分割数量约多。

（二）装饰趣味：宋建本版面范式的形式系统设计

其一，导向性的图形符号。不同于浙江地区的刻本版面范式，宋建本的版式除了常见的边框、版口鱼尾、象鼻、界行、字体等视觉元素，在版面设计中还出现了许多具有导向性的图形符号。这源于宋代出版注疏合编书籍的体例创新，增加了版面文字信息传播的复杂程度。设计者一方面希望方便读者查阅经注疏，一方面要思考如何组织布局这些文字，从而达到信息有秩序的传递。相对于文字符号，图形符号的视觉冲击力更强，辨识度更高。图形

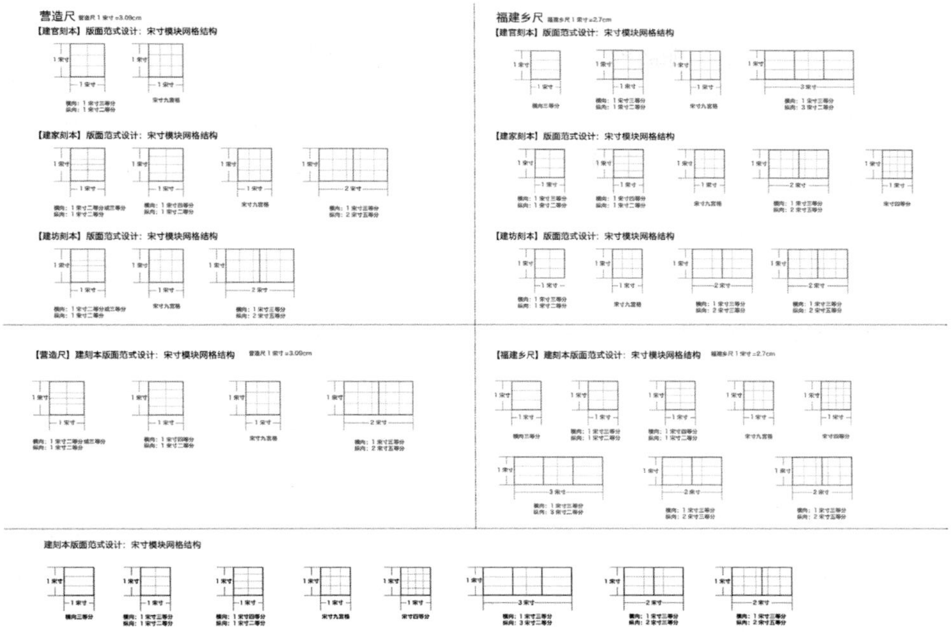

图 82　建刻本书写格式设计规律（图片系作者绘制）

符号与文字混排，可以很好地解决诸多信息内容的层级关系，使版面建立有序的阅读流程。因此，从版式设计的信息传达功能来看，这些导向性的图形符号具有提高书籍版面信息传递的时效性，从形式上满足注疏合编体例创新的功能需求，同时又兼有书商营销层面的审美与阅读的统一性。

从装饰趣味上来看，图形符号的设计形式可分为三种类型（如图83）：第一种是文字图形化的设计形式。这类的图形符号多用墨盖子将文字信息进行阴刻处理，黑底白字，甚至四周再加一圈墨围，形成双边纹饰的视觉效果。墨围，是将文字周边用墨线围成的小黑框。墨盖子，又称阴文，指为了凸显将版面内的某字衬以墨底刻成白文。墨盖子有矩形、椭圆形等图形样式[15]。第二种是为强调标题的图形符号设计。在文字上方增加空心圆圈或者

15. 肖禹：《古籍文本数据格式比较研究》，上海：上海远东出版社，2017年，第56—60页。

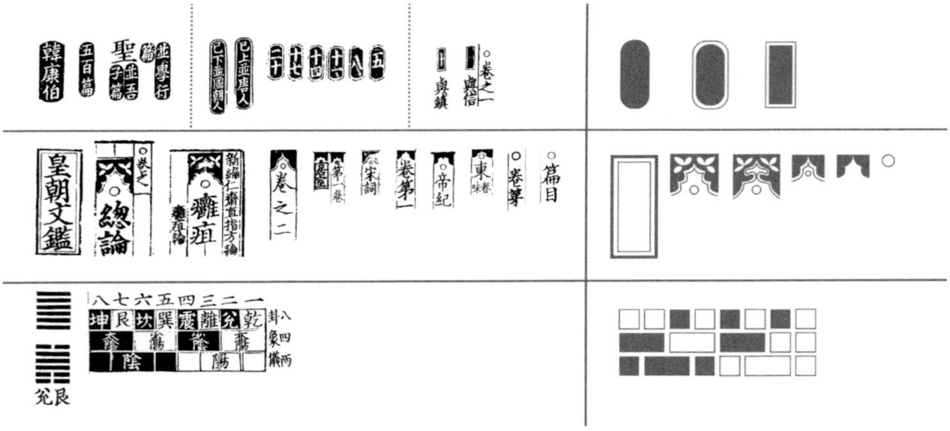

图 83　建刻本导向性图形符号系统设计（图片系作者绘制）

鱼尾样式的装饰性图形，目的是为了使标题醒目，引导观者有序阅读。这种加强导向性的图形符号有空心圆圈的、黑色长方形的、四周加边线的，也有加圆圈和鱼尾样式的形式，还有直接在标题大字的四周加上双线边栏的。第三种是有关《周易》内容的图形符号。这类设计直接将《周易》八卦的图形设计到内文中，与大字占据相同空间，并将相关的信息内容图形化设计，形式为方块样式，黑底白字或白底黑字。总之，这些导向性的图形符号设计为圆形、方形或鱼尾等形状，增强了视觉表现力，可以直观生动地引导读者准确、迅速地找到关键信息，为文字导向服务。同时，这些装饰性的图形符号还承载着书籍版面的美观功能。尤其是符号被设计得形式多变，细节多样，具有独特的视觉吸引力，可以调动读者的观看兴趣并刺激其购买欲望。这在设计营销的层面具有强烈的市场竞争性，并且满足文人士子心理与视觉的多重需求。这些具有导向性的图形符号的设计系统，不仅从功能上建立起版面的阅读秩序，还使建阳坊刻本赋有地域与时代性特征。

其二，装饰性的牌记样式。牌记相当于现代出版物的版权页，是建阳书商将书名、作者、刊刻地点、刊刻年代等信息，设计为一个图记的系统设计。这时的牌记既有广告宣传的作用，同时也是宋代出版物版权意识觉醒的体现[16]。从功能性来看，建阳书坊刻书业之间竞争激烈，诸如刘元起、黄善夫、蔡氏等知名的坊刻者，在序页或目录页之后都刻有自家牌记（如图84），是一种品牌营销手段。牌记常被用来作为古籍版本鉴定或考订版本源流的参考依据，但需谨慎的是，牌记又是书商盗版经营最容易作假的一种手段。从审美性来看，宋建本中的牌记样式丰富，由简到繁的装饰性特点可分为两种类型。第一种是简洁的类似版框样式的牌记设计。有四周单边的牌记设计，如建安黄善夫的牌记样式，文字分两行，四周以粗黑线的边栏设计；有文武边，左右双边，外粗里细，上下单边的牌记设计，如蔡梦弼的牌记样式；有四周双边的牌记设计，如建安刘元起、建安蔡纯父子、麻沙刘将仕等牌记样式。第二种是装饰性强，样式新颖类似园林窗花的牌记设计。如钱塘王叔边刻本的牌记设计，左右单线双边，上下文字上方有空心圆圈图形符号，再加花边鱼尾的装饰性纹样，将整体牌记突出强调，样式新颖独特。比如建安刘日新宅三桂堂刻本的牌记设计，四周单线单边，将四个直角转折处设计为两个圆弧形状，类似园林窗花的样式设计；比如蔡氏刻本的牌记设计，四周双边，外粗内细，四个直角转折处，设计为内凹角样式。牌记样式的装饰性与趣味性十足，从侧面可看出宋建本在流通中激发了消费者、市场及书商对刻本形式多样化的需求。

其三，区域化的文本层级关系。篇和卷是宋建本的计量单位，其中卷次命名又有“上下、内外、前后”等，十分复杂[17]。而宋建本版面文本的层级关系除了书名和卷次，还有著者与编者、刻本年代及刊工姓名、刻书家、本版字数、页码等内容[18]。在从右向左的直排布局中，如何建立页面高效的视觉引导，从而使阅读流程顺畅，书写格式的规划设计就显得尤为重要。具体来看，宋建本直排文字书写格式的设计，主要表现为文字信息视觉阅读引导的变化。首先，宋建本书写格式纵向的视觉流程，表现为书名标题或卷次名

16. 林申清编著：《宋元书刻牌记图录》，北京：北京图书馆出版社，1999年，第2—7页。

17. 曹之：《中国古籍版本学》，武汉：武汉大学出版社，1992年，第401页。

18. 李楠、李杰编著：《中国古代藏书》，北京：中国商业出版社，2015年，第23页。

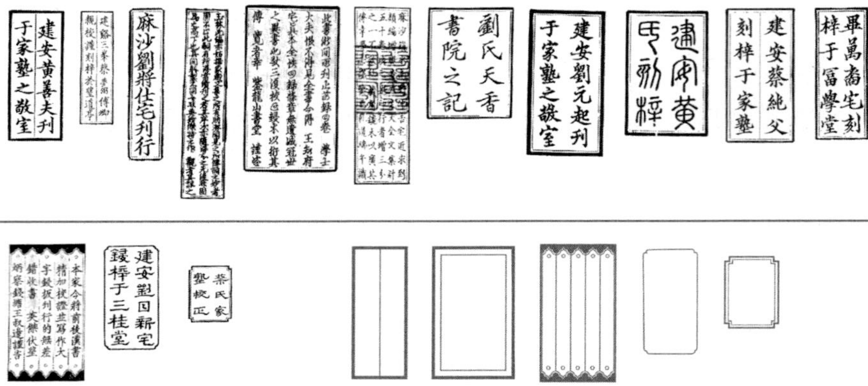

图 84　建刻本装饰性牌记样式的系统设计（图片系作者绘制）

顶格设计；其次是副标题、撰者信息或双行注文小字等信息。这些文字的书写格式有两个设计标准，一个是以前排的字符为书写标准，常见的有空前排一到两个汉字；另一个是以版面设计中隐藏的网格线为对齐基准。多数书写格式的设计标准会同时符合以上两点，也有个别案例未能分辨出是空格前排几个汉字时，往往是以隐藏的网格线为设计标准。这种设计方法不难理解，因为早在我国的石碑文化中，汉字之间会有方块格子作为文字书写的对齐标准。以九江郡斋刻本《自警编》为例（如图85），段落正文转行的一级层级标题顶格设计；二级层级“学问类”提行，以网格线为设计基准，空三分之二宋寸单元格；三级层级“学问”提行，空前排两个汉字；四级层级正文顶格设计，转行后空前排一个汉字。以第一段“范鲁公质”等文字内容为例，皆以转行的设计标准进行编排，形成区域化布局。后一段“太宗欲相”等文字内容“跳出”，又以同样的书写格式形成另一个区域化的布局设计。这种分类区域化的设计系统，目的是使读者清晰文章的段落内容，在页面的有秩序有层级关系的设计引导下阅读。

其四，多样性的插图与行款布局设计。为使读者很好地理解书籍内容，以“图书之府”闻名的宋建本，在版面上配有许多插图设计。这种插图的设

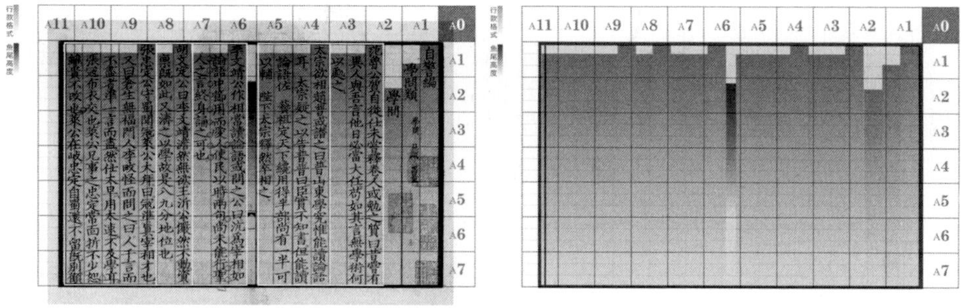

图 85　九江郡斋刻本《自警编》版式区域化文本层级关系的系统设计（图片系作者绘制）

计系统主要体现在两个层面，一个是版面插图形式上的设计系统，另一个是版面插图与行款布局的设计。

首先，在插图形式上，不仅有常见的诸如地图、易图、人像图，还有思维导图式的文字信息图表的设计。比如龙山书院刻本《纂图互注春秋经传集解》（图 86）“三皇五帝”的版式设计，编辑者将文字内容用类似树状图的思维导图结构排列，梳理“三皇五帝”的内容。这种文字信息图表的结构形式，以父子层次结构来组织内容，分枝可表示其相互的关系。这从侧面也可以看出，宋建本版式设计中强烈的图版意识。

其次，在插图与行款布局的设计上，笔者根据对宋建本影印本的图像分析，发现插图的设计改变了刻本行款的设计。古籍行款指文字的书写顺序和排列形式，包括字序和行序。字序自上而下，行序自右而左。宋建本插图与行款布局设计的基本形式可归纳为两种。一种是“上书下图”，插图与行款呈上下分割布局，行款在上，插图在下。比如，刘氏天香书院刻本《监本纂图重言重意互注论语》中的“鲁国城里之图”，就是典型的上下分割，以文释图。比如，毕万裔宅富学堂刻本《李侍郎经进六朝通鉴博议》中“六朝建都之图”，行款一行六字，标题在上，插图在下。其中在插图的区域内，又呈左中右的分割形式。横跨两个版面的插图，行款只有一行标题字体的设计，而字体的大小受制于界行的宽度。这使纵向直排的界行样式，形成由右

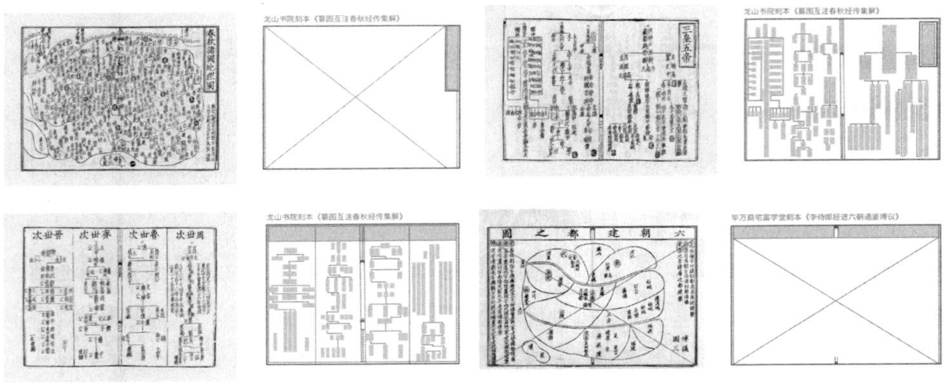

图 86　建刻本多样性插图与行款的系统设计（图片系作者绘制）

向左横向的界行设计。横向的界行宽度往往以隐形的网格线为基准，同时界行宽也是标题字体的高度。另一种是“左图右书”，插图与行款呈左右分割布局，行款在右，插图在左。这种行款有的呈一行几字的标题字体设计，四周会加单线或双线的边框，有的是几行几字，图文并茂，相辅相成。例如，龙山书院刻本《纂图互注春秋经传集解》，其中“春秋诸国地理图”，标题字在左上方，文字有边框设计，四周双边，外粗里细；跨版插图的尺幅受限于刻本版框高广的尺寸，中间无中缝版口。也有尺幅较小的插图混排在行款之间，其尺幅的宽度往往是界行宽度的倍数，而高度则是以宋寸单元格的二等分或三等分为基准计算。

综上所述，建阳书坊林立且竞争激烈，为取悦读者，扩大市场份额，各家商铺在书籍版面范式的形式设计上有诸多装饰性趣味。由于远离政治中心，宋代福建地区民间的版刻设计自成系统。为满足书籍体例上的注疏合编功能需求，其版面视觉各要素之间建立设计关系。总体来看，宋建本版面范式在形式上的系统性设计可归纳为四点：第一点，导向性图形符号的视觉设计；第二点，区域化书写格式的视觉设计；第三点，装饰性牌记样式的视觉设计；第四点，多样性插图与行款的视觉设计。

（三）比例分割：宋建本版面范式的标准化系统设计

其一，宋建本不同书版规格的统一比例标准。从尺度标准来看，宋建本主要有宋代营造尺和福建乡尺两种尺度标准（如图 87 所示）。笔者将影印图像放在基于宋寸单元格的模块网格系统进行比对与叠加，发现“一版双面”版框高与宽比值为 7:10 的刻本图像重叠最多，其次为 3:4。从以上比例规律可以看出宋代福建地区的坊刻本似乎形成了一套自己的行业规范。7:10 的比值是宋刻本“一版双面”版框高广的普遍规律，而出现的新的比值 3:4，或许是为更利于书商节省成本，以达到较高版面使用率的设计目的。当然还有个例的书版规格，是 7:9 和 8:11。这些没有被标准化的比值，取决于书籍刊刻成本的预算或书商编辑根据不同书籍品类设计的结果，或是民间雕版印刷业“父子相传、师徒相授”的传承模式。局限于地域性刻本生产技艺的保护，宋建本书版规格的比例规律正逐渐形成 7:10 和 3:4 为主的设计规范，从侧面也反映出坊间刻书以市场为导向，自由竞争下的刻书设计多元化的审美标准正在萌芽并发展。

其二，宋建本行款格式的多样化与分割标准。宋建本因其出版主体的不同而呈现出行款格式的多样化特点，看似是视觉层面的审美结果，实则是潜藏其表象之下的基于宋寸单元格的模块网格系统，也是基于数理平面分割的设计结果。笔者将宋建本影印图像的版面等比例放大或缩小，目的为还原该刻本的原书大小，使其与记载的版框尺寸保持一致。根据尺度标准和宋寸模块网格系统的双重比对，发现宋建本的行款格式可通过网格设计的分割规律归纳为1:2和2:5的比例关系（如图88）。比如宋建本行款格式与宋寸单元格为1:2的比值，呈现行款疏朗的版刻特征；为2:5的比值，主要呈现刻本行款紧凑的版刻特征。由此可见，无论出版主体与书版规格有何不同，根据出版人的成本预算和刻本品类的需求，宋建本的版面范式主要形成1:2和2:5的网格分割标准。宋建官刻书由政府出资，财力稳定，这类刻本一般以1:2的比例设定行款格式，而宋建家坊刻本，有为节省成本的，设定好印版大小，以2:5的比例划分刻本的行款格式，由此文字细窄，上下排列紧密。总体来看，宋建刻本

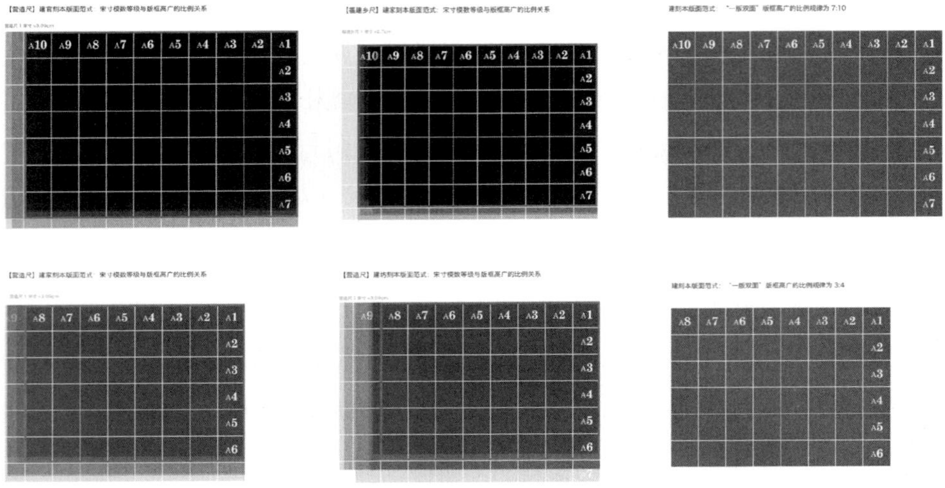

图 87　建刻本版面范式中书版规格的比例新规（图片系作者绘制）

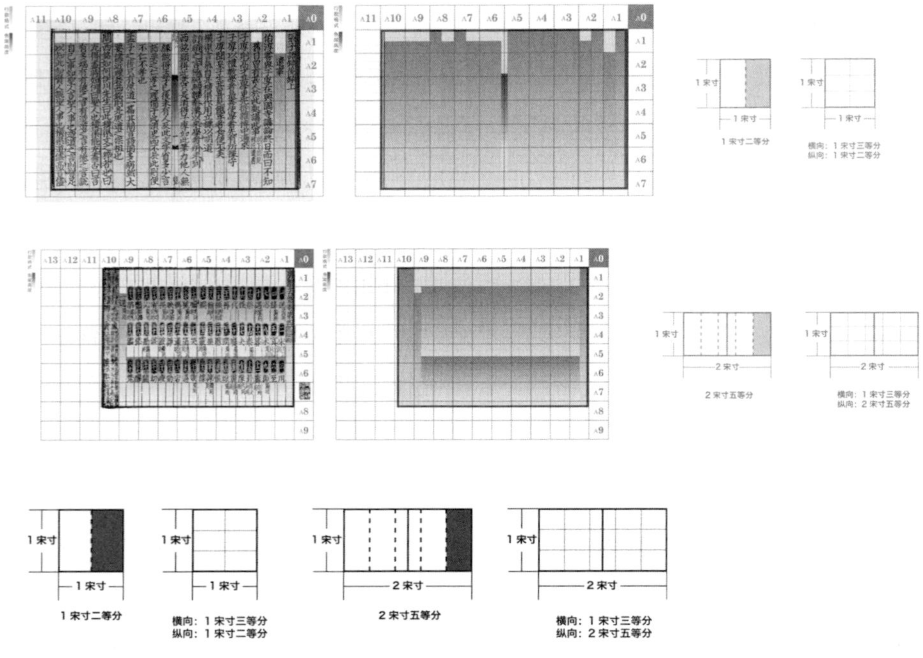

图 88　建刻本行款格式与宋寸模块的比例关系（左图：吴坚福建漕治刻本《张子语录》，右图：建宁府黄三八郎刻《钜宋广韵》，图片系作者绘制）

的网格结构横向分割，基本以三等分为标准，而纵向分割灵活度更高。纵向分割主要取决于版面行款的疏密变化，并限定了界行和字体的宽度。宋建刻本字大悦目、行款疏朗，则宋寸模块网格单元格的分割数量少，界行宽；为节约成本，刻本字行紧凑，则宋寸模块网格单元格的分割数量多，界行窄。

（四）大众文化：宋建本版面范式系统设计的文化形态

宋代福建本几遍天下，成为继浙江、四川之后的又一大刻书中心。除了福建自身的地缘优势和区域经济的繁荣发展，还得益于宋室崇文的政治理念和在商品市场规律运行下的大众文化。宋代福建官学与私学并兴[19]，作为科举文化和理学思想传播的重要基地，宋建本的市场需求量大，刻书种类繁多，因此呈现出多样性和丰富性的版刻特征。坊间刻本在内容上或许校勘不精，但其版面范式设计有功能性的装饰元素和一定比例规律的系统化设计。整体来看，以宋建本为线索所反映的社会文化形态，在实质上是雕版印刷技术与市场经济发展相适应的一种市民文化的产物。福建坊间刻本种类多、印量大，能够被批量化生产，并形成一定的标准化模式，这也正是大众文化商品在社会发展的必然趋势[20]。因此，形成宋建本版面范式系统设计的大众文化形态具体可总结为以下四点。

一是，宋代福建民间雕版印刷技术基础坚实。此地先后开展了规模浩大的儒释道三大藏的刻书活动[21]，再加之政治经济重心的南移，这里早已积累了雕版印书人文与技术的刊刻实力。这种产生于下层社会的雕版印刷技术，

19.同注9，第90—108页。

20. 陶东风：《当代大众文化价值观研究：社会主义与大众文化》，沈阳：辽宁教育出版社，2014年，第101页。

21. 同注5，第52页。北宋福州闽县东禅等觉院刻《崇宁万寿大藏》、开元寺刻《毗卢大藏》、天宁万寿观刻《政和万寿道藏》，这两部佛藏和一部道藏，即是宋代著名的释、道三大藏的刊刻。从北宋元丰三年（1079年）至南宋绍兴二十一年（1151年），这72年间，佛道三藏各集十数万块的版木，镂刻近2万卷佛道全藏，其中万寿大藏的刊竣仅用5年多时间完成。

具有更广泛的技术基础[22]。二是，宋建本的流通促使消费者需求多样化。宋代文治下的科举制改革，客观上激发了平民取仕的积极动力。闽浙两地文人士大夫成为宋王朝的重要支柱，尤其是朱熹在故里建阳、武夷一带创立“闽学”，兴建书院、结庐讲学[23]。朱子理学与书院文化遍及闽北，一时民间出版用书需求大，藏书与刻书风气兴盛。三是，宋建本种类丰富，印量大，书商经营意识超前，逐渐兴起了集编辑、雕版、印刷、发行为一体的流水作坊经营模式[24]。书坊主人重视培育人才，不仅自己从事售卖，更是主持编辑校对的组织者。这使刻本在刻印前期就具有很好的设计规划，在后期雕刻工序基本以家庭作业或师徒关系为主，由此形成的雕版印刷手工业一体化的经营模式，使宋建本版面范式设计标准的建立成为可能，而这种标准，在相当程度上反映了该地域出版的意志、规格、风气及趋向。四是，经书文本类型多样化发展，客观上成为市场自由竞争的风向标。执政者为加强思想统一，强调儒家经典的书籍传播，而儒家经书文本在宋朝时期逐渐规范统一，十三经作为儒家经典核心的文本形式得到确立，经书文本也出现了附释文本、注疏合刻本等多样的形式[25]。宋建本为迎合科举用书，书坊把经注和疏编刻一起，便于读者查阅。

从设计内容与形式的层面来看，这种刻本内容体例的多样化发展，同时又影响了市场导向下宋建本版面范式的设计系统。以建阳书坊刻本的颜体字为例，为配合刻书内容的注疏合编，在汉字排印上，书商有意识调整正文大字和双行注文小字的字体特点，单行大字横细竖粗，双行小注横竖等细，视觉上墨色淡，目的是在视觉上凸显大字，降低小字的版面灰度，从而使文字层级分明，提高易读性。在刻书内容上，比如南宋中期黄善夫刻印的《史记》，

22. 杭间：《中国工艺美学史》，北京：人民美术出版社，2019年，第33—69页。

23. 同注12，第37页。

24. 同注8。

25. 张丽娟：《宋代经书注疏刊刻研究》，北京：北京大学出版社，2013年，第1页。

就是将集解、索隐、正义三家注编为一体的合刻本。还有“纂图”的经子新读本，也是经书中配有大量插图，如图像、图解和地图等，其目的都是便于阅读与理解。

综上所述，宋代社会变革促使福建坊间刻本以市场为导向，竞相发展。福建地区雕版印刷技术普及、市民需求量大，一体化的手工经营模式促使宋建本的标准化生产成为可能。这种雕版印书的大众文化气象使宋建本版面范式设计达成内容与形式的统一，并形成区域性的版面范式设计系统。

（五）结语

以南宋建阳坊刻本为代表的宋建刻本，因其刻书目的多旨在谋利，常常草率行事，致使校勘不精，避讳不严，纸墨也很不讲究。叶梦得《石林燕语》评价宋代各地刻书“天下印书以杭州为上，蜀本次之，福建最下。”然而，从版式设计审美的角度来看，建刻本的刻书具有独特的设计创新之处。宋建本书籍体例上的诸多变革以及刻书出版业产业化的营销手段，均影响了其版面范式的系统化设计。在设计学视域下，坊间书商为使版面设计达到美观与实用性并重，使形式配合内容的发展而设计出导向性的图形符号、版式区域化的文本层级关系、装饰性的牌记样式，以及做出多样性插图与行款的系统设计，以求达到形式与功能的统一。从设计路径上来看，笔者通过以宋代营造尺和福建乡尺两套尺度体系构建基于宋寸单元格的模块网格系统，对宋建本的版面图像进行对比与分析，发现不同版刻特征的宋建本有其内在的版面范式设计规律。即宋建本书版规格主要有 7:10 和 3:4 的比例规律，并且行款格式受隐形网格分割标准的设计制约，纵向为 1:2 和 2:5 两种分割标准，横向为 1:3。宋寸模块网格单元格内有二等分、三等分或四等分等不同样式，行款越紧凑，则网格单元格内的平面分割数量越多，反之则不然；书写格式的提行设计，表象来看是空前排几字的“跳出”设计，实际是以内在网格结构线为标准而进行的空间布局设计。由此说明，雕版印刷技术比活字印刷更具有灵活性与实用性。一整块印版可根据刻本内容与形式、成本预算的需求，做装饰趣味性的设计，或改变字体大小，或设计行款格式的疏密。大众文化形态下，以市场为导向的宋建本版刻特征变化多样，并受内在网格系统的设计规范制约，实现了宋建本的多样性与标准化生产。

第六章
宋蜀刻本版面范式设计研究

第一节　蜀刻本的起源与发展

北宋开宝四年（971）成都雕造《大藏经》五千余卷[1]，使四川刻书声驰千里。作为宋代三大刻书地域中心之一的蜀刻本，在当时拥有如此刊刻规模的人力、物力与技术水平，并非一蹴而就。从以往学者对蜀刻本的研究成果来看，推动四川雕版印刷业逐步繁盛，可归纳为三个历史时期的人、事、物坐标线索。

蜀刻本之起源可追溯至唐代时期，源于学界对我国雕版印刷术的起源之争。众多学者以史料文献为证，讨论雕版印刷或始于东汉、晋代、六朝、隋代、唐初贞观、唐中等，迄今未成定论。但被学界公认的我国现存最早发现的印刷品实物《陀罗尼经咒》，就在成都市东门外望江楼附近的唐墓出土[2]，现藏于四川省博物馆。由此证明，成都远在唐代就形成了雕版印刷的刻书气候。究其原因，四川位于我国内陆腹地，盆地中山脉均为东北至西南走向，省内有大小江河千余条，河流多自西北向东南流，因此河流常将山岭切断造成深邃山谷[3]。“蜀道之难，难于上青天”，这种山河险阻的地理特征，固然成为

1. 赵万里：《中国版刻的发展过程》，原载于《人民日报》1961年5月4日，现收录于宋原放主编：《中国出版史料：第1卷 古代部分》，武汉：湖北教育出版社，2004年，第224页。
2. 肖东发：《中国印刷图书文化的起源》，《出版科学》2000年第2期，第49—53页。
3. 楼云林：《四川》，上海：中华书局，1941年，第8页。

“僖宗幸蜀”[4]的绝佳选择。黄巢起义打破了唐朝中央朝臣、宫廷宦官与地方藩镇的三方均衡格局[5]，政治经济中心转向成都。水润天府，茂林修竹，赤色盆地和温和的气候适宜麻、茶等经济作物栽培。四川的经济无论在水利灌溉、耕作技术，还是蜀锦井盐的手工业，都有重要成就。蜀地优越的自然、经济条件和造纸术的繁盛发展，为雕版印刷业提供了丰富的物质保障。蜀郡广都（今四川双流县北）地区的麻纸和皮纸生产对后世影响较大，尤其是楮纸纤维造纸，在隋唐时期享负盛名[6]。并且，四川住民除了本土籍还有外省籍之分，以西藏人言，就有唐古忒人、西番人等分别[7]。这里少数民族种类多，有较大的藏族聚居区，崇信佛道者颇多。加之密宗咒语的影响，宗教信徒的传经需求，以及商业繁荣下民间坊刻的利益所驱，蜀地刻书声生势长、水到渠成。此外，名满天下的蜀刻本还通过僧人宗睿流传至日本，播诸海外，可想当时蜀地刊书之盛况[8]。总之，除了先天优势的自然资源，蜀地雕版印书的繁荣发展更离不开历史时空下政治经济与人文发展的共同作用。

蜀地刻书规模和范围的进一步发展以五代宰相毋昭裔为坐标线索。唐末藩镇各霸一方，蜀地偏远却保持了偏安局面，形成了文化中心，印刷业也比较发达。据记载，前蜀乾德五年（923）昙域和尚检寻其师父贯休诗稿约一千首，雕刻板部，题号《禅月集》[9]。前蜀兴亡，孟之祥入蜀建都成都，七十余年未发生战争。后蜀后主孟昶尚儒经，命毋昭裔镌刻儒经于石壁，因此有了《孟蜀石经》。而宰相毋昭裔自己也力倡刻书，先后刻印了《文选》《初学记》《白氏六帖》诸书。然而，蜀地刊刻贩卖的多是广大市民阶层常用的通俗书和佛教经典，统治阶级和士大夫们所需用书极少。五代冯道进谏请令判国子监田

4. 陈世松主编、《四川简史》编写组：《四川简史》，成都：四川省社会科学院出版社，1986年，第91页。

5. 胡耀飞：《黄巢起义对晚唐藩镇格局的影响》，《文史哲》2017年第4期，第130—145页。

6. 胡昭曦：《四川书院史》，成都：巴蜀书社，2000年，第45—52页。

7. 同注3，第35页。

8. 向达：《唐代长安与西域文明》，石家庄：河北教育出版社，2001年，第132页。

9. 张秀民：《中国印刷史》，上海：上海人民出版社，1989年，第43页。

敏校刻经典，因此有了宋人所称的旧监本《九经》《经典释文》等书[10]，并且《九经》作为标准本被后世传写。在田敏进印版《九经》之岁，毋昭裔也刊印《九经》[11]。总而言之，毋氏营学馆、雕群书，促使蜀中文学复盛。

南北两宋战乱与纷争之时，宋蜀刻本由兴盛趋于式微。965年，宋太祖赵匡胤命将伐蜀，次年正月，孟昶投降，后蜀灭亡[12]。得益于五代时期积累的雄厚的雕版印刷技术，北宋开宝间，赵匡胤下令成都主持开雕《大藏经》，即开宝藏。开宝藏印成费时12年，多达13万版，足以见得蜀地刻书之实力。南宋时，蜀中又相继刊印了《太平御览》《册府元龟》等大型书籍[13]。宋金对峙之际，蒙古部落兴起并派兵大举入川，攻陷成都，四川首府被迫迁往重庆[14]。四川地区因受金与蒙古的疆域之争，与宋室中央逐渐分隔。但是作为军事上的必经路线，宋代朝廷只得给予蜀地更大的自主权以处理当地的军政事宜[15]。四川的刻书业也逐渐转移到成都府路的眉山地区。眉山是成都影响下发展起来的，例如《苏文忠公文集》和《淮海先生闲居集》等，与成都所刻大字本群经注字体刀法完全相同[16]。眉山最重要的刻本为《七史》（包括《宋书》《齐书》《梁书》《陈书》《魏书》《北齐书》《北周书》），是井宪孟任眉山漕运司主持刻印。眉山七史，称蜀大字本，半页九行，行十八字[17]。靖康之乱，中原沦陷，此书几亡。其印版由于历代刷印，版片模糊，入浙后重刻。此外，还据旧监本翻刻《周礼》《礼记》《春秋》《孟子》《史记》《三国志》等经史要籍[18]。眉山地区的私家或坊刻本有眉山程舍人宅刻《东都事略》、书隐

---

10. 顾廷龙：《唐宋蜀刻本简述》，《四川图书馆学报》1979年第3期，第9—13页。
11. 同注9，第48页。
12. 同注4，第95页。
13. 严佐之：《古籍版本学概论》，上海：华东师范大学出版社，2008年，第35页。
14. 陈德言编著：《我们的家园·四川》，济南：山东画报出版社，1998年，第26—27页。
15. 同注4，第126页。
16. 宿白：《唐宋时期的雕版印刷》，北京：生活·读书·新知三联书店，2020年，第137页。
17. 同注9，第85页。
18. 同注13，第36页。

斋刻《国朝二百家名贤文粹》等。眉山书坊虽盛，但还不及建宁和临安。从书隐斋等几处书坊雕版可以看出，“四川与晋陕，自来往还频繁，宋金对峙之际，并未隔绝”[19]。在传世的宋蜀刻本中，最有代表性和影响力的是唐名家诗集，后世称为宋蜀刻《唐六十家集》。这项刻书工程是集多家刻书机构之力，逐批逐本刊刻而成，历经两宋二百余年[20]。综上所述，宋代政府热心国家图书馆的收藏补充，为了宣传封建文化，大力提倡刻书。北宋中期以后，古文运动和儒学复兴运动的宋代蜀学已经形成，并兴盛发展[21]。两宋之际，四川书院集中于研究讲论、传播交流，以其独特的优势和特点推动了蜀地的文化教育事业。但是整体来看，从宋初的反宋斗争和王小波、李顺起义，再到南宋后期抗蒙战争，蜀地常年兵戈扰攘。再加之南宋定都临安，杭州刻书业日益昌盛，建阳坊刻崛起，故而宋代蜀地刻书转向衰落，更可惜的是，遗存下来的宋蜀刻本亦是凤毛麟角。

第二节　蜀刻本的版刻特征及分类系统

（一）蜀刻本的版刻字体特征

宋蜀刻本的版刻特征一般从字体、刀法、版式、序跋、避讳及用纸等方面进行阐述。在设计学视域下，我们主要从字体和版式两个角度来展开讨论。版刻所谓字体，是由书写人与刻工合作完成，因此刻书字体之研究，包括书写者之字体，及刻工之刀法[22]。首先，宋蜀刻本的字体特征介于颜柳之间。颜真卿是中唐时期书法家的代表，李清志先生曾将颜体字的特征总结为以下四点。一是，颜体字用笔圆润，笔画较肥，结构实博，字形微圆；二是，横直笔画左露尖，右顿圆角。这种圆笔法，尤其以横画收笔时向右下方顿笔，回

19. 同注16，第138页。

20. 李明霞：《宋蜀刻〈唐六十家集〉版本考辨》，《四川图书馆学报》2012年第2期，第93—96页。

21. 同注6，第44页。

22. 李清志：《古书版本鉴定研究》，文史哲出版社，1986年，第35页。

锋所形成的右半圆角最具特点；三是，横细直粗最明显；四是，颜字一点一画的书写最为认真，起笔与止笔，变得紧张而夸大，充满力量。[23]其中，宋蜀刻本中颜体书风的第二点特征，接近建本，但转折处的刀法又较建本圆润。柳公权是晚唐时期的代表，将颜筋使转顿挫的笔法加以夸示。李清志将柳体主要总结为五点特征。一是，用笔方圆兼使，笔画肥瘦并兼，结构精紧宽博俱全，字形正方；二是，横画右端收笔法近颜，但回锋下顿所形成之半圆角略带三角与颜有别；三是横直粗细之差极小，则如欧体；四是，三点水旁之第二点，析作两笔，与欧颜明显不同；五是，柳字之运笔，如横画收笔、折笔拐弯等处，均着力一顿，则出自颜法。此亦为颜柳与欧法之一大差异。[24]从时空来看，柳体字特征有对颜体字的延续。诸家对宋蜀刻本版刻字体特征所见，多为颜柳体的概述，与方正的宋浙本形成对比，但又异于建本刀法的方峭而锐利。

总而言之，宋蜀刻本大字本的字体特征混合了颜体与柳体两家书风，主要体现在撇与捺，书写得很长、很尖上；而蜀刻唐人文集的小字本继承了北宋成都地区开宝藏刻印的字体特征，撇与捺不是很长，整体显得古拙质朴，被看作是四川早期刊刻的残留。两种字体形态并存，从侧面说明宋蜀地的刊刻技术远不如宋浙本，因为技术发达到一定程度，必然促使刊刻字体形成统一。宿白评价："成都眉山雕版字体略扁，撇捺遒长，其大字版，字大如钱，黑色如漆，在南宋雕版中另具疏朗明快风格。这种川版特征曾影响长江中游，特别是江陵（今宜昌）、鄂州（今武昌）地区。"[25]版刻字体的书风格调是地域性的审美取向，成稿的风格包括了写样者与刻工者共同的艺术结果。字体特征作为传统版本鉴别的衡量标尺一直深受学者们的青睐，从"观风望气"到李清志先生所提出的目测法和理功法二者结合，宋蜀刻本的字体特征可作为刻版断代、断地的基准。

---

23. 同上，第38页。

24. 同上。

25. 宿白：《南宋的雕版印刷》，《文物》1962年第1期，第15—28页。

（二）蜀刻本的版刻版式特征

宋蜀刻本的版式特征一般与宋浙本相同。自南宋定都临安，宋代浙江地区逐步替代了北宋蜀地优越的地位，形成“杭州为上，蜀刻本次之”的刻书局面。再加上存世的宋蜀刻本数量稀少，多为北宋末、南宋时期之物。由此，版本鉴定把宋蜀刻本的版式特点与存世较多的宋浙本相比较。黄永年在《古籍版本学》中记载：“版式。同于浙本，白口，单黑鱼尾，左右双边，书名、卷次、页次的位置也同于浙本，记刻工姓名则不如浙本多，书耳一概没有。”[26]李清志《古书版本鉴定研究》在宋版版式一节中论述：“就版心言：浙、蜀等大部分地区之刻本，绝大部分为白口，仅极少数为黑口……浙蜀等地区刻本，大多为单鱼尾，少数为双鱼尾，间有无鱼尾，而以横短线将版心区分成若干格，通常以五格较多。就边栏言，部分南北宋，不分浙蜀闽，绝大部分为左右双边，上下单边，简称左右双边。版心上方（上象鼻）记大小字数，下方（下象鼻）记刻工姓名，为宋代各地刻本常见之款式。”[27]赵万里主编的《中国版刻图录》将宋代成都眉山地区的刻书分为两种，一是翻印中央政府颁行的标准本，此外是唐书文集以及地方志、医书和类书等刻本。总体评价宋蜀刻本：“开版宏朗，字体遒劲，纸张洁白，校勘精审，可和浙本媲美。”[28]宿白在《唐宋时期的雕版印刷》中，将成都、眉山、两浙地区做刊工互见比较，得知四川与两浙、福建相同，刊工流动于官府和书坊之间。书中主要对四川刊工的姓名、流动及刊工数字进行考辨，以字体作为版刻特征的衡量标尺，而没有对宋蜀刻本版式的考论。毛春翔的《古书版本常谈》[29]从版框样式、字体行款、纸色用墨等八个角度，概括了宋刻本整体的版刻特点，其中对宋建本分论述较多，欠缺对宋蜀刻本版式特征的分析。而李致忠的《历代刻书考述》《古书版本鉴定》《古代版印通论》等书目中，以官、家、坊刻的出版机构为分类标准，

26. 黄永年：《古籍版本学》，南京：江苏教育出版社，2009年，第81页。

27. 同注22，第107—108页。

28. 北京图书馆编：《中国版刻图录》第1册，北京：文物出版社，1990年，第3页。

29. 毛春翔：《古书版本常谈》，上海：上海古籍出版社，2003年，第24—40页。

通论了宋刻本的版式特征，缺少时空下地域刻本特征的比较研究。笔者认为，设计学视域下，宋蜀刻本的版式特征除了表象可见的形式特点，在版框高广的比例关系、行款与书写格式的设计规律上应有进一步的讨论空间。

（三）蜀刻本的版刻分类系统

宋代蜀地交通闭塞，常年受战乱侵扰，雕版印刷技术水平不如浙江地区，也由此形成了蜀地独特的版刻分类系统。关于宋蜀刻本的版刻分类，目前尚无专门研究，涉及这个问题的主要是对古籍版本鉴定的研究。从诸多学者对宋蜀刻本版刻系统的分类来看，主要有以字体大小为标准，分为大字本、中字本、小字本；再者以行款数量为分类标准分十一行本、十二行本等；或是以出版主体为标准，分为官刻本、家刻本、坊刻本。因为宋蜀刻本遭受元兵焚掠严重，流传下来的比浙本和建本都少得多，有些刻本是家刻还是坊刻无从辨析，由此，对于宋蜀刻本的版刻分类系统还是以前面两种为标准。

在学界已有的研究基础上，笔者通过对现存宋代蜀刻本的分析，具体总结为以下两类标准。一类是以字体大小为标准，将宋蜀刻本分为大字本和小字本。如张秀民《中国印刷史》，书中不仅论述蜀刻本分大字本、小字本，同时还以地区分类[30]。还有顾廷龙在《唐宋蜀刻本简述》文中认为："宋蜀刻本唐人集基本可分为十一行本和十二行本两套系统，称为中字本。十一行本为北宋或南北宋之际所刻，到南宋时期，逐渐又形成十二行本的版刻特征……八行、九行本，版式阔大，为大字本；十三、十四行的则以小字本名之。"[31]刘少泉在《唐宋蜀刻版本述略》中，从刻书主体的角度，将蜀刻本归为蜀大字本，开版宏朗，行格疏密有致。将"栏豁字大"的行格版本又归纳为三个系统：蜀大字本系统，包括八、九、十三种行格本；蜀中字本系统包含十一

30. 同注9，第85页。以字体大小分类："大字本《孟子》、大字本及小字本《史记》"，"井宪孟为四川漕，命眉山刊行，称蜀大字本，半页九行，行十八字"。以地区分类："四川刻的通称'蜀刻本'或'川本'，又分成都本、广都本、眉山本等"。

31. 同注10。

行和十二行两种行格本；蜀小字本系统，含十三、十四两种行格[32]。

第二类是以行款数量为标准，将宋蜀刻本，尤其是蜀刻唐人集分为十一行本、十二行本等。并且，在此分类标准中又有分两个或三个版本系统。各家之争，一种认为宋蜀刻唐人集大致有两种版本系统，如罗伟国在《宋蜀刻唐人集见闻》文中说："宋蜀刻唐人集，大致有两种版式：北宋及南北宋之际所刻，为每半页十一行本；南宋初期到南宋中叶所刻，为每半页十二行本。"[33]还有陈杏珍《宋代蜀刻〈经进详注韩文〉与〈百家注柳文〉》文中也将幸存传世的蜀刻唐人文集分为十一行二十字本和十二行二十一字本，两个系统[34]。张丽娟《宋本》[35]也将蜀刻唐人集分为十一行、十二行两个系统。一种则认为应该分为三个版本系统。如李明霞在《宋蜀刻〈唐六十家集〉版本考辨》一文中，认为存世的宋蜀刻唐人集应分为十行、十一行、十二行，三个版本系统[36]。

综上所述，在设计学视域下，笔者认为在宋蜀刻本的版面设计要素中，行款是宋刻本版面范式设计的重要要素，具有"联动"效应。行款的宽窄与数量和刻版的字体大小及视觉特征相互影响。大字本，顾名思义是字体较大的本子[37]。在相同版框大小的区域内，为使视觉感受为版式阔大，需要牺牲行款的数量，以增宽行格之间的距离，从而满足字体大的设计需求。通常宋蜀刻本大字本一般为八行本或九行本。同理，小字本，就是字体较小的本子。

---

32. 刘少泉：《唐宋蜀刻版本述略》，《四川大学学报》（哲学社会科学版）1989年第4期，第104—109页。

33. 罗伟国：《宋蜀刻唐人集见闻》，《浙江学刊》（双月刊）1992年第3期，第115页。"宋蜀刻唐人集，大致有两种版式：北宋及南北宋之际所刻，为每半页十一行本，如《李太白集》等；南宋初期到南宋中叶所刻，为每半页十二行本，如《孟浩然集》等。宋蜀刻唐人集诸书，与别本内容上颇多差异，甚至在分卷上也独树一帜。"

34. 陈杏珍：《宋代蜀刻〈经进详注韩文〉与〈百家注柳文〉》，《文献》1992年第1期，第163—169页。

35. 张丽娟、程有庆：《宋本》，南京：江苏古籍出版社，2002年，第16页。

36. 同注20，"目前存世的宋蜀刻唐人集，经过历代藏书家、文献家鉴定，有二十五种，分为十行、十一行、十二行，三个版本系统。"

37. 曹之：《中国古籍版本学》（第2版），武汉：武汉大学出版社，2007年，第40页。

刻本版面以小字设计，以减少行格之间的距离，提高行款的数量，从而促使版面率变高，一版双面的刻字量增多。总结来说，行款要素的变化将“联动”刻本版面字体大小的设计，以及版面的视觉感受。行款间距宽，则字体大，行款间距窄，则字体小；行款密集则版面紧凑狭窄，行款稀疏则版面开阔。行款的宽窄制约了刻本的字体大小；行款的疏密制约版刻的视觉特征。当然，此处所指字体大小与行款之间的“联动关系”，还需要根据具体刻本开本大小，或者说是与其版框高广有密切的联系。例如巾箱本，书籍自身开本小，故而版框高广较小。即使其版面呈阔朗的视觉效果，行款宽度同一般规格的刻本宽，字体大小也会受开本制约，呈现小字本的样式。以上，根据诸家的版刻分类系统标准的分析，笔者通过统计和梳理现存宋蜀刻本影印图像的数量多寡，最终确定以行款为宋代蜀刻本的版刻系统分类标准，从而主要比较分析十一行本与十二行本的设计差异及其原因。

第三节 蜀刻本版面范式设计

《中国版刻图录》按刻书地区分类，收录宋蜀本共计 20 本。包括《开宝藏》《春秋经传集解》《礼记注》《新刊国朝二百家名贤文粹》《册府元龟》《骆宾王文集》《李太白文集》《王摩诘文集》《后山诗注》《三国志注》《新编近时十便良方》《孟浩然诗集》《孟东野文集》《新刊元微之文集》《李长吉文集》《郑守愚文集》《新刊经进详注昌黎先生文》《新刊增广百家详补注唐柳先生文》《嘉祐集》《淮海先生闲居集》。《中华再造善本》，以经史子集为分类标准，补充了《中国版刻图录》宋蜀本的书目，包括《刘文房文集》《陆宣公文集》《新刊权载之文集》《昌黎先生文集》《刘梦得文集》《张文昌文集》《皇甫持正文集》《姚少监诗集》《许用晖文集》《张承吉文集》《孙可之文集》《司空表圣文集》《杜荀鹤文集》《南华真经》。由于《中国版刻图录》仅录两个半页，故以其为文献考证，并以《中华再造善本》为视觉材料，选取具有精确版框尺寸记载的宋代蜀刻本共计 28 本，在设计学视域下，以版本类型学和统计学为理论依据，构建以宋尺宋寸为度量标准的模块网格设计系统，运用比较研究法和计量研究法，以探寻宋蜀刻本版面范式内在的设计规律。

（一）蜀刻十一行本版面范式设计

1. 集部宋刻本十一行本《骆宾王文集》，框高 18.7 厘米，宽 11.2 厘米。每半页十一行，行二十字，白口，左右双边，尺度标准为营造尺。笔者总结出该刻本一版双面的宽度约为七宋寸，高度约为六宋寸，界行宽约三分之一宋寸。大字同界行宽，双行小字。书写格式基本按照空前排几个汉字的规律进行编排布局，同时以宋寸模块网格系统的网格线为设计标准。《骆宾王文集》序的书写格式可分为三个层级关系：一级层级以“骆宾王文集序”标题为例，顶格设计；二级层级以“鲁国”为例，空前排三个汉字，同时符合网格线基准，空一个宋寸；三级层级为正文，顶格设计。《骆宾王文集》目录的书写格式可分为六个层级关系：一级层级以“骆宾王文集目录”标题为例，顶格设计；二级层级以“骆”字为例，空前排六个汉字；三级层级以“宾王、荡子从军赋”等字为例，以网格线为基准，空三个宋寸；四级层级以“第一卷、第二卷”等字为例，空前排一个汉字，同时符合网格线基准，空三分之一宋寸；五级层级以“赋、诗”等字为例，空前排一个汉字，同时以网格线为基准，空三分之二宋寸；六级层级以“萤火赋、灵泉赋”等字为例，空前排一个汉字，以网格线为基准，空一个宋寸。《骆宾王文集》卷第一的书写格式可分为七个层级关系，前六个层级与目录一致，增加第七个层级为正文，顶格设计。中缝版口宽略窄于界行宽，上鱼尾上方以网格线为基准，空一又三分之一宋寸。

十一行本《骆宾王文集》版面范式设计规律：第一，此刻本版面设计以营造尺为尺度标准；第二，“一版双面”版框高与宽的比例关系约为 6:7；第三，界行宽三分之一宋寸；第四，行款与宋寸模块的比例关系为 1:3，即一宋寸模块三等分；第五，书写格式以网格线为基准，空格标准为宋寸模块横向三等分；第六，网格系统为宋寸模块横向三等分，纵向三等分。如图 89 所示。

2. 集部宋刻本十一行本《王摩诘文集》，框高 18.3 厘米，宽 11.2 厘米。每半页十一行，行二十字，白口，左右双边，尺度标准为营造尺。笔者总结刻本一版双面的宽度约为七又三分之一宋寸，高度约为六宋寸，界行宽约三分之一宋寸。大字同界行宽，双行小字。书写格式基本按照空前排几个汉字的规律进行编排布局，同时以宋寸模块网格系统的网格线为设计标准。《王摩诘文集》目录的书写格式可分为七个层级关系：一级层级以“王摩诘文集目录”标题为例，顶格设计；二级层级以“第一卷”为例，空前排一个汉字，同时以网格线为基准，空三分之一宋寸；三级层级以“王维”等字为例，以网格线为基准，空三个宋寸，字与字之间空三分之一宋寸；四级层级以“赋歌诗赞”等字为例，空前排一个汉字，空三分之二宋寸；五级层级以“夷门歌、松树歌”等字为例，以网格线为基准，空一个宋寸；六级层级以“登楼歌、双黄鹄歌”等字为例，空三又三分之一宋寸；七级层级以“敕卿之伯氏”等字为例，顶格设计。《王摩诘文集》卷第二的书写格式可分为六个层级关系：一级层级以“王摩诘文集卷第二”标题为例，顶格设计；二级层级以“书序记文赞”为例，文字顶端有装饰符号，顶格设计；三级层级以“与李侍郎书、与魏居士书”等字为例，空前排装饰符号后的一个汉字；四级层级以“与裴秀才迪书”等字为例，以网格线为基准，空三宋寸；五级层级以“与工部李侍郎书”标题为例，空前排一个汉字，约空一宋寸；六级层级为正文，顶格设计。中缝版口宽略窄于界行宽，上鱼尾上方以网格线为基准，空一又三分之一宋寸。

十一行本《王摩诘文集》版面范式设计规律：第一，此刻本版面设计以营造尺为尺度标准；第二，“一版双面”版框高与宽的比例关系约为 6:7；第三，界行宽三分之一宋寸；第四，行款与宋寸模块的比例关系为 1:3，即一宋寸模块三等分；第五，书写格式以网格线为基准，空格标准为宋寸模块横向三等分；第六，网格系统为宋寸模块横向三等分，纵向三等分。如图 90 所示。

3. 集部宋刻本十一行本《李太白文集》，框高 18.5 厘米，宽 11.2 厘米。每半页十一行，行二十字，小字双行同，白口，左右双边，尺度标准为营造尺。

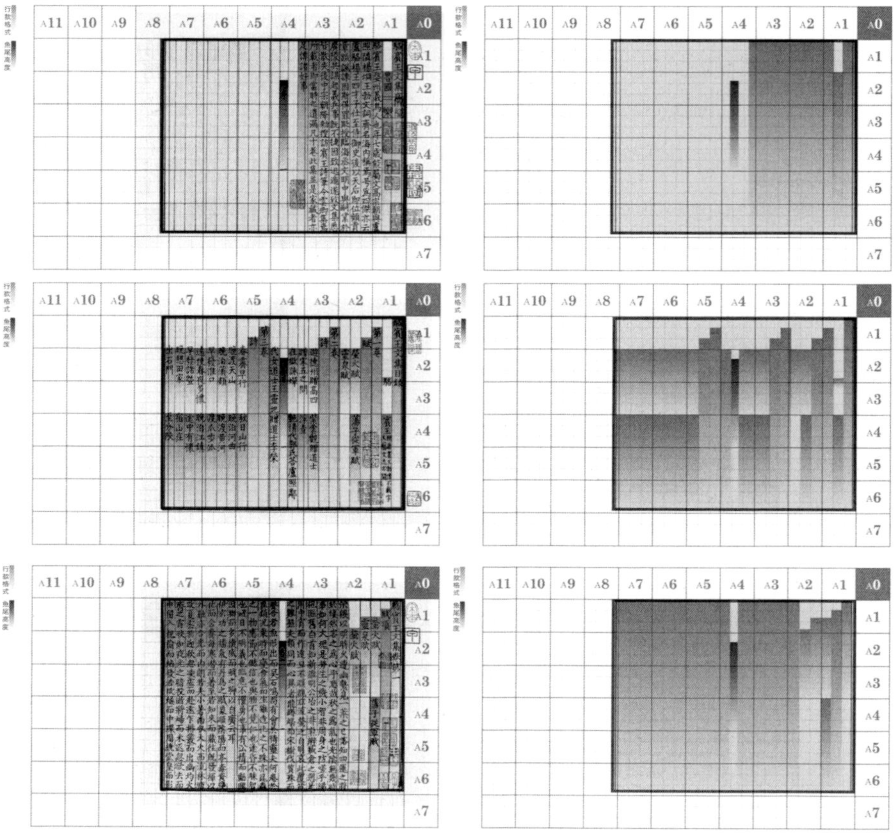

1. 十一行本《骆宾王文集》宋刻本 营造尺
宋寸模数等级与版框高广的比例关系

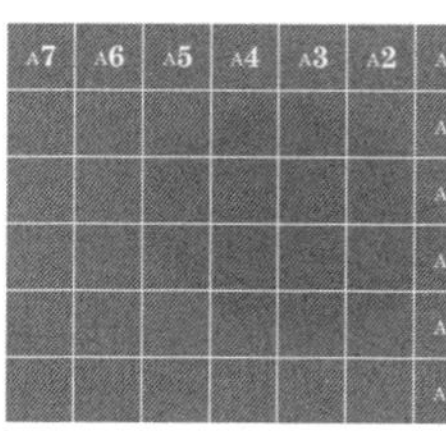

2. 十一行本《骆宾王文集》宋刻本 营造尺
宋寸模数与行款格式的比例关系

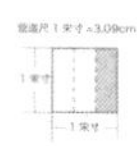

3. 十一行本《骆宾王文集》宋刻本 营造尺
宋寸模块网格结构

图 89 《骆宾王文集》十一行本（网格分析系作者绘制）

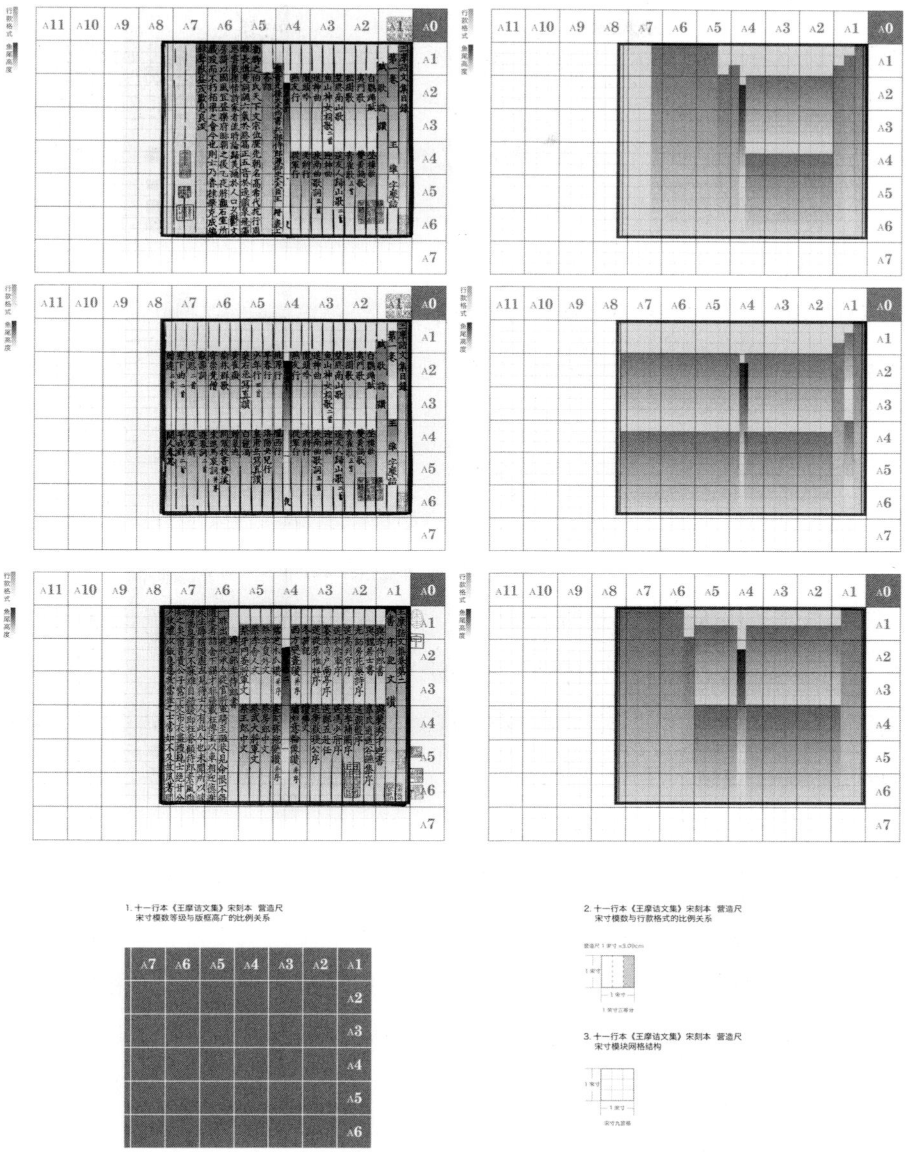

图 90　《王摩诘文集》十一行本（网格分析系作者绘制）

笔者总结出该刻本一版双面的宽度约为七又三分之二宋寸，高度约为六宋寸。界行宽约三分之一宋寸。大字同界行宽，双行小字。书写格式基本按照空前排几个汉字的规律进行编排布局，同时以宋寸模块网格系统的网格线为设计标准。《李太白文集》目录的书写格式可分为五个层级关系：一级层级以“李太白文集目录”标题为例，顶格设计；二级层级以“第一卷”为例，空前排一个汉字，同时以网格线为基准，空三分之一宋寸；三级层级以“草堂集序、李翰林别集序”等字为例，空前排两个汉字，目录第二页以“日出入行、北风行”等标题为例，符合宋寸模块网格基线，空一宋寸；四级层级以“李翰林集序、翰林学士李君墓志”等字为例，约空三又四分之一宋寸；五级层级以“歌诗五十九首、歌诗三十一首”等字为例，空前排“第二卷”一个汉字，同时以网格线为基准，约空三分之二宋寸。《李太白文集》卷第一的书写格式可分为四个层级关系：一级层级以“李太白文集卷第一”标题为例，顶格设计；二级层级以“草堂集序”标题为例，空前排三个汉字，同时符合网格线基准，空一宋寸；三级层级以“宣州”等字为例，以网格线为基准，空三宋寸；四级层级为正文，顶格设计。中缝版口宽略窄于界行宽，上鱼尾上方以网格线为基准，空一又三分之一宋寸。

十一行本《李太白文集》版面范式设计规律：第一，此刻本版面设计以营造尺为尺度标准；第二，“一版双面”版框高与宽的比例关系约为6:7；第三，界行宽三分之一宋寸；第四，行款与宋寸模块的比例关系为1:3，即一宋寸模块三等分；第五，书写格式以网格线为基准，空格标准为宋寸模块横向三等分；第六，网格系统为宋寸模块横向三等分，纵向三等分。如图91所示。

（二）蜀刻十二行本版面范式设计

1. 集部宋刻本十二行本《李长吉文集》，框高19.9厘米，宽14.5厘米。每半页十二行，行二十一字，白口，左右双边，尺度标准为浙尺。笔者总结出该刻本一版双面的宽度约为十又三分之一宋寸，高度约为七宋寸，界行宽约五分之二宋寸。大字同界行宽，双行小字。书写格式基本按照空前排几个

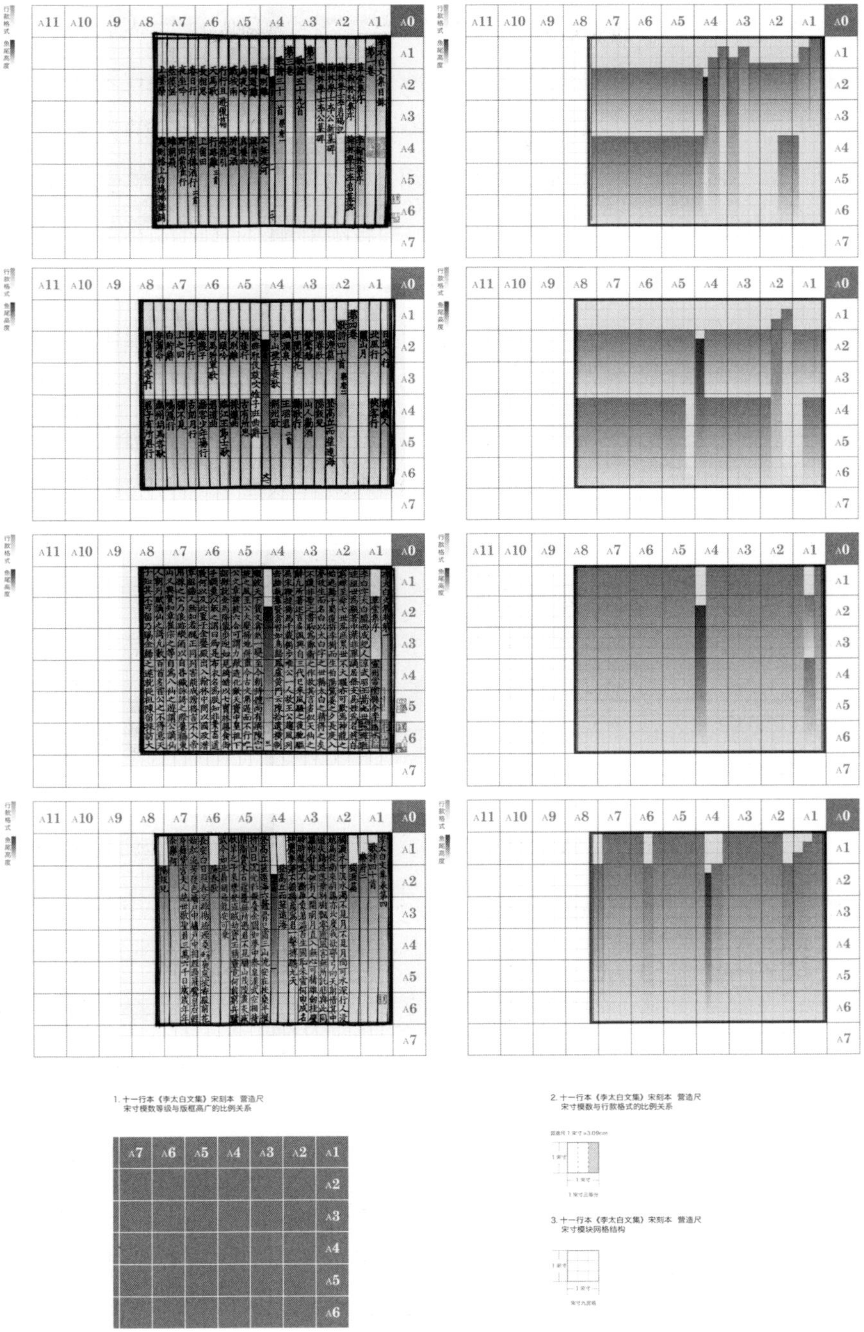

图 91　《李太白文集》十一行本（网格分析系作者绘制）

汉字的规律进行编排布局，同时以宋寸模块网格系统的网格线为设计标准。《李长吉文集》卷目的书写格式可分为六个层级关系：一级层级以“李长吉文集卷目”标题为例，顶格设计；二级层级以“李贺字”为例，空格以网格线为基准，“李贺”字与字之间空格三分之二宋寸；三级层级以“第一卷”为例，以网格线为基准，空格三分之一宋寸；四级层级以“歌诗”为例，空前排一个汉字，同时符合网格线基准，空三分之二宋寸；五级层级以“李凭箜篌引、示弟”等字为例，空前排一个汉字，同时以网格线为基准，空格一宋寸；六级层级以“残丝曲”等字为例，以网格线为基准，空三又三分之二宋寸。《李长吉文集》卷第一的书写格式可分为六个层级关系：一级层级以“李长吉文集卷第一”标题为例，顶格设计；二级层级以“歌诗”为例，空前排一个汉字，同时符合网格线基准，空三分之一宋寸；三级层级以“李凭箜篌引、示弟”等字为例，以网格线为基准，空格一宋寸；四级层级以“残丝曲、过华清宫”等字为例，空三又三分之二宋寸；五级层级以“李凭箜篌引”标题为例，空前排两个汉字，同时空一又三分之二宋寸；六级层级为正文，顶格设计。中缝版口宽略窄于界行宽，上鱼尾上方以网格线为基准，空一又三分之一宋寸。

十二行本《李长吉文集》版面范式设计规律：第一，此刻本版面设计以浙尺为尺度标准；第二，“一版双面”版框高与宽的比例关系约为7:10；第三，界行宽五分之二宋寸；第四，行款与宋寸模块的比例关系为2:5，即两宋寸模块五等分；第五，书写格式以网格线为基准，空格标准为宋寸模块横向三等分；第六，网格系统为宋寸模块横向三等分，纵向两宋寸五等分。如图92所示。

2. 集部宋刻本十二行本《刘文房集》，框高20.3厘米，宽14.4厘米。每半页十二行，行二十一字，白口，左右双边，尺度标准为浙尺。笔者总结出该刻本一版双面的宽度约为十宋寸，高度约为七宋寸，界行宽约五分之二宋寸。大字同界行宽，双行小字。书写格式基本按照空前排几个汉字的规律进行编排布局，同时以宋寸模块网格系统的网格线为设计标准。《刘文房文

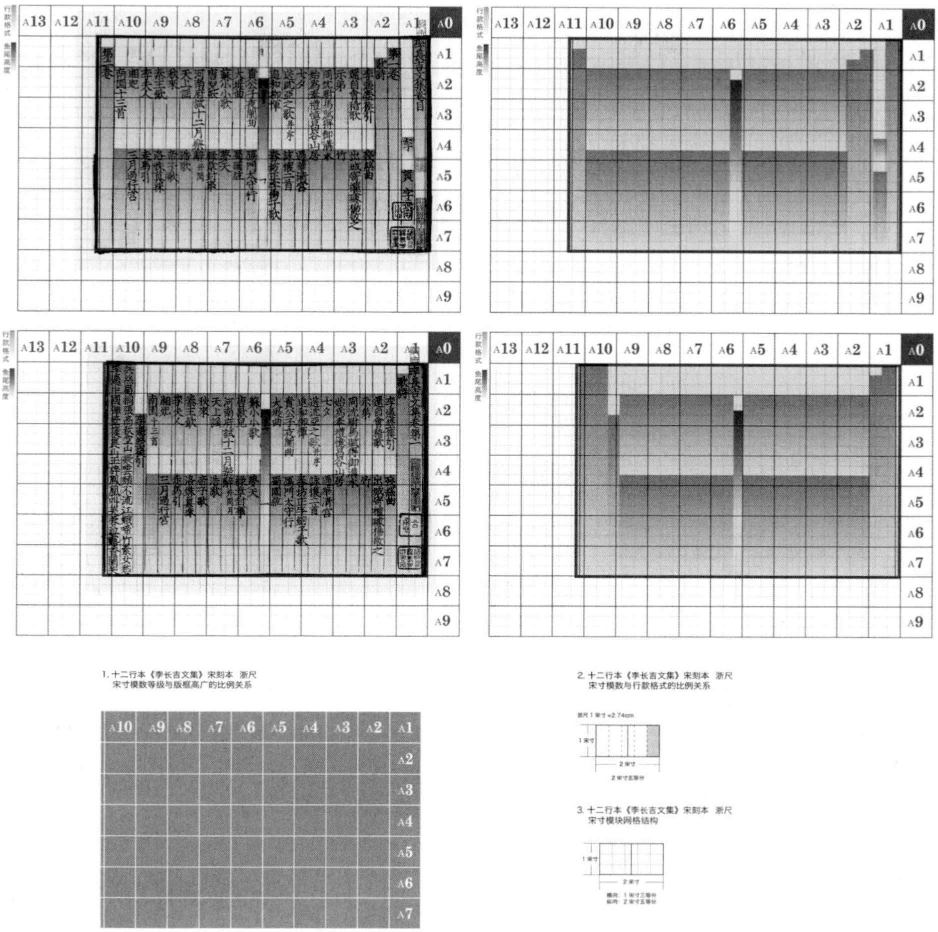

图 92　《李长吉文集》十二行本（网格分析系作者绘制）

集》卷第五的书写格式可分为六个层级关系，一级层级以“刘文房文集卷第五”标题为例，顶格设计；二级层级以“杂著”为例，空格前排两个汉字，同时以网格线为基准，空格三分之二宋寸；三级层级以“送元判官”等字为例，以网格线为基准，空格一又三分之二宋寸；四级层级以“崔中丞宅海红”等字为例，符合网格线基准，空四宋寸；五级层级以“送河南元判官赴河南”等字为例，以网格线为基准，空格两宋寸；六级层级位正文，顶格设计。中缝版口宽略窄于界行宽，上鱼尾上方以网格线为基准，空一又三分之一宋寸。

十二行本《刘文房集》版面范式设计规律：第一，此刻本版面设计以浙尺为尺度标准；第二，“一版双面”版框高与宽的比例关系约为7:10；第三，界行宽五分之二宋寸；第四，行款与宋寸模块的比例关系为2:5，即两宋寸模块五等分；第五，书写格式以网格线为基准，空格标准为宋寸模块横向三等分；第六，网格系统为宋寸模块横向三等分，纵向两宋寸五等分。如图93所示。

3. 集部宋刻本十二行本《陆宣公文集》，框高19.9厘米，宽14.5厘米。每半页十二行，行二十一字，白口，左右双边，尺度标准为浙尺。笔者总结出该刻本一版双面的宽度约为十宋寸，高度约为七宋寸，界行宽约五分之二宋寸。大字同界行宽，双行小字。书写格式基本按照空前排几个汉字的规律进行编排布局，同时以宋寸模块网格系统的网格线为设计标准。《陆宣公文集》目录的书写格式可分为四个层级关系，一级层级以“陆宣公文集目录”为例，顶格设计；二级层级以“第一卷”为例，空格以网格线为基准，空三分之一宋寸；三级层级以“奏议”为例，空前排两个汉字，同时以网格线为基准，空格三分之二宋寸；四级层级以“论两河及淮西利害状”为例，空前排一个汉字，同时符合网格线基准，空一又三分之一宋寸。《陆宣公文集》卷第一的书写格式可分为五个层级关系，一级层级以“陆宣公文集卷第一”为例，顶格设计；二级层级以“奏议”为例，以网格线基准，空格三分之二宋寸；三级层级以“论两河及淮西利害状、论关中事宜状”等字为例，以网格线为基准，空格一又三分之二宋寸；四级层级以“论两河及淮西利害状”标题为例，空两宋寸；五级层级为正文，顶格设计。中缝版口宽略窄于界行宽，上鱼尾上方以网格线为基准，空一又二分之一宋寸。

十二行本《陆宣公文集》版面范式设计规律：第一，此刻本版面设计以浙尺为尺度标准；第二，“一版双面”版框高与宽的比例关系约为 7:10；第三，

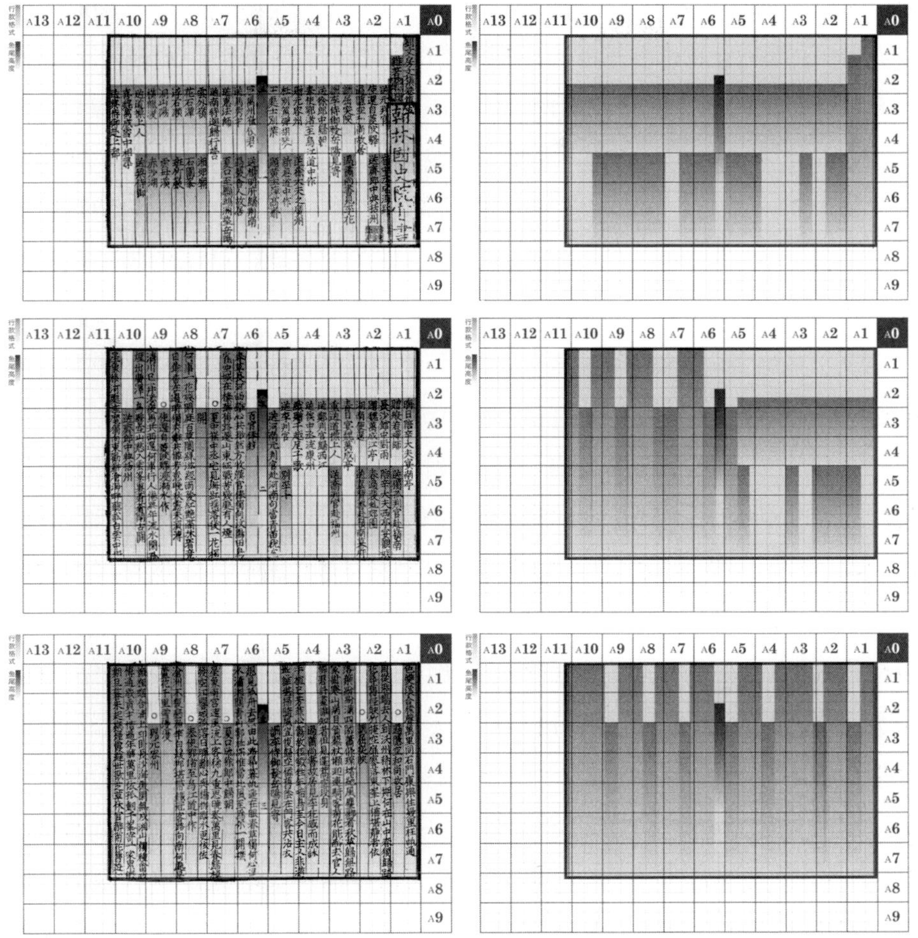

1. 十二行本《刘文房集》宋刻本 浙尺
宋寸模数等级与版框高广的比例关系

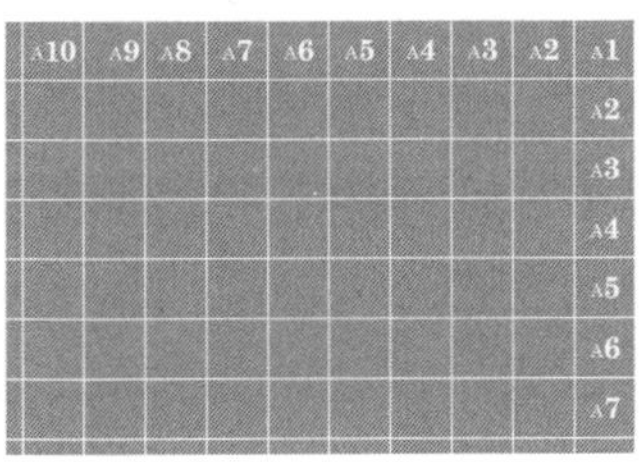

2. 十二行本《刘文房集》宋刻本 浙尺
宋寸模数与行款格式的比例关系

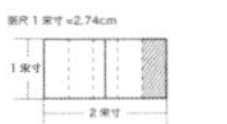

3. 十二行本《刘文房集》宋刻本 浙尺
宋寸模块网格结构

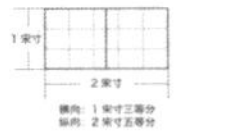

图 93　《刘文房集》十二行本（网格分析系作者绘制）

界行宽五分之二宋寸；第四，行款与宋寸模块的比例关系为 2:5，即两宋寸模块五等分；第五，书写格式以网格线为基准，空格标准为宋寸模块横向三等分；第六，网格系统为宋寸模块横向三等分，纵向两宋寸五等分。如图 94 所示。

4. 集部宋刻本十二行本《新刊权载之文集》，框高 19.9 厘米，宽 14.3 厘米。每半页十二行，行二十一字，白口，左右双边，尺度标准为浙尺。笔者总结出该刻本一版双面的宽度约为十又三分之一宋寸，高度约为七宋寸，界行宽约五分之二宋寸。大字同界行宽，双行小字。书写格式基本按照空前排几个汉字的规律进行编排布局，同时以宋寸模块网格系统的网格线为设计标准。《新刊权载之文集》目录的书写格式可分为六个层级关系：一级层级以“新刊权载之文集目录”标题为例，顶格设计；二级层级以“权德舆字载之”为例，空格以网格线为基准，“权”字前空格三宋寸，“德舆”字前空格四宋寸，“字载之”字前空格五宋寸；三级层级以“第一卷”为例，以网格线为基准，空格三分之一宋寸；四级层级以“诗赋”为例，空前排一个汉字，同时符合网格线基准，空三分之二宋寸；五级层级以“伤驯鸟赋”等字为例，空前排一个汉字，同时以网格线为基准，空格一宋寸；六级层级以“洞庭春滔满赋”等字为例，以网格线为基准，空三又三分之二宋寸。《新刊权载之文集》卷第一的书写格式可分为四个层级关系：一级层级以“新刊权载之文集卷第一”标题为例，顶格设计；二级层级以“赋诗”为例，空格前排一个汉字，同时符合网格线基准，空格三分之一宋寸；三级层级以“伤驯鸟赋”标题为例，以网格线为基准，空格一宋寸；四级层级为正文，顶格设计。中缝版口宽略窄于界行宽，上鱼尾上方以网格线为基准，空一又二分之一宋寸。

十二行本《新刊权载之文集》版面范式设计规律：第一，此刻本版面设计以浙尺为尺度标准；第二，“一版双面”版框高与宽的比例关系约为 7:10；第三，界行宽五分之二宋寸；第四，行款与宋寸模块的比例关系为 2:5，即两宋寸模块五等分；第五，书写格式以网格线为基准，空格标准为宋寸模块横向三等分；第六，网格系统为宋寸模块横向三等分，纵向两宋寸五等分。如图 95 所示。

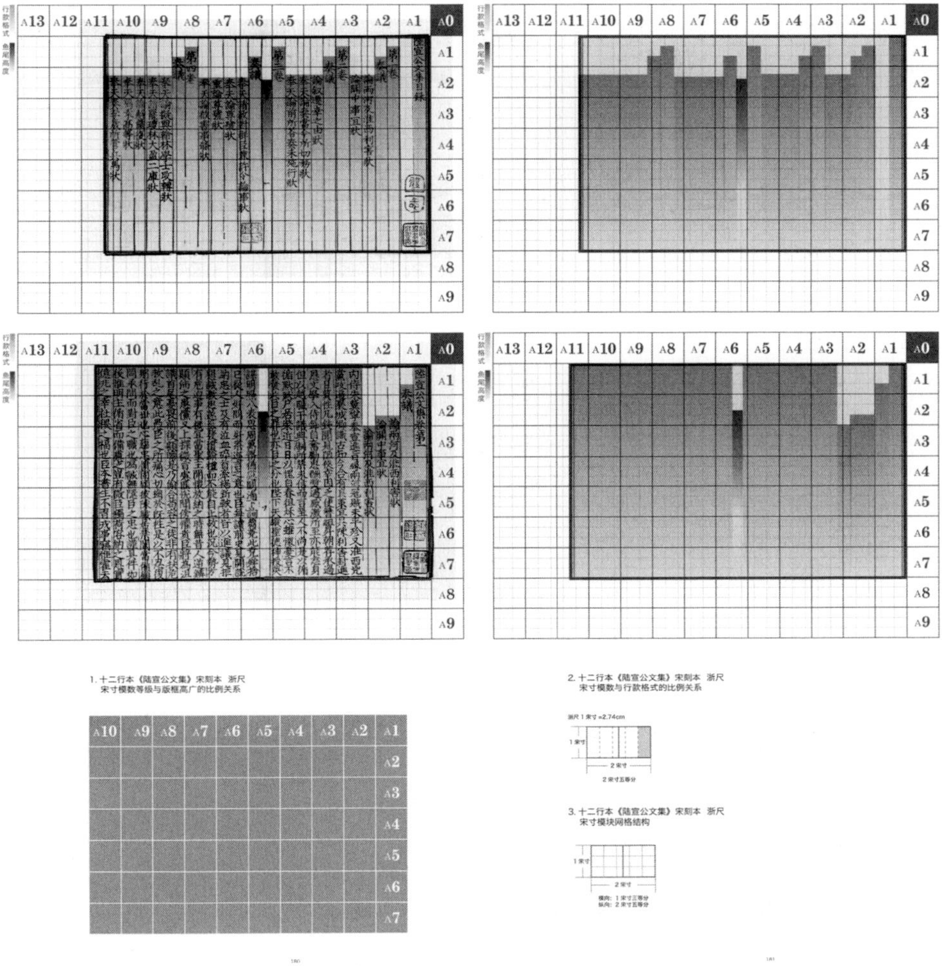

图 94　《陆宣公文集》十二行本（网格分析系作者绘制）

5. 集部宋刻本十二行本《昌黎先生文集》，框高 19.8 厘米，宽 14.4 厘米。每半页十二行，行二十一字，小字双行同，白口，左右双边，尺度标准为浙尺。笔者总结出该刻本一版双面的宽度约为十宋寸，高度约为七宋寸。界行宽约五分之二宋寸。大字同界行宽，双行小字。书写格式基本按照空前排几个汉字的规律进行编排布局，同时以宋寸模块网格系统的网格线为设计标准。《昌黎先生文集》文录序的书写格式可分为四个层级关系：一级层级以“昌黎先

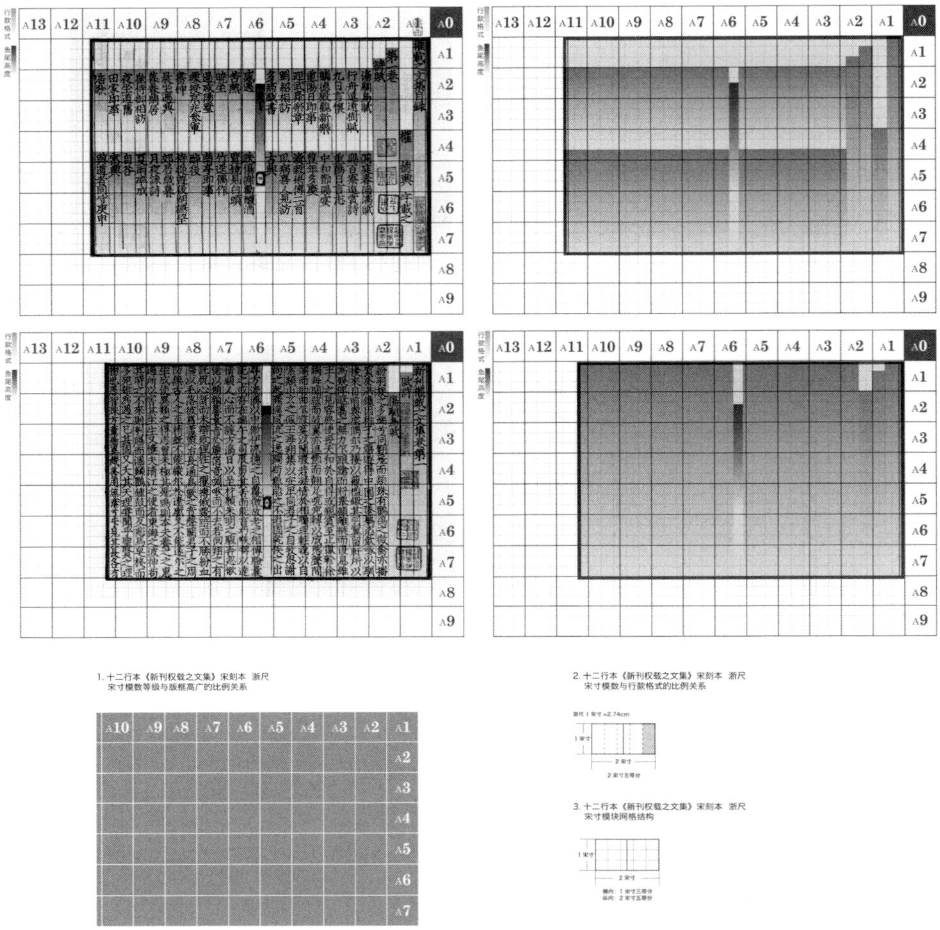

图 95 《新刊权载之文集》十二行本（网格分析系作者绘制）

生文集”标题为例，顶格设计；二级层级以“文录序”为例，空格以网格线为基准，空三分之二宋寸；三级层级以“天水赵德”为例，以网格线为基准，“天水赵”空格三又三分之一宋寸，“德”字空五宋寸；四级层级为正文，顶格设计。《昌黎先生文集》目录的书写格式可分为四个层级关系：一级层级以“昌黎先生文集目录”标题为例，顶格设计；二级层级以“第一卷”为例，空前排一个汉字，同时符合网格线基准，空格三分之一宋寸；三级层级以“感二鸟赋”等字为例，空前排一个汉字，同时空三分之二宋寸；四级层级以“别知赋、琴操”等字为例，以网格线为基准，空格三又三分之二宋寸。《昌黎先生文集》卷第一的书写格式可分为五个层级关系：一级层级以“昌黎先生文集卷第一”标题为例，顶格设计；二级层级以“门人李汉编”为例，以网格线为基准，“门人李”空格三宋寸，“门人李”与“汉”“编”字与字之间，约空三分之二宋寸；三级层级以“赋诗”标题为例，以网格线为基准，空三分之一宋寸；四级层级以“感二鸟赋”标题为例，以网格线为基准，空格一又三分之一宋寸；五级层级为正文，顶格设计。中缝版口宽略窄于界行宽，上鱼尾上方以网格线为基准，空一又二分之一宋寸。

十二行本《昌黎先生文集》版面范式设计规律：第一，此刻本版面设计以浙尺为尺度标准；第二，“一版双面”版框高与宽的比例关系约为 7:10；第三，界行宽五分之二宋寸；第四，行款与宋寸模块的比例关系为 2:5，即两宋寸模块五等分；第五，书写格式以网格线为基准，空格标准为宋寸模块横向三等分；第六，网格系统为宋寸模块横向三等分，纵向两宋寸五等分。如图 96 所示。

6. 集部宋刻本十二行本《刘梦得文集》，框高 19.9 厘米，宽 13.7 厘米。每半页十二行，行二十一字，白口，左右双边，尺度标准为浙尺。笔者总结出该刻本一版双面的宽度约为十宋寸，高度约为七宋寸，界行宽约五分之二宋寸。大字同界行宽，双行小字。书写格式基本按照空前排几个汉字的规律进行编排布局，同时以宋寸模块网格系统的网格线为设计标准。《刘梦得文集》卷第一的书写格式可分为五个层级关系：一级层级以“刘梦得卷第一”标题为例，顶格设计；二级层级以“赋”字为例，空前排一个汉字，同时符合网格线基准，空三分之一宋寸；三级层级以“大钧赋、砥石赋”等字为例，以网格线为基准，空一宋寸；四级层级以“大钧赋”标题为例，空一又三分之一宋寸；五级层级为正文，顶格设计。中缝版口宽略窄于界行宽，上鱼尾上方以网格线为基准，空一又二分之一宋寸。

十二行本《刘梦得文集》版面范式设计规律：第一，此刻本版面设计以

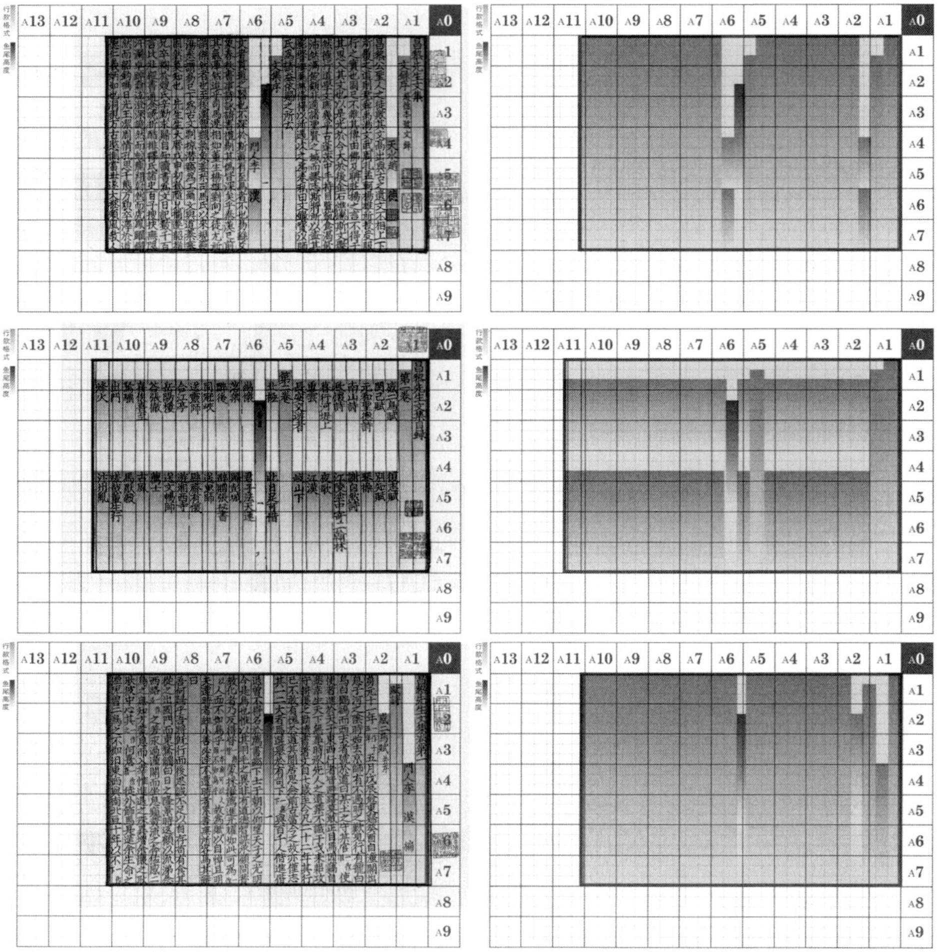

1. 十二行本《昌黎先生文集》宋刻本 浙尺
宋寸模数等级与版框高广的比例关系

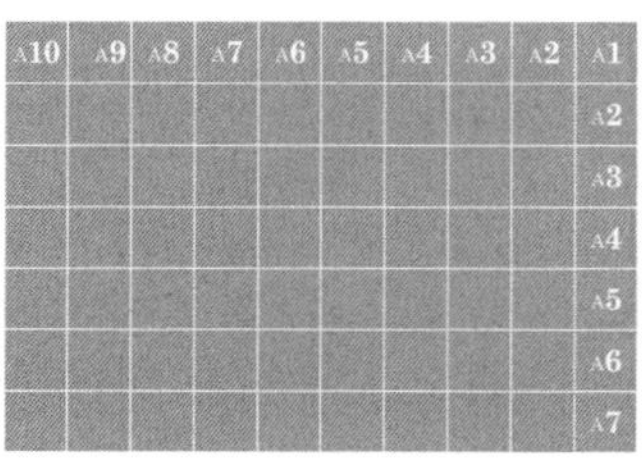

2. 十二行本《昌黎先生文集》宋刻本 浙尺
宋寸模数与行款格式的比例关系

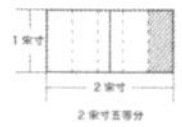

3. 十二行本《昌黎先生文集》宋刻本 浙尺
宋寸模块网格结构

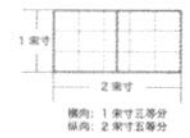

图 96 《昌黎先生文集》十二行本（网格分析系作者绘制）

浙尺为尺度标准；第二，“一版双面”版框高与宽的比例关系约为7:10；第三，界行宽五分之二宋寸；第四，行款与宋寸模块的比例关系为2:5，即两宋寸模块五等分；第五，书写格式以网格线为基准，空格标准为宋寸模块横向三等分；第六，网格系统为宋寸模块横向三等分，纵向两宋寸五等分。如图97所示。

7. 集部宋刻本十二行本《孙可之文集》，框高 20.2 厘米，宽 14.5 厘米。每半页十二行，行二十一字，白口，左右双边，序和目录的尺度标准为浙尺，卷第一、卷第二等为营造尺标准。笔者总结出该刻本一版双面的宽度约为十又三分之一宋寸，高度约为七宋寸，界行宽约五分之二宋寸。大字同界行宽，双行小字。书写格式基本按照空前排几个汉字的规律进行编排布局，同时以宋寸模块网格系统的网格线为设计标准。《孙可之文集》序的书写格式可分为三个层级关系：一级层级以“孙可之文集序”标题为例，顶格设计；二级层级以“朝散大夫尚书”等字为例，空格以网格线为基准，空格一宋寸；三级层级正文顶格设计。《孙可之文集》目录的书写格式可分为五个层级关系：一级层级以“孙可之文集目录”标题为例，顶格设计；二级层级以“孙樵字可之”为例，以网格线为基准，“孙”字前空三宋寸，“樵”字前约空四宋寸；三级层级以“第一卷、第二卷”等字为例，空三分之一宋寸；四级层级以“赋、书”等字为例，空前排一个汉字，同时以网格线为集注，空三分之二宋寸；五级层级以“大明宫赋、露台遗基赋、出蜀赋”等字为例，以网格线为基准，空一宋寸。《孙可之文集》卷第一的书写格式可分为五个层级关系：一级层级以“孙可之文集卷第一”标题为例，顶格设计；二级层级以“赋”为例，空前排一个汉字，同时符合网格线基准，空格三分之一宋寸；三级层级以“大明宫赋、露台遗基赋”等字为例，以网格线为基准，空一宋寸；四级层级以“大明宫赋”标题为例，空前排一个汉字，同时空一又三分之一宋寸；五级层级为正文，顶格设计。中缝版口宽略窄于界行宽，上鱼尾上方以网格线为基准，空一又二分之一宋寸。

十二行本《孙可之文集》版面范式设计规律：第一，此刻本版面设计序

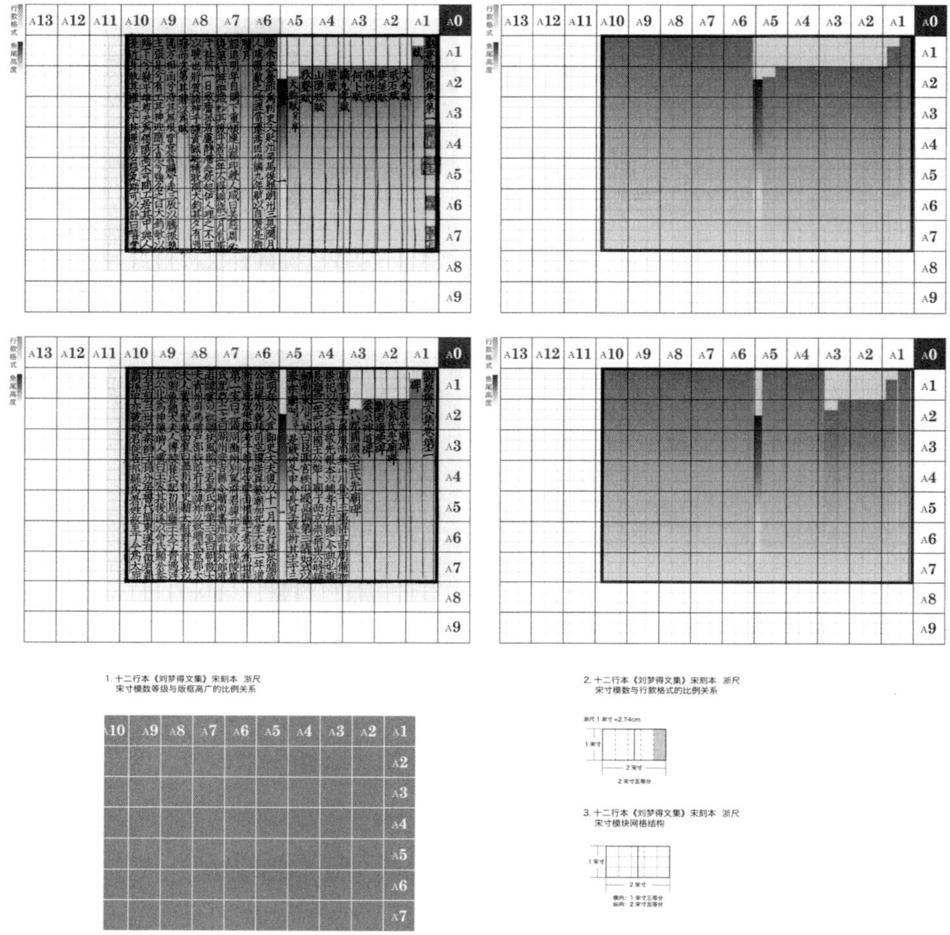

图 97 《刘梦得文集》十二行本（网格分析系作者绘制）

和目录为浙尺标准，卷第一、卷第二等以营造尺为尺度标准；第二，“一版双面”版框高与宽的比例关系约为 7:10；第三，界行宽五分之二宋寸；第四，行款与宋寸模块的比例关系为 2:5，即两宋寸模块五等分；第五，书写格式以网格线为基准，空格标准为宋寸模块横向三等分；第六，网格系统为宋寸模块横向三等分，纵向两宋寸五等分。如图 98 所示。

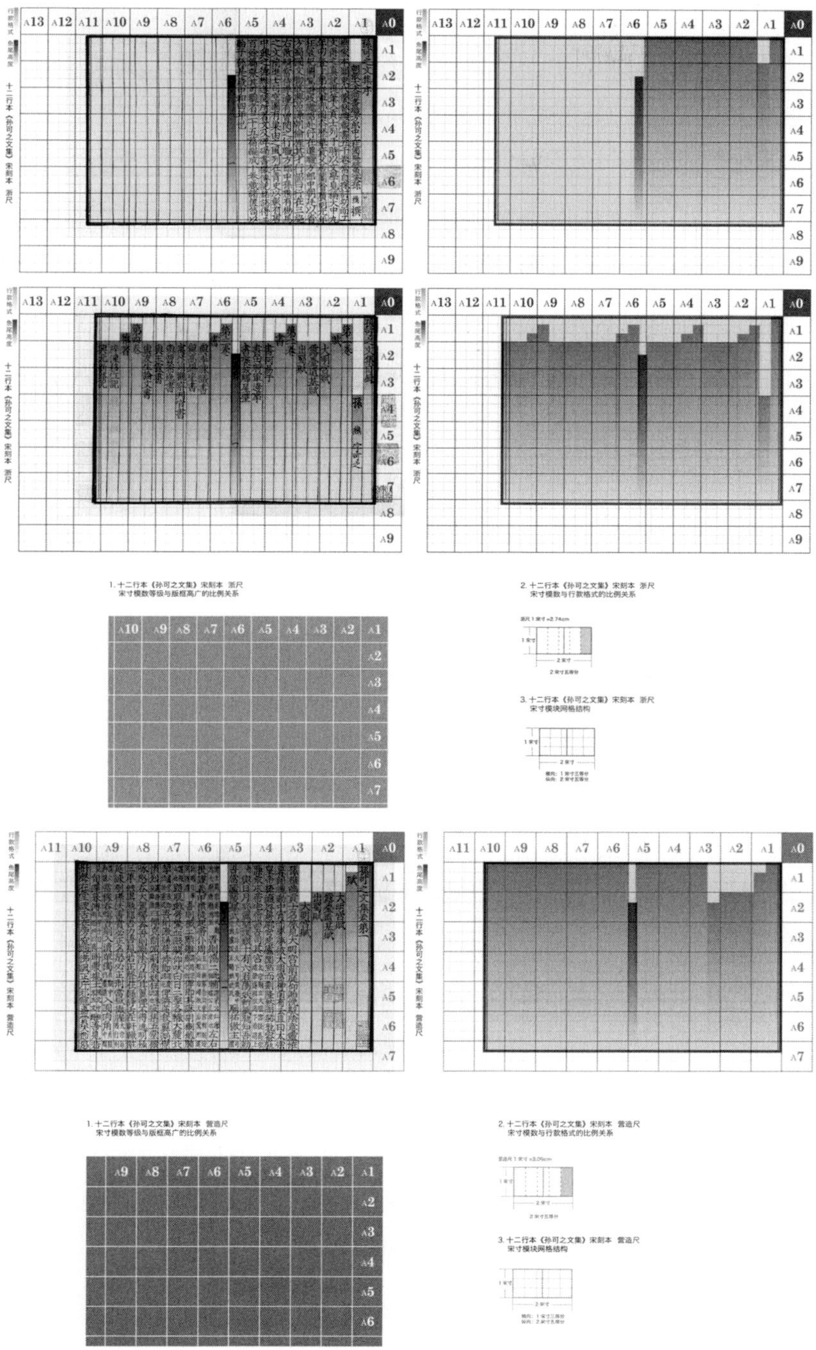

图 98 《孙可之文集》十二行本（网格分析系作者绘制）

8. 集部宋刻本十二行本《郑守愚文集》，框高 19.9 厘米，宽 14.6 厘米。每半页十二行，行二十一字，白口，左右双边，尺度标准为浙尺。笔者总结刻本一版双面的宽度约为十宋寸，高度约为七宋寸，界行宽约五分之二宋寸。大字同界行宽，双行小字。书写格式基本按照空前排几个汉字的规律进行编排布局，同时以宋寸模块网格系统的网格线为设计标准。《郑守愚文集》序的书写格式可分为三个层级关系：一级层级以“郑守愚文集序”标题为例，顶格设计；二级层级以“云台编、都官郎中”等字为例，以网格线为基准，空三又三分之一宋寸；三级层级为正文，顶格设计。《郑守愚文集》目录的书写格式可分为六个层级关系：一级层级以“郑守愚文集标目”标题为例，顶格设计；二级层级以“云台编”等字为例，以网格线为基准，空三又三分之一宋寸；三级层级以“第一卷”为例，以网格线为基准，空三分之一宋寸；四级层级以“杂著”标题为例，空前排一个汉字，同时空三分之二宋寸；五级层级以“别同志、感兴、曲江春草”等标题为例，空前排一个汉字，同时符合网格线基准，空一个宋寸；六级层级以“登杭州城、雪中偶题”等标题为例，以网格线为基准，空三又三分之一宋寸。《郑守愚文集》卷第二的书写格式可分为五个层级关系：一级层级以“郑守愚文集卷第二”标题为例，顶格设计；二级层级以“杂著”为例，空前排一个汉字，同时符合网格线基准，空三分之一宋寸；三级层级以“舟次通泉精舍”等标题为例，空前排一个汉字，并以网格线为基准，空三分之二宋寸；四级层级以“水轩”等标题为例，空三又三分之二宋寸；五级层级为正文，顶格设计。中缝版口宽略窄于界行宽，上鱼尾上方以网格线为基准，空一又二分之一宋寸。

十二行本《郑守愚文集》版面范式设计规律：第一，此刻本版面设计以浙尺为尺度标准；第二，“一版双面”版框高与宽的比例关系约为7:10；第三，界行宽五分之二宋寸；第四，行款与宋寸模块的比例关系为2:5，即两宋寸模块五等分；第五，书写格式以网格线为基准，空格标准为宋寸模块横向三等分；第六，网格系统为宋寸模块横向三等分，纵向两宋寸五等分。如图99所示。

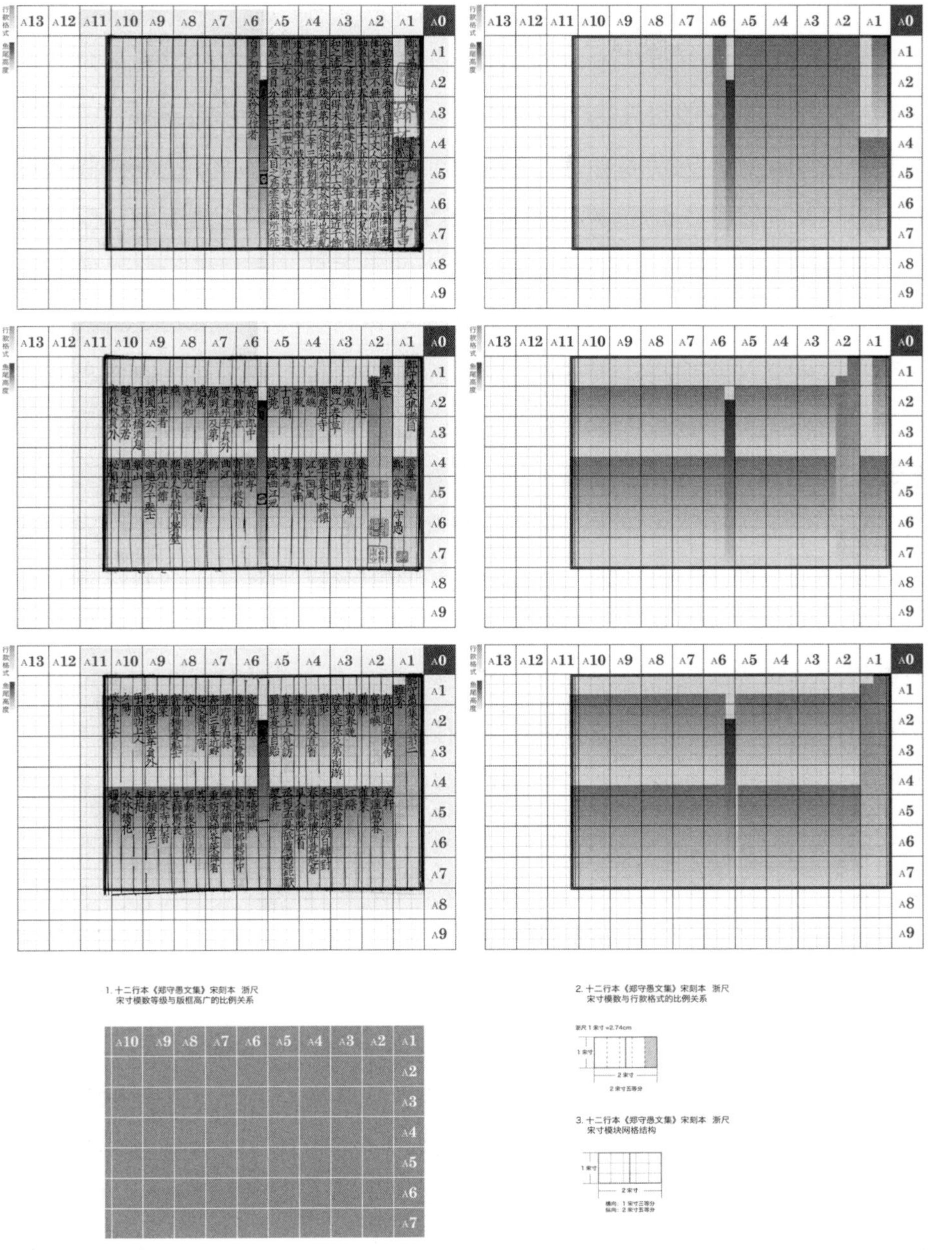

1. 十二行本《郑守愚文集》宋刻本　浙尺
宋寸模数等级与版框高广的比例关系

2. 十二行本《郑守愚文集》宋刻本　浙尺
宋寸模数与行款格式的比例关系

3. 十二行本《郑守愚文集》宋刻本　浙尺
宋寸模块网格结构

图 99　《郑守愚文集》十二行本（网格分析系作者绘制）

9. 集部宋刻本十二行本《司空表圣文集》，框高 19.7 厘米，宽 14.5 厘米。每半页十二行，行二十一字，白口，左右双边，尺度标准为浙尺。笔者总结刻本一版双面的宽度约为十又三分之一宋寸，高度约为七宋寸，界行宽约五分之二宋寸。大字同界行宽，双行小字。书写格式基本按照空前排几个汉字的规律进行编排布局，同时以宋寸模块网格系统的网格线为设计标准。《司空表圣文集》目录的书写格式可分为七个层级关系：一级层级以“司空表圣文集目录”标题为例，顶格设计；二级层级以“一鸣集”为例，以网格线为基准，空格三又三分之二宋寸；三级层级以“司空”等字为例，以网格线为基准，空格三又三分之一宋寸，“司空”与“图”、“字”与“表圣”之间空三分之一宋寸；四级层级以“第一卷、第二卷”等标题为例，字上方有装饰符号，顶格设计；五级层级以“杂著”标题为例，空前排一个汉字，同时以网格线为基准，空格三分之二宋寸；六级层级以“将儒、宣城遗事”等标题为例，以网格线为基准，空一宋寸；七级层级以“铭秦坑、辨楚刑”等标题为例，以网格线为基准，空三又三分之二宋寸。《司空表圣文集》卷第一的书写格式可分为六个层级关系：一级层级以“司空表圣文集卷第一”标题为例，顶格设计；二级层级以“一鸣集”为例，以网格线为基准，空四宋寸；三级层级以“杂著”为例，空前排一个汉字，并以网格线为基准，空格三分之一宋寸；四级层级以“将儒、铭秦坑”等字为例，空一又三分之一宋寸；五级层级以“将儒”标题为例，空前排一个汉字，同时空一又三分之二宋寸；六级层级为正文，顶格设计。中缝版口宽略窄于界行宽，上鱼尾上方以网格线为基准，空一又三分之一宋寸。

十二行本《司空表圣文集》版面范式设计规律：第一，此刻本版面设计以浙尺为尺度标准；第二，“一版双面”版框高与宽的比例关系约为 7:10；第三，界行宽五分之二宋寸；第四，行款与宋寸模块的比例关系为 2:5，即两宋寸模块五等分；第五，书写格式以网格线为基准，空格标准为宋寸模块横向三等分；第六，网格系统为宋寸模块横向三等分，纵向两宋寸五等分。如图 100 所示。

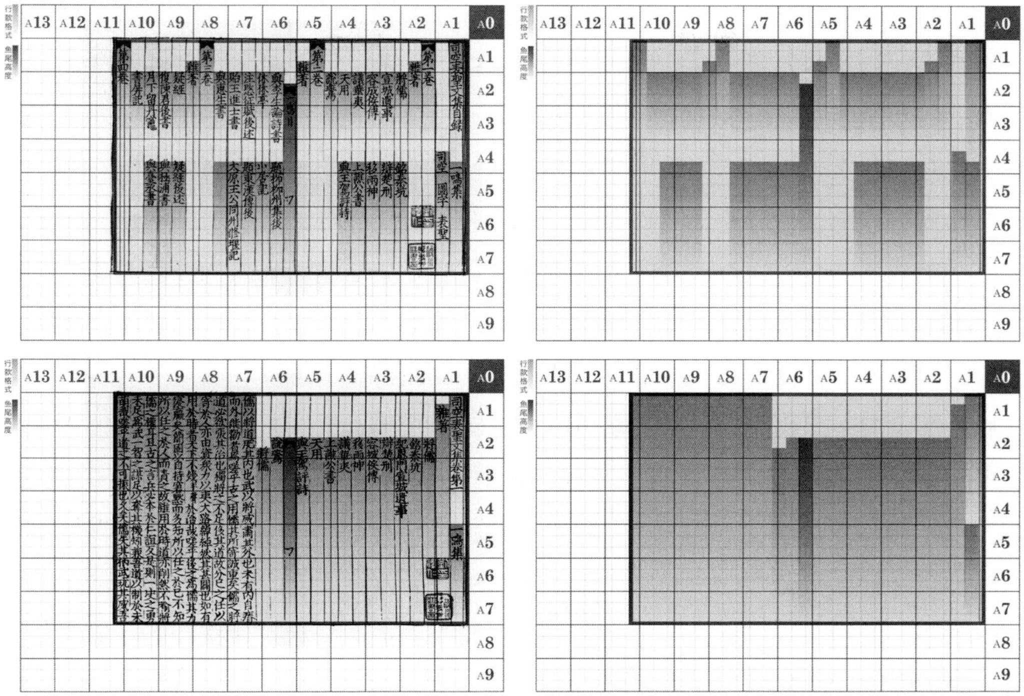

1. 十二行本《司空表圣文集》宋刻本 浙尺
宋寸模数等级与版框高广的比例关系

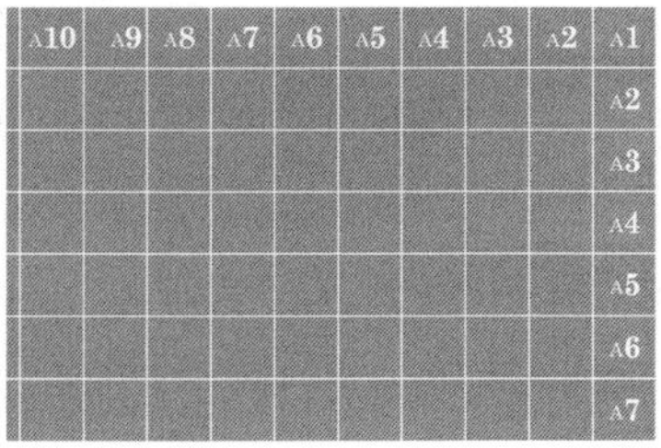

2. 十二行本《司空表圣文集》宋刻本 浙尺
宋寸模数与行款格式的比例关系

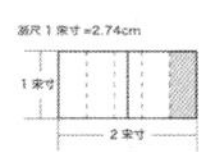

3. 十二行本《司空表圣文集》宋刻本 浙尺
宋寸模块网格结构

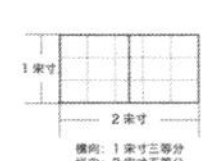

图 100　《司空表圣文集》十二行本（网格分析系作者绘制）

10. 集部宋刻本十二行本《杜荀鹤文集》，框高20厘米，宽14.4厘米。每半页十二行，行二十一字，白口，左右双边，尺度标准为浙尺。笔者总结刻本一版双面的宽度约为十宋寸，高度约为七宋寸，界行宽约五分之二宋寸。大字同界行宽，双行小字。书写格式基本按照空前排几个汉字的规律进行编排布局，同时以宋寸模块网格系统的网格线为设计标准。《杜荀鹤文集》序的书写格式可分为三个层级关系：一级层级以“杜荀鹤文集序”标题为例，顶格设计；二级层级以“太常”等字为例，空格以网格线为基准，空二又三分之一宋寸；三级层级为正文，顶格设计。《杜荀鹤文集》卷第三的书写格式可分为五个层级关系：一级层级以“杜荀鹤文集卷第三”标题为例，顶格设计；二级层级以“唐风集”为例，以网格线为基准，空三又三分之一宋寸；三级层级以“杂诗”等字为例，空前排一个汉字，同时以网格线为基准，空三分之一宋寸；四级层级以“别四明尚书”标题为例，空一又三分之二宋寸；五级层级为正文，顶格设计。中缝版口宽略窄于界行宽，上鱼尾上方以网格线为基准，空一又二分之一宋寸。

十二行本《杜荀鹤文集》版面范式设计规律：第一，此刻本版面设计以浙尺为尺度标准；第二，“一版双面”版框高与宽的比例关系约为7:10；第三，界行宽五分之二宋寸；第四，行款与宋寸模块的比例关系为2:5，即两宋寸模块五等分；第五，书写格式以网格线为基准，空格标准为宋寸模块横向三等分；第六，网格系统为宋寸模块横向三等分，纵向两宋寸五等分。如图101所示。

（三）蜀刻本个案版面范式设计

1. 史部《三国志》，框高19.7厘米，宽13.2厘米。每半页十行，行十八字，小字双行二十三字，细黑口，四周双边，尺度标准为营造尺。笔者总结出该刻本一版双面的宽度约为八宋寸，高度约为六宋寸，界行宽约五分之二宋寸。大字同界行宽，双行小字。书写格式基本按照空前排几个汉字的规律进行编排布局，同时以宋寸模块网格系统的网格线为设计标准。《三国志》

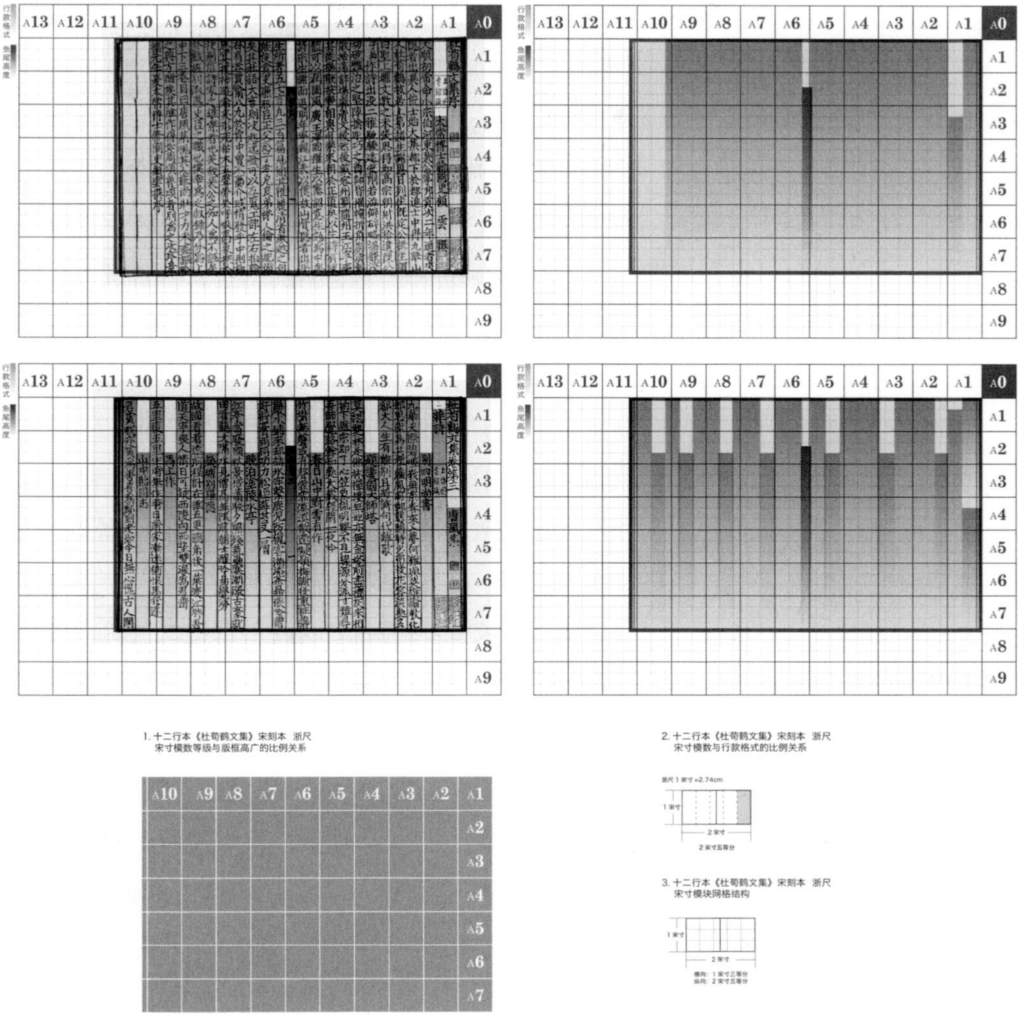

图 101　《杜荀鹤文集》十二行本（网格分析系作者绘制）

武帝纪第一的书写格式可分为四个层级关系：一级层级以“武帝纪第一”标题为例，顶格设计；二级层级以“魏书、国志一”为例，空格以网格线为基准，“魏书”字前空二又三分之一宋寸，“魏书”与“国志一”之间约空三分之一宋寸；三级层级以“太祖武皇帝”为例，空一宋寸；四级层级为正文，顶格设计。中缝版口宽约界行宽一半，上鱼尾上方以网格线为基准，空一又三分之一宋寸。

《三国志》版面范式设计规律：第一，此刻本版面设计以营造尺为尺度标准；第二，“一版双面”版框高与宽的比例关系约为 3:4；第三，界行宽五分之二宋寸；第四，行款与宋寸模块的比例关系为 2:5，即两宋寸模块五等分；第五，书写格式以网格线为基准，空格标准为宋寸模块横向三等分；第六，网格系统为宋寸模块横向三等分，纵向两宋寸五等分。如图 102 所示。

2. 集部《五百家注音辨唐柳先生文集》，框高 20.6 厘米，宽 13 厘米。每半页十行，行十八字，小字双行二十三字，细黑口，左右双边，营造尺标准。笔者总结出其一版双面宽度约为八又三分之一宋寸，高度约为六又三分之一宋寸，界行宽约五分之二宋寸。大字同界行宽，双行小字。书写格式基本按照空前排几个汉字的规律进行编排布局，同时以宋寸模块网格系统的网格线为设计标准。《五百家注音辨唐柳先生文集》卷第十六的书写格式可分为五个层级关系：一级层级以“五百家注音辨唐柳先生文集卷第十六”标题为例，顶格设计；二级层级以“说”字为例，字前空前排一个汉字，同时符合网格线基准，空三分之一宋寸；三级层级以“天说”标题为例，空前排“说”一个汉字；四级层级为小字部分，空格前排“天说”标题一个汉字；五级层级为正文，顶格设计。中缝版口宽约界行宽一半，上鱼尾上方以网格线为基准，空一又二分之一宋寸。

《五百家注音辨唐柳先生文集》版面范式设计规律：第一，此刻本版面设计为营造尺为尺度标准；第二，“一版双面”版框高与宽的比例关系约为 3:4；第三，界行宽五分之二宋寸；第四，行款与宋寸模块的比例关系为 2:5，即两宋寸模块五等分；第五，书写格式以网格线为基准，空格标准为宋寸模块横向三等分；第六，网格系统为宋寸模块横向三等分，纵向两宋寸五等分。如图 103 所示。

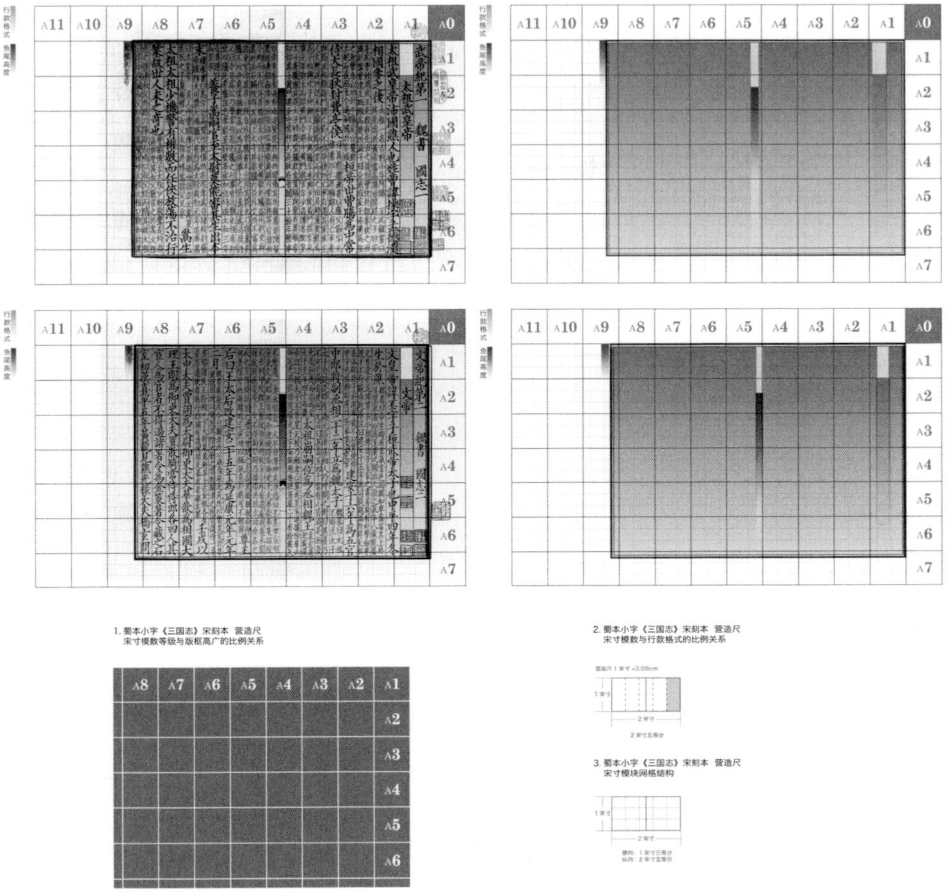

图 102　《三国志》蜀刻本（网格分析系作者绘制）

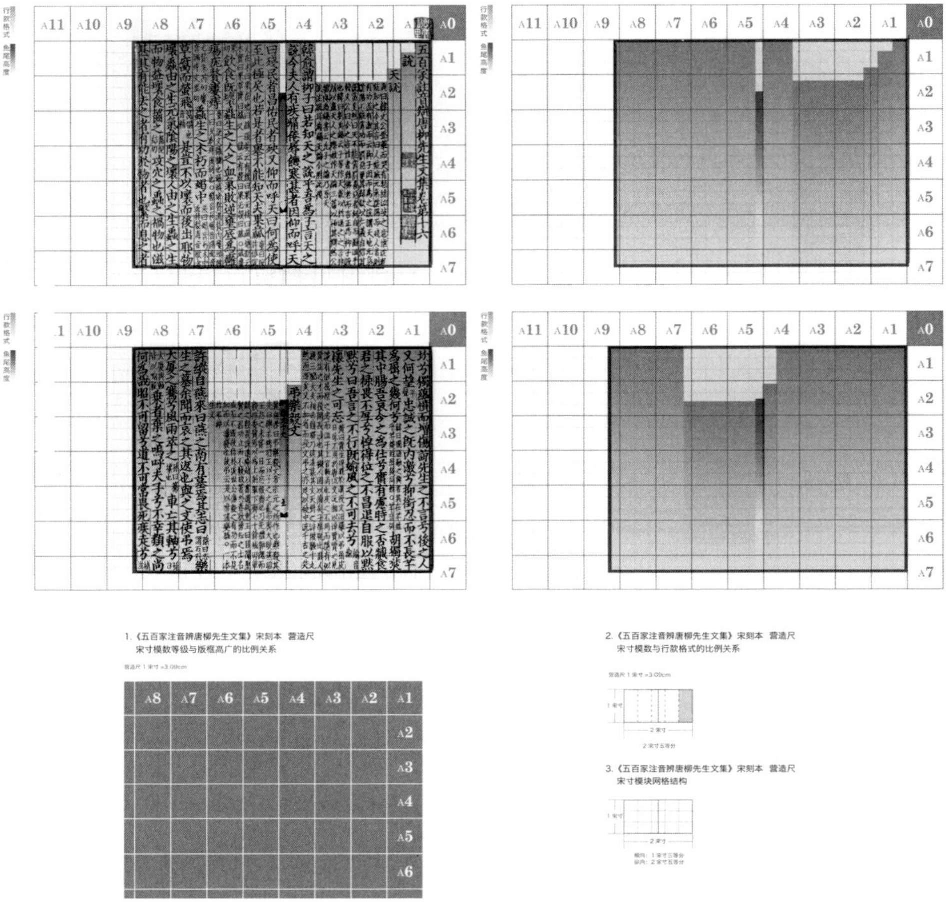

图 103 《五百家注音辨唐柳先生文集》蜀刻本（网格分析系作者绘制）

本章小结

存世宋蜀本因技术限制而版刻特征显著，尤以存世小字本两套版刻系统为典型。本章节无意将视角局限于刻本考辨或鉴赏，而是转向设计生产，运用版本类型学和设计几何学为理论依据，试图比较分析宋蜀刻小字本版刻系统设计的规律变化及其成因。通过模型构建与影印图像分析，可知宋蜀刻十一行本与十二行本不仅是表象行款多寡的变化，更是内含宋代营造尺向浙尺的度量标准，以及宋寸模块网格结构由纵向两宋寸六等分到五等分的设计演进。从宋蜀刻小字本书版规格从 6:7 到 7:10 的规律变化中，亦可看出宋代蜀地开放性的学风动态与士人文化的审美转向。从刻本设计专题研究的视角，以尺度与网格为线索，或许可为版本鉴赏提供另一种可能。

（一）宋蜀本小字两套版刻系统设计规律

关于宋蜀刻小字本视觉材料的选取，因其善本存世甚少，且弥足珍贵，笔者依据我国大型书影图谱，以考据法与目鉴法做图像分析研究，选取蜀刻小字本十一行本和十二行本共计 20 本。十一行本主要有集部《骆宾王文集》《王摩诘文集》《李太白文集》，共计 3 本；十二行本主要为集部《李长吉文集》《刘文房集》《陆宣公文集》《新刊权载之文集》《昌黎先生文集》《刘梦得文集》《张文昌文集》《皇甫持正文集》《孟东野文集》《新刊元微之文集》《姚少监诗集》《许用晖文集》《张承吉文集》《孙可之文集》《郑守愚文集》《司空表圣文集》《杜荀鹤文集》，共计 17 本。通过对宋代蜀刻小字本十一行本与十二行本两套版刻系统构建设计模型，归纳并提炼其设计规律为以下两点，并试图探析其中的演变成因。

第一，宋蜀刻小字本版刻系统设计，度量标准由宋代营造尺到浙尺的设计演进。笔者以实物可考证的宋代官尺和地方尺度的度量标准，依次对宋蜀小字本十一行本和十二行本这两套版刻系统做图像分析。具体以版面可见的纵向界行、隐性的横向线格，以及刻本版框四周围合线为参考线。通过刻本版面视觉元素与方格模数网格结构的比对发现，宋代集部蜀刻十一行本《骆宾王文集》《王摩诘文集》《李太白文集》均吻合宋代营造尺的尺度规范；十二行本《李长吉文集》《刘文房集》《陆宣公文集》等则吻合宋代浙尺的尺度规范。如下图所示，左图的十一行本《李太白文集》，刻本不仅吻合以上三种参考线的设计标准，在文字纵向书写的跳行中，更吻合由宋代营造尺构建的三等分度量标准；而右图十二行本《刘梦得文集》，版面显性的版框边线及界行均吻合基于宋代浙尺标准构建的模型结构，在文字跳行无前段文字空格做参照时，则是以横向浙尺度量标准的三等分为设计依据。如图 104 所示。

造成以上两套版刻系统度量标准的演变，或许能从宋代尺度体系的通行时间窥得端倪。在设计技术层面，其版刻系统内含前后度量标准的演变规律。推本溯源，这或许是宋室在不同时期颁布发行官尺标准的作用。从时间维度来看，多家学者对蜀刻小字十二行本约刻于南宋中叶[38]基本达成共识。宋代营造尺属于北宋太府尺颁布的官尺范畴，在建筑营造等行业应用广泛。而宋代浙尺则因南北两宋历史变革，有其通行范围的特殊性，可作为时间、空间的坐标轴。因为，北宋时期的浙尺只具有地方俗尺的属性，后因靖康之变，南宋定都临安，升浙尺为官尺，这才使得浙尺的度量标准在全国范围内推广使用[39]。南宋浙尺的通行范围辐射区域广泛，极有可能波及蜀地。当然亦不排除其中版刻设计的尺度变化有受刻书主体的影响。宿白先生在《唐宋时期的雕版印刷》书中，以刊工的流动性论证南宋刊书地点的扩展及刊本书籍的逐渐普及[40]。宋蜀刻十二行本刊刻工程的时间跨度大，并集多家刻书之力逐批逐本刊刻而成[41]，其间有浙江地区刊工的流入而致使雕版刻印中浙尺度量使用的可

38. 李致忠：《昌平集》，上海：上海古籍出版社，2012年，第584页。“一为十二行本，约刻于南宋中叶，今存世者尚有十九种，其中就包括十卷本的《司空表圣文集》。”

39. 郭正忠：《三至十四世纪中国的权衡度量》，北京：中国社会科学出版社，1993年，第210页。

40. 宿白：《唐宋时期的雕版印刷》，北京：文物出版社，1999年，第110页。

41. 同注20。

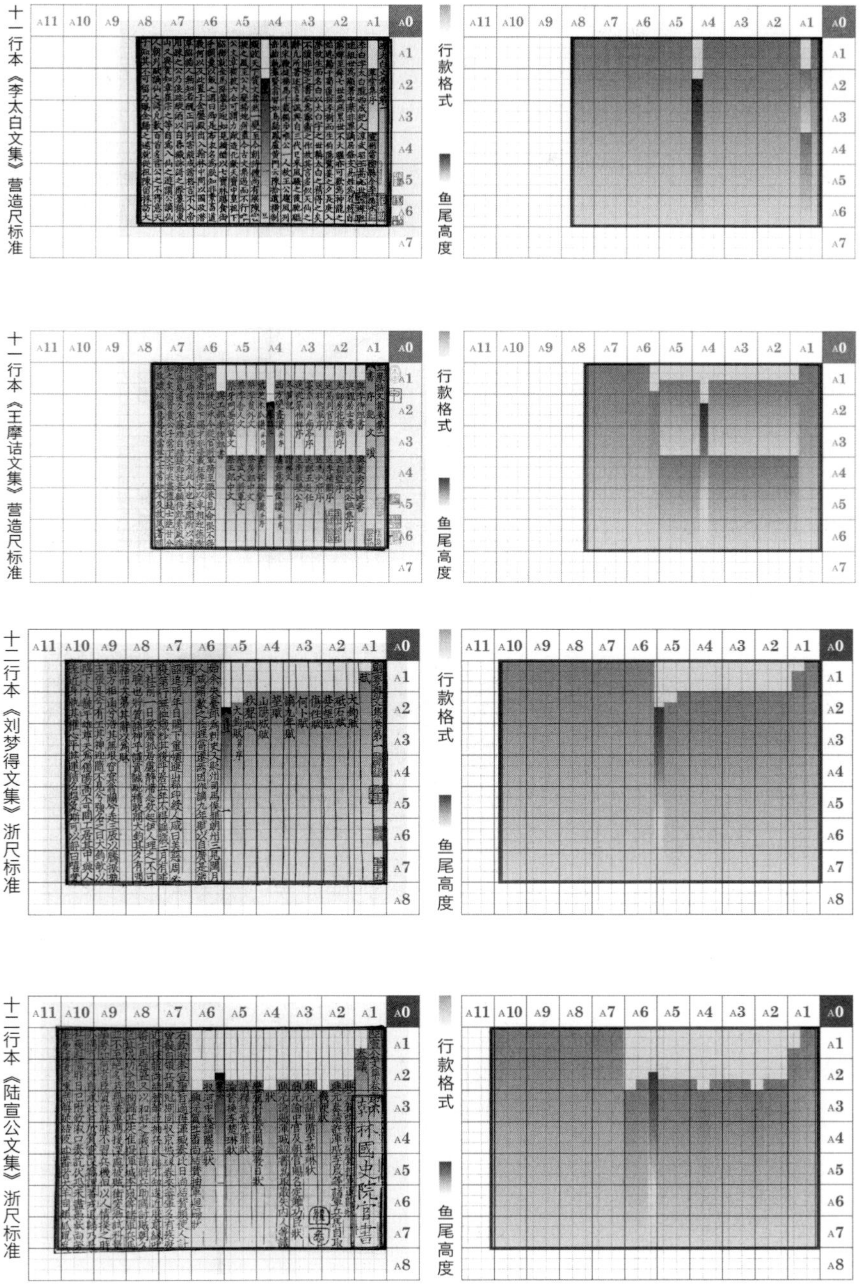

图 104　宋蜀刻本十一行本《李太白文集》与十二行本《刘梦得文集》版面范式设计规律对比分析图（上侧绿色为宋代营造尺标准，下侧红色为宋代浙尺标准，图片系作者绘制）

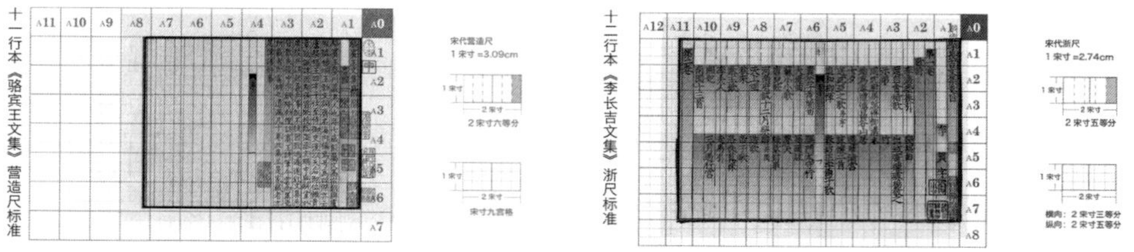

图105　宋蜀刻本十一行本与十二行本版面网格结构演变规律对比分析图（以《骆宾王文集》与《李长吉文集》为例，图片系作者绘制）

能。也有学者从编次、文字、音注等方面论证十二行本的祖本为苏溥刻本，亦称嘉祐蜀本[42]。综上论证的角度都有一定的可能性。在版本鉴定中，宋蜀刻小字本唐集两套版刻系统，多由“字缺笔避讳”断定其出版时间，但从技艺的层面，以宋代尺度系统发展演化的脉络为衡量标尺，或许可为版本鉴赏作并行的研究路径。

第二，宋蜀刻小字本版刻系统设计，网格结构由纵向两宋寸六等分到五等分的设计演进。笔者以基于宋尺宋寸的方块模数网格系统，分析宋蜀本的影印图像。其中，宋蜀刻十一行本的版刻网格结构呈九宫格图式，即在一个宋寸单元格内，纵横均三等分，而在两个宋寸单元格内，横向三等分，纵向则为六等分；十二行本的版刻网格结构设计为两个宋寸单元格内，横向三等分，纵向五等分。如图105所示，左图以十一行本《骆宾王文集》为例，以版口鱼尾为中缝，一版双面右侧的界行线条吻合基于宋代营造尺模块网格的纵向三等分规律。由于鱼尾宽度略窄于界行之间的宽度，故左侧的界行线条与网格结构线有所偏差；右图以十二行本《李长吉文集》为例，其版框样式为左右双边，故从右至左的前两排界行线条与右侧双边版框线共享基于宋代浙尺标准的一个单元格宽度，从第三行开始，符合两宋寸五等分的网格结构。以此类推，亦受版口鱼尾宽度影响，越在左侧版面中的界行线条与精确均分

42. 刘真伦：《南宋蜀刻十二行本〈昌黎先生文集〉考述》，《唐代文学研究》2004年第0期，第71页。

的网格线之间越有偏差，但从中亦可提炼出十二行本的网格结构基本为纵向两宋寸五等分设计。

从客观模型形式的角度来分析，隐藏的网格范式设计主要受显性的纵向界行与隐性的横向行格的制约。因此，从刻本版式的表征分析，宋蜀刻十一行本和十二行本的版框大小不同，看似是两套版刻系统字体大小与行款多寡的区别，实则，还受到版刻系统设计内在网格结构的比例分割的制约。以十二行本版面网格的最小单位结构，两个宋寸单元格为参照对象。十二行本版刻行款的网格分割为纵向两宋寸五等分，十一行本则为两宋寸六等分。由此可见，十二行本版面较十一行本的疏朗，不仅是书版规格变大，还有通过网格结构的比例分割而造成的行款疏朗或紧凑的版面视觉感受。

（二）宋蜀本个例版面范式设计规律

宋蜀本大字遗存极少，有《礼记》《春秋经传集解》《相台书塾刊正九经三传沿革例》《新刊经进详注昌黎先生文》《新刊增广百家详补注唐柳先生文》《淮海先生闲居集》《后山居士文集》，后 4 本是官刻抑或家刻、坊刻不可知[43]。笔者选取具有精确版框尺寸记载的《春秋经传集解》《新刊经进详注昌黎先生文》《后山居士文集》为例，总结以上三部刻本均以浙尺为尺度标准，而《后山居士文集》卷目录、卷第一为营造尺标准。以浙尺为尺度标准的刻本，其“一版双面”版框高广比例规律并不相同，但是《新刊经进详注昌黎先生文》为 7:10 的比例规律，吻合笔者之前通过大数据统计宋刻本版框高广的美学标准。而《后山居士文集》约为 8:13 的比例规律，可做个案分析。《后山居士文集》目录、卷第一的版面尺度标准为营造尺，卷第一则为浙尺。三者虽然度量标准不同，但是却不受尺度的限制，在纵向行款格式及横向平阙书仪的规范上均呈相同的设计规律，即版面行款的设计标准均为两宋寸三等分，书写格式的横向参照均为宋寸单元格内三等分。

43. 同注26，第80页。

宋蜀坊刻本的代表书隐斋《新刊国朝二百家名贤文粹》，其“一版双面”的版框高广比值为2:3，与宋建阳坊刻本比值相似，可以归类在2:3的比例系统；其卷第一的行款设计吻合宋蜀本小字十二行本的设计规律，为两宋寸五等分；刻本书写格式的横向参照基线为宋寸单元格内横向三等分。还有个例已无从辨析其出版主体的属性是官刻还是家刻、坊刻，有《五百家注音辨唐柳先生文集》，其版面范式设计规律前文已做总结。

中字本《南华真经》，其“一版双面”的版刻高广比值约为7:10，符合宋刻本的版框高广比例规律；其行款设计与宋蜀刻大字本的分割标准一致，为宋寸单元格内纵向二等分；刻本的书写格式横向参照基线为宋寸单元格内横向三等分。

（三）宋代蜀刻本的审美转向

在历史的演变进程中，宋蜀本以自下而上的雕版印刷技术为主要生产方式未发生改变，但小字本中两套版刻系统设计的演变规律受到刻书主体以及市场需求等多重因素的影响，在一定程度上亦从侧面折射出蜀地的学风动态与士人文化审美的趣味转向。

宋朝文治天下，蜀地刻书事业不仅具有政治性功能，更是文化传播与互动的流通载体。自洛学入蜀，由北宋三苏父子为主的蜀学学派，逐渐吸收并接受了二程洛学及朱熹等诸多学者的理学思想。蜀地学风转向，从中吸取儒、佛、道三教学说的伦理思想，融入重义理的宋学阵营[44]。其中，有魏了翁为代表的蜀学集大成者，他们教授生徒并发扬学派，以南轩之学回蜀后的沧江书院和鹤山书院为“洛蜀会同”的重要场所[45]。由此，宋代四川地区的书院应运而生，并兼有官办和民办性质，发展成体系。据资料汇集统计，在眉山地区

---

44. 蔡方鹿：《宋代蜀学与宋代理学——地域文化与时代思潮的互动及其意义》，《社会科学研究》2007年第5期，第141—146页。

45. 同注6，第46页。

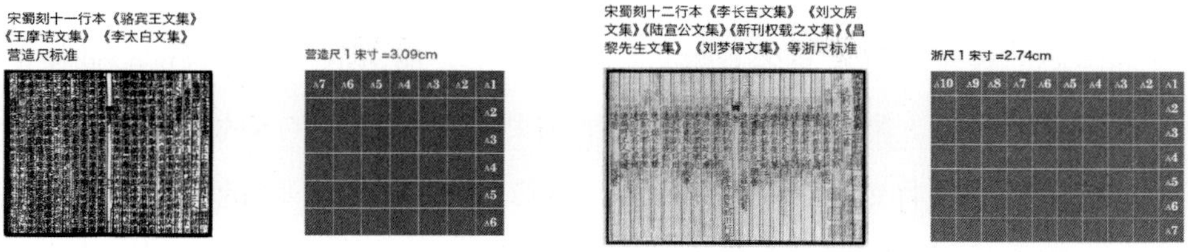

图 106 宋蜀刻本十一行本与十二行本书版规格设计比例对比分析图（图片系作者绘制）

有三所民办书院，分别为东馆书院、云庄书院和北园书院[46]。可见，两宋之际，四川书院集中于研究讲论、传播交流，以其独特的优势和特点推动了蜀地的文化教育事业，客观上与其刻书事业相辅相成。这种蜀学发展的地域性特征，面对宋代理学时代思潮的冲击，更呈现出开放性的学风动态。

比较宋蜀刻小字本的两套版刻系统设计，又有书版规格从十一行本 6:7 的比例标准向 7:10 的审美转向。宋代书籍形制受雕版印刷及蝴蝶装及包背装的制约，呈一版双面对称式的布局形式。笔者以宋蜀本的版框高广为衡量依据，分别以国际单位制厘米及宋尺宋寸这两套尺度标准，总结其一版双面版框高广的比例规律。研究表明，宋蜀刻十一行本一版双面版框高广的比例规律约为 6:7，而十二行本的比例规律约为 7:10。如图 106 所示，笔者将十一行本三本的图像叠加处理，统计分析其共性特征，总结出基于宋代营造尺度量标准的书版规格为 6:7 的比例规律；同样以图像叠加统计分析十二行本，可知其书版规格为 7:10 的比例规律。后者，宋蜀刻十二行本 7:10 的书版规格更符合宋刻本“一版双面”版框高广比例尺度的一般性规律特征。笔者在前期研究中，通过统计分析 440 本宋刻本版框高广的尺度范式，提出不同大小开本的宋刻本具有相同的比例规律，并且遵循 7:10 的比例标准。

这种书版规格比例标准的审美转向，或许从侧面亦可看出宋蜀刻小字本在南宋时期刊刻环境的开放性发展倾向。从宋代出版史来看，其刻书机构

46. 同注6，第25页。

分为官刻本、家刻本及坊刻本，并逐渐形成以杭州、建阳和四川为主的三大刻书中心。这些刻书中心各有特点，如建刻本几遍天下，浙江地区自北宋时就有下杭州镂版。然而，关于宋代蜀地刻书，尤其是小字本的这两套版刻系统的刻书出处及行销对象尚不明确[47]。方彦寿先生认为："能否吸引和接受官私方的委托刻书，尤其是外地人士前来刻印图书，是评判地域刻书能否称为'刻书中心'的最重要标准。"[48]对此观点，何朝晖先生也补充到："但是对于某些以行销书籍为主的刻书中心，套用这样的标准是否适合则存有疑问。"[49]这说明宋代刻书地域与机构之间存在相互影响的内在联系。靖康之变，人口南迁流动性大，宋代社会的市井经济千姿百态。这都有刺激宋代不同刻书中心在文化、技术与资源上的互动联系及吐故纳新的可能性。综上所述，宋蜀刻小字十一行本6:7比例的书版规格，反映出刻书主体的单一性及其设计规范自成体系，而十二行本的书版规格，吻合宋代刻本7:10的一般规律。（图107）可见，这两个版刻系统虽然都刻于四川眉山地区[50]，但宋蜀刻十二行本的刻书时间跨度广，并集多家之力完成。在宋代理学发展的大气候下，刻书主体能够达成版刻设计的审美共识，有雕版印刷技术广泛的群众基础，亦可从中窥见士人文化审美认同的标准转向。

47. 中华再造善本工程编纂出版委员会编著：《中华再造善本总目提要》，北京：国家图书馆出版社，2013年，第508页。"据程有庆考证，宋王楙《野客业书》卷五，出现了《唐六十家诗集》一名，但未说明由谁在什么地方出版。"直到明代杨士奇等核编《文渊阁书目》，其卷十仍著录两部残本宋本《唐六十家诗》，说明历史上确曾有过《唐六十家集》业刻行世。

48. 方彦寿：《福建历代刻书家考略》，北京：中华书局，2020年，"前言"，第6页。"此举的目的，是为了纠正在地域文化研究中经常出现的滥称'中心'的现象。"

49. 何朝晖：《福建刻书史研究的新创获——读〈福建历代刻书家考略〉》，《印刷文化》（中英文）2020年第1期，第108—114页。

50. 同注47，第506页。"这两个系统虽然都刻于四川眉山地区，但两者并不相干，《唐六十家集》指的是南宋中叶所刻十二行本唐人文集，不能用它来套用、解释十一行本系统唐人文集。"

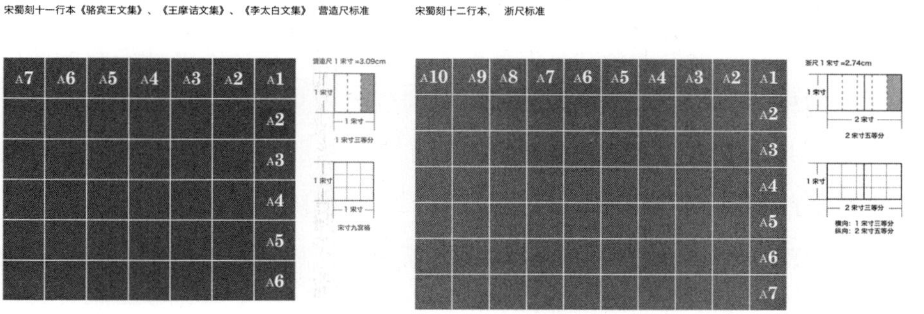

图 107　宋蜀刻本十一行本与十二行本版面范式设计规律对比分析图（图片系作者绘制）

（四）小结

自唐时兴盛的蜀刻本，发展至宋已逐渐不足以与杭州刻书中心对峙。宋代时期蜀刻本的时空发展脉络及衰落原因有金元战乱的侵扰，也有宋室政局变动的影响。但也正是这种地域保守性的特点和雕版印刷技术上的滞后，反而促使宋蜀刻本形成了比较明显的版刻特征。目前关于宋蜀刻本的研究多为文献考辨、考释等，研究其版刻特征主要以字体、版式为衡量标尺，或是比较刻本内容的差异。笔者则以版本类型学与统计学为研究方法，在设计学视阈下构建基于宋尺模块的网格结构，分析宋蜀刻本版面范式设计规律与技术、造物思想相互关联的两个基本问题，从中窥探宋蜀刻小字本版刻系统的设计演进与学风发展影响下的审美转向。

“通用化是标准化的初步阶段。”[51] 蜀地为宋代刻书中心地域之一，其刻书印量大，种类多。出版者根据书籍品类、刻书目的及成本，选用合适于刻书出版的通用性雕版印书设计标准。本章以微观钩沉，通过宋代尺度系统的发展时间线和网格分割规律为线索，选取具有精确版框尺寸记载的宋蜀本 28 本，重点比较分析宋蜀本小字十一行本与十二行本版面范式的设计规律，以

51. 夏征农：《辞海·工程技术分册》，上海：上海辞书出版社，1987年，第2页。

期揭示宋蜀刻本表层视点之下的设计路径。研究发现，宋蜀本小字的两套版刻系统不仅是行款数量的差异，潜藏之下的更是版刻设计度量标准的不同，以及版面网格结构分割设计的差异。以宋蜀刻唐人文集为例，其版刻成书时间跨度大，并集多家之力完成。能够在刊工之间达成一致的版刻共识，并保持刻本特征的统一性，这种设计规范是基于宋寸模块网格系统的结构标准。宋代蜀地的刻书景象自唐时兴盛到宋代逐渐转弱，其版刻系统设计的规律变化从侧面反映了宋代刻书中心地域之间在技术层面及士人文化之间的交流与互动。

结　论

宋刻本作为我国古籍版面形制的正统和范式，前有竹木简书的仿古情怀，后为历代雕版刻书奉为圭臬。以往学界对宋刻本版刻特征的研究主要从字体、版式、纸墨等标尺做地域差异性的解读，本书则从历时性与共时性结合的研究角度，从设计学视域以尺度标准与网格系统为线索，具体以版本类型学下的宋代浙刻本及浙本系统、建刻本、蜀刻本为研究对象，运用信息可视化方法，以《中国版刻图录》、《中华再造善本·唐宋编》、中国国家图书馆、浙江图书馆古籍部等处扫描宋刻影印本为视觉材料，通过构建基于宋寸模块网格系统的设计模型，系统分析宋代刻书中心地域的刻本书版规格、字体、行款、牌记、插图、书写格式等形态要素的设计标准及其规律成因。

本书兼顾宋刻本出版机构性质与经营意图，分类比较宋刻本版面范式设计的个性与共性，由局部到整体总结宋刻本版面范式的设计演进与审美转向。本书篇章结构的内在逻辑分为三个部分，第一部分追溯宋刻本版面形制的起源与特征，第二部分探索宋刻本版面范式设计研究的新路径与新视角，第三部分通过选取三个宋代典型刻书中心地域的刻本进行研究，探索形成不同地域刻本设计差异化的成因，进而探究宋代雕版刻书业规模化发展下标准化与多样性的设计路径与美学原理。由上述篇章之间的逻辑联系，笔者聚焦刻本艺术设计专题史研究，提出以下五方面的主要论点。

其一，提出以尺度标准为宋刻本版面范式设计研究的新路径。以宋代尺度体系为研究线索，还原刻本度量生产的历史语境，梳理宋代官尺与地方用尺的发展轨迹，依据版本类型学分别探索浙刻本、建刻本及蜀刻本的用尺标准，为版本鉴赏提供一条并行的研究路径。

其二，构建基于宋寸模块网格结构的设计模型，总结宋刻本版面范式设计的基本比例类型。以写样稿格子为切入点，提出宋刻本版面行款格式与文字群体的层级关系受内在网格结构纵横分割的设计制约：行款疏朗的多样性实则为纵向宋寸单元格 1:2、1:3、1:4、2:3、2:5、3:5 为主的六种比例变化，而文本层级秩序的高低错落则为横向 1:3 的设计结果，即基于宋寸三分法为长度比例的审美规范。

其三，提出宋代雕版印刷规模化生产的设计标准是基于比例而非绝对尺度。依据《中华再造善本总目提要》统计宋书共计 440 本，发现不同书版规格的宋代刻本具有相同的比例规律，即宋刻本“一版双面”版框高广的尺度范式以 7:10 为设计标准，遵循 0.65—0.75 之间浮动的正比例关系。这种基于比例尺度的设计规律隐藏着我国宋代尺系标准及“比率”概念的审美逻辑。

其四，总结宋刻本版面范式设计的模数等级形式原理与三分法的审美意识。通过构建设计模型与分析影印图像，宋刻本版面视觉流程的形式原理受书法文本平阙书仪礼制影响，以模数等级及比例系统的设计规制展现我国古代分数运算的数理思维；宋刻本版面范式设计的审美意识延续了《考工记》“叁分其长”的审美标准，以三分法及典型的九宫图式建立版面空间布局的秩序变化。

其五，概括宋刻本版面范式设计研究的整体结构为两大系统、四大范畴、九种比例类型的理论体系[1]。从技术角度总结宋刻本版面范式设计中的隐制度

1. 参见邹其昌：《〈营造法式〉理论体系浅说》，《全球视野下的中国建筑遗产——第四届中国建筑史学国际研讨会论文集（〈营造〉第四辑）中国建筑学会建筑史学分会会议论文集》2007年6月，第411—414页。文中将《营造法式》的整体结构体系概括为“一个理念、两大系统、六大范畴和十三大类型”相互统一的理论体系，给笔者以启示：通过对宋刻本显体系的分析，提炼其隐性理论体系。

包含尺度体系与网格系统；从设计角度总结四大范畴为书版规格设计、行款样式设计、书写格式设计，以及图版装饰设计；从美学角度看，九大比例类型显示了宋代区域文化的审美共识，具体表现为宋刻本版面范式设计的尺度规范与分割标准，主要为7:10、3:4、2:3，以及宋寸单元格二等分、三等分、四等分，两宋寸三等分、两宋寸五等分、三宋寸五等分。这套体系以基础研究为铺垫，以信息可视化的研究形式在设计层面解释了雕版印刷优于活字印刷的内在原因，以此丰富古籍图像处理技术，展望古籍全文版式还原等古籍数字化工程建设的深入探索。

综上所述，本书以宋代刻本的版面范式设计研究为切入点，挖掘雕版印刷工艺下古籍刻本设计路径的技术手段与美学价值，厘清我国传统印刷工艺生产设计的文脉和特质，从设计与技术的视角拓展版本鉴赏的研究维度。在审美意识与形式原理的层面，寻根东方书籍文化设计的内在章法，总结潜藏其表象之下的三分法美学原理及模数等级的造物逻辑，指导当下汉字数字化排印设计与实践，并展现宋代雕版刻书工艺的数理思维，以及宋韵文化科技文明的匠心智慧。

主要参考及征引文献

［1］ 叶梦得 . 石林燕语 [M]. 西安：三秦出版社，2004.
［2］ 叶德辉 . 书林清话 [M]. 北京：华文出版社，2012.
［3］ 岛田翰 . 古文旧书考 [M]. 上海：上海古籍出版社，2017.
［4］ 黄永年 . 古籍版本学 [M]. 南京：江苏教育出版社，2009.
［5］ 李清志 . 古书版本鉴定研究 [M]. 台北 : 文史哲出版社，1986.
［6］ 钱基博 . 版本通义 [M]. 长沙：岳麓书社，2010.
［7］ 曹之 . 中国古籍版本学 [M]. 武汉：武汉大学出版社，1992.
［8］ 毛春翔 . 古书版本常谈 [M]. 北京：中华书局出版，1962.
［9］ 张丽娟，程有庆 . 宋本 [M]. 南京：江苏古籍出版社，2002.
［10］ 张丽娟 . 宋代经书注疏刊刻研究 [M]. 北京：北京大学出版社，2013.
［11］ 李致忠 . 古书版本鉴定 [M]. 北京：文物出版社，1997.
［12］ 李致忠 . 历代刻书考述 [M]. 成都：巴蜀书社，1990.
［13］ 李致忠 . 宋版书叙录 [M]. 北京：北京图书馆出版社，1994.
［14］ 李致忠 . 中国古代书籍史话 [M]. 北京：商务印书馆，1996.
［15］ 陈国庆 . 古籍版本浅说 [M]. 沈阳：辽宁人民出版社，1957.
［16］ 卢贤中 . 古代刻书与古籍版本 [M]. 合肥：安徽大学出版社，1995.
［17］ 严佐之 . 古籍版本学概论 [M]. 上海：华东师范大学出版社，2008.
［18］ 田建平 . 宋代书籍出版史研究 [M]. 北京：人民出版社，2018.
［19］ 杨玲 . 宋代出版文化 [M]. 北京：文物出版社，2012.
［20］ 张煜明 . 中国出版史 [M]. 武汉：武汉出版社，1994.

[21] 黄镇伟 . 中国编辑出版史 [M]. 苏州：苏州大学出版社，2014.
[22] 马衡，等 . 古书的装帧：中国书册制度考 [M]. 杭州：浙江人民美术出版社，2019.
[23] 傅增湘 . 藏园群书经眼录：卷三子部一 仲景全书四种 [M]. 中华书局，1983.
[24] 上海新四军历史研究会印刷印钞分会 . 历代刻书概况 [M]. 北京：印刷工业出版社，1991.
[25] 林申清 . 宋元书刻牌记图录 [M]. 北京：北京图书馆出版社，1999.
[26] 李楠，李杰 . 中国古代藏书 [M]. 北京：中国商业出版社，2015.
[27] 谢水顺，李珽 . 福建古代刻书 [M]. 福州：福建人民出版社，1997.
[28] 李瑞良 . 福建出版史话 [M]. 厦门：鹭江出版社，1997.
[29] 方彦寿 . 福建历代刻书家考略 [M]. 北京：中华书局，2020.
[30] 方彦寿 . 福建印刷文化研究丛书：增订建阳刻书史 [M]. 福建：福建人民出版社，2020.
[31] 熊小明 . 中国古籍版刻图志 [M]. 武汉：湖北人民出版社，2007.
[32] 宋原放 . 中国出版史料：第 1 卷 古代部分 [M]. 武汉：湖北教育出版社，2004.
[33] 瞿冕良 . 中国古籍版刻辞典 [M]. 苏州：苏州大学出版社，2009.
[34] 陈宏天 . 古籍版本概要 [M]. 沈阳：辽宁教育出版社，1991.
[35] 赵万里 . 中国版刻的发展过程 [M]// 宋原放 . 中国出版史料：第 1 卷　古代部分 . 武汉：湖北教育出版社，2004.
[36] 北京图书馆 . 中国版刻图录 第 1 册 [M]. 北京：文物出版社，1990.
[37] 上海古籍出版社 . 上海古籍出版社五十年图书总目 1956—2006[M]. 上海：上海古籍出版社，2006.
[38] 中华再造善本工程编纂出版委员会 . 中华再造善本总目提要 [M]. 北京：国家图书馆出版社，2013.
[39] 丘光明，邱隆，杨平 . 中国科学技术史：度量衡卷 [M]. 北京：科学出版社，2001.
[40] 丘光明 . 中国历代度量衡考 [M]. 北京：科学出版社，1992.
[41] 郭正忠 . 三至十四世纪中国的权衡度量 [M]. 北京：中国社会科学出版社，1993.
[42] 吴承洛 . 中国度量衡史 [M]. 上海：上海书店，1984.
[43] 罗福颐 . 传世历代古尺图录 [M]. 北京：文物出版社，1957.

［44］杨宽 . 中国历代尺度考 [M]. 上海：商务印书馆，1938.

［45］钱存训 . 中国古代书籍纸墨及印刷术 [M]. 北京：北京图书馆出版社，2002.

［46］钱存训 . 李约瑟中国科学技术史・第五卷，化学及相关技术・第一分册・纸和印刷 [M]. 刘祖慰，译 . 北京：科学出版社，2018.

［47］雷德侯.万物：中国艺术中的模件化和规模化生产 第2版[M].张总，等，译.北京：生活・读书・新知三联书店，2012.

［48］张秀民 . 中国印刷史 [M]. 上海：上海人民出版社，1989.

［49］张秀民 . 张秀民印刷史论文集 [M]. 北京：印刷工业出版社，1988.

［50］宿白 . 唐宋时期的雕版印刷 [M]. 北京：生活・读书・新知三联书店，2020.

［51］辛德勇 . 中国印刷史研究 [M]. 北京：生活・读书・新知三联书店，2016.

［52］上海新四军历史研究会印刷印钞分会 . 装订源流和补遗 [M]. 北京：中国书籍出版社出版，1993.

［53］李万健 . 中国古代印刷术 [M]. 郑州：大象出版社，1997.

［54］王东，钟甦 . 浙江印刷史 [M]. 杭州：杭州出版社，2013.

［55］魏隐儒，王金雨 . 印刷史话 [M]. 上海：上海科学技术出版社，1988.

［56］方晓阳，吴丹彤 . 印刷 [M]. 郑州：大象出版社，2009.

［57］罗树宝 . 中国古代印刷史 [M]. 北京：印刷工业出版社，1993.

［58］严文科.汗青・雕版・活字：中国古代的印刷出版[M].贵阳：贵州教育出版社，2013.

［59］邵庆国 . 宋代科技成就 [M]. 郑州：河南科学技术出版社，2014.

［60］潘吉星 . 中国的造纸术 [M]. 北京：中国国际广播出版社，2010.

［61］汪建平，闻人军主编 . 中国科学技术史纲 修订版 [M]. 武汉：武汉大学出版社，2012.

［62］李诫 . 营造法式 [M]. 方木鱼，译注 . 重庆：重庆出版社，2018.

［63］闻人军译注 . 考工记译注 [M]. 上海：上海古籍出版社，2008.

［64］祝慈寿 . 中国古代工业史 [M]. 上海：学林出版社，1988.

［65］葛金芳 . 南宋手工业史 [M]. 上海：上海古籍出版社，2008.

［66］周绍明（Joseph P. McDermott）. 书籍的社会史——中华帝国晚期的书籍与士人文化 [M]. 何朝晖，译 . 北京：北京大学出版社，2009.

［67］包世臣 . 艺舟双楫 上 [M]. 杭州：浙江人民美术出版社，2017.

［68］安德鲁・哈斯拉姆 . 书籍设计 [M]. 钟晓楠，译 . 北京：中国青年出版社，2007.

[69] 安德鲁·哈斯兰 . 书设计·设计书：书籍编辑、设计、风格、印刷全事典 [M]. 陈建铭，译 . 台北：原点出版社，2009.

[70] 加文·安布罗斯，保罗·哈里斯 . 版式设计完全手册 [M]. 黄舒梅，译 . 北京：中国青年出版社，2017.

[71] 金伯利·伊拉姆 . 网格系统与版式设计 [M]. 孟姗，赵志勇，译 . 上海：上海人民美术出版社，2018.

[72] 维克多·马格林 . 设计问题：历史·理论·批评 [M]. 柳沙，张朵朵，等，译 . 北京：中国建筑工业出版社，2010.

[73] 余秉楠编译 . 网格构成 [M]. 天津：天津人民美术出版社，1986.

[74] 郭学信 . 宋代士大夫群体意识研究 [M]. 北京：中国社会科学出版社，2017.

[75] 李诚 . 巴蜀文化研究 第 1 期 [M]. 成都：巴蜀书社，2004.

[76] 楼云林 . 四川 [M]. 上海：中华书局，1941.

[77] 陈世松 . 四川简史 [M]. 成都：四川省社会科学院出版社，1986.

[78] 弗朗西斯·哈斯克尔.历史及其图像：艺术及对往昔的阐释[M].孔令伟，译.北京：商务印书馆，2020.

[79] 肖东发 . 坊刻的特点及贡献：中国古代出版印刷史专论之四 [J]. 编辑之友，1990（5）：60-64.

[80] 何朝晖 . 福建刻书史研究的新创获——读《福建历代刻书家考略》[J]. 印刷文化（中英文），2020（1）：108-114.

[81] 蔡方鹿 . 宋代蜀学与宋代理学——地域文化与时代思潮的互动及其意义 [J]. 社会科学研究，2007（5）：141-146.

[82] 顾廷龙 . 唐宋蜀刻本简述 [J]. 四川图书馆学报，1979（3）：9-13.

[83] 罗伟国 . 宋蜀刻唐人集见闻 [J]. 浙江学刊（双月刊），1992（3）：115.

[84] 陈杏珍 . 宋代蜀刻《经进详注韩文》与《百家注柳文》[J]. 文献，1992（1）：163-169.

图片索引

图 1　宋刻本版面设计的视觉要素（图片系作者绘制）　*21*

图 2　《论语》正文和注印版（图片来源：钱存训：《李约瑟中国科学技术史·第五卷，化学及相关技术·第一分册·纸和印刷》，刘祖慰译，北京：科学出版社，2018 年，第 175 页图版 1，黑色线框系笔者添加）　*33*

图 3　蝴蝶装与包背装对比图（图片系作者绘制）　*37*

图 4　宋代尺系（图片系作者绘制）　*48*

图 5　*51*

图 6　宋寸模数尺子（图片系作者绘制）　*54*

图 7　宋刻本的用尺标准　*56*

图 8　左图为古纸刻印的写样稿格子（江苏省非物质文化遗产代表性传承人芮名扬提供）；右图为电脑排印的写样稿格子（金陵刻经印刷技艺第七代传承人邓清之提供）　*65*

图 9　上图为唐天宝四年（745）《石台孝经》（笔者摄于西安碑林博物馆）；下图为基于模块与井田方格网的对比图（图片系作者绘制）　*71*

图 10　基于宋寸的模块网格系统的营造尺、浙尺、福建乡尺、淮尺、太府尺的度量标准（图片系作者绘制）　*72*

图 11　从上至下依次为：宋两浙东路茶盐司刻本《周易注疏》、绍兴九年（1139）临安府刻本《群经音辨》、庆元沈作宾绍兴府刻《春秋左传正义》（图片系笔者绘制）　*75*

图 12　从上至下依次为：宋景定二年刻本《梅花喜神谱》、临安陈宅书籍铺刻本《唐女郎鱼玄机诗》、余仁仲万卷堂家塾刻本《礼记》、蜀刻十二行本《昌黎先生文集》（图片系笔者绘制）　*76*

图 13　《外台秘药方》宋绍兴两浙东路茶盐司刻本 卷第四（图片系作者绘制）　*82*

图 14　宋刻本“一版双面”版框高宽比值规律（图片系笔者绘制）　*87*

图 15　宋刻本经史子集“一版双面”版框高宽设计标准（图片系笔者绘制）　*89*

图 16　图左侧为《外台秘要方》（框高 20.1 厘米，宽 14.4 厘米），图右侧为《事类赋》（框高 22.2 厘米，宽 15.9 厘米）（图片来源：《中华再造善本·唐宋编》影印本复印图，加黑线框系笔者添加）　*91*

图 17　图左侧为《礼记》浙江婺州义乌蒋宅崇知斋刻本（框高 13.2 厘米，宽 9.2 厘米），图右侧为《礼记》福建余仁仲万卷堂家塾刻本（框高 17.9 厘米，宽 12.5 厘米）（图片来源：《中华再造善本·唐宋编》影印本复印图，加黑线框系笔者添加）　*91*

图 18　宋刻本“一版双面”版框高宽 7:10 设计标准（图片系笔者绘制）　*94*
图 19　图左侧为《春秋经传集解》，图右侧为《切韵指掌图》，不同大小开本版框高广比值一定（图片系笔者绘制）　*95*
图 20　基于三分法审美认同：《周易注疏》《后汉书》《童溪王先生易传》　*101*
图 21　视觉对象不同（图片系作者绘制）　*104*
图 22　视觉焦点不同（图片系作者绘制）　*105*
图 23　构成方式不同（图片系作者绘制）　*105*
图 24　洛书九宫图式推演（图片系作者绘制）　*107*
图 25　八卦合洛书九宫数理秩序图（图片系作者绘制）　*108*
图 26　《尚书・禹贡》田赋方位图解（图片系作者绘制）　*109*
图 27　九夫为井与百井为成（图片系作者绘制）　*111*
图 28　欧阳询字体、《李太白文集》版面与书法临帖字规九宫格对比图（图片系作者绘制）　*112*
图 29　《周易注疏》宋两浙东路茶盐司刻宋元递修本（网格分析系作者绘制）　*124*
图 30　《尚书正义》宋两浙东路茶盐司刻本（网格分析系作者绘制）　*126*
图 31　《周礼疏》宋两浙东路茶盐司刻宋元递修本（网格分析系作者绘制）　*127*
图 32　《外台秘药方》宋绍兴两浙东路茶盐司刻本（网格分析系作者绘制）　*129*
图 33　《事类赋》两浙东路茶盐司刻本（网格分析系作者绘制）　*130*
图 34　《临川王先生文集》两浙东路茶盐司刻本（网格分析系作者绘制）　*132*
图 35　《礼记正义》黄唐两浙东路茶盐司刻本（网格分析系作者绘制）　*134*
图 36　《唐书》两浙东路茶盐司刻本（网格分析系作者绘制）　*135*
图 37　《文粹》临安府刻本（网格分析系作者绘制）　*137*
图 38　《汉官仪》临安府刻本（网格分析系作者绘制）　*138*
图 39　《临安志》临安府刻本（网格分析系作者绘制）　*140*
图 40　《汉隽》象山县学刻本（网格分析系作者绘制）　*141*
图 41　《攻媿先生文集》宋四明楼氏家刻本（网格分析系作者绘制）　*144*
图 42　《周礼》宋婺州市门巷唐宅刻本（网格分析系作者绘制）　*145*
图 43　《昌黎先生集》廖氏世彩堂刻本（网格分析系作者绘制）　*147*
图 44　《河东先生集》廖氏世彩堂刻本（网格分析系作者绘制）　*148*
图 45　《续幽怪录》宋临安府太庙前尹家书籍铺刻本（网格分析系作者绘制）　*150*
图 46　《李丞相诗集》临安陈宅书籍铺刻本（网格分析系作者绘制）　*152*
图 47　《棠湖诗稿》临安陈宅书籍铺刻本（网格分析系作者绘制）　*153*
图 48　《才调集》临安陈宅书籍铺刻本（网格分析系作者绘制）　*154*
图 49　《欧阳文忠公集》周必大刻本（网格分析系作者绘制）　*156*
图 50　《春秋繁露》胡榥江右计台刻本（网格分析系作者绘制）　*158*
图 51　《吕氏家塾读诗记》江西漕台刻本（网格分析系作者绘制）　*159*
图 52　《辅轩使者绝代语释别国方言》寻阳郡斋刻本（网格分析系作者绘制）　*161*

图 53 《后汉书》白鹭洲书院刻本（网格分析系作者绘制） 162
图 54 《汉书》白鹭洲书院刻本（网格分析系作者绘制） 163
图 55 宋浙刻本（包括部分浙本系统刻本）的尺度标准（图片系作者绘制） 167
图 56 网格结构为两宋寸三等分与三宋寸五等分结合的分割规律（网格分析系作者绘制） 168
图 57 网格结构为两宋寸三等分的分割规律（网格分析系作者绘制） 169
图 58 网格结构为两宋寸五等分的分割规律（网格分析系作者绘制） 171
图 59 网格结构为宋寸模块纵向二等分的分割规律（网格分析系作者绘制） 172
图 60 网格结构为宋寸模块纵向三等分的分割规律（网格分析系作者绘制） 173
图 61 网格结构为宋寸模块纵向四等分的分割规律（网格分析系作者绘制） 174
图 62 浙刻本书版规格 7:10 与 2:3（网格分析系作者绘制） 176
图 63 浙刻本书版规格 3:4 与 8:11（网格分析系作者绘制） 176
图 64 《国朝诸臣奏议》史季温福州刻元明递修本（网格分析系作者绘制） 191
图 65 《纂图互注春秋经传集解》龙山书院刻本（网格分析系作者绘制） 193
图 66 《后汉书》黄善夫家塾刻本（网格分析系作者绘制） 196
图 67 《王状元集百家注分类东坡先生诗》黄善夫家塾刻本（网格分析系作者绘制） 197
图 68–1 《史记》黄善夫家塾刻本（网格分析系作者绘制） 200
图 68–2 《史记》黄善夫家塾刻本（网格分析系作者绘制） 201
图 69 《汉书》刘元起家塾刻本（网格分析系作者绘制） 202
图 70 《新刊五百家注音辨昌黎先生集》魏仲举家塾刻（网格分析系作者绘制） 204
图 71 《童溪王先生易传》刘日新宅三桂堂刻本（网格分析系作者绘制） 206
图 72 《纂图分门类题五臣注扬子法言》刘通判宅仰高堂刻本（网格分析系作者绘制） 207
图 73 《后汉书》王叔边刻本（网格分析系作者绘制） 209
图 74 《李学士新注孙尚书内简尺牍》蔡氏家塾刻本（网格分析系作者绘制） 211
图 75 《钜宋广韵》建宁府黄三八郎刻（网格分析系作者绘制） 214
图 76 《礼记》余仁仲万卷堂家塾刻本（网格分析系作者绘制） 216
图 77 《春秋公羊经传解诂》余仁仲万卷堂刻（网格分析系作者绘制） 218
图 78 《汉书》蔡琪家塾刻本（网格分析系作者绘制） 219
图 79 《东观余论》庄夏刻本（网格分析系作者绘制） 221
图 80 建刻本版框高广设计规律（图片系作者绘制） 224
图 81 建刻本行款样式设计规律（图片系作者绘制） 225
图 82 建刻本书写格式设计规律（图片系作者绘制） 227
图 83 建刻本导向性图形符号系统设计（图片系作者绘制） 228
图 84 建刻本装饰性牌记样式的系统设计（图片系作者绘制） 230
图 85 九江郡斋刻本《自警编》版式区域化文本层级关系的系统设计（图片系作者绘制） 231
图 86 建刻本多样性插图与行款的系统设计（图片系作者绘制） 232
图 87 建刻本版面范式中书版规格的比例新规（图片系作者绘制） 234

图 88　建刻本行款格式与宋寸模块的比例关系（左图：吴坚福建漕治刻本《张子语录》，右图：建宁府黄三八郎刻《钜宋广韵》，图片系作者绘制）　*234*
图 89　《骆宾王文集》十一行本（网格分析系作者绘制）　*250*
图 90　《王摩诘文集》十一行本（网格分析系作者绘制）　*251*
图 91　《李太白文集》十一行本（网格分析系作者绘制）　*253*
图 92　《李长吉文集》十二行本（网格分析系作者绘制）　*255*
图 93　《刘文房集》十二行本（网格分析系作者绘制）　*257*
图 94　《陆宣公文集》十二行本（网格分析系作者绘制）　*259*
图 95　《新刊权载之文集》十二行本（网格分析系作者绘制）　*260*
图 96　《昌黎先生文集》十二行本（网格分析系作者绘制）　*262*
图 97　《刘梦得文集》十二行本（网格分析系作者绘制）　*264*
图 98　《孙可之文集》十二行本（网格分析系作者绘制）　*265*
图 99　《郑守愚文集》十二行本（网格分析系作者绘制）　*267*
图 100　《司空表圣文集》十二行本（网格分析系作者绘制）　*269*
图 101　《杜荀鹤文集》十二行本（网格分析系作者绘制）　*271*
图 102　《三国志》蜀刻本（网格分析系作者绘制）　*273*
图 103　《五百家注音辨唐柳先生文集》蜀刻本（网格分析系作者绘制）　*274*
图 104　宋蜀刻本十一行本《李太白文集》与十二行本《刘梦得文集》版面范式设计规律对比分析图（上侧绿色为宋代营造尺标准，下侧红色为宋代浙尺标准，图片系作者绘制）　*277*
图 105　宋蜀刻本十一行本与十二行本版面网格结构演变规律对比分析图（以《骆宾王文集》与《李长吉文集》为例，图片系作者绘制）　*278*
图 106　宋蜀刻本十一行本与十二行本书版规格设计比例对比分析图（图片系作者绘制）　*281*
图 107　宋蜀刻本十一行本与十二行本版面范式设计规律对比分析图（图片系作者绘制）　*283*

责任编辑：何晓晗
版式制作：胡一萍
责任校对：杨轩飞
责任印制：张荣胜

图书在版编目（CIP）数据

宋刻本版面范式设计研究 / 孙琬淑著. -- 杭州 : 中国美术学院出版社, 2022.6
ISBN 978-7-5503-2849-5

Ⅰ. ①宋… Ⅱ. ①孙… Ⅲ. ①刻本－版式－设计－研究－中国－宋代 Ⅳ. ①G256.22

中国版本图书馆CIP数据核字（2022）第078407号

宋刻本版面范式设计研究

孙琬淑　著

出 品 人：祝平凡
出版发行：中国美术学院出版社
地　　址：中国·杭州市南山路218号 / 邮政编码：310002
网　　址：http://www.caapress.com
经　　销：全国新华书店
印　　刷：浙江海虹彩色印务有限公司
版　　次：2022年6月第1版
印　　次：2022年6月第1次印刷
印　　张：19.25
开　　本：710mm×1000mm　1 / 16
字　　数：340千
书　　号：ISBN 978-7-5503-2849-5
定　　价：58.00元

（本书封面所用“昌黎先生集卷第二”的内容截图出自《昌黎先生集》廖氏世彩堂刻本）